MIANDUI SHIJI DE ZHENGZHI JINGJIXUE
MANGDIAN YIDIAN REDIAN
WENTI JIEDU

张胜旺 著

面对实际的政治经济学

——盲点、疑点、热点问题解读

人民出版社

目录 Contents

前　言

恩格斯曾经说过，经济学领域没有多少可以自由飞翔的空间。我想这大概是因为，做得不好就会受到客观经济规律的严厉惩罚。政治经济学面对的是实实在在的经济问题，来不得半点虚假。

在当前世界，特别是我国，在经济生活现实中存在着大量盲点、疑点和热点问题，它们尖锐地摆在人们的面前。这就是政治经济学所要面对的实际。

马克思主义政治经济学经典诞生于19世纪40年代，完成于19世纪90年代，它经受了历史的检验，证明它的基本原理是正确的。但是由于垄断资本主义的产生，市场经济的发展，现代科学技术的迅猛发展及其在经济社会生活中的广泛应用，由于社会主义国家的诞生及其经济发展的波折，马克思主义政治经济学不仅受到了严峻的挑战，而且也必须与时俱进。它所揭示的自由资本主义时期的经济运行规律在当代各国适用到什么程度？它所建立的狭义政治经济学中所包含的广义政治经济学的许多重大原理在今天应当如何看待？它所揭示的社会主义经济原理在今天应当如何理解？我们怎样正确运用它的立场、观点和方法，来回答现实中存在的各种重大问题并加以发展？当代西方经济学是如何把理论经济学变为应用经济学的？我们应当如何在经济学领域清除各种“左”的思想，消除对马克思主义政治经济学的片面的甚至是错误的、教条主义的理解？……所有这一切，就是我们在本书中想要解决的问题。

热心关注当代世界特别是我国的经济社会生活，问题很多，有的还十分尖锐和敏感。将其中的主要问题加以归类，共分成十章，具体有二百一十七个问题。如书的副标题所指，它们都是些盲点、疑点和热点问题。我们认为，正确解读这些问题，对于进一步加深对党的基本路线的认识、对经济体制改革的认识、对解放思想问题的认识、对所谓“趋同论”的认识，以及对现代化建设和国家宏观经济政策中许多重大而现实问题的认识，特别是对与基本经济制度有关的重大问题的认识，肯定是会有所裨益的。我们之所以把书中提到的那些尖锐、敏感的问题拿出来讨论，一是因为现在还缺少这方面的系统研究，二是因为迫切需要研究者们去回答这些问题。理论研究应当敢于及时回答人们面对的问题。这是责任，也是服务。作者主观上是想尽好这个责任，服好这个务。本书的意见也是一家之言，不妥的地方也敬请读者和同仁们见谅。

本书的写作得到了许多同行的帮助，也吸收了许多学者的研究成果，在此一并感谢。

张胜旺

2010年2月于北京

第一章　政治经济学研究对象与党的基本路线

有的人认为，政治经济学的研究对象是什么是经济学家的事情，与我们无关。非也！它与人人都有关系。因为这是关系党和国家的前途与命运的大事。

一、为什么要重提政治经济学的研究对象

政治经济学的研究对象到底是什么？有的说是生产关系，有的说是生产力，有的说是生产方式。那么到底是什么呢？它与党的基本路线是什么关系呢？至今没有引起人们的高度重视。其实这里有着十分深刻的教训。

001. 国家最高决策者为什么尤其要搞准“对象”？

恩格斯说过，政治经济学是马克思主义的理论基础。这不仅说明政治经济学在整个马克思主义中的重要地位，而且也说明它是社会主义行动的指南。

如果说政治经济学的研究对象是生产关系，那么，在社会主义时期就仍然要抓生产关系的变革。为了保障生产关系变革的“顺利”进行，那就要发动不间断的政治运动。这就是新中国成立前二十多年对政治经济学研究对象的认识。因此，抓阶级斗争必然是中心工作，“穷过渡”，搞一大二公更不待言。“抓革命”是首要的，“促生产”是次要的。“抓革命”是我的事，“促生产”是业务部门想做但做不成的事。这就是我们的惨痛教训。

斯大林在《苏联社会主义经济问题》一书中明确指出政治经济学的研究对象是生产关系，导致了苏联的悲剧。毛泽东说他长期以来只重视生产关系问题，导致了我国工作重点长期以来没有转变到以经济建设为中心上来，教训也十分惨痛。

如果说政治经济学的研究对象是生产力，那么，就很自然地得出一个如邓小平所说的结论：社会主义的根本任务是发展生产力。因为政治经济学是社会主义运动的理论基础和行动指南。这是社会主义实践百余年（从 1871 年巴黎公社起义算起）的经验教训的总结，尤其是对“以阶级斗争为纲”的路线的拨乱反正！也是邓小平对政治经济学研究对象问题的深刻变革和重大发展。我们党“一个中心”、“两个基本点”的基本路线，它的理论基础发端于政治经济学的研究对象是生产力。这一极其重要的政治经济学的最基本的知识，也是这一重要论点的光辉运用。改革开放三十年来的伟大成效，强有力地证明了正确确立政治经济学研究对象的极端重要性。

反对改革开放的人，特别是在 20 世纪 90 年代初苏东剧变时主张把反对“和平演变”作为工作中心的人，将导致把政治经济学的研究对象拉回到生产关系上来，拉回到改革开放前的道路上来。

二、一个学说，两大发展阶段，研究重点的转移

马克思主义学说发展可分为两大阶段。在这两大阶段中，政治经济学的研究重点是不同的，从而党的基本路线也是不同的。

002. 马克思主义学说发展有哪两大阶段？

所谓马克思主义发展的两大阶段，就是社会主义革命时期的马克思主义和社会主义建设时期的马克思主义。前者也可以叫做革命的、批判的马克思主义，后者也可以叫做建设的、发展的马克思主义。

马克思主义的这种发展阶段的划分，是由历史条件及由此决定的无产阶级的历史使命决定的。在马克思的那个时代，一个国家特别是那时的西方国家，无产阶级与资产阶级之间的矛盾是主要矛盾，无产阶级的首要任务是推翻资本主义制度，建立社会主义制度。因此马克思主义的基本任务是批判旧世

界，为社会主义革命提供强大的思想武器。所以这个时期的马克思主义也可以叫做革命的、批判的马克思主义。

无产阶级革命胜利、社会主义制度基本建立起来之后，无产阶级与资产阶级之间的矛盾已经基本解决，社会的主要矛盾是不断增长的社会需要与落后的社会生产之间的矛盾，无产阶级的首要任务是发展社会生产力，建设强大的社会主义现代化国家，因此，党的工作重心相应地由以阶级斗争为纲转到经济建设上来。这时，马克思主义的基本任务是建设新世界，为社会主义现代化建设、为经济发展提供强大的思想武器。这个任务主要是由邓小平基本完成的。邓小平理论是建设的、发展的马克思主义。

003. 政治经济学研究重点的转移是怎样制约党的工作重心的？

政治经济学的研究对象到底是生产关系，还是生产力或生产方式，历来就有争论。这不仅涉及对马克思主义经典作家有关论断的理解问题，而且还涉及广义政治经济学和狭义政治经济学研究对象的区分问题。

狭义政治经济学是指政治经济学的某一社会形态部分的经济学，如政治经济学的资本主义部分、政治经济学的社会主义部分等。广义政治经济学是指政治经济学的一切社会部分，即是揭示一切社会经济活动的共有规律。恩格斯曾说过，广义政治经济学还有待建立，狭义政治经济学的资本主义部分已由马克思建立起来了。当然，马克思的狭义政治经济学中也包含着不少广义政治经济学以及政治经济学社会主义部分的内容。

可见，狭义政治经济学包括在广义政治经济学之中，是广义政治经济学的一个组成部分。但是广义政治经济学也不是各个狭义政治经济学结论的简单相加，而是要揭示一切社会经济形态中的那些共同的最一般的规律。

因此，这就涉及广义政治经济学和狭义政治经济学的研究对象的关系特别是它们之间的区别问题。广义政治经济学的研究对象应当涵盖狭义政治经济学的研究对象，但是，狭义政治经济学的研究对象不应当完全等同于广义政治经济学的研究对象，特别是在研究重点上更应当有所区别。因为研究的目的和任务在各种社会经济形态中是不同的。

马克思在《资本论》写作之前的主要经济学著作中，如在《政治经济学批判》、《〈政治经济学批判〉序言》、《〈政治经济学批判〉导言》等著作中，十分明确地指出政治经济学的研究对象是生产或生产方式。如在《〈政治经济学批判〉导言》中一开头就指出，摆在我们面前的对象首先是生产。接着高度抽象地概括一切社会生产的共同规律，全面系统地阐述了生产、分配、交换、消费之间的辩证统一关系。由此，我们可以说，马克思是把生产方式作为广义政治经济学的研究对象。当然，这里所说的生产方式是生产力和生产关系的有机统一体。

但是，后来在马克思的《资本论》和恩格斯的《反杜林论》等有关经济学的主要著作中，又更多地说政治经济学的研究对象是生产关系，以致延续到列宁、斯大林和毛泽东的有关著作中，更是反映在政治经济学的教科书或辞典中，都把政治经济学的研究对象界定为生产关系，流传到现在。这是对马克思主义政治经济学的一个严重的曲解，并对当今社会主义国家产生了严重的不良后果。

广义政治经济学的研究对象是生产方式，生产方式是生产力和生产关系的有机统一体。狭义政治经济学如政治经济学的资本主义部分，它的研究对象，也可以说是资本主义生产方式，但是它的研究重点却是资本主义生产关系。重点可以代表全局，因此在一定意义上也可以说政治经济学（资本主义部分）的研究对象是生产关系（资本主义生产关系）。个别中有一般，但个别不等于一般。个别仅反映某一事物的特殊本质，但它不能代替一般，不能否认一般，不能否认一般的普遍指导意义。不能认为政治经济学资本主义部分的研究对象或研究重点是生产关系，就可以推导出广义政治经济学的研究对象或研究重点都是生产关系，更不能说政治经济学社会主义部分的研究对象或研究重点也是生产关系。

我们在前面已经指出，马克思主义的发展可以分为两大阶段：革命的、批判的马克思主义和建设的、发展的马克思主义。作为马克思主义的基础理论部分的政治经济学，同样也可以分为革命的、批判的政治经济学和建设的、发展的政治经济学。这两大阶段的划分或转变，是由社会主要矛盾和主要任务变化决定的。在马克思的那个时代，批判资本主义制度和推翻资本主义制度是主要任务，因此，作为社会主义革命指导思想的政治经济学，应当以资本主义生产关系作为研究的重点。今天，在社会主义国家，主要矛盾和主要任务决定和要求政治经济学应当把生产力作为其研究的重点，用以指导经济建设和发展。

因此，把政治经济学（广义的）的研究对象界定为生产关系，首先是曲解了马克思，同时又是不根据社会主要矛盾的变化而犯了教条主义的错误，即认为政治经济学的资本主义部分可以把生产关系作为研究对象或重点，可以照搬到社会主义社会，认为政治经济学的社会主义部分的研究对象或重点也是生产关系。

这种理论认识上的重大失误，导致了政治上推行"左"的路线、方针和政策，不重视生产力的发展，教训十分深刻和惨重。

邓小平对政治经济学的最伟大的贡献之一，就是指明了政治经济学社会主义部分的研究对象或重点是生产力，社会主义的根本任务是发展生产力。这同马克思把政治经济学资本主义部分的研究对象或重点确定为生产关系具有同样重要的伟大意义。

既然政治经济学（广义的）的研究对象是生产方式，那就有必要进一步研究当今在生产力、生产关系、生产方式这三个问题上，发生了哪些新情况，人们又有哪些误解和曲解。

三、正确理解生产力的涵义、构成要素和运动规律

004. 为什么不能把生产力理解是一种"能力"？

很多教科书、辞书把生产力定义为人们改造自然获得满足人类需要的能力。这是一种片面的理解。

举个例子，一个生产拖拉机的工厂，它的设计目标是年产拖拉机 10 万台，但它的实际年产量只有 8 万台。那么，这种工厂的生产力水平（年）是 10 万台还是 8 万台呢？答案是明确而肯定的：8 万台。10 万台是它的能力，8 万台是它的实际水平。开工不足对一个企业是比较正常的，能力未发挥出来的原因是多方面。但不能因此说这个企业生产力水平是 10 万台。这会造成浮夸。

因此，马克思说，生产力是一种既得的物质力量。这个定义是相当科学的。仅把生产力说成是一种"能力"看来经不起实践的推敲。

在一个企业，一个部门、一个地区，一定时期内它的生产力水平高低，只能

用既得的物质力量来表示和衡量，不能用“能力”来表示和衡量，而且比较不同国家的生产力发展水平或经济发展水平，也只能用“实力”而不能用“能力”去衡量。否则就缺乏统一的标准。举个简单的例子，人——劳动者是生产力的首要因素，人的能力到底有多大，无法确定和衡量。由此可见，生产能力也是难以确定和衡量的。如果把能力作为衡量一个国家生产力或经济发展水平的指标，那会造成很大的混乱。

005. 为什么说生产力是个多涵义的概念？全面把握生产力的涵义有什么重要意义？

仅知道生产力的上述定义是不够的，虽然它是基本涵义，必须同时了解和重视生产力的多种涵义。这是全面发展生产力的客观需要。

生产力通常是指劳动生产力，即劳动所创造或生产出来的物质力量。

但是还有非劳动的生产力即自然生产力。自然条件好的，如地理位置优越的或自然资源禀赋条件好的，劳动生产力就高，反之就低。这一点应当在政治经济学研究中引起重视。其原因：一是，劳动并不是财富的唯一源泉。如古典经济学家配第所说，劳动是财富之父，土地是财富之母。二是，随着经济发展特别是人口的增长，自然资源显得越来越相对不足，稀缺程度越来越大，特别是不可再生的自然资源越来越面临着严重不足，加之环境污染的加剧，不可再生的自然资源以致可再生的自然资源也受到严重污染和破坏。在马克思主义的那个时代，这个问题并不突出，所以对自然生产力的研究相对不够。现在则不能不重视了。否则，自然会惩罚人类，可持续发展就成为一句空话。

生产力不仅有单个劳动力，还有社会劳动生产力。前者是指单个劳动者劳动时所生产的生产力，后者是指许多人在一起劳动时所生产的生产力。后者一般大于前者。随着生产社会化程度的不断提高，一个国家的生产力越来越大的部分是由社会化劳动所生产的生产力构成的。现在，一个企业，已经不可能说哪一台机器是由哪一个劳动者生产出来的，它是几个人、几十人甚至几百、几千、几万人共同生产出来的。

社会劳动生产力中还包含有管理劳动生产力的内容。因为社会劳动需要有管理。管理是生产性劳动。这种劳动也创造生产力。

生产力涵义还有更为重要的科学技术生产力和智力劳动生产力的内容。

前者是指科技也是生产力，而且在当代社会是第一生产力；后者是智力劳动所创造的生产力，它比体力劳动能够创造更高的生产力。这两种生产力是当代劳动生产力的显著特征。

劳动生产力还可以用劳动生产率来表示。这种表示的用意在于进行各种比较，如纵向比较，即现在比过去生产力水平是提高了还是下降了；横向比较，即这个劳动者与那个劳动者、这个企业与那个企业、这个部门与那个部门、这个国家与那个国家相比，生产力水平谁高谁低。因此就有了单个劳动生产率、企业劳动生产率、部门劳动生产率、地区或国家劳动生产率这些不同的概念。

广义的生产力还与经济发展水平相一致，因此，如国民生产总值、国内生产总值，则是生产力的价值（货币）表现。与此相关的如成本水平、工资水平、利润水平等，则从一个个侧面反映了一个企业、部门、地区或国家的生产力水平。同样，在我们把握生产力的涵义时也不可忽视这一点。

006. 生产力的“两要素说”或“三要素说”对吗？

现在的许多政治经济学教科书或辞书认为，生产力是由两要素——生产资料和劳动者，或由三要素——劳动者、劳动资料和劳动对象构成的，并且引用马克思在《资本论》第 1 卷第五章第 1 节的论述作为根据。这又是对马克思观点的片面理解。

马克思在《资本论》第 1 卷第一章中明确指出：“劳动生产力是由多种情况决定的，其中包括工人的平均熟练程度，科学的发展水平和它在工艺应用上的程度，生产过程的社会结合，生产资料的规模和效能，以及自然条件。”（《马克思恩格斯全集》第 23 卷，第 53 页）马克思这里明确告诉我们生产力的构成要素包括劳动者、科学技术、管理、生产资料（包括劳动资料和劳动对象）和自然条件六个部分。撇开自然条件不说，还包括 5 个部分。

生产力由三要素构成，即生产力＝劳动者＋劳动资料＋劳动对象，只是告诉我们它是单个劳动生产力的构成要素，即某一个劳动者的劳动所创造的生产力，取决于这三个要素。马克思在《资本论》第 1 卷第五章第 1 节那里仅是从单个劳动者的劳动所创造的生产力这个角度来分析问题的。

但是，社会劳动生产力生产即许多人在一起劳动所创造的生产力是由哪些因素决定的呢？它与单个劳动生产力的构成要素又有什么区别呢？区别就在于管理是生产力的一个新的构成要素。马克思所说的“生产过程的社会结合”就是这个意思。不注意这一点,就犯了片面主义的错误。

接着,随着科学技术的不断发展并且已逐步成为一种独立的社会力量并广泛应用于生产,生产力的构成要素与单个劳动生产力或社会劳动生产力又有什么区别呢?区别就在于科学技术是生产力的一个新的构成要素。马克思所说的“科学的发展水平和它在工艺应用上的程度”就是这个意思。不注意这一点,同样会犯片面性的错误。

我们还要进一步明确,劳动生产力的五个构成要素之间的关系及其地位又是怎样的呢?

第一,生产力≠科学技术+管理+劳动者+劳动资料+劳动对象。劳动生产力不是这5个要素简单相加,它未正确揭示这5个要素之间的相互关系。

第二,生产力≠科学技术×(管理+劳动者+劳动资料+劳动对象)。因为,若是它虽然突出了科学技术这个要素对其他4个要素的乘数作用,但却忽视了管理对其他3个要素的乘数作用。这也不符合实际。

第三,正确的回答应当是:生产力=科学技术×[管理×(劳动者+劳动资料+劳动对象)]。这个公式既突出了科学技术是第一生产力的乘数作用,也突出了管理对其他3个要素的乘数作用。

007. 生产力运动的主要规律有哪些?

生产力本身有哪些变动规律呢?“文革”后的我国经济学研究,大量的是关于改革开放问题,而对生产力自身运动规律的研究相对比较缺乏。社会主义政治经济学的研究对象或研究重点既然是生产力,那么就应当加强对生产力运动规律的研究。我国理论界将现在的经济学研究重点放在解放生产力上,而没有把重点放在发展生产力上,特别是未把重点放在生产力运动规律的系统研究上。这不能不说是一种缺憾。

那么生产力运动规律到底有哪些呢?我们认为主要有四个方面的规律:生产力要素不断增加的规律、生产力历史演进的规律、劳动生产率不断提高的规律和按比例发展的规律。

008. 什么是生产力要素不断增加的规律?

这一规律主要有两个方面的内容:一是生产力构成要素的外延不断扩大。

如我们在前面所说，在人类社会早期阶段如直到第一次工业革命前，生产力主要表现为单个劳动生产力，其要素除了自然条件外，主要是“两要素”（生产资料和劳动者）或“三要素”。大工业产生后，劳动社会化了，生产力要素中新增了管理这个要素。随着科技的不断发展，特别是第三次科技革命的到来，生产力要素中又新增加了科学技术这个要素。当前，随着新的科技革命的到来，信息又成了生产力的一个新要素。当然信息可以归纳到科学技术中来。二是生产力要素质量的不断提高。也就是说，生产力的各个要素，不仅数量增加了，而且质量也在不断提高。今天劳动者的素质已不是过去的劳动者素质，今天的生产工具效能已不是过去的生产工具效能，今天的劳动对象效能已不是过去的劳动对象效能，今天的管理效能已不是过去的管理效能，今天的科技水平已不是过去的科技水平。一切都不能同日而语！

这个规律告诉我们，我们必须不断扩展生产力要素的外延，提高生产要素的质量。

009. 什么是生产力发展的历史演进规律？

这个规律我们可以从下述公式中看得特别清楚：

生产力= 科学技术×[管理×(劳动者+劳动资料+劳动对象)]

（1）单个劳动生产力——农业经济社会

（2）社会劳动生产力——工业经济社会

（3）智力劳动生产力——知识经济社会

这个简要公式包括了迄今人类社会生产力发展的全部历史。首先这个公式直观地说明了科学技术是第一生产力的涵义。它告诉我们，科学技术作用于管理，就能大大提高管理水平；它作用于劳动者，就能提高劳动者的素质和劳动技能；它作用于劳动资料——主要指生产工具，就能大大改进和提高生产工具的效能；它作用于劳动对象，就能大大提高劳动对象的质量或创造出新的原材料。科学技术成为第一生产力是在科学技术成为一种独立的社会力量之后的事情。科学技术成为一种独立的社会力量是指它有大批的科技人员、系统而独立的科研机构和高效的科研成果并在生产实际中得到了成功的应用。具体地说，这是第二次特别第三次科技革命之后，它才真正作为第一生产力登上历史舞台的。邓小平首先对此进行了肯定。在马克思的那个时代，科学技术已成为了生产力的决定性因素，并且马克思站在人类社会生产发展的高度作了许多论述和肯定。但是只有到了20世纪后期，科学技术才真正成了第一生产力。科学技术作为生产力的一个要素，是一个历史发展的过程，在古代和中世纪，科学技术作为生产力的一个要素，只是一种个别现象，只有到了科学技术真正成为一种强大而独立的社会力量时，它才真正成为第一生产力。

同理，管理作为生产力的一个要素，也是一个历史发展的过程，在古代和中世纪，在有社会化劳动或集体劳动中，管理就是生产力的一个要素。但是只有在生产社会化被普及时，管理才成为一种独立的社会力量，即大批管理人员、系统而独立的管理机构、有效的管理手段，才使管理成为生产力的一个重要因素，才使劳动者、劳动资料和劳动对象的集合或积聚效能得到提高，即管理对劳动者、劳动资料和劳动对象的关系，不是一种简单的相加关系，而是一种乘数关系。

科学技术是第一生产力或管理对生产力提高起乘数作用，并不否认劳动者是生产力中最活跃、最革命的因素或决定因素。这是因为一切都是人创造的，而且，劳动者的外延在扩大，科技人员和管理者也是劳动者。

其次，这个公式直观地表达了人类社会生产力发展的历史性规律。即：

(1)在农业经济社会中，生产力主要表现为“单个劳动生产力”。因为那时还未实现生产的社会化，劳动主要是单个人(或家庭)的劳动，所以既得的物质力量就是单个劳动的生产力。这是人类社会生产力发展的第一个历史阶段。

(2)在工业经济社会中，生产力主要表现为“社会劳动生产力”。因工业革命带来了生产的社会化，劳动主要是社会劳动，管理成为生产力的一个新要素，所以既得的物质力量就是社会劳动的生产力。这是人类社会生产力发展的第二个历史阶段。

(3)在正在到来的知识经济社会，生产力越来越主要表现为“智力劳动生产力”。因为科技越来越发展并被广泛地应用到社会经济生活的各个领域和其他社会领域，劳动已是或将是数量越来越多和效率越来越高的智力劳动，所以既得的物质力量也将越来越多的是智力劳动生产力。这是人类社会生产力发展的第三个历史阶段即当今阶段。

这个规律告诉我们,人类社会生产力的发展已经进入了新的高级阶段,它要求我们迎接挑战,抓住机遇,大力创新,迅速发展知识经济。

010. 什么是劳动生产率不断提高的规律?

这个规律主要表现为:

(1)单位(如个人、企业、部门、地区或国家)在单位劳动时间(如日、月、年)内生产产品的数量不断增加,或者是所生产的单位产品数量不变时所消耗的劳动时间越来越少。

(2)资本有机构成的不断提高,即可变资本在整个资本中所占的比率越来越小,或活劳动所推动的死劳动的数量越来越大。资本有机构成不断提高是劳动生产率不断提高的另一种表现形式。

(3)积累率越来越高。在劳动者的整个劳动时间中,必要劳动时间部分越来越小,剩余劳动时间越来越多。马克思曾说过,共产主义社会就是缩短工作日,让劳动者有更多的闲暇时间获得全面发展。也就是说,在人类社会发展过程中,剩余产品率或“剩余价值率”将越来越高。这既是劳动生产率不断提高的表现或结果,又是劳动生产率进一步提高的源泉。积累作为推动整个社会进步的杠杆的功能将越来越明显。

011. 什么是按比例发展的规律?

这就是马克思主义所说的,社会只能根据社会需要把全部劳动时间按比例地分配给各个不同的生产部门。前提是社会需要。社会需要多少某种产品,社会就应当分配给该种产品生产所需要的多少劳动时间。马克思还说,按比例发展规律,在不同社会经济形态中它会采取不同的形式或方法。在农业经济社会中,它是通过自给自足的方式来实现的;在商品经济社会中,它是通过市场调节的方式来实现的;在未来的共产主义社会中,马克思设想将通过计划调节的方式来实现。一定社会生产力水平下的合理的产业结构,不断演进和优化的产业结构,则是这个规律的内在要求。两大部类的理论、三次产业理论和投入产出理论,都是揭示社会生产按比例发展规律的一种工具。随着社会生产分工的发展,部门和行业分工越来越细化和深入,社会生产各部门之间的比例关系越来越明细和复杂,对贯彻按比例发展规律的要求越来越高,越来越需要加强国家的宏观调控,以真正做到资源的合理配置。

生产力自身的变动规律是不以人们的意志为转移的客观存在,人们只能逐步深化对它的认识,严格地按它的要求办事,否则就会受到它的惩罚。政治经济学深入、系统研究生产力本身的变动规律,目的是为了使人们能够更自觉按规律办事。政治经济学的社会主义部分强调把生产力作为研究对象或重点,更应当注重生产力变动规律的研究。

012. 为什么说劳务也是一种生产力?由此应当怎样进一步定义生产力?

劳务是指不以实物形式而以劳动形式为他人提供某种效用的活动。随着社会劳动分工的深化,第三产业得到了迅速的发展,劳务所创造的国内生产值在整个国内生产总值中所占的比重越来越大,西方发达国家第三产业的产值占国内生产总值一半以上。因此,把生产力仅限于物质产品范围内已经越来越不能反映一个国家生产力的发展水平了。劳务应被视为当代社会的生产力的一个重要组成部分,这与马克思那个时代只把生产力局限于物质生产领域的既得的物质力量已大不相同了。

所以,应当重新定义生产力。不仅把生产力理解为一种“能力”是不妥的,而且把生产力理解为一种既得的“物质力量”也是不合时宜的。正确的定义应当是:生产力是一种既得的能满足人们某种需要的物质力量和劳务。

四、正确理解生产关系的涵义和内容

目前,对生产关系的定义在许多地方是含混不清的,其中既反映了对马克思和恩格斯论断的片面理解,也反映了一些“左”的错误的阴影。

013. 仅把生产关系称为生产中人与人之间的关系为什么是不对的?

什么叫生产关系,应当给它下一个怎样科学、准确的定义?在许多人看来,这似乎是学者们的故弄玄虚。难道现在流行于各种文献中的“生产关系就是人们在生产中所结成的人与人之间的关系”这个定义还要被怀疑和推翻吗?

这个简化了的定义似乎通俗好记,但它却不够严谨。

笔者认为,更为科学严格的定义应当是:生产关系就是人们在生产中所结成的以物为载体的人与人之间的关系。

加上“以物为载体”这几个字十分必要。这不仅完全符合客观实际,而且可以有效阻止人们对“生产关系”内涵理解的“天马行空”。否则,人与人之间的关系,似乎是由少数人赐予的,是法律政策方针规定的,是由人来规定的。恩格斯曾经指出,经济学中没有多少可以自由飞翔的空间,不然的话就会到处碰壁。现存生产关系是由现实生产力制约和决定的,生产关系的变革只能是生产力发展的客观要求。

回想我国在改革开放前搞“公社化”运动,搞“穷过渡”,不断改变“生产关系”,就是否认生产关系要以物、以生产力为载体的意识在起作用,结果碰了壁。这个教训很惨痛。从理论认识上看,就是对生产关系的定义没有科学、准确的理解。

014. 对生产关系的“一要素说”为什么必须慎重对待?

生产关系的涵义不仅有一个对其内涵的科学界定问题,而且还有一个外延问题,即生产关系的内容到底包括哪些部分。其中有所谓“一要素说”、“三要素说”和“四要素说”。我们首先介绍“一要素说”,并指出其弊端。所谓“一要素说”,是指生产关系就是所有制关系,就是生产资料所有制问题,或者说得含蓄些,生产关系的核心是所有制关系。这种说法比较流行,并且还被引经据典加以证明。这种观点虽然抓住了重点或核心,但如果没有真正理解所有制的涵义,特别是把它简单地孤立地贯彻到实际工作中,仍然是十分要不得的。

所有制既是个法学范畴又是个经济学范畴。所有制作为法学范畴,它说明财产归属问题,即财产归谁所有。如果仅把所有制作为法学范畴,就是把所有制问题简单化,就可以通过强制手段改变财产的归属关系。法律行为是一种主观行为,很容易被少数人所操纵,采取不适当做法强行改变所有制关系。这在我国实践中曾表现为通过政治运动来进行所有制的改造、“升级”和“过渡”。马克思曾批评蒲鲁东仅把所有制看做法学范畴是犯了形而上学的错误。

所有制作为经济学范畴也不能简单地归结为生产资料所有制，它还包括产品所有制。同时，在经济学中要把所有制问题讲清楚，如马克思所说，必须把整个生产过程“说一遍”。所有制问题在生产过程中表现为谁处于主导和支配地位；在分配过程中表现为谁占支配地位和占有产品的多少，生产要素所有权关系决定产品分配关系，产品分配关系是生产要素所有权关系的实现形式；在交换过程中表现为交换的性质取决于所有制的性质，交换关系实际上是所有权的关系；在消费过程中，消费成了所有制关系的最终实现形式，所有制性质决定着消费的性质。因此，在经济学中仅把所有制归结为生产资料归谁所有，无视它的复杂内容和运动形式，同样不利于指导经济活动，搞得不好也容易犯主观主义的错误。只有当客观实际需要变革整个生产关系时，才可以把生产关系归结为所有制关系，进行所有制变革，才可以运用政治法律手段去强制改变生产资料的归属权。不顾客观实际需要，随意改变所有制关系，肯定不会收到积极效果的。

所以生产关系“一要素说”是片面的，极易被引向歧路，特别是在一个国家的建设和发展时期，更容易造成破坏社会稳定的局面。

现在，我们仍然看到把法律上的所有制关系和经济上的所有制关系混同的现象，从政治上强调所有制关系多，在经济上强调和具体说明所有制关系少，过分夸大所有制的法律意义和政治意义，好像是不是社会主义，就是从在法律上看公有制的地位如何。是不是社会主义不是由法律来制定的。公有制的性质和程度也不能由法律来简单规定的，它只能由实际的内容丰富的经济生活来体现和证明的。况且，随着生产要素多元化趋势的发展，生产资料在整个生产要素中或生产力构成要素中所占的比重将处于下降趋势，非生产资料比重将处于上升趋势，这种新情况要求我们重新认识生产资料所有制在整个生产关系中的地位。这个问题，我们将在本章后面再来研究。

015. 斯大林的生产关系“三要素说”带来了哪些混乱和不足？

所谓生产关系构成的“三要素说”，就是斯大林在《苏联社会主义经济问题》一书中对生产关系内容所下的定义：政治经济学的对象是人们的生产关系即经济关系。这里包括：（一）生产资料的所有制形式；（二）由此产生的各种不同社会集团在生产中的地位以及他们的相互关系，或如马克思所说的，

“互相交换其活动”;(三)完全以它们为转移的产品分配形式。”在改革开放前,斯大林的定义被认为是经典的、权威的,也是被官方认可的。20世纪80年代初虽然对政治经济学研究对象,对生产关系的内容有过激烈的讨论和争论,但至今也未见对此定义有什么疑义。所以它的混乱和不足之处仍然未在我们的实际经济生活中得到有力的修正。斯大林的定义的混乱和不足之处主要是:

(1)如前所述,把政治经济学的研究对象定义为生产关系是片面的,它导致了在社会主义建设时期仍然把生产关系的所谓“变革”作为主要任务的政治路线错误。

(2)形而上学的灾难。把生产资料所有制说成生产关系的首要的和起决定作用的内容,同样存在着把法学上的所有制和经济学上的所有制混同的错误。法学上的所有制关系很简单,即生产资料归谁所有,但经济上的所有制关系十分复杂,它贯穿、体现在生产、分配、交换和消费的各个环节上。在经济学上,所有制关系仅仅是一种抽象,它必须由生产的各个环节来体现和实施,否则这个抽象就毫无意义。例如,某数量的资产归你所有,但如果在生产这个环节你无权干预、在分配环节你未获得相应的收益,在流通环节你也不能参与或获得相应的支配权,在消费环节你不能享受相应的收益消费权,那么,资产的这种所有权就是毫无意义的,或者说就是对这种所有权的否定。这种情况难道不是某种现实吗?你是生产资料公有制所有权的一个分子,你(如农民)是全民所有制所有权的一个分子,你享受到这种所有制的直接实惠了吗?如果集体或国家不能正确行使这种权利,那么这种所有制到底是什么性质的,还得打个大大的问号。如果作为公有制的一个成员的劳动者只能获得他的劳动的报酬,他所创造的剩余产品或剩余价值被完全用到“公共产品”的消费上和扩大再生产上,他无一点享受自己创造的剩余产品或剩余价值的直接权利或实惠,那么,这种公有制对他来说只有法律上的意义而无经济上的意义。

如上所述,斯大林的这一论断仍然很容易被引导致单纯的所有制变革上,同样犯有蒲鲁东的形而上学的错误。从法律上看所有制与从经济上看所有制是大不相同的两回事,用法律规定来代替实际的经济生活,肯定会招来灾难。

按照马克思的观点,经济上的所有制关系等于把全面生产过程“再说一遍”,那么,把生产资料所有制只看做生产关系的内容之一,在逻辑上是矛盾的:既是全部内容又是一个内容。

把这种观点引用到社会主义中,就是生产资料公有制决定生产关系的一切方面,所以自然就导致公有制的不断升级,越“大”越“公”越好,并且不顾客观的生产力的发展实际用“法律”把它强制化,谁要反对这种做法,谁就是走资本主义道路,就要发动政治运动把他打倒。一切个体经济、家庭副业、自留地都被当做资本主义“尾巴”,要统统割掉。这就是改革开放前我国贯彻这种观点的实际。

(3)缺少“交换”和消费。在斯大林关于生产关系内容的界定中,缺少社会生产和再生产四个环节中的“交换”和“消费”这两个环节,只有“生产”和“分配”这两个环节。他把生产出来的为了消费的产品“交换”与生产过程中的“交换”混为一谈,用生产过程中的“交换”代替产品生产之后的独立的“交换”环节,显然是十分错误的。有人说,斯大林的这个定义不仅是否认了“交换”这个环节,更是为社会主义社会中不存在商品交换提供理论依据,与他认为生产资料在社会主义社会不是商品,不存在商品交换,只存在计划调拨,而所谓生活资料是商品,存在商品交换也是暂时的。这正是斯大林对社会主义社会商品生产的看法。这个看法或观点成为苏联以及中国等社会主义国家在改革开放前实行计划经济体制的一个基本理论根据。可见,生产关系内容中没有“交换”这个环节的危害也是很明显的。

至于生产关系中没有“消费”环节这个内容,也是很荒唐的。似乎生产是为生产而生产,而不是为消费生产。似乎生产过程不包括消费这个环节,这与马克思的论述相反。马克思认为生产是起点,消费是终点,分配和交换是中间环节。它们共同构成整个社会生产和再生产过程的四个环节。把消费放在政治经济学研究的视野之外,无视消费的巨大作用,不仅在理论上是说不通的,在实践上也是十分有害的。如马克思所说消费是生产的目的、是生产的动力,没有消费,生产就失去了目的和动力,生产也没有最终完成。把消费放在政治经济学的研究对象视野之外,势必造成不关心人民生活水平的提高、工人工资的增长,势必造成积累与消费之间比例关系的严重对立,势必造成生产因最终缺乏动力而遭受挫折。这也是我国改革开放前的经济现实,其教训也是十分惨痛的。

016. 马克思的生产关系“四要素说”为什么是正确的?

马克思的“四要素说”,是指马克思认为生产关系就是社会生产和再生产过程中的生产、分配、交换和消费这个四个环节中的以物为载体的人与人之间的关系。他既不是简单地以生产资料所有制为核心来考察生产关系,也不丢掉“交换”、“消费”这两个环节中人与人之间的关系。马克思在《〈政治经济学批判〉导言》一书中一开头就指出,摆在我们面前的对象“首先是生产”,并指出生产从来都是社会生产,而不是孤立的个人生产。社会生产或再生产过程包括生产、分配、交换和消费四个环节。这四个环节存在着物与物之间的关系以及由物的关系所表现出来的人与人之间的关系。在这里,我们把马克思在那里的具体而详细的阐述,简化为下面的图示:

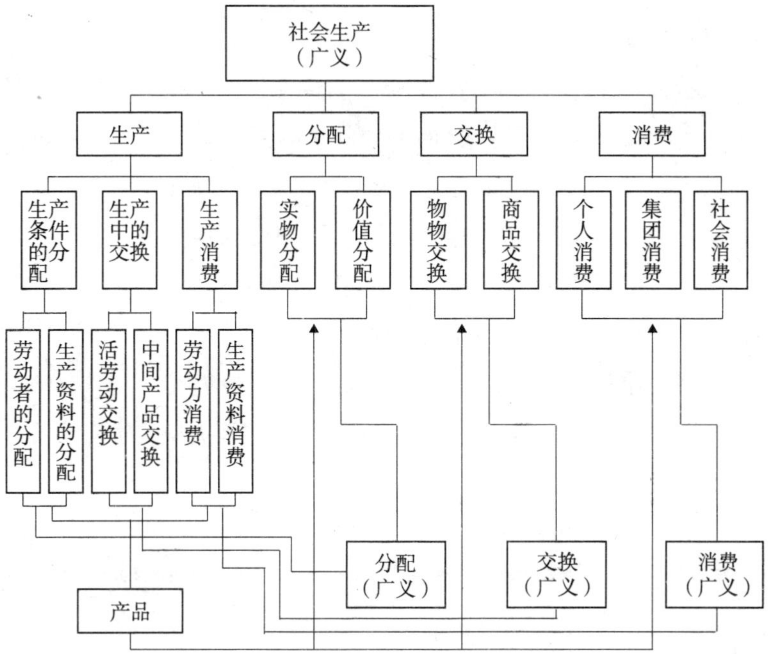

上述图示包含了人类社会生产的全部内容,下面对其作详细的解释,以说明政治经济学的研究对象问题。

(1)社会生产。政治经济学研究的广义的社会生产即社会生产方式,是生产力和生产关系的有机统一体。连续不断的社会生产和再生产过程,是包括生产、分配、交换、消费四个环节的生产。

(2)生产。这里是指直接生产过程亦即狭义的生产。直接生产过程包括三个要素,即生产条件的分配、生产中的交换、生产消费。它们属于生产本身,又是一切生产过程缺一不可的条件。生产条件的分配又包括劳动者的分配(它决定劳动者在生产中的地位)和生产资料的分配(它决定生产资料归谁所有)。生产中的交换又包括生产中的活劳动交换(如换工)和物化劳动交换(即中间产品交换)。生产消费又包括劳动力的消费和生产资料的消费(即消耗)。生产条件的分配、生产中的交换、生产消费这三者的有机结合和运作的结果是生产出产品。

(3)分配。产品生产出来之后,首先遇到的是产品归谁所有的问题即产品分配问题。产品分配在人类社会中有实物分配和价值分配两种形式。在自然经济或产品经济社会中采取的是实物分配方式,在商品经济或市场经济社会中采取的是价值分配方式。

(4)交换。这里是指产品为消费而进行的交换。在社会分工存在的条件下,每个生产者的生产是单一的,而消费需求则是多方面的。生产者在分配(或占有)到他自己生产的产品之后,为了满足他多方面的消费需求,就必须进行交换。产品为消费而进行的交换有物物交换和商品交换两种方式。物物交换主要发生在金属货币产生之前的社会以及未来共产主义社会(产品经济社会)中,商品交换则发生在商品经济或市场经济社会中。

(5)消费。这里是指生活消费。生活消费又包括个人(或者家庭)生活消费、集团(单位或群体)生活消费和社会公共消费三种类型。生活消费是为了生产和再生产劳动者。

(6)广义的分配、交换和消费。广义的分配包括生产条件的分配和产品的分配两个方面。广义的交换包括生产中的交换和产品为消费而交换两个方面。广义的消费包括生产消费和生活消费两个方面。

以上的说明只是对社会生产及其四个环节的基本涵义作出的简单界定,只为进一步说明四个环节之间的相互关系从而为政治经济学的研究对象提供初步理论根据。这四个环节之间的关系是:

(1)四个环节之间的总体关系。生产是起点,消费是终点,分配和交换是连接生产和消费的中间环节(或中介);生产决定分配、交换、消费,同时分配、交换、消费对生产也具有反作用；生产、分配、交换、消费是一个有机统一的整体。

（2）生产和消费之间的关系。首先是生产决定消费。它主要表现在：

①生产决定消费的对象或材料。没有生产出产品，消费就没有对象或材料。

②生产决定消费的水平和结构。生产力发展水平高，消费水平就会随之提高；生产结构合理，消费结构也会随之合理。

③生产决定消费方式。生产力的发展水平决定着消费者用什么样的工具或手段、采取什么样的集结方式进行消费。如马克思所说的，落后的生产力决定消费者用手抓饭吃，或者直接去吃生肉，生产力发展了人们则用刀叉吃饭，或者吃熟肉。

④生产的社会性质决定消费的社会性质。在生产资料私有制的社会中，劳动者的消费只是为了剥削阶级再生产出可供剥削的材料——劳动力。在生产资料公有制的社会中，劳动者才真正成为社会的主人，他们的消费不再是为剥削阶级提供被剥削的材料，才真正是为自己而生产和消费。

同时，消费对生产也有着巨大的反作用。这主要表现在：

①消费再生产出生产的首要条件——劳动力。没有劳动力，任何生产都不能进行。而劳动力的生产和再生产是消费的直接结果。

②消费是生产的目的和动机。生产的目的是为了满足消费，为生产而生产是注定要失败的。消费是推动生产发展的根本目的。

③消费也是生产的最终完成。产品没有进入消费，生产阶段就没有完成。马克思说，房子建造出来后，如果没有人居住，未进入消费，房子的生产就没有最后完成。

④消费再生产出懂得消费的人，从而推动生产向广度和深度发展。人们在消费已有的产品中，会提出新的消费需要或欲望，如人们在消费黑白电视机时就渴望使用彩色电视机，于是推动出彩色电视机的生产。

生产和消费之间的关系具有两重属性，即既有物与物之间关系的属性，又有人与人之间关系的属性；人与人之间的关系是通过物与物之间的关系表现出来的。不能只见物不见人，也不能只见人不见物。

（3）生产和分配之间的关系。首先是生产决定分配。这主要表现在：

①生产决定分配的对象或材料。没有生产出产品,分配就没有对象或材料。

②生产决定分配的水平和结构。生产力发展水平高,生产出的产品数量多,可供分配的产品就数量多,水平高;生产出的产品花色品种多,可分配的产品花色品种就多,分配的实物结构就会更加合理。

③生产决定分配的方式。自然经济或产品经济决定只能采取实物分配方式,商品经济或市场经济决定只能采取价值分配方式。

④生产的社会性质决定分配的社会性质。生产资料的所有权决定产品的分配权。因此生产资料所有制的社会性质决定分配的社会性质。在生产资料私有制的社会中,分配关系体现着生产资料所有者凭借其所有权无偿占有一无所有的劳动者创造的剩余产品(或剩余价值)的剥削关系。在生产资料公有制的社会中,分配关系则不具有上述的剥削性质。

同时,分配对生产也有着巨大的反作用。这主要表现在:

①分配数量合理与否制约着劳动者的积极性。分配相对公平合理,劳动者的积极性就高,并且会主动地多劳动或者主动地千方百计地提高自己的劳动技能,从而推动生产的发展;反之反是。

②分配的物质结构合理与否直接制约着劳动者的身体素质和智能素质。分配的产品花色品种多,结构完善,整体功能好,就能够直接提高广大劳动者的身体素质和智能素质;反之反是。

③分配数量的多少制约着生产的扩大与否。可供分配的产品多,在消费后还有剩余,就可以用来扩大再生产。积累是推动社会进步的基本职能,是扩大再生产的主要源泉。而能够有积累和积累的多少,则取决于供分配产品的多少。

④分配关系是所有制关系的经济实现形式。生产资料的所有制关系最终是要通过产品分配关系来体现的。如果在产品分配关系中不能体现生产资料所有者的经济利益,那就在实际上是对这种生产资料所有权的否定,从而再生产就不可能继续进行下去。

生产和分配之间的关系具有两重属性,即既有物与物之间关系的属性,又有人与人之间关系的属性;人与人之间的关系是通过物与物之间的关系表现出来的。不能只见物不见人,也不能只见人不见物。

(4)生产和交换之间的关系。首先是生产决定交换。这主要表现在:

①生产决定交换的对象或材料。没有生产出产品,交换就没有对象或材料。

②生产决定交换的广度和深度。随着社会生产力的发展其中包括生产的社会分工的发展,可交换产品的数量和品种越来越多,交换的对象从产成品发展到一切生产要素,交换的地域范围由地区扩展到全国再扩展到全世界。

③生产决定交换的方式。在人类社会的初期,在生产力水平还十分低下的情况下,交换采取的是物物交换的方式;随着生产力的发展和货币的产生,交换采取的是以货币为媒介的商品交换方式;到了现代,随着社会生产力的进一步发展,交换特别是大宗产品的交换采取的是以信用为媒介的交换方式。

④生产的社会性质决定交换的社会性质。生产资料所有制的性质决定产品的占有性质,从而决定交换的所有制性质,决定交换服务于生产资料所有制的性质。

同时,交换对生产也有着巨大的反作用。这主要表现在:

①交换制约着生产目的的实现。消费是生产的目的,在社会分工和商品生产的条件下,如果产品交换不出去,生产目的就不能实现,生产就没有最后完成。一件产品如果没有通过交换而进入消费阶段,生产这个产品的目的就没有达到,这个产品的生产就没有最终完成。

②交换制约着再生产过程的进行。在社会分工存在的条件下,交换如果不能顺利进行,再生产的条件就得不到补偿,从而再生产就不能顺利进行。

③交换推动生产向广度和深度发展。交换的发展,它一方面从产品的数量需求增加上,引导和推动生产不断扩大规模;另一方面又从产品的花色品种规格需求增加上,引导和推动社会生产分工不断向前发展,促进社会生产结构不断趋向合理化和优化。

生产和交换之间的关系具有两重属性,即既有物与物之间关系的属性,又有人与人之间关系的属性;人与人之间的关系是通过物与物之间的关系表现出来的。不能只见物不见人,也不能只见人不见物。

另外,分配和消费之间、交换和消费之间、分配和交换之间,都是相互联系、相互作用的。其中,分配是消费的前提,直接制约消费的数量和质量;同时消费是分配的直接目的,体现分配的客观效果;交换是消费的前提,直接制约着消费的时效和结构，同时消费是交换的直接目的，体现交换的客观效果；分配往往需要通过交换才能实现分配的直接目的——消费；交换往往也是分配进一步实现的环节，进而才能实现分配的直接目的——消费。

生产、分配、交换、消费四个环节是一个有机的整体，也是物的关系和人的关系的有机结合。理论分析可以对它们进行合理的抽象，但在现实操作中却不能任意割裂。政治经济学就是研究社会生产这四个环节之间的相互关系，即物的关系和人的关系的统一形式，既不能只见物不见人，也不能只见人不见物；在一定情况或一定的社会条件下，为着一定的中心任务提供理论根据，虽然可以有所侧重，即或者侧重于研究生产关系或者侧重于研究生产力，但都不能以偏概全。

以上就是马克思关于一切社会生产活动全部内容的高度概括，也是马克思关于政治经济学研究对象的高度概括。可见，生产关系内容的"一要素说"或"三要素说"，都不符合马克思关于生产关系内容的论述。关于政治经济学研究对象只是生产关系或只是生产力的论断，也不符合马克思的论述。

017. "四要素说"在当代遇到了哪些挑战？

由于经济的发展，马克思的"四要素说"也遇到了挑战。

（1）生产条件被生产要素所替代。在马克思的著作中，生产条件通常是指生产资料和劳动者。由于经济发展，生产条件概念的外延扩大了：它不仅包括生产资料和劳动者，还包括技术和信息；资本范畴的外延也扩大了，它作为生产条件的作用更加突出了；劳动力资源中更强调劳动者的素质，并且越来越作为人力资本去起作用；作为劳动对象的广义的土地，现在又增加房地产资源在发挥作用，紧缺的或稀有的自然资源的作用越来越突出。总之，技术、信息、资本、人力资源、自然资源和房地产等，都作为新的或更凸显的生产条件，应当成为政治经济学研究的重要内容。

由于生产要素概念的外延大于以往的生产条件概念的外延，因此，生产要素的所有权在生产、分配、交换和消费各环节的作用应当得到体现和承认。因此，所有制不能仅仅被认为是生产资料的所有制，而应视为生产要素的所有制，进而，生产资料所有制在整个社会生产的地位和作用在相应地下降。如果讲所有制的重要作用，那就不仅是生产资料所有制的作用问题，而应是生产要素所有制的作用问题。特别是在分配关系上,不再仅仅是生产资料的所有权决定产品的分配权,而应是生产要素的所有权决定产品的分配权。其中尤其是在剩余产品的分配上,各种生产要素的所有者,都有权参加剩余产品的分配。这也是当今分配关系的现实。

(2)在生产这个环节上,它的外延也在扩大。在马克思的著作中,生产一般是指物质产品的生产。马克思虽然在个别地方也提到精神产品的生产,但那时还未被提到广义的社会生产日程上来,所以也可以说只把生产限制在狭义的物质产品的生产上。现在,第三产业迅猛发展,其产值已占整个社会生产总值的很大比例,发达国家已高达60%左右。因此,把生产只限制在有形的物质产品的生产上肯定是不够的。政治经济学研究的生产环节处延在扩大,应是不可忽视的内容。

(3)分配概念的外延也在扩大。由于生产条件概念外延的扩大,所以分配概念的外延必然随之扩大。各种生产要素的所有者都有权参加产品的分配特别是剩余产品的分配。从而分配形式也多元化了,即不仅有按资分配和按劳动分配,而且还有按生产要素分配的各种形式。同时,马克思的著作中讲国民收入的初次分配问题多,讲国民收入的再次分配少。现在,国民收入再分配问题越来越重要。特别是当今更加强调国民经济的宏观调控时,国民收入再分配的功能更加重要。否则就不利于社会生产按比例发展规律的落实,不利于效率与公平的有机统一,不利于社会稳定,也不利于社会的全面和协调发展。

(4)交换的广度和深度都在拓展。这是马克思那个时代所无法比拟的。社会生产分工越来越细,跨国分工也越来越发展,从而使交换的深度和广度得到了前所未有的发展。简单的两大部类(生产资料部门和消费资料部门)之间的交换以各个部类内部不同部门之间的交换已经难以完全概括现在的交换范围和领域。流通领域的内涵和外延正在呈加速度地扩展着。"交换"的外延的扩大应当成为当代政治经济学研究不可忽视的重要方面。

(5)消费的质不断提高和量的不断增加也是马克思那个时代所难以比较的。首先,是个人消费,在马克思的那个时代主要是指满足人们的生存需要,现在人的发展需要、享受需要越来越被凸显出来了。因为当代生产力水平已大大高于马克思的那个时代。美国著名学者马斯洛把人的需要分为依次发展并要求得到实现的5个层次：生理需要（即人们为生存下去而在衣、食、住、行等各方面的需要）→安全需要（即人们生活得到安全保障的需要，如保障人身安全、保障身体健康和保障生活来源等）→社交需要（即通过社会活动增进与他人友谊的需要）→尊重需要（即希望自己的能力得到承认，也希望他人尊重的需要）→自我实现需要（即希望获得成就、充分发挥自身潜能的需要）。全面满足人的这些方面的需要，既是由人的本性所决定的，也是人的全面发展的基本保证，是以人为本的要求和体现。这应当成为当代政治经济学研究的新的重要内容。同时，居民的各种福利保障应当纳入个人消费的视野。最后，集体消费也在发展，社会公共消费不断扩大。总之，消费的数量和质量随生产的发展正在不断扩张和升级；因而消费在政治经济学研究中的地位越来越重要，消费是生产的目的越来越凸显。

总之，马克思关于政治经济学研究的对象必须随着人类社会生产的发展而拓展，并赋予新的时代内容。

五、全面正确理解生产方式的涵义和内容

018. 到底什么叫生产方式？

在马克思的经济学著作中，生产方式是一个多涵义的概念。其中主要有：

生产方式是生产的劳动方式，如手工劳动的“生产方式”，大工业的“生产方式”等。

生产方式是生产资料和劳动者相合的方式，如个体经济的“生产方式”，雇佣劳动的“生产方式”。

生产方式是经济调节方式，如自给自足的“生产方式”，商品生产的“生产方式”。

生产方式是生产力和生产关系的有机统一体即社会经济形态，如原始社会生产方式，奴隶社会生产方式、封建社会生产方式、资本主义社会生产方式等。作为政治经济学研究对象的生产方式就是这种生产方式的含义。其他各种含义的生产方式不能成为政治经济学研究的对象或全部内容。

019. 什么是政治经济学研究对象的生产方式?

作为政治经济学研究对象的生产方式是生产力和生产关系的有机统一体。生产力决定生产关系,生产关系反作用于生产力,二者之间的矛盾运动推动人类社会不断向前发展。生产关系一定要适合生产力发展状况和要求,是人类社会生产的最基本的规律。这是一种最为抽象和经典的科学概括。但是,生产力和生产力关系相互作用的机理具体又是怎样的?生产力是如何决定生产关系的?是通过什么方式、途径或手段来决定生产关系的?同时,生产关系是如何反作用于生产力的?是通过什么方式、途径或手段来反作用于生产力的?简言之,生产力和生产关系之间相互作用的"中介"是怎样的?这个问题应不应当纳入政治经济学研究的范围,构成政治经济学研究的内容?这至今没有引起理论界的高度重视和强有力的说明,并由此引起对马克思主义政治经济学的不少非难,甚至于说马克思主义政治经济学对现实的经济活动没有直接的指导作用。

这个问题应当怎样看呢?

第二章　生产力和生产关系之间的“中介”与经济体制改革

任何统一体中对立的两极之间的相互联系、制约、作用都必须有“中介”。“中介”是统一体中对立两级相互联系、制约、作用的桥梁、纽带，是一极对另一级发挥作用借以实现的形式、途径。否则，对立的两极就无法发生联系，就不能相互制约，相互作用就成为一种空话。物质与意识、生产力与生产关系、经济基础与上层建筑等，这些对立的两极之间都存在着相互联系、制约和作用的“中介”。否认“中介”的存在是唯心主义和形而上学的。不具体研究这种“中介”的理论是不彻底的理论，是缺乏具体应用价值的理论，甚至使基础理论成为一种空谈。政治经济学研究也必须如此。马克思主义政治经济学的基础理论十分扎实，可以说是坚不可摧，但应用理论却十分零散、欠缺和薄弱。我们要在理论上进行创新，关键的、大量的就是要在应用理论上进行创新，用能体现基础理论（即基础理论的实现形式或应用形式），同时又能反映丰富多彩的经济生活实践的、可供实际操作的应用理论体系，去具体有力地指导实践。马克思主义哲学是这样，科学社会主义理论是这样，政治经济学更是这样。

一、缺少对生产力和生产关系相互作用的“中介”进行系统研究是经典理论的一大缺憾

生产力和生产关系二者之间是如何有机地统一起来的？二者之间是如何

相互作用的？马克思主义经典作家几乎没有直接论述这个问题。这不能不认为是一个缺陷。也就是说，没有生产力和生产关系相互作用的“中介”理论，是一种不完整的政治经济学理论。这个空白必须得到填补。特别是在市场经济时代，这个填补更为重要和迫切。

但是，马克思主义经典作家对“中介”问题有过许多精辟的论述，这也为我们研究生产力和生产关系相互作用的“中介”问题提供了有力的方法论指导。

020. 什么叫中介？

中介又叫媒介。《现代汉语词典》给媒介定义为：“使双方（人或事物）发生关系的人或事物。”通俗地说，中介就是联系的意思。“一切都是经过中介，连成一体。”（列宁：《哲学笔记》，人民出版社 1974 年版，第 103 页）有时“中介”的涵义要狭窄一点，专指普遍联系中的中间环节，或者叫“中项”。“中介”还可以细分为认识客观现实的“中介”和客观现实上的“中介”。前者是指思维对感觉材料的概括而言的，又叫逻辑中介。感觉材料是外部世界作用于我们的感官而引起的直接结果。因而感性认识是直接的认识。抽象思维是间接的认识，它是以感觉材料、生动直观的材料为依据的；没有这些材料，就不可能有抽象的思维。后者是指一个事物通过中介与另一个事物发生联系。有了这种联系，事物才存在相互制约和相互作用。这两种“中介”之间的关系是：思维中的中介是现实中的中介在思维中的反映，即思维中介反映、复制客观中介。

021. 逻辑中介有哪两大特点？

（1）逻辑中介具有“抽象”和“具体”的二重性。这里的“抽象”和“具体”是从认识的成果和方法的角度来使用的。作为认识成果的抽象，是指思维中的一种规定，这种抽象规定是对客观对象某个方面属性在思维中的反映。反映对象本质的抽象，称为科学的抽象。作为认识方法的抽象，通常是这样定义的：抽象就是指在思维中把对象的某个属性抽取出来，而舍弃其他属性的一种逻辑方法或认识方法。科学的抽象法则更进一步，是指在思维中抽取对象的各种本质属性，而舍弃一切非本质属性的一种逻辑方法或认识方法。例如，数学抽出对象的空间形式，而撇开具体内容进行研究，得出“形”的概念；抽出量的方面，而撇开其具体事物内容进行研究，得出“数”的概念。经济学抽出各种具体商品不同自然属性进行研究，得出商品一般的概念：用来交换的能满足人的某种需要的劳动产品。这些都叫做抽象。这里所说的“具体”是思维中的具体，是有许多质的规定的综合的统一体。正如马克思所说的：“具体之所以具体，因为它是许多规定的综合，因而是多样性的统一。”（《马克思恩格斯选集》第2卷，人民出版社1995年版，第18页）它是客观事物内在的多种本质属性的统一的在思维中的再现。因此，在由抽象到具体的逻辑上升过程中（即指由低级的、简单的范畴上升到高级的、复杂的范畴的过程），每一逻辑中介相对于它的先行者来说，就是较“具体”的，而相对于它的后继者来说，又是较“抽象”的。例如，货币这一范畴，相对于它的先行者——商品这一范畴来说，就是“具体”的，即货币对商品来说是复杂的范畴；相对于它的后继者——资本这一范畴来说，就是“抽象”的，即货币对资本来说是简单的范畴。又如，相对剩余价值这一范畴，相对于它的先行者——绝对剩余价值这一范畴来说，就是“具体”的，相对于它的后继者——资本积累这一范畴来说，就是“抽象”的。所以，货币是商品与资本之间的逻辑中介，相对剩余价值是绝对剩余价值与资本积累之间的逻辑中介。在由抽象上升到具体的逻辑进程中，“抽象”和“具体”往往是相对的。在一门科学体系中，只有作逻辑起点的“抽象”和作为逻辑终点的“具体”才是绝对的，如在马克思的《资本论》中，“商品”是逻辑的起点，“资本主义生产方式”是逻辑的终点，在其逻辑上升的过程中，货币、劳动力商品、资本、剩余价值、资本积累、利润、利息、地租等，都是“商品”和“资本主义生产方式”这两个范畴之间的逻辑中介，而且这些逻辑中介在充当“抽象”或“具体”时又是相对的和可以转化的。

（2）逻辑中介具有媒介的作用。这就是把最抽象的逻辑起点（如《资本论》中的“商品”）与作为思维具体的逻辑终点（如《资本论》中的“资本主义生产方式”）联结起来，构成一环扣一环的逻辑整体。如果缺少必要的逻辑中介，直接把起点和终点联结起来，就会犯“逻辑跳跃”的错误，同时也不可能科学地揭示客观事物或研究对象本身的发生、发展和必然灭亡的规律。以资本主义经济为例，如果缺少必要的逻辑中介，把商品和资本主义生产方式直接联结起来，就不可能科学揭示资本主义制度的产生、发展和必然灭亡的规律，而且会认为商品经济就等于资本主义经济，形成“文字上的虚构”，得出十分有害的结论。这正如马克思所指出的那样：一般法则和进一步发展的具体关系二者之间的矛盾，在这里，不由中介事件的发现来解决，却由这样的方法来解决，那就是，直接把具体事物隶属于抽象物，直接使具体事物符合抽象物。这只是由一个文字上的虚构来实行，从而，把事物的正确名称改变。

当我们运用马克思列宁主义一般原理去说明复杂的社会现象时，常常会遇到很多困难，觉得难以作出完满的解释，其中的一个重要原因就在于不清楚规律和具体现象之间存在着哪些中间环节。恩格斯在分析哲学和宗教的形式时，指出这两种观念形式是比一般观念形式更远离物质经济基础的意识形态，“在这里，观念同自己的物质存在条件的联系，越来越错综复杂，越来越被一些中间环节弄模糊了。但是这一联系是存在着的。”（《马克思恩格斯选集》第4卷，人民出版社1995年版，第253页）如果我们仅知道社会存在决定社会意识、经济基础决定上层建筑这一历史唯物主义的一般原理，而对于社会意识形态，特别是远离物质经济基础的哲学和宗教现象同它们的物质存在条件之间联结起来的那些中间环节，不加具体而详细的考察，我们就无法说明为什么它们必然采取这种形式，而不是采取别的形式。所以马克思说：“决不能不通过任何中介环节，而把一般的抽象形式同它的任何一个特殊形式混淆起来。”（《马克思恩格斯全集》第26卷第1册，人民出版社1972年版，第72页）否认马克思主义基本原理是不对的。但是，没有搞清楚事物的中介环节，对对立的两极之间关系的说明只能是抽象的和空洞的，它不足以说明两极之间的真实、具体而广泛的联系，回答不了现实问题，解释不了复杂的社会现象，进而会使基本原理显得苍白无力。

022. 客观事物之间的“中介”还有哪两大特点？

客观事物之间的中介除了具有逻辑中介的上述两个特征外，它还具有两个特点：

（1）它作为借以发挥媒介作用的形式是一个有机统一的体系。例如，经济基础决定上层建筑，上层建筑反作用于经济基础。二者之间必须有一系列方面和层次的中介环节。其中主要包括：

第一，由谁来实施这种媒介作用。或者说由谁（自然人或组织）把经济基础与上层建筑联系在一起。没有人或组织来达成这一联系，二者之间是无法发生相互作用的。为此，组织中的行为人，必须具备相应的素质和技能，以便胜任其工作;组织的责、权、利必须合理而明确,以便其发挥相应的功能;组织必须结构合理,横向到边,纵向到底,以便全面覆盖整个社会。

第二,按什么规则来实现这种媒介作用。不仅要解决谁来做媒介工作,而且要解决按什么规则来做媒介工作。没有规矩不能成方圆。规则根据什么来制定?只能根据经济基础和上层建筑及二者相互关系的客观规律来制定。规则是主观的东西。正确的规则应当是客观规律的正确反映。这些规则通常是由国家的法律、法规、制度、政策来体现的。制定规则的目的是为了规范人或组织的行为。否则,它就不能真正发挥积极的媒介作用。

第三,采取什么具体的方式、方法、途径来实现这种媒介作用。过河必须有桥。要使经济基础与上层建筑二者之间能相互发生作用,必须有"桥",就是说必须有适当的方式、方法和途径把二者联结起来,即经济基础通过这些具体的方式、方法和途径可以作用于上层建筑,上层建筑也可以这些方式、方法和途径反作用于经济基础。不仅要解决由谁来做以及按什么规则来做媒介工作,而且还要解决用什么方式、方法和途径来做媒介工作。方式、方法和途径虽然也是主观的东西,但它们也不是人们随意制定的,而是各种行为规则的具体化,是行为规则的实现形式,从而也是客观规律借以发挥作用的实现形式。

由谁来做、按什么规则去做、怎样具体去做,它们共同构成了经济基础与上层建筑之间的中介体系。三者缺一不可。

(2)中介的属性是由被媒介的对立双方的矛盾的主要方面决定的。被媒介的双方是矛盾的对立统一体,其中一方居于矛盾的主要方面,它决定统一体的性质。因此,中介事物的性质也是由被媒介的对立双方的矛盾主要方面决定的。中介从属于矛盾的主要方面。如媒介经济基础和上层建筑的组织(体系)、规则(体系)、方法(体系),主要是由经济基础决定的。它们只有由经济基础来决定,然后经济基础才能通过它们来具体地决定上层建筑。经济基础不可能跳过中介环节去直接决定上层建筑。同时,上层建筑也只有通过这些中介环节才能反作用于经济基础,即也不可能跳过这些中介环节去直接反作用于经济基础。否则就谈不上什么中介。而没有中介是不可能的。列宁明确地指出:一切都是通过中介,连成一体。斯大林也说过,客观世界是有联系的统一的整体,其中各个对象或现象互相有机地联系着,互相依赖着,互相制约着。互相联系、互相依赖、互相制约,是通过中介环节来维系的。

中介环节事物的性质，特别在社会领域中中介环节事物的性质，是由被媒介的矛盾双方居于主要地位的一方决定的，但中介环节的事物本身性质并不就是直接等同于矛盾的主要方面的性质，而是一种处于“中性”的东西。这里所说的“中性”，是指它的性质不同于“主”（矛盾的主要方面），也不同于“次”（矛盾的次要的非主要方面）。从总体上来看，中介环节只是矛盾双方如经济基础和上层建筑双方的联结形式和调节方式，所以它不要求有非此即彼的性质。中介，中项，从哲学意义上讲，它本身不是非此即彼，而是非驴非马。

023. 生产力与生产关系相互作用的中介的涵义是什么？

根据以上关于中介问题的一般论述，关于生产力和生产关系相互联系、制约、依赖、作用的中介的涵义、内容、特征和属性，可以归结为以下几点：

一是生产力和生产关系之间不能没有中介，否则二者就无法联结起来；

二是生产力和生产关系之间的中介是二者相互作用的中间环节；

三是生产力和生产关系之间的中介是二者相互作用的实现形式或途径；

四是生产力和生产关系之间的中介也包括组织、行为规则和行为方式三个不可缺少的方面，而且每一个方面本身也是一个体系，它们共同构成一个复杂的完整的结构体系；

五是这三个方面的内容虽然是主观的，但它们又是由客观规律决定的，是客观规律借以发挥作用的实现形式；

六是生产力和生产关系之间的中介的性质是由生产力和生产关系这一矛盾的主要方面——生产力决定的；

七是生产力和生产关系之间的中介环节本身是“中性”的。

这七个主要方面是政治经济学研究所不可缺少的内容。否则，我们仅仅掌握生产力决定生产关系，生产关系反作用于生产力的一般原理，就难以说明复杂的社会经济现象，难以解决遇到的很多困难问题，难以对许多经济问题作出完满的解释，从而会削弱基本原理的指导作用。

二、作为生产力和生产关系中介的经济体制和经济机制

生产力决定生产关系，生产关系反作用于生产力，是通过相应的经济体制

或经济运行机制来实现的。因此,经济体制和经济机制是生产力和生产关系相互联系、制约和作用的中介环节。

024. 邓小平对生产力和生产关系的中介理论有什么重大贡献?

邓小平首先提出生产关系实现形式问题。邓小平早在1962年7月7日的《怎样恢复农业生产》一文中明确指出:“生产关系究竟以什么形式为最好,恐怕要采取这样一种态度,就是哪种形式在哪个地方能够比较容易比较快地恢复和发展农业生产,就采取哪种形式;群众愿意采取哪种形式,就应该采取哪种形式,不合法的使它合法起来。”(《邓小平文选》第一卷,人民出版社1994年版,第323页)邓小平这里主要针对当时我国农业生产关系现状,提出要有一个能够恢复和发展农业生产、调动广大农民积极性的实现形式,并且认为包产到户是其重要的实现形式之一。今天看来,农村家庭联产承包制,就是我国当前农业生产关系的实现形式,是农业基本经济制度的实现形式,也是农业经济的管理体制和运行机制。它是由我国当前农村生产力状况和水平决定的。党的十一届三中全会后,邓小平在领导我国经济体制改革的伟大实践中,根据我国生产力的状况和水平,认为寻找我国生产关系的实现形式问题,就是建立一个什么样的经济体制和经济机制的问题,从而大大丰富了他在1962年关于生产关系实现形式这个科学命题的内容。到了1992年的南方视察讲话,他主张建立社会主义市场经济体制,从而明确了我国生产关系的实现形式是社会主义市场经济体制和运行机制。可见,邓小平在这里发展了马克思主义政治经济学,明确指出生产关系或所有制关系必须有一个有效的实现形式,并且把这种实现形式同经济体制或经济机制直接统一、同一起来,明确指出社会主义市场经济体制是当代中国生产关系的有效的实现形式。

生产关系特别是其中的所有制的法律表现,就是一个社会的基本经济制度。所有制关系不仅是一个法律范畴,而且是一个经济范畴。作为经济范畴,它体现在生产、分配、交换和消费各个环节,是通过各种环节表现出来的。因此,必须寻找生产关系特别是所有制关系的实现形式,使法定的生产关系发挥它既定的作用,并且还要使这些实现形式本身合法化。这就要求建立相应的经济体制和经济运行机制。

接着之后,理论界又有学者认为,公有制的实现形式也是公有制。也就是说，股份制、租赁制、承包制、委托代理制、股份合作制企业，也是公有制企业。农村家庭联产承包是公有制。我们认为这也有道理。国有资产的租赁制企业、承包制企业和委托代理制企业，其资产是国有的（尽管业主也在企业中有一定数量的投资，但不占主导），总不能说这些企业是私有制企业。股份合作制企业本来就是一种新形式的公有制企业。既然股份合作制企业是公有制企业，那么，股份制企业也可以叫做一种新形式的公有制企业，或者如马克思所说的是一种社会所有制企业。总不能认为股份制企业是哪一个个人所有的私有制企业。或者如马克思所说的它是过渡型的公有制企业，是对原来意义上的资本家私有制企业的一种“扬弃”。

我们这样说并不是给这些新型的企业脸上“贴金”，也不是为像有的人指责改革在所谓“开倒车”进行辩护。私有制企业是指企业的注册资产为个人所有，公有制企业是指企业的注册资产为劳动者集体或国家所有。既然股份制企业和股份合作制企业的注册资产是为参股者集体所有，为什么不能把它叫做集体所有制企业或公有制企业呢？我们在这里不是仍然抱住传统的姓“公”姓“私”问题不放，把公有制的实现形式同私有制等同起来，而应按照事物的原貌来判断事物的性质。公有制的实现形式应当是多种多样的，因而公有制的形式也是多种多样的。

随着我国经济体制改革的深入，党的十五大又提出寻求公有制的实现形式问题。那里所说的公有制，主要是指国有制。公有制的实现形式，主要是指国有企业的经营方式。国有企业的经营方式有两大类。一种是直接经营即国有国营。这里直接经营涉及资产的“最大最小”的问题。所谓“最大”，是指所有者资产规模很大甚至极大。资产规模越大，越难以自己直接经营，其经济效益一般不好。试想，所有者有几亿、几十亿、几百亿甚至几千亿、几万亿资产，他怎么可能自己去直接经营呢？所以在当代，各国的国有资产，除了在极少数特殊企业如一些军工企业和关系国计民生的基础性企业由国家直接经营外，一般都不由国家直接经营。所谓“最小”，是指资产数量极少，由于科技的发展和竞争的激烈，投资规模的起点越来越高，少量资产不能由自己来直接经营。例如，一个人只有几十元，几百元直至几千元，他无法开办企业直接经营，于是他只能把这少量资金存入银行、购买股票或债券，由别人来经营他的少量资金。另一种是间接经营，也就是通常所说的所有权和经营权的两权分离。

两权分离的经营方式包括股份制、租赁制、承包制、委托代理制、股份合作制等。所谓寻找公有制的适合的实现形式，主要是指国有资产的绝大部分要实行两权分离的经营方式。这是我国经济体制改革深化的需要。

025. 马克思说价格形式是价值规律的实现形式对中介理论有什么典型意义？

经济规律是经济现象的理论抽象或概括。它既是客观的，但又是抽象的。它必须通过适当的形式才能发挥作用。马克思以价值规律为例，十分精辟地说明了这个问题。他说："商品的价值量表现着一种必然的、商品形成过程内在的同社会劳动时间的关系。随着价值量转化为价格，这种必然的关系就表现为商品同在它之外存在的货币商品的交换比例。这种交换比例既可以表现商品的价值量，也可以表现比它大或小的量，在一定条件下，商品就是按这种较大或较小的量来让渡的。可见，价格和价值量之间的量的不一致的可能性，或者价格偏离价值量的可能性，已经包含在价格形式本身中。但这并不是这种形式的缺点，相反地，却使这种形式成为这样一种生产方式的适当形式，在这种生产方式（指商品经济这种生产方式——引者注）下，规则只能作为没有规则性的盲目起作用的平均数规律来为自己开辟道路。"（《马克思恩格斯全集》第23卷，人民出版社1972年版，第120页）这就告诉我们，价格形式是价值规律借以发挥作用的实现形式。由于供求不平衡和竞争的存在，造成商品价格偏离商品价值量，是经常的和大量的；相反，价格与价值量直接相等都是偶然的和个别的。价值规律如何调节社会总劳动时间在各个不同生产部门之间的合理分配，如何促进生产技术的改进和劳动生产率的提高，如何造成生产者之间的两极分化，就是通过价格波动或价格偏离价值量这种形式来实现的。

根据马克思的这个结论和分析的思路，我们还可以得出劳动力价格波动或价格偏离劳动力价值量的形式，是劳动者个人收入分配规律的实现形式；资本价格波动或价格偏离资本价值量的形式，是资本收入规律的实现形式；一切生产要素的价格波动或偏离其价值量的形式，是一切生产要素所有者收入分配规律的实现形式。而这都不是这些形式本身的缺点；相反，在商品经济条件下，只有通过这种形式，才能为这些经济规律发挥作用开辟道路。

马克思的这个精辟论断告诉我们，经济规律必须有其发挥作用的实现形式。经济规律发挥作用的实现形式，就是各种各样的经济体制和经济运行机制，如生产体制或运行机制、分配体制和运行机制、流通体制和运行机制、消费体制和运行机制。如果没有相当的体制和机制，经济规律就不能发挥相应的作用。如果体制和机制错了，就会受到经济规律的惩罚。例如，按劳分配是一条经济规律，但是，如不能根据劳动力的供求变化，没有恰当的工资形式，没有恰当的奖励形式，没有恰当的津贴、补贴和福利形式，这个规律就不能发挥它应有的作用（如满足劳动者的消费需求、促进劳动者提高劳动技能、提高劳动者的积极性等）；相反，实行平均主义的分配政策，就会受到这一规律的惩罚。

026. 生产力和生产关系之间的中介的简明图示是什么样的？

生产力和生产关系之间的中介，我们可以用一个简明的图示来表达：

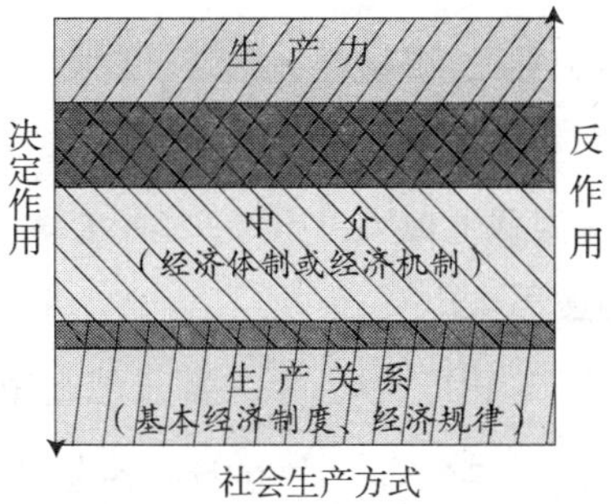

上图示表明：1. 生产方式是由生产力、生产关系及二者之间的中介经济体制或经济机制构成的；2. 生产力决定生产关系，生产关系反作用于生产力，是通过我们的中介即经济体制或经济机制实现的；3. 经济体制或经济机制中既有生产力的因子，也有生产关系的因子。对图示更有关的说明下面再具体分析。

027. 怎样理解图示中生产方式的构成？为什么说经济体制是生产方式的一个必不可少的组成部分？

上述图示告诉我们，生产方式是由生产力、经济体制和生产关系三个有机统一的部分组成。

一般的政治经济学教科书或辞书，说生产方式是生产力和生产关系的有机统一体，我们认为这是不全面的，它忽视了生产力和生产关系相互联系、相互制约、相互作用的中介——经济体制（或经济机制）这个十分重要的中间环节。理论上的欠缺或疏漏，带来了实际工作的被动和盲目。

正确的说法应当是：生产方式是生产力和生产关系是通过其中介环节即经济体制连接起来的有机统一体。没有中介环节，生产力和生产关系就无法相互联系，就不能构成统一的“有机体”。

在马列主义经典作家的政治经济学著作中，生产方式概念中没有经济体制（或经济机制）的直接内容，没有直接的和明确地指出生产力和生产关系之间还存在一个经济体制（或经济机制）这个中介环节，没有直接说明它是二者相互作用的实现形式，这与马、恩、列所处的时代是有直接关系的。在他们的那个时代，由于生产社会化、国际化的程度还不是很高；生产资料的所有者往往同时又是生产的直接经营者，“两权分离”的情况还不够普遍；国家宏观经济调控职能还不够突出和强大；市场经济还处于自由调节的阶段；劳动的社会分工还相对比较简单，产业链还不够长而复杂；等等。这样，经济体制或经济机制的作用，还不可能在实践上被突出出来，因而在理论上也没有被马克思主义经典作家明确地概括或提炼出来。

他们虽有关于“中介”理论的说明，但大都是把它用在认识论上或思维方法上，用于客观事物上少，更没有把“中介”理论直接运用生产力和生产关系的关系上，没有直接提出二者之间有一个中间环节。

他们虽然提出了自然经济、商品经济和计划经济的概念，并对它们特别是商品经济有着十分详细和精辟的阐述，但只是把它们当做一定社会生产方式的经济调节方式来对待，而没有把它们作为一定社会生产方式下生产力和生产关系的“中介”来对待，也没有把它们看做是一定社会经济形态中的经济体制或经济机制，没有像邓小平那样把它（即市场经济）看做是生产关系的实现形式。他们虽然提出了经济规律的实现形式问题，但却没有提出生产关系的实现形式问题。

人们可能这样说，不在于有没有在形式上提出某种概念，而在于有没有这方面的理论内容。但是，这种带关键性的概念——如生产力和生产关系的中介、生产关系的实现形式等——如不被明确提出，那么，尽管有这方面的理论阐述内容，往往就会造成纲不举、目不张的状况，形不成强有力的理论指导，就会使经济体制改革缺乏明确的指导方向和力度。

自第一个社会主义国家苏联诞生后，世界上出现了两种截然不同的经济体制，即市场经济体制和计划经济体制。由于经济体制主要是由生产力决定的，由于当代世界生产力水平还不高，实行单一的计划经济体制的条件还不具备，所以它是不成功的。

人们对实行计划经济体制的条件的理解是片面的，即认为只要实行单一的全民所有制，就可以而且应该实行计划经济体制，而且认为这是经典作家的论断。但是，由于经济体制主要是由生产力决定的，计划经济要求生产力水平必须很高。计划要求信息全息化，即信息（集中到中央的信息）的高度全面（没有漏缺）、高度准确（没有虚假）、高度即时（没有时滞）。没有这样的条件，就不可由中央机关来计划安排一切经济活动。如果硬要这样做，那肯定是瞎指挥，浪费资源，阻碍社会经济的良性发展。实践完全证明了这一点。计划经济体制的失败，才引起了政治家和理论家的高度重视和深刻反思，才真正承认生产力和生产关系之间存在着中间环节，才承认它的重要地位和作用，进而也承认在任何社会生产方式中，都存在着生产力和生产关系相互作用的中介。迄今为止，这种中介共有三种形式：自然经济、市场经济和计划经济；并且认为，在当今世界，市场经济体制是生产力和生产关系之间最合适有效的中介。这样，才在社会主义国家以及其他许多实行计划经济体制的国家，掀起了经济体制改革、构建市场经济体制的热潮。

028. 怎样理解经济体制是中性的？

既然经济体制是生产力和生产关系之间的中介环节，并且又是由生产力和生产关系这一矛盾对立统一体的主要方面——生产力决定的，而且生产力本身是生产的自然属性，所以，经济体制的属性就主要不是由生产关系决定的。它是一种中性的东西。所以邓小平说，“计划”和“市场”不存在姓“社”还是姓“资”的问题。“计划”或“市场”，资本主义可以利用，社会主义也可以利用。

说经济体制是一种“中性”的东西，是指它是一种联结生产力和生产关系的一种媒介，也是经济的调节方式。在任何一个社会中，经济主体是很多很多的，有无数不同的个人、不同的企业、不同的部门和行业、不同的地区，它们之间如何进行经济联系呢？采取什么方式把它们联结、联系进行起来呢？或者用自然经济的方式把它们联结、联系起来，或者用市场经济的方式把它们联结、联系起来，或者用计划经济的方式把它们联结、联系起来。在一定的社会经济形态下，用什么经济调节方式把它们联结、联系起来，不是由哪种所有制决定的，而是归根到底由生产力发展水平决定的。在当代世界，由于生产力水平的决定，只能用市场经济的形式把它们联结，联系起来，而不管各种经济主体是“公”是“私”、是“社”是“资”。调节方式或手段本身一种“工具”（或叫“社会工具”），工具就不存在姓“公”姓“私”、姓“社”姓“资”的问题。既然是工具，你可以使用，我也可以使用。

经济体制中有生产力的成分，也有生产关系的成分。这就是管理。管理首先是生产力的一个要素。在社会化大生产中，管理是社会生产力的一个重要要素。西方经济学则把管理这个要素叫做企业家的才能。管理同时也有生产关系的属性，使生产的目的服务于生产要素所有者的利益。所以马克思说管理具有二重性。这里所说的管理就是经济管理，包括微观的、中观的和宏观的经济管理，因而管理体制就是经济管理体制，简称为经济体制。经济管理体制或经济体制二重性也说明了它是中性的，即管理的组织形式、管理的规则、管理的方式方法，不管生产资料所有制是什么性质的，都可以利用。

029. 怎样理解经济体制是基本经济制度的实现形式？

这在前面提到的邓小平的重大贡献中已经有了说明。基本经济制度是一个社会的生产关系，特别是其中的生产资料所有制关系的主导（基本）部分的法律表现或规定。基本经济制度这种法律要发挥作用，除了要用法律手段来保护其财产权外，同样也要借助于中介环节来发挥其对生产力的保护和促进作用。这个中介就是经济体制。经济体制适合，生产力得到解放和发展，就能巩固基本经济制度，否则，基本经济制度就会受到削弱甚至名存实亡。这也是有实际教训可以佐证的。改革前实行计划经济体制的中国的现实和苏联的解体，就说明了这个问题。

030. 怎样理解经济体制是经济规律借以发挥作用的实现形式？

这在前面提到的马克思的精辟论断中已经有了说明。经济规律是经济现象之间的内在的和必然的联系，是经济活动中的内在的必然性。经济规律是客观的，但它是抽象的。经济规律还可以说是经济关系的理论概括。而经济制度又是经济关系的法律规定。因此，经济规律要发挥作用，也必须借助于一定的形式。例如，无产阶级暴力革命是一条规律，但必须借助于一定的形式，或者是通常所说的要有正确的革命道路，这个规律才能发挥作用。城市武装起义是一种形式或道路，农村包围城市又是一种形式或道路。所以革命道路是无产阶级暴力革命规律借以发挥作用的实现形式。又如，实事求是一条规律，群众路线是这个规律借以发挥作用的一种有效形式；民主集中制是一条规律，人民代表大会制是这个规律借以发挥作用的一种有效形式。任何一条规律，都必须借助于一定的形式才能发挥它的作用。各种经济规律，都必须借助于各自适当的形式才能发挥它应有的作用；这些适当形式，就是各种各样的经济体制，工业经济规律要求用工业经济体制来发挥作用，农业经济规律要求用农业经济体制来发挥作用，商业经济规律要求用商业经济体制来发挥作用，生产、分配、交换、消费领域的经济规律要求有相应的经济体制来使它们发挥作用。

综上所述，经济体制就是生产力和生产关系之间的互联系的中间环节，是生产力和生产关系相互发生作用的媒介，也是生产关系、社会基本经济制度、经济规律借以发挥作用的实现形式。这就是我们给经济体制所下的定义。至于经济体制和经济机制之间的区别和联系，我们在下一节中再来详细地加以说明。

三、经济机制和经济体制的内涵和外延

上节中我们对经济体制的内涵已做了详细的说明，这一节我们再对经济机制的内容和外延进行详细的论述，同时说明它与经济体制的关系，从而进一步论述生产力和生产关系之间的“中介”问题。

031. 对经济机制的涵义有哪三种不同解释？

关于什么是经济机制，目前理论界还没有一个比较统一的定义。1992 年出版的由著名经济学家于光远主编的《经济学大辞典》给经济机制所下的定义是：“国民经济各部分的相互依存、相互制约的关系，及其赖以运转的一切

方法、手段、环节的总和。‘机制’一词源于希腊文 mechane，指人们为了达到预期的目的而制造的工具和采取的手段的总称。自然科学中较早使用机制这一概念；如生物机制是指生物机体内各个器官互相配合而发生作用的过程和方式。经济也是一个活动机体，故而引用为经济机制。它既反映客观经济规律，又体现生产者的主观能动性。不同社会形态有不同的经济规律，因而每个社会形态都有自己的经济机制。……社会主义经济机制是自觉利用经济规律，组织和管理社会主义经济运行的有机体系，按其作用分，有经济调节机制、经济动力机制、经济控制机制、经济传递机制等；按其具体形式分，有计划机制、市场机制、价格机制等。”（见于光远主编：《经济学大辞典》，上海辞书出版社 1992 年第一版，第 1614 页）

《辞海》给经济机制定义为：“国民经济赖以运行的各种方法、手段、环节的有机结合及其相互关系。社会主义的经济机制按作用方式分为计划机制和市场机制两大类。建立合适的经济机制并加以正确运用，对于宏观经济活动的按比例协调发展，微观经济活动的活跃，促进企业增加产量、提高产品质量、降低成本、满足社会需要，都有积极作用。”（见《辞海》，上海辞书出版社 1989 年版，第 3048 页）

《经济管理学辞典》一书给经济机制定义为：“英文中机制（Machinism）一词，是从机器、机构（Machine）一词中转化而来的。意指机器或机构的各个部分都是紧密联系和相互制约的，动一部分就会牵动其他部分或全体。在生物学、医学、工程学等自然科学中首先借用了这个词，如生物机制就是生物机体体系各个器官相互影响引起生理活动的机能。由于社会经济的各个部分或环节也是有机地联系在一起的，故经济学也引用了这一概念。经济机制即指社会经济中某一部分或环节发生变动而引起其他部分、环节或整个国民经济发生运转的具体形式。主要包括经济组织的管理形式，指导经济活动的方针、政策和措施，影响经济活动的各种手段等。”（见《经济管理学辞典》，中国社会科学出版社 1988 年版，第 691 页）

032. 借用“机制”这个概念为什么必须注意自然科学和社会科学的区别？

我们知道，“经济机制”是借用生物学、医学和工程学中的“机制”一词转化而来的。但是，人们都忽视了自然科学和社会科学在使用“机制”一词，其内涵和外延是有很大区别的。在自然科学中使用“机制”一词,仅指事物本身的内在机理或规律,一点也不包括人的意志或人的主观能动性。但在社会科学中使用“机制”一词时,它不仅包括有承认客观事物本身的内在机理或规律的涵义,而且包括人们运用规律的主观能动性的涵义。这样,“经济机制”的内涵就会有广义和狭义之分。广义的经济机制,如《经济学大辞典》一书中所述:“它既反映客观经济规律,又体现生产者的主观能动作用。”但这种表达本身并不是对经济机制的广义内涵的直接表述,而只是对经济机制广义内涵的价值判断。在该书的经济机制定义中,前半句:“国民经济各部分的相互依存、相互制约的关系”,可以是指经济机制是经济运行规律本身;后半句:“及其赖以运转的一切方式、手段和环节的总和”,把它理解为生产者的主观能动作用,似乎比较勉强。

《辞海》的定义只是把经济机制理解为客观经济规律:“国民经济赖以运转的各种方法、手段、环节的有机结合及相互关系。”虽然这个定义也隐含有生产者的主观能动作用——人们采取的各种方法和手段,但定义的落脚点主要是在客观经济规律上。

《经济管理学辞典》的经济机制定义是落脚到人们运用客观经济规律上:“整个国民经济发生运转的具体形式。”因为“具体形式”是由人去制定的。但也不能说这个定义是十分到位的。

可见,理论界在给经济机制下定义时,有的落脚到客观经济规律上,有的落脚到运用客观经济规律上,有的落脚到两点的综合上。这是目前理论界对经济机制定义的不统一的实际情况,它给一般读者造成了不小的困惑。

033. 为什么说经济机制的内涵应当是狭义的?

不错,作为借用自然科学中“机制”一词的经济机制,是可以有广义和狭义之分。经济机制的广义内涵就是客观经济规律(或经济运行的内在机理)及人们对它的正确运用。但狭义的经济机制仅指人们对客观经济规律的正确运用,而不是指客观经济规律本身,因为若此就没有必要引用经济机制一词。何必用经济机制一词去替代经济规律而多此一举反而显得拗口。因此,我们认为,经济机制的内涵应当是狭义的,是用来反映人们的主观能动性作用的。我们通常说要“建立”某种经济机制,“建立”就是人的主观能动性的表现。因为经济规律不是由哪个人去“建立”的。有的著作或文章把“经济机制”叫做“经济运作机制”,就更能反映它被狭义地加以引用。

因此,我们认为,经济机制就是经济规律借以发挥作用的有效实现形式。根据前面关于生产力和生产关系之间中介环节的论述,我们还可以把经济机制定义为:生产力和生产关系之间相互作用的媒介或实现形式。

经济规律是各种经济活动(宏观的、中观的、微观的,社会生产过程各环节的活动)的内在必然性,但它又是抽象的。人们在经济规律面前不是无能为力的。人们可以认识经济规律,而且更重要的是能够运用经济规律为人类服务。而建立符合它的要求的经济机制或经济体制,正是人们主观能动作用的表现。

034. 经济体制和经济机制到底包含哪些内容?

经济体制和经济机制都是生产力和生产关系之间的中介,是生产力和生产关系之间相互作用的实现形式,是基本经济制度借以发挥作用的实现形式,是经济规律借以发挥作用的实现形式,都是人们运用经济规律的主观行为。在这种地位和作用上,经济机制和经济体制是没有区别的。

经济体制和经济机制要说有什么区别的话,主要是在它们所包含的内容上。

我们前面已经说过,作为生产力和生产关系之间的中介环节,包括三个方面的内容:

一是由谁来发挥中介作用;二是按什么规则来发挥中介作用;三是采取什么具体的方式、方法和手段来发挥中介作用。这三者是有机的整体,缺一不可。

首先要有一个能主动按生产力和生产关系相互作用要求的、按经济规律办事的经济管理组织。这是经济管理体制的首要组成部分。没有经济管理组织,生产力不能自动地对生产关系起决定作用;同样,没有经济管理组织,生产关系也不能自动地反作用于生产力。我们在前面还提到,经济管理组织必须横向到边,纵向到底。所谓横向到边,就是社会生产过程的各个环节(生产、分配、交换和消费)、社会经济的各个部门、行业和企业,都要有经济管理组织。所谓纵向到底,就是从中央到地方,从宏观、中观到微观的各级生产经营单位都要有经济管理组织。这是前提,也是组织保障。

其次要有规范经济管理行为的规则。规则就是各种经济规律的内容和要求,就是按经济规律内容和要求制定的法律、法规、制度,就是政府按经济规律内容和要求制定的各种方针、政策。规则的制定,是为了使经济管理行为规范化。规则的内容也是十分广泛的,要有社会生产过程的各个环节、社会经济的各个部门和单位的行为的各种规范。这是核心,是制度保障。

再次要有行之有效的经济管理的各种具体的方式、方法和手段。这包括各种各样的经济手段、各种各样的法律手段和各种各样的行政手段。其中最主要的是经济手段。各级经济组织应视自己的情况采取相应的经济手段。经济管理的各种具体的方式、方法和手段必须以管理规则进而必须以经济规律为依据。这是关键,是中介发挥媒介作用的具体保证。

经济体制和经济机制都包括这三个方面的内容。不同的是,经济体制主要强调管理组织和管理规则这两项内容,强调产权归属以及由谁来决策;经济机制主要强调管理方式和管理规则这两项内容,强调产权的如何有效运用。

如果要说经济机制与经济体制还有什么区别的话,那就是广义的经济机制还包括经济规律本身,经济体制就没有这个涵义。狭义的经济机制和经济体制都是人们的主观行为,它们是由人去“建立”的。而经济规律是客观存在的,是不以人的意志为转移的。人们不能去建立、制定经济规律。

035. 应当怎样进行经济机制的分类?

经济机制的种类的确很多。我们可以看到各种媒体、文章、书刊中使用各种各样名称的经济机制,给人们造成眼花缭乱的感觉。泛用的情况和随意并列使用的情况时有发生,以致造成了混乱并带来消极后果。到底应对经济机制体系进行怎样正确的类别划分,的确有待于经济理论工作者去研究。这里我们试图从以下几个方面进行分类:

(1)按社会经济形态的经济调节方式不同划分。这可以分为自然经济机制、市场经济机制、计划经济机制。这三种经济机制的划分基本上是按不同社会经济形态划分的,也是以不同的生产力发展水平来划分的。它符合经济机制或经济体制作为生产力和生产关系之间相互作用的中介这个基本涵义的。在生产力水平相对低下的前资本主义社会,自然经济机制是那些社会经济的基本调节方式;在社会生产力有了很大发展但水平还不是最高的当代社会,市场经济机制则是社会经济的基本调节方式;只有在未来的社会生产力水平极高,生产资料私有制彻底消亡以及生产资料不同形式公有制已不存在即只有一个全社会所有制时,每个劳动者的个别劳动都直接成为社会劳动,科学技术高度发展以至使经济信息传导真正做到全息化、及时化和准确化的共产主义社会,才有可能使计划经济机制成为社会经济的基本调节方式。

这种划分排除了每个社会经济形态中的这种基本调节方式下的其他各种具体的经济机制与之并列的地位,也就是说,不能把其他各种具体的经济机制放到与它并列的位置上,如价格机制不能与市场机制处于并列的地位,尽管其他具体的经济机制也可能属于某种经济行为的调节方式,如价格机制是商品定价行为的调节方式。

(2)按社会生产和再生产过程的不同环节划分。这是指把经济机制划分为生产机制、分配机制、流通(交换)机制、消费机制。这种类别划分仅指社会生产和再生产过程的不同环节有不同的经济机制,至于每个环节中又有哪些具体的经济机制,则不在此种划分的涵盖范围之内,而且,它们也不能与各自领域内的统率机制并列。如直接生产过程这个环节,具体又包括生产力五个要素(科学技术、管理、生产资料、劳动力、自然资源),每个要素如前所述又包括生产性所有、生产性分配、生产性交换和生产性消费,它们的运作也有相应的经济机制,但它们不能与生产机制并列,是从属于生产机制的经济机制。

(3)按产业部门不同划分。这是指按农业、工业、商业、交通运输、金融、文化、教育、卫生、体育以及其他行业的不同来划分的,如农业经济机制、工业经济机制、商业经济机制等等。至于每个产业部门或行业内部的经济运作还包括的那些具体的经济机制,则不能与整个部门或行业的经济机制并列。如工业生产机制不能同工业经济机制并列。

(4)按经济主体活动范围的不同划分。这主要有宏观经济机制、中观经济机制、微观经济机制,这就是一个国家范围内而言的。宏观经济机制是指一个国家的经济运行机制。中观经济机制是指地区、部门或行业的经济运行机制。微观经济机制是指企业的经济运行机制。同时,在宏观经济、中观经济、微观经济中,各自也包括许多具体的经济机制,但它们也不能与其统领的经济机制并列。如国家财政机制是宏观经济机制之一,但它不能叫做国家经济运行机制，不能与国家经济运行机制并列。

（5）按具体的功能不同划分。这里所讲的具体功能，不是指经济机制对整个社会经济活动的基本功能或综合（多种）功能，如市场机制、计划机制的功能。但是，能够把各种经济机制的各种不同的具体功能严格地区分开来是一件十分困难的事情，因此这里只能就某一经济机制的主要功能而言，或者就它的指向性功能而言，而不考虑它的附生功能或其功能的功能。例如，价格机制，它的主要功能是调节价格的确定问题，但它同时也是一种分配机制，具有分配的功能，因而也属于一种激励机制，但在按具体功能来划分不同的经济机制时，则不必须把它列为激励机制这个类型。因此，究竟怎样进行这种划分，才能把各种经济机制的主要功能区别开来，还真要下一番工夫。《经济学大辞典》说：“按其作用分，有经济调节机制、经济动力机制、经济控制机制、经济传递机制等。”这也可以说是一种划分的方法（请注意，这里所说的“作用”与“功能”的关系是：作用是功能的结果，因而二者是相通的）。因为调节、动力、控制、传递毕竟是不同的经济机制的不同功能，但必须注意在具体界定这些不同功能的涵义时，不能使它们在内涵尤其是外延上发生重复和交叉。问题是，在一种经济活动中，例如在宏观经济活动、中观经济活动或微观经济活动中，又如生产活动、分配活动、交换活动或消费活动中，哪种经济机制的主要功能是起“调节”作用、哪种经济机制的主要功能是起“动力”作用、哪种经济机制的主要功能是起“控制”作用、哪种经济机制的主要功能是起“传递”作用，必须进行仔细的分析才可界定。当然，上述划分中的每一种经济机制内又可以包括许多更为具体的经济机制，如动力机制中可以包括物质动力机制、精神动力机制。

我们把经济机制按社会经济调节方式、社会生产和再生产过程环节、产业部门、经济主体活动范围、具体功能不同，划分为五类，仅是一家之言，仅仅是为了给经济机制体系的外延作一个相对明确的界定，强调的是不要随意地将不同种类的经济机制并列起来，乱点鸳鸯谱，特别是在一个经济主体内建立经济机制体系，更应如此。不可否认的是，上述五类经济机制之间也存在着交叉，例如在企业微观经济机制中就有其他四种经济机制存在并发生作用，但在这一类经济机制中不能与另一类经济机制发生类型交叉。例如，不能把生产机制叫做宏观经济机制。

进一步的分析，我们认为，最好还是按经济规律不同来划分经济机制的类别，这种划分既可以防止各种经济机制在内容上的重复和交叉，也符合经济机制是经济规律借以发挥作用的实现形式的内在要求。但是经济规律是很多的，每个环节、每个部门和行业、每个活动领域或范围，都有自身特殊的经济规律，所以在类别划分上也是有困难的。

四、全面准确理解市场机制或市场经济体制的涵义

市场经济、市场机制、市场经济体制，通常是指一个意思，可以通用。市场机制是当代社会生产力和生产关系之间相互作用的中介，因此有必要在这里首先作简要的单独说明。

036. 市场机制的内涵是什么？

根据前面的分析，市场机制（或体制）的内涵包括以下几个主要方面：

一是市场机制是当代社会生产力和生产关系之间相互联系、相互制约、相互作用的中介。

二是市场机制是市场经济主体间基本经济关系的实现形式。马克思说，市场不仅是商品交换的场所，而且是各种关系的总和，即它包括有商品生产者之间的关系、商品消费者之间的关系、商品生产者和商品消费者之间的关系等。市场是各个关系的中介和实现场所。

三是市场机制是市场经济基本规律——价值规律借以发挥作用的实现形式。

四是市场机制是市场经济社会的社会经济调节方式中的基本调节方式，对资源配置起基础性作用。

037. 怎样理解商品经济发展所经历的阶段？

从一个角度看，市场经济也是商品经济，因为在市场上交换的是商品；商品经济也是市场经济，因为商品交换离不开市场。因此，市场经济也就是商品经济，商品经济也是市场经济。但从另一角度看，市场经济与商品经济又有不同：市场经济是高度发达的商品经济。这可从不同角度来看的商品经济发展

的不同阶段得到证明：

阶段划分	交换媒介	市场主要功能
商品经济萌芽阶段	物物交换	使用价值实现场所
商品经济阶段	以货币为媒介	价值实现场所
市场经济阶段	以信用为媒介	对资源配置起基础性作用

按照恩格斯的说法，商品生产至今为止已有5000～7000年的历史。在漫长的发展历史中，商品经济经历了三大阶段。即以物物交换为媒介、市场功能主要是为了实现使用价值的商品经济萌芽阶段。接着，由于生产力的发展和商品交换发展的要求，产生了货币，并成了交换的媒介，货币是社会财富的一般代表，商品经济发展进入了成熟阶段，市场的功能不仅是使用价值的实现场所，更重要的是商品价值的实现场所。再接着，由于生产力的发展和市场体系的形成和不断完善，为了节省货币流通费用和提高商品流通速度，交换不再主要以货币为媒介，即信用媒介逐渐代替着货币媒介，市场的功能不仅仅是商品使用价值的实现场所，也不仅仅是商品价值的实现场所，而更重要的是资源配置的场所，它对整个社会的资源配置起基础性作用。于是，这个阶段的商品经济就被人们叫做市场经济，从而，市场经济也被认为是发达的商品经济。

市场经济之所以对资源配置起基础性作用，是因为有了逐步完善的市场体系，各种资源的配置都通过市场来进行。

市场体系按市场地域范围的不同来划分有地区市场、全国统一市场和世界市场；按交换对象的使用价值不同来划分有各种各样的部门、产业和行业市场；按交换时限不同来划分有现货市场和期货市场；按交换对象的最终用途不同来划分有最终产品市场、要素市场和产权市场等。

特别是最后一种划分，最能说明市场对资源配置起基础性作用的功能：

最终产品（消费品和出口商品）市场——资源配置了市场：供大于求表示资源供给过剩，供不应求表示资源供给短缺。

生产要素（生产资料、劳动力、资本、技术、信息、地产等）市场——资源将向哪里配置：某种生产要素的供给状况，反映着它在某个国家、地区、部门、行业、企业的配置趋势。

产权(股票等有价证券市场、企业兼并等)市场——全部资源将向哪里配置:它反映某个产权主体的全部资源将向哪里配置。

可见,市场体系越完善,一切产品或生产要素都进入了市场,因而市场就对资源配置起着基础性作用。

038. 市场经济发展经历了哪两个阶段?

市场经济虽然是发达的商品经济,但是市场经济发展本身也经历了两个阶段:完全自由调节的市场经济和国家宏观调控的市场经济。

自从资本主义制度产生后,市场经济就产生并开始处于完全自由调节的发展阶段,即一切由一只"看不见的手"去调节,国家只是充当"守夜人"的角色。但是,随着生产力的迅速发展,生产社会化程度的不断提高,完全自由的市场调节的弊端越来越突出,其中最明显的是每隔 8 ~ 10 年爆发一次经济危机。这样,资本主义国家中许多经济学家和一些政治家,越来越深刻地认识到,只依靠完全自由的市场调节,不但不能克服周期性的经济危机,相反危机越来越严重,直到 20 世纪 30 年代末的世界性的最大危机,使资本主义生产下降了近一半。在这种背景下产生了凯恩斯主义,主张国家对市场进行宏观调控。第二次世界大战的爆发,使凯恩斯主义的贯彻受到了阻碍。战后,各主要资本主义国家都在实行凯恩斯主义,从此,市场经济发展由完全自由调节的阶段真正进入了国家宏观调控阶段。

039. 怎样正确理解计划经济产生的原因和计划的资格比社会主义制度老?

对市场经济的国家宏观调控的主要手段是计划。但是我们的教科书对计划产生的原因的说明是违背历史事实的,即生产资料公有制是计划经济产生的根据。

其实,计划或计划经济产生的根本原因是生产社会化程度的不断提高。生产社会化程度的不断提高,使生产的各个部门、行业和企业之间的联系越来越广泛、紧密和变化速率越来越高,使任何一个企业主体越来越受制于整个社会生产,完全自由的市场调节只能是事后调节。首先,生产的高度社会化客观上要求国家从全局出发,保障资源的按比例的有效配置。其次,计划产生的直接原因是为了克服或避免经济危机所带来的严重损失。再次,计划的产生还因为市场对社会公共产品调节的缺位。公有制只是为计划调节手段的实施提供了更好的保障，但它不是计划经济产生的原因。计划作为经济调节手段，它的产生根源只能从生产力的发展中得到说明，而不是其他。

“计划”的资格比社会主义制度资格老，可以从列宁的有关论述中得到证明。苏维埃政权在1921年实际新经济政策时，提出了实行电气化的计划。计划部门说他们缺少实行计划工作的经验。列宁指出，资本主义国家搞计划有70年的经验可供我们学习。根据列宁指出的精神，我们查阅了有关资料。

自1825年发生了第一次世界性经济危机后，以后每隔8～10年爆发一次经济危机。经济危机的周期性爆发，使学者和国家领导产生了警觉，19世纪50年代又爆发了一次更大规模的经济危机。于是当时英国等西方国家就开始实行计划。这正好如列宁所说的，到20世纪20年代共计70年。但是西方国家当时的计划内容和特点主要是事后的，即在危机爆发后如何通过计划来尽量减少损失，或者是局部的、间歇性的。但是计划还是有效果的。于是在19世纪末，一些西方学者也说，资本主义不再是无政府资本主义了，而是“有计划的资本主义了”（还有的学者说，资本主义已不是资本家的资本主义了，而是“人民资本主义”了，即人人都是股民了）。当然，恩格斯和列宁当时都对“有计划的资本主义”问题进行了批判。不管如何，计划作为一个国家宏观经济调节方式，它比社会主义制度的资格要老。

这一点也有力地证明了邓小平关于“市场”和“计划”不存在姓“资”或姓“社”问题的论断。“计划“作为一种经济调节方式，社会主义可以用，资本主义也可以用。“计划”比社会主义制度资格老，说明它是中性的东西。

040. 为什么叫建立社会主义市场经济体制而不叫建立社会主义商品经济体制？

在邓小平南方视察讲话以及党的十四大提出我国经济体制改革的目标是建立社会主义市场经济体制后，当时人们学习时就提出了这个问题。提问题的人似乎认为“市场”的名字不好听，给人以势利或奸诈的感觉。回答问题的人，仅以现时代的商品经济是发达的商品经济即市场经济作为说明。但仍然回答不了提问者的疑惑。这一方面是因为人们还没有真正理解市场经济的一般性质问题，没有真正理解市场作为经济调节方式的中性和中介地位问题。

另一方面，更重要的是不理解，商品经济它重点强调的商品价值是否实现的问题，市场经济它重点强调的是资源合理配置问题。这就是我们在前面所讲的商品经济与市场经济的质的区别问题。因此，当代社会经济的发展，如果仍然重点强调商品价值是否实现的问题，已经不能充分反映当代经济发展的实际。因为商品经济已经高度发展，一切产品和劳务都成了商品，市场体系已十分完善，一切生产要素都通过市场来配置，市场的功能发生了重大质的变化，它已不仅仅是商品使用价值和价值实现的场所，更重要的它是一切资源要素配置的场所，所以，仍然把当今社会的市场经济视为传统的商品经济已经不合时宜了。

041. 我国在市场经济前面加上“社会主义”一词是为了装点门面吗?

这也是20世纪90年代初人们提出的问题。认为市场经济本身既然没有姓“社”姓“资”的区别，为什么还要叫社会主义市场经济呢？这是不是为了装点门面：实际上在搞资本主义，却还要给自己贴上社会主义的标签。它与上个问题一样，虽然现在人们不大提了，但并不等于在认识上就搞通了。

产生这种误会的一个重要原因是不懂得“一般”与“个别”的联系和区别。一般是一种抽象，并且假定是一种科学的抽象，虽然是一种客观存在，但它是无形的，是非对象化的存在。例如，“人”是一般，但没有一个客观对象物，有的只是张三、李四等具体的人。“水果”是一般，它也没有对象化的存在，存在的是梨、桃、苹果等。“白马非马”就讲的是这个道理。同样，市场经济也是一种“抽象”，是一般，而不是具体的对象化的存在。一般寓于个别之中。市场经济的个别就只能是美国的市场经济、日本的市场经济、德国的市场经济等不同国家中现实存在的市场经济。我们要进行经济体制改革，建立一个具体的对象化存在的经济体制，就不能是一种“抽象”的存在物，而只能是中国特色的市场经济，在中国现存条件下的市场经济，这就是中国市场经济体制。

同时，在中国市场经济体制前面加上“社会主义”也不是言中无物，而是有所指的。这就是我国市场经济与西方资本主义市场经济有着质的区别。这些区别不在于市场经济运作的管理组织体系、管理规则体系和管理方式方法体系，而在于市场经济存在的条件不同。条件不同主要表现在三个方面：一是生产资料所有制条件不同，我国实行的是以生产资料公有制为主体多种所有制并存的基本经济制度；二是个人收入分配关系不同，我国实行的是以按劳分配为主体的多种分配并存的分配制度；三是我国实行的是人民民主专政国家的国家宏观调控。

有人说，前两点不同好理解，后一点不同似乎很勉强，因为国家宏观调控都是国家（不论什么性质的国家）代表全社会的利益在实行调控，为什么还在国家前面加上“社会主义”一词称为“社会主义国家宏观调控”呢？这也涉及对国家职能的全面理解问题。以前我们在“左”的时期，对国家职能的理解有片面性，没有注意到马、恩、列同时讲到国家职能的二重性，即国家职能的阶级性和社会性的统一。我们那时只宣传国家的阶级职能，不宣传国家的社会公共职能。现在，有的人又走到另一个极端，只讲国家的社会公共职能，不讲国家的阶级职能。这同样也是片面的。国家的阶级职能在革命时期、战争时期和危机或动乱时期是十分明显的，宏观经济调控也是如此。在和平时期，国家的社会公共职能是主要的，但这并不代表国家不存在、不行使其阶级职能。在宏观经济调控上，国家同样存在阶级职能和社会公共职能，不能以一个职能否定另一个职能。所以我们讲社会主义国家宏观调控并不是无的放矢，也不是什么刻意标榜。

042. 怎样全面理解市场机制所包含的丰富内容？

首先，是对市场机制的内涵要有一个全面的理解，即它是市场经济条件下生产力和生产关系之间相互联系、相互制约和相互作用的中介，是市场经济基本规律——价值规律借以发挥作用的实现形式。前者着眼点在市场经济是人类社会经济发展的不可逾越的阶段。后者强调的是价值规律是市场经济运行的基本规律，其他规律都是价值规律的派生形式，都是受价值规律主导的。

其次，市场机制从内容上讲也包括市场经济管理组织、市场经济管理规则和市场经济管理的具体方式、方法及手段三个方面。

再次，市场机制也是一种复杂的体系。有什么样的市场体系，就有什么样的市场机制体系。有什么样的生产部门、行业和企业，就有什么样相应的市场机制。但是，最通常的是按市场活动的内容不同，把市场机制划分为市场供求机制、市场价格机制、市场竞争机制和市场风险机制。

市场供求机制是市场机制体系中的基础性机制，它直接反映市场上资源配置的现状。市场供求机制是市场供求规律借以发挥作用的实现形式。市场供求规律是价值规律属下的子规律。市场供求是有规律的：商品价格上涨，供给增加，价格下降，供给减少；反过来说，供给减少，价格上涨，供给增加，价格下降。也可以说，需求增加，价格上涨，需求减少，价格下降；价格上涨，需求下降，价格下降，需求增加。市场供给，“就是处在市场上的产品，或者能提供给市场的产品。”（《马克思恩格斯全集》第25卷，人民出版社1974年版，第208页）市场上供给的商品包括使用价值和价值两个方面。有人把市场供给只理解为使用价值的供给是错误的，从而说供给也制约价格就是使用价值制约价格是荒唐的。一是因为不同价格的同种同质商品的使用价值是不变的；二是因为不同种商品的使用价值大小是无法衡量的。只有商品内在的价值才制约着它的价格。商品的市场供给量是由生产每种商品的规模、发展速度，以及产业结构合理程度与否决定的。市场需求是指有货币支付能力的需求。同样，商品的市场需求也包括使用价值和价值两个方面，把市场需求只看成是使用价值的需求也是错误的。商品的市场需求量是由生产力发展水平、经济结构（包括所有结构和产业结构等），以及由前两者支配的收入分配水平与结构决定的。决定和影响市场供求的每个因素的变化，都会引起商品市场供求状况的变化。但是在市场上，直接引起供求变化的主要是价格。由于价格竞争引起供求关系或状况的变化，使得供求由不平衡达到平衡，再由平衡走向新的不平衡，进而达到新的平衡。这是一个无限的循环。市场供求机制在资源配置中的导向作用，就是由供求不平衡到平衡再到不平衡的无限循环中所表达的资源配置运动状况。因此，市场供求状况就成了资源配置合理与否的最直接的表征。供求机制对资源配置具有调节和控制的功能。国家、部门和企业建立供求机制，目的都是为了在各自的领域内实现由不平衡达到平衡。

价格机制是市场机制体系中的核心机制，也是市场机制中的动力机制、激励机制、利益分配机制等，具有多种功能。价格机制是价格规律借以发挥作用的实现形式。商品价格变动也是有规律的。价格规律也是价值规律属下的子规律。一般地说，商品价值量增加，价格随之上升，价值量减少，价格随之下降；商品供给量增加，价格下降，供给量减少，价格上升。或者说，商品价格与价值成正向关系，与供求状况成反向关系。价格变动既反作用于价值，也反作用于供求。价格还与消费者的消费水平（收入水平）、消费结构、消费习惯及心理有关。如马克思所说,价值决定的规律(即生产商品所耗费的社会必要劳动时间)只能通过没有规则的盲目起作用的波动着的价格平均数规律来为自己发挥作用开辟道路。价格机制在资源配置中的导向作用,是以经济利益为动力(即价格等于或高于价值),以价格的涨落为纽带,引导市场供求的变动,从而实现配置资源的功能。因为商品的市场供求的状况(即供求平衡、供大于求、供小于求)本身就表明了资源配置的合理程度:供求平衡表明资源配置合理,供大于求或供小于求都表明资源配置不合理。建立价格机制的目的,一是为了引导资源的合理有效配置,二是为了调节市场主体间的利益分配关系。

竞争机制是市场机制中的激励机制和动力机制。它是市场竞争规律借以发挥作用的实际形式。竞争规律也是价值规律属下的子规律。竞争也是有规律的,即市场主体为争夺好的生产和销售条件而展开的争夺,是为最佳的经济利益而争斗。它具体表现为供求双方之间、供给方内部各主体间、需求方内部各主体间,为争夺一定的经济利益而进行的各种争斗,反映着各市场主体之间必然的有机联系。竞争作为一种强大的外部动力或压力,强烈地制约着市场主体的行为。其结果是优胜劣汰。竞争机制在资源配置中的导向作用,表现在两个主要方面:一是通过价格竞争,影响供求,从而调节资源的重新配置;二是通过非价格因素的竞争,如商品或生产要素的质量、品种、花色、规格、性能、售后服务的竞争,引起供求变化,从而引起资源的重新配置。建立竞争机制的目的是通过发挥其优胜劣汰的作用,引导资源配置趋向优化和合理化。

风险机制是市场机制中的约束机制,也是市场机制中的动力机制。风险机制是风险规律借以发挥作用的实现形式。风险规律也是价值规律属下的一个子规律。商品生产者的投入是有风险的,风险也是有规律的。目前人们对风险规律和风险机制的研究和重视不够是不对的,这不利于充分说明许多复杂而敏感的经济问题。一般地说,风险越大,收益可能越高;反之,风险越小,收益就可能越少。投资者进行新产品的开发,由于是新产品,没有竞争对手,可以确立较高的价格甚至垄断价格,从而获得较高的利润。但正是由于是新产品的开发,一是投入较大,二是开发能否获得成功,三是即使是新产品生产出来了,消费者是否认可或是否愿意高价购买,所以风险较大。科学技术的不断发展,消费质量的不断提高,使新产品的不断开发成为一种不可阻挡的趋势。虽然它有风险,但是哪个企业占领了新产品的阵地,就能掌握竞争的主动权,就能不断开发新的市场需求,从而获得更多的利润。但是一旦失败,损失也很大。所以,风险收入是一种很特殊的收入。风险机制对资源配置的导向作用,就是以高额(垄断)利润为动力,以高新技术为手段,不断推动资源向高新技术产业配置,从而不断优化和提升产业结构。建立风险机制的目的,就是为了达成这个目标。

供求机制、价格机制、竞争机制和风险机制,作为市场机制的主要构成部分,它们的建立,使价值规律得以发挥它的作用,从而使生产力与生产关系之间的相互联系、相互制约和相互作用,在市场经济的大环境下,得到了充分的体现和发挥。在市场经济条件下,生产力和生产关系之间的关系主要就是通过市场机制来体现的。市场机制或市场经济体制是当代社会生产力和生产关系之间不可逾越的"中介"。

五、当代西方经济学对"中介"理论的重大贡献

当代西方经济学主要是指马克思主义政治经济学以后特别是20世纪中叶以来的西方经济学。长期以来,人们对当代西方经济学的价值判断都是以阶级意识为标准,带有明显的"左"的倾向。改革开放后,人们对当代西方经济学的价值有了新的认为,但也大都是从应用意义上就事论事,绝少从广义的经济学发展史上特别是马克思主义广义政治经济学发展史上去认识它的地位和作用。这反映了人们在思想认识上的保守,也说明人们对政治经济学研究对象的认识上的缺位,即没有从理论上真正认识到,生产力和生产关系之间的中介问题,也应当纳入到政治经济学研究的对象中来。所以我们要进一步解放思想,正确评价西方经济学在经济学发展上的重要贡献特别是在"中介"理论上的重要贡献。

043. 怎样全面正确认识当代西方经济学产生的背景?

全面正确地了解当代西方经济学产生的背景,是全面正确评价当代西方经济学地位和作用的基本依据,也是我们全面检讨对当代西方经济学片面认识的基本依据。

我们认为，仅就经济学理论学科产生的条件而言，当代西方经济学产生的背景主要有以下几个方面：

（1）政治背景——再来掩盖资本主义生产方式的剥削秘密已经不再可能和迫切。马克思主义政治经济学特别是马克思《资本论》出版后，西方经济学家和政治家再想掩盖资本主义制度的剥削本质几乎已经不再可能，甚至是徒劳无益的。这就是《资本论》的伟大力量之所在。也就是说，人们不得不承认剥削及其秘密。

经过数十次的经济危机、两次世界大战和社会主义国家的相继产生，资本主义国家在社会生产力不断发展和科学技术迅猛发展的强烈推动下，对其生产关系进行了多次的甚至重大的局部调整，使生产关系与生产力之间的矛盾比自由资本主义时期有了相当程度的缓解，从而使主要资本主义国家的各阶级和阶层甚至统治阶级上层也不再把注意力放在掩盖资本主义剥削实质上。国际间的经济竞争越来越占有突出的甚至是主导的地位。这也说明了在20世纪没有一部专门经济学著作再去为资本主义制度辩护的原因。这看起来似乎是一个奇怪的现象，但事实上却说明了当代西方经济学产生的时代背景的变化。

在这样的大背景下，西方经济学研究的主要任务很自然地不是把重点放在掩盖资本主义剥削本质上，所以就把重点放在如何为促进经济的快速、稳定、协调发展提供理论依据上。恐怕在大多数经济学家看来，他们的研究成果如果对经济发展没有直接的应用价值，社会和企业家们就不会欢迎、接受这种成果，出版商也不会出版他们的学术著作，甚至其他国家包括我国也就不会大量翻译他们的著作。

（2）经济背景——市场经济和社会化大生产的高度发展。当代西方经济学的产生不仅以西方发达国家的市场经济和社会化大生产的高度发展为背景，而且直接取材于市场经济和社会化大生产高度发展的现实资料。当代西方经济学家们不仅着力于总结市场经济和社会化大生产发展的经验，而且把它上升到政治经济学理论的高度，形成各种各样的学派。这些学派在不同经济领域揭示或阐发市场经济和社会化大生产发展的各种各样的具体规律。在他们的著作中，他们对这些规律的描述是十分具体的，对如何应用这些规律更是相当详细的。因为在市场经济和社会化大生产的发展过程中，遇到了各种各样的新情况和新问题,产生了各种新的矛盾,实践要求理论给予充分的回答和强有力的指导。这完全符合来源于实践又回到实践的认识路线。

(3)科技背景——第二次和第三次科技革命。第二次和第三次科技革命发端于当代西方发达国家。它不仅对整个经济社会生活产生强大而深刻的影响,而且对社会科学尤其是对经济学带来十分重大的影响。这个影响是多方面的。首先,科学技术作为第一生产力在经济发展中的作用巨大,这必然使当代西方经济学中关于科学技术与经济发展的关系得到比以前的经济学更多、更深刻的说明。其次,科学技术与管理的关系更加紧密和广泛,科学技术应用到管理中,大大提高了管理的水平。这样,当代西方经济学中管理与科技的关系得到比以前的经济学更多、更深刻和更广泛的说明。再次,由于科学技术的迅速发展和广泛应用,经济学的研究、叙述方法中更加广泛和有效地使用科技方法特别是数学方法,从而使经济学对经济规律或原理的揭示、描述和应用更加具体和深入,更加缩短了理论和实际的距离。

(4)人文背景——强调以人为本和人的全面发展。在西方发达国家,科学技术和社会生产力的不断迅速发展,特别是知识经济时代的到来,人力资源的价值越来越显得比过去任何时代都重要。以人为本,注重人的全面发展,不仅是科学技术和经济发展的客观而迫切的要求,而且也为贯彻以人为本原则和人的全面发展提供了比过去任何时代更有利的条件。这在当代西方经济学的研究成果中得到了比以往任何时代更多更深入的体现:一是福利经济学的研究成果丰硕,人的权利、价值越来越在经济学中得到了深刻的理论反映;二是人力资本理论的研究成果丰硕,人特别是高素质人才的经济价值越来越在经济学中得到了突出的理论反映;三是在经济管理科学中,从原来的古典管理科学强调对物的管理发展到现在越来越强调对人的管理,行为科学、企业文化、学习型组织等新的管理理论,越来越把企业管理的重心转到以人为本和人的全面发展上来。

总之,这些与当代西方经济学产生直接相关的社会背景,使当代西方经济学不仅有着重要的时代价值,而且也使当代西方经济学有着更为重要的直接应用价值。这个应用价值集中到一点,就是使生产力和生产关系这个社会基本矛盾及其运动规律,在当代社会经济得到更加具体的揭示和更加有力的应用。一句话,就是“中介”理论的产生、发展和不断成熟。

在我国以至在整个社会主义国家，长期以来对当代西方经济学的价值判断是以阶级标准为主，用阶级取向代替社会取向，认为当代西方经济学仍然是资产阶级经济学，是为资本主义制度辩护的当代的资产阶级庸俗经济学。看来这是有失偏颇的。

044. 当代西方经济学家是资产阶级经济学家从而当代西方经济学是资产阶级经济学吗？

在相当多数的人看来，当代西方经济学家都是资产阶级知识分子，他们的经济学著作是为资本主义制度辩护或服务的，所以他们的经济学说是资产阶级经济学说。如果这个论断能够成立的话，那么它就无法解答这样几个问题：

（1）按照马、恩、列的有关论述，剥削阶级统治的国家，知识分子中的绝大多数是劳动者而不是剥削阶级的成员。在当代西方国家的经济学家，绝大多数是大学教授、经济研究部门的职员或政府经济部门的顾问。他们是工资劳动者，依靠他们自己的辛勤劳动，用丰硕的具有社会价值的劳动成果来养活自己。他们是劳动者，或者更恰切地说他们是脑力劳动者。怎么能说他们是剥削者呢？如果说他们是剥削者，那么教师、工程师、科学家、经理、文艺工作者等，都是剥削者了，都是资产阶级分子了。看来，所谓“皮”与“毛”的关系必须重新认识。不能认为知识分子的“毛”都依附着资产阶级的“皮”。认为知识分子都依附着剥削阶级是一种“左”的观点，把旧社会的知识分子都看成剥削阶级的成员是不符合历史事实的。把旧社会的知识分子的劳动都看做为统治阶级服务的观点也是错误的，把知识分子的劳动为社会服务与为统治阶级服务混同起来是十分有害的。

（2）政治经济学有广义和狭义之分。狭义政治经济学是揭示某一特定社会如资本主义社会经济规律的；广义政治经济学是揭示一切社会经济运动的共有规律的，即如马克思所说是研究“生产一般”的而不是研究“生产特殊的”（如资本主义社会生产、封建社会生产等）。“生产一般”如马克思所说，又包括两种情况：一是所有社会的生产，二是几种社会共有的生产，如商品生产和社会化大生产是几种社会所共有的。不言而喻，广义政治经济学本身没有特殊的或一定的阶级属性，也就是说，它是为一切社会和几种社会的经济发展服务的。马克思说过政治经济学有鲜明的阶级性，但他是指政治经济学的资本主义部分，是狭义的政治经济学。当代西方经济学，无论从其研究对象还是研究内容来看，都是属于广义政治经济学。世界著名经济学家、诺贝尔经济学奖获得者萨缪尔森说，经济学是“我们如何进行抉择，来使用具有各种可供选择的用途的、稀缺的生产资源来更好地满足既定的目标——生产什么样的物品，如何生产和为谁生产，现在生产还是将来生产？”用我国学者的话，当代西方经济学是研究人们和社会如何作出选择，来使用可以有其他用途的稀缺的经济资源在现在或将来生产各种物品，并把物品分配给社会的各个成员或集团以供消费的一门社会科学。它研究的内容主要包括五个方面：一是生产什么？一种经济资源可有多种用途，有多种组合。由于各种资源禀赋不同，生产什么，生产多少，都有其最优组合。二是怎么生产？同一种产品的生产，可以采用不同的技术、材料和工艺，或者是劳动密集型，或者是知识密集型。增加一种产品的产量，可以通过增加投入的粗放方式，也可以通过改进技术的集约方式。三是为谁生产？无论生产什么和怎样生产，都有一个为谁生产的问题，也就是收入分配的问题。四是何时生产？即资源利用的时间配置，这就是发展计划。这是因为一国资源有限，绝不能“今朝有酒今朝醉”，而必须做好动态规划，达到可持续发展的目的。五是谁做决策，生产什么，怎么生产，为谁生产，何时生产这四个问题，究竟由谁来决定呢？这就是经济体制问题。迄今为止，人类历史上大体有三种经济体制：自然经济、市场经济和计划经济。不同经济体制，决策的主体和方式不同。西方经济学认为，纯粹的自然经济、纯粹的市场经济和纯粹的计划经济在当代是不存在的。

可见，当代西方经济学在研究对象和研究内容上，与恩格斯给广义的政治经济学所下的定义：“政治经济学作为一门研究人类各社会进行生产和交换并相应地进行产品分配的条件和形式的科学，——这样广义的政治经济学尚待创造”（《马克思恩格斯选集》第3卷，人民出版社1995年版，第492页）并没有什么实质性的区别。只不过当代西方经济学对研究对象和内容的说明，更易把握和应用。

当代西方经济学的研究重点是市场经济和社会化大生产条件下生产什么、怎样生产、为谁生产、何时生产和谁做决策的问题，是几种社会经济中的“生产一般”问题，是对市场经济和社会化大生产条件下的经济运行经验的总结，是揭示这样条件下的经济运动规律。这也是广义政治经济学的一种形式或方面。

因此，当代西方经济学不属于狭义的政治经济学，而属于广义的政治经济学。不能把当代西方经济学说成只是研究资本主义经济运动规律的，也不能把当代西方经济学看成是资产阶级政治经济学。

(3)总结市场经济和社会化大生产条件的经济指导工作的经验和揭示其运动规律的经济科学是人类的共同财富。它不是属于哪个阶级、哪个国家和哪个社会的。它犹如自然科学的研究成果一样，科学知识无国界，任何人、任何阶级、任何国家和任何社会都可以使用和利用。正因为如此，当代西方经济学的许多杰出成果得到了国际社会的认同和重视，而且在各国广为流传，成为各国、各部门、各地区、各企业的经济决策的重要参考文献和指导原则。如果说当代西方经济学只是资产阶级经济学，只是为资本主义剥削制度辩护的，那它就不可能为当今人类社会经济发展服务，不可能为社会主义国家经济建设服务。

(4)有人可能认为，西方经济学家是用研究“生产一般”来抹杀和掩盖“生产特殊”(即资本主义生产的特殊规律)，并认为这正是当代西方经济学家的高明手法。不错，马克思是说过，不能用“一般”来代替“个别”。但马克思同时也说过“一般”对“个别”有指导作用。否则“一般”是错误的。科学包括政治经济学也需要研究“生产一般”(一切社会或几个社会生产的共同规律)。马克思主义政治经济学中不是也有很多关于“生产一般”的内容嘛。

恩格斯还说，广义政治经济学还有待创立。因此，我们必须首先解决的问题是，当代西方经济学是着重研究“生产一般”的还是着重研究“生产特殊”的。当代世界经济发展的实践迫切要求的是研究“生产一般”，特别是市场经济和社会化大生产条件下的“生产一般”。如果说当代西方经济学家研究这种“生产一般”主观上就是为资本主义辩护的，这不仅不符合当代世界经济发展的趋势，而且也很难有说服力的。相反，则可能说明有这种看法的人既有否认研究这种“生产一般”的必要性，又有一种“左”的思想在作祟。如果谁要去研究这种条件下的“生产一般”，谁就是用巧妙的手段在为资本主义制度辩护，那就会扼杀当代各国的经济科学的研究，同时也就会扼杀我国的经济科学研究，因为我国当前最缺少的是对指导市场经济和社会化大生产发展规律的深入研究。正因为缺乏这方面的深入研究，所以我们才大力引进当代西方经济学的研究成果。我们加入 WTO，要与世界经济在游戏规则上接轨，迫切需要有我国特色的关于市场经济和社会化大生产的经济科学理论的指导。当代西方经济学家在创立这种广义政治经济学上的功劳不可抹杀。当然，广义政治经济学还有待完善，当代西方经济学这种广义政治经济学也处在发展和完善之中，许多不足和缺陷将会在实践中得到逐步克服。

总之，当代西方经济学第一是广义政治经济学，是研究一切社会特别是几个社会（市场经济社会和社会化大生产社会）的生产一般或生产方式的；第二它是应用经济学，是研究资源的合理、有效配置，包括资源合理、有效配置的条件，资源怎样做到合理、有效的配置，它填补了生产力与生产关系之间相互作用的“中介”这一政治经济学研究的空白。这是当代西方经济学的最大贡献。

045. 当代西方经济学的重大贡献主要表现在哪些方面？

理论经济学的基本理论体系是一个从抽象到具体即逐步放松假设条件的逻辑框架。它的抽象性、演绎性和形式性的方法论特征，尽管可以使其具有很高的科学价值，然而却可能会降低它对现实世界的解释力。马克思的《资本论》就是运用这种方法的典范。无论广义政治经济学或狭义政治经济学，它研究一切社会生产方式或某一特定生产方式的运动规律，如果仅靠说明生产方式运动规律的一般原理，都是难以解释极为复杂的现实世界的。因此，必须全面具体地展示生产力和生产关系（无论是一切社会或某个特定社会）之间的相互联系、相互制约和相互作用的“中介”，揭示社会经济的各领域、各部门、各单位或企业的这种“中介”环节的具体运行规律和其作用发挥的实现形式。否则，那些最基本的原理就只能被那些懒汉当做教条或束之高阁。马克思的政治经济学如我们在前面所说，它是理论经济学，特别是其中的广义政治经济学原理部分更是如此。它其中的各种假设条件不是在被逐步放松的，相反是极其严格的。这样就非常需要有应用经济学，把研究的假设条件逐步放松，使之越来越接近客观的经济实际。马克思在《资本论》第 3 卷的开篇时也说，本书的研究同资本在社会表面上的各种运动形式，“是一步一步地接近了”。但是，马克思的政治经济学毕竟不是应用经济学。而这就是我们研究、评价当代西方经济学重要贡献的基本出发点。

当代西方经济学既作为一种广义政治经济学，又作为一种“中介”经济理

论,作为应用经济学,它对政治经济学的贡献主要表现在以下方面:

(1)微观经济学和宏观经济学的创立。这是当代西方经济学最突出的贡献。

微观经济学以市场经济条件下的个体单位(家庭和企业)的经济行为为考察对象,以市场价格为中心,采用个量分析方法,以单位利益为目标,研究怎样通过市场竞争来达到资源的最优配置。微观经济学实际上就是市场经济学,它揭示了市场经济运行规律及其发挥作用的实现形式,实际上也就是揭示了市场经济条件下生产力和生产关系之间相互作用的实现形式。它也为市场经济体制的建立提供了理论基础。

微观经济行为包括:家庭(居民户)如何支配收入,怎样以有限的收入获得最大的效用和满足;单个企业(厂商)如何把有限的资源分配在各种商品的生产上以取得最大利润。单个经济变量包括单个商品的产量、成本、利润、要素数量;单个商品(包括生产要素)的效用、供给量、需求量、价格等。微观经济学通过对单个经济行为和单个经济变量的分析,阐明它们的内在联系,从而确定和实现其最优的经济目标。归结起来,微观经济学实际上是阐明了两个问题:一是消费者对各种产品的需求与生产者对各种产品的供给怎样具体地决定着每种产品产销量及其价格;二是消费者作为生产要素的供给者与生产者作为生产要素的需求者怎样具体地决定着生产要素的使用量及其价格(包括工资、利润、利息、地租)。它实际上研究的是一个经济社会既定的经济资源被用来生产什么产品、生产多少、怎样生产、为谁生产以及在微观上由谁决策的问题,研究的是既定的经济资源如何被分配到各种不同用途上的问题,即资源配置问题。

微观经济学的主要内容包括价格理论、消费者行为理论、生产理论、成本理论、厂商均衡理论、个人收入分配理论以及福利经济学和一般均衡分析等。它实际上揭示了生产力和生产关系之间关系在微观层次上的运动规律及其实现形式问题,是“中介”理论的基础部分。

宏观经济学以市场经济条件下的国民经济总体活动作为考察对象,以国民收入为中心,采用总量分析方法,以社会福利为目标,研究怎样通过政府的宏观调控来达到资源的充分利用。宏观经济学实际上就是国民收入决定论。宏观经济学着力从国民经济运行总体上揭示其规律及其发挥作用的实现形式,也就揭示了市场经济条件下生产力和生产关系之间相互作用在总体上的运行规律及其发挥作用的实现形式。它为建立国民经济宏观调控体系提供了理论基础。

国民经济总体问题包括:经济波动、经济增长、就业、通货膨胀、国家财政、进出口贸易和国际收支等。经济总量有国民收入、就业量、消费、储蓄、投资、物价水平、利息率、汇率以及这些变量的变动率等。宏观经济学通过对这些总体经济问题和经济总量的分析研究,来说明或解决国民经济发展中的几个带有根本性的问题:一是已经配置到各个生产部门和企业的经济资源总量的使用情况是如何决定着一国的总产量(国民收入)或就业总量;二是商品市场和货币金融市场的总供求是如何决定着一国的国民收入水平和一般物价水平;三是国民收入水平和一般物价水平以及消费、储蓄和投资的变动与经济增长或经济周期的内在联系。它实际上研究的是一国经济资源的利用现状怎样影响着国民经济总体,以及用什么手段来不断改善经济资源的利用,保证按比例规律的实现,促进潜在的国民收入和经济的稳定增长。可见,宏观经济学研究的是经济资源总量的合理利用问题。

宏观经济学的主要内容包括国民收入决定理论、就业理论、通货膨胀理论、经济周期理论、经济增长理论、财政和货币政策理论等。它实际上是在宏观层次上揭示了生产力和生产关系之间关系的运动规律及其实现形式,是“中介”理论的又一基本构成部分。

当代西方经济学中的微观经济学和宏观经济学是互为前提、相互补充的两个分支学科。微观经济学在假定经济资源利用已经解决的情况下,以经济资源的最佳配置为目标,采用个量分析法进行研究;宏观经济学在假定经济资源配置已经解决的情况下,以经济资源的有效利用为目标,采用总量分析法进行研究。可见,宏观和微观的经济学互把对方所考察的对象作为自己的理论前提,又互把对方的理论前提作为自己的考察对象。须知,作为一个经济社会,不仅有经济资源的配置问题,也有经济资源的利用问题。经济学只有把这两个问题解决了,才能解决整个社会的经济问题。所以,微观经济学和宏观经济学是各具功效、彼此补充、不可分离的整体。

(2)实证经济学和规范经济学的创立。这是当代西方经济学的一个重要贡献。

人们在对稀缺的经济资源选择不同的用途时,必须首先解决一个选择的原则问题。这就涉及经济活动的规范问题，涉及决策者应遵循的游戏规则问题，也就是我们在前面所说的经济组织（自然人和法人、经济主体）要按经济规律办事须遵循的规则问题。由此，当代西方经济学把经济学区分为实证经济学和规范经济学。

实证经济学在既定的假设前提下，对各种经济活动、经济现象及其发展趋势作出客观的分析和论证。它要回答的是“是什么”这一问题，即经济现象的现状如何？有几种可供选择的方案？如果选择了某方案，后果又如何？实证分析要求，一个理论或假说涉及的有关变量之间的因果关系，不仅要能够反映或解释已经观察到的事实，而且要能够对有关现象将来出现的情况作出正确的预测，也就是要能经受将来发生的事件的检验。所以，实证经济学具有客观性，即实证命题有正确与错误之分，其检验标准是客观事实，与客观事实相符者为真理，否则就是谬误。

规范经济学是以一定的价值判断作为出发点，提出行为的标准，并研究某一经济现象或经济活动如何才能符合相应的标准。它要回答的是“应该是什么？”这一问题。即为什么要做这样的选择，而不做另外的选择？它涉及是非善恶、应该与否、合理与否的问题。由于人们的立场、观点、伦理道德标准的不同，对同一经济事物会有不同的看法。所以规范经济学规范的命题没有正误之分。例如，增加货币发行量是否会引起通货膨胀？如果会，通货膨胀率会有多高？这些都是实证经济学的研究范围。至于通货膨胀是好是坏，是否影响政府的形象，则与实证经济学无关，而是属于规范经济学研究的范围了。

由此可见，实证经济学研究经济规律并加以应用，不涉及评价问题；相反，规范经济学则要对经济运行进行评价。实证经济学是对经济运行过程的客观判断，不带有主观色彩，可以通过各种方法对其结论进行检验。相反，规范经济学纯粹是一种主观判断，要解决一种经济行为的是非善恶问题。由于不同的人可能会持有不同的价值标准，因此规范经济学的结论是无法检验的。

但是，实证经济学和规范经济学也是互为前提、相互补充的。规范经济学必须以实证经济学为基础。因为人们不清楚“是什么”也就难以断定“应怎样”。反过来，当人们在实证研究“是什么”特别是“将是什么”时，也不可能完全排除价值的判断。事实上，无论是实证经济学还是规范经济学，都与经济目标相关。经济目标是分层次的。目标的层次越低，与经济运行联系就越紧密，因而研究就越具有实证性;目标的层次越高,就越需要对经济运行进行评价,研究就越具有规范性。所以从这个意义上来看,就像微观经济学和宏观经济学从不同范围研究经济问题并不矛盾一样,实证经济学和规范经济学是在经济目标的不同层次上进行研究,同样具有相互补充、功效各异,构成整体的效果。

(3)制度经济学和数量经济学的创立。这也是当代西方经济学的一个重大贡献。

制度经济学泛指对社会制度—结构以归纳法进行定性分析的一类经济学。这里的制度包括经济制度以及心理、思想、习惯、风俗、文化、伦理、道德、权力、利益、技术、组织、法制等几乎所有社会问题。制度经济学认为,这些非经济因素对经济因素是有制约作用的,应当成为经济学的研究对象。早期的西方制度经济学反对纯经济分析和数量分析。近代兴起的一种新制度经济学,则从"交易费用"出发,研究产权理论、企业理论、委托—代理关系、内部人控制、激励机制等问题,有时也使用数量分析。

数量经济学泛指对社会经济运行以演绎法进行定量分析的一类经济学。它将经济学、统计学、数学和计算机技术结合起来,研究经济运行的规律性。其中包括计量经济学、投入产出经济学、经济控制论、信息经济学、对策论等。数量经济学并不否认经济与社会的联系。它将一定的社会条件作为基本假设,运用现代数学方法模拟经济运行,深入揭示仅靠定性分析难以表达的错综复杂的关系及其变动趋势,并提出相应的预测和决策。

可见,制度经济学和数量经济学在定性分析与定量分析上也是互为前提和相互补充的,但二者相比,数量经济学在西方居于主流地位。

制度经济学和数量经济学作为应用经济学的具体学科,同样也是一种"中介"理论。作为生产力和生产关系之间的相互作用的实际的一种理论反映或概括,它们同样具有不可忽视的理论价值。

(4)综合经济学和分类经济学的创立。这也是当代西方经济学的一个贡献。

综合经济学全面反映经济学的理论体系,属于理论经济学,如萨缪尔森的经济学。分类经济学是经济学的不同分支,有偏重理论的,但大多重于应用,属于应用经济学,如货币银行学、公共财政学、国际经济学、发展经济学、比较经济学、管理经济学、城市经济学等，以及几乎所有部门或专业的经济学，如农业经济学、工业经济学、商业经济学、技术经济学、教育经济学、环境经济学等。综合经济学和分类经济学分别从整体和局部、理论和应用的角度揭示各自领域的经济运行规律及其作用发挥的实现形式，特别是分类经济学的各学科，更是生产力和生产关系之间相互作用的规律及其实现形式在社会经济各部门的专业的具体的理论概括，其“中介”意义更为明显。

(5)管理科学的不断发展和完善。管理科学是当代西方经济学对政治经济学的一项突出的重大贡献。

美国管理学家彼得·F.德鲁克说:“管理的兴起可能是我们的时代的关键性事件，比起报纸上头条新闻的所有大事更重要得多。从本世纪以来，如果不说是没有的话，也很少有一新的基本机构、新的领导集团、新的中心职能像管理那样迅速地兴起。”([美]彼得·F.德鲁克:《管理——任务·责任·实践》，中国社会科学出版社1987年版，第22页)管理科学的创立是以1911年泰罗发表的《科学管理原理》一书为标志的。从此以后，管理科学在其发展过程中大致经历了三个阶段:

第一阶段:古典管理学派。它的代表人物有美国的泰罗、法国的法约尔和德国的韦伯等人。这个学派的主要贡献在于:首先，它指明管理是有组织的社会的一个特殊因素。在此之前，还没有人把管理描述为一个把组织的物质资源或技术力量同人力资源结合起来，以便实现组织目标的过程。其次，它明确提出了管理的职能和作用，并且认为，通过科学的方法就能发现这些原则，从而开创了管理思想史上科学地分析管理的新纪元。再次，它具体地探讨了管理中的技术与领导艺术等管理实践问题，如时间与动作分析，人员的考核与培训等。当然，古典管理学派也存在着时代性的不可避免的缺陷:一是“经济人”假设仅仅重视经济刺激在促进劳动生产率中的作用;二是过于看重正式组织的作用，忽视非正式组织在管理中的影响。所幸，这些缺陷被后来的行为科学学派所克服。

第二阶段:行为科学—人际关系学派。行为科学这一名称诞生于1949年美国芝加哥大学的一次跨学科学术讨论会上。《美国管理百科全书》对其定义是:“运用研究自然科学那样的实验和观察的方法，来研究在一定物质和社会环境中的人的行为和动物(除人这种高级动物以外的其他动物)的行为的科学。已经确认的研究行为所运用的科学包括心理学、社会学、社会人类学和同研究行为有关的其他的学科。”人们习惯上把这一阶段的管理理论称为“行为科学—人际关系学派”。到20世纪50～60年代，这一学派的理论体系有了一系列的发展，如激励理论、组织行为理论、领导方式理论、敏感性训练等时至今日仍颇为时髦的管理思潮。这一学派给管理实践、管理科学的发展带来了革命性的变化：它强调有效的管理应该更加关心人而不是关心生产，应该重视非正式组织的作用；必须削弱管理机构的僵化程度，以便更好地满足人们的需要；应该减少对工资和效率的强调而更多地关心人际关系和激励因素。正是由于行为科学—人际关系学派的影响，现代管理理论和实践都特别注意对人的因素的分析。这一点，在当代西方管理学界最新的进展——“企业文化”和“学习型组织”思潮中得到了充分的展示。但是，这一学派也有其弱点。一是过分偏重非正式组织至少不符合现代管理的发展趋势。二是对经济因素否定太多，而将安全感和归属感看做人最强烈的需要，也是不全面和不深刻的。

第三阶段：当代管理理论丛林。管理科学发展至今已是多种学派鼎足而立，被美国学者哈罗德·孔茨称之为“管理理论的丛林”。其中主要有：

——社会系统学派。它以美国的巴纳德为代表。其主要思想是：①关心组织的定义。“所谓组织，是有意识调整了的两个或更多的人行为或多种力量系统。”其构成要素为：协作的愿望、共同的目标和信息。巴纳德把这称之为正式组织。除此之外还有非正式组织，它伴随正式组织而生，常常发挥着独特的维护正式组织成员心理的作用。②正式组织与非正式组织的统一。从自发联系方面来看，非正式组织往往是暂时的，如果既没有共同的目的，也没有合理的行动准则，人们的行为就会在感情上和利害关系上产生矛盾和冲突，这样，这种组织将难以继续存在下去。但是，正式组织的形成肯定伴随着非正式组织的产生。③组织中经理人员的职能是在协作系统中作为相互联系的中心，并对协作的努力进行协调，以便组织能够维持运转。

——决策理论学派。它以西蒙和马奇等人为代表。他们认为，管理就是决策，组织是由作为决策者的个人所组成的系统。决策就是既有赖于事实前提，又受制于一定的价值前提，而追求决策的合理化则是现代管理的至关重要的问题。决策行为受到人的有限理性的制约，要遵循几个原则：满足化原则、习惯化原则、适应化原则、单循环原则和简单化原则。选择只是考虑近期效应，而不会分析选择效应在时间轴上的无限延伸。人作选择也不会动用人类所有的价值准则，而只不过考虑其中主要的标准。

——系统管理学派。它以卡斯特和罗森茨韦克等人为代表。他们从“整体系统”的观点出发对管理进行系统性研究，认为，一方面，一个组织的内部各组成部分之间是既有密切联系而又相互依存的一个系统，当主管部门改革一个系统时，整个系统的其余组成部分都会受到不同程度的影响；另一方面，任何组织的发展又都受到一定的外部环境系统的影响。因此，认清系统之间的关系，预测系统内外的变化可能引起的后果，以及恰当地进行系统变革等，都是管理工作的重要内容。而管理人员亦必须运用系统方法或权变方法来开展组织内外的活动。

——经验主义学派。它以德鲁克为代表。该学派认为，有关企业管理的科学应该从企业管理的实际出发，以大企业的管理经验为主要研究对象，加以概括和理论化，向企业管理人员提供实际的建议。

——管理科学学派。又称模式学派或数理学派。它以美国的伯法为代表。伯法等人强调，管理就是用数学模型或程序来表示计划、组织、控制、决策等合乎逻辑的程序，求出最优的解答，以达到企业的目标。管理科学就是制定应用于管理决策的数学模式或程序的系统，并通过电子计算机将其应用于企业管理。

当代西方管理学家们对管理科学发展的贡献在于：提出了改善决策的原则；提出了预测和解释系统行为的方法；提出了管理决策的各项明确的原则；提出了一些用以分析公司整个系统或分系统的方法。

管理是一种艺术。管理本身不是一种剥削关系，它毕竟是一种手段，既可以为“私有制”服务，又可以为“公有制”服务，既可以为资本主义服务，也可以为社会主义服务。所以管理科学本身并无阶级性。管理作为一种手段，它是生产力和生产关系之间相互作用的真正实践着的“中介”。所以，当代西方管理科学的贡献，就在于从管理上揭示生产力和生产关系之间相互作用的实现形式的规则和办法，指导经济管理工作按客观经济规律办事。

(6)研究方法的重大变革。

马克思主义政治经济学的资本主义部分的研究重点是资本主义生产关系。这样，马克思用从抽象上升到具体的方法、逻辑与历史相统一的方法来论证资本主义制度产生、发展和必然灭亡的规律是最恰当不过的了;而且这种建立科学体系的研究方法也是马克思的伟大首创,它对于各种基础科学的理论体系也是完全适用的。但是,对于生产力和生产关系之间一般关系中二者如何具体相互联系、相互制约和相互作用,它们之间的"中介"是如何发挥这种作用,仅靠上述方法就显得十分不够了。

同时,马克思在他的政治经济学中采取四分法,按照生产、交换、分配、消费四个环节来安排政治经济学的结构,这既突出了经济活动领域,突出了生产,突出了四环节之间的内在联系,也有利于揭示资本主义生产关系的产生、发展和必然灭亡的规律。但是,在现代市场经济和高度社会化大生产的条件下,经济活动纷纭繁杂,令人眼花缭乱,这四大经济活动领域的界限已经不是那么明显,一个经济行为很难准确地说它是哪一个领域,客观上要求把经济领域的研究和经济主体的研究统一起来,并且突出经济主体的研究,因为任何经济活动都离不开人,都是人的经济行为。

因此,在这样的情况下,当代西方经济学在研究方法上有了很大的突破,特别是在为使经济学理论能够更直接、更有效地应用于实践上,更加重视研究方法的实践性、针对性,使用了许多新的研究方法。其中主要有:

——边际分析法。一个经济社会中总是存在许多因素,它们不断地相互作用、相互影响。某个因素数量上的变化,常常引起其他因素数量上的相应变化。西方经济学把研究一种可变因素的数量变化会对其他可变因素的数量变动产生多大影响的方法,称之为边际分析法,并相应地创立了诸多如边际效用、边际成本、边际收益、边际产品、边际生产力、边际消费倾向、边际储蓄倾向、资本边际效率等相关的概念,成为经济学研究的重要工具。

——定性分析和定量分析相结合的方法。马克思主义政治经济学和当代西方经济学都采用了这种研究方法,但马克思主义政治经济学比较偏重定性分析方法,当代西方经济学比较偏重定量分析方法。前者偏重定性分析法是与它的研究重点和研究任务紧密相关的,后者偏重定量分析法是与它注重研究经济资源的优化配置和有效利用直接相关的。经济学是"天然的数学",更要求运用定量分析法来研究,描述经济现象之间的内在联系。当代西方经济学中采用的规范分析和实证分析总体上也属于定性分析和定量分析的范畴。

——个量分析与总量分析相结合的方法。这是当代西方经济学在运用定量分析法时的一个重要特点和内容。当代西方经济学在微观经济学上偏重应用个量分析法,在宏观经济学上偏重应用总量分析法。这是由于微观经济学和宏观经济学各自的研究对象不同所决定的。

——存量分析和流量分析相结合的方法。这也是当代西方经济学在运用定量分析法时的一个重要特点和内容。存量和流量是西方经济学中的两个重要概念。存量是指在某一时点上某种经济变量的数值,流量是指在某一时期中某种经济变量的增量。存量和变量之间有着密切的关系:流量来自存量,流量又归于存量之中。所以,存量分析和流量分析相结合的方法,有利于揭示经济变量之间的内在联系。

另外,当代西方经济学在运用定量分析法时还创立了内生变量和外生变量的概念并运用到经济分析中。内生变量是指由经济模型内部结构决定的变量;外生变量是指不是由经济模型中的变量决定的,而是由外部因素决定的变量。这种分析也有利于人们把握复杂的经济变量之间的区别与联系。

——均衡分析法。均衡分析是指对均衡形成原因及其变动条件的分析。它包括局部均衡分析和一般均衡分析。局部均衡分析是在其他条件不变的情况下来分析某一时间、某一市场的某一商品(或生产要素)的供给与需求达到均衡时的价格决定。一般均衡分析是指在分析某种商品价格决定时,则在各种商品(或生产要素)的供给、需求、价格相互影响的条件下,来分析所有商品(或生产要素)的供给与需求同时达到均衡时所有商品(或生产要素)的价格如何被决定。所以采用均衡分析法,有利于揭示某一特定企业、行业以至国民经济整体的均衡和非均衡的情况及变动趋势。

——静态分析和动态分析相结合的方法。在当代西方经济学的研究方法中,与均衡分析法密切相关的是静态分析和动态分析及其结合。静态分析就是分析经济现象的均衡状态以及有关的经济变量达到均衡所需要具备的条件,它完全抽掉了时间因素和具体变动的过程。与此相联系的还有比较静态分析,即对经济现象有关经济总量一次变动(而不是连续变动)的前后进行比较的分析。动态分析是对经济变动的实际过程进行分析,其中包括分析有关总量在一定时间过程中的变动,这些经济总量在变动过程中的相互影响和彼此制约的关系,以及它们在每一时点上的速率等。这种分析考察了时间因素的影响,并把经济现象的变化当做一个连续的过程来看待。在微观经济学中,更多地采用静态分析法，在宏观经济学中更多地采用比较静态分析法和动态分析法。这些都有利于揭示经济运行规律并便于人们更好地按经济规律办事。

——分析工具。在当代西方经济学的研究方法中，除了注重运用语言文字工具外，都很重视运用数字语言、图形、表格、经济模型等更为直接的表达和描述方法，从而更有利于揭示经济运行规律并便于人们按经济规律办事。

另外，当代西方经济学还相当注意把系统论、控制论、运筹学、信息论、耗散结构论、计算机等方法运用到经济问题的分析上来，做到对研究对象进行定量的、精确的描述以达到具体地揭示经济运行规律或运行目标的目的，从而使人们更好地按经济规律办事，实现预定的经营目标。

总之，当代西方经济学对政治经济学的贡献是重大而多方面的，其中最重要的是应用经济学，对生产力和生产关系之间相互联系、相互制约和相互作用的实现形式，进行了至今最为具体而有效的阐发和描述。

第三章　劳动价值论的发展与解放思想

科学的理论总是随着实践的发展而发展的。马克思的劳动价值论是在自由市场经济和社会化大生产的历史初期诞生的。一百多年后，市场经济有了很大的发展并且从世界范围来看则进入了国家宏观调控的市场经济发展阶段，生产社会化程度越来越高，科学技术发展越来越迅猛，经济全球化的进程更快，世界经济一体化也初见端倪。这样，劳动价值论必然随之发展。我国已经加入 WTO 并正在深化经济体制改革，正在加入经济全球化的行列，正在面临世界经济一体化趋势的严峻挑战，这些都要求我们遵循发展了的劳动价值论，结合新的实际，以加快生产力的解放和发展。

马克思的劳动价值论以商品价值决定为中心，包括商品价值由人类抽象劳动形成、使用价值由具体劳动形成、商品价值量由社会必要劳动时间来衡量、商品价值的表现形式就是价格、价值规律即商品价值决定及其实现的规律是商品经济的基本规律、商品价值的本质是以物为载体的人与人之间的关系这些基本内容。在新的社会经济条件下，劳动价值论的内容有了许多新的拓展。

劳动价值论是马克思主义政治经济学的理论基础，而政治经济学如恩格斯所说是整个马克思主义的理论基础。

在我国当前，解放思想主要就是围绕社会主义市场经济问题进行思想解放，其他各个领域的思想解放都是以此为基础的，是在市场经济问题上解放思想的延伸。而社会主义市场经济的发展又是以马克思的劳动价值论及其发展为指导的。因此，我们解放思想的理论依据是发展着的马克思主义政治经济学,首先应是发展了的马克思主义政治经济学的基础——发展了的劳动价值论。对于这一点,我们要有足够的认识。

一、生产劳动概念的内涵和外延的新拓展

劳动价值论内容的拓展,首先就是劳动或生产劳动概念的拓展,即它的内涵和外延都发生了新的变化。

046. 怎样全面理解马克思关于劳动的概念?

马克思曾把政治经济学叫做劳动经济学,可见劳动这个概念在政治经济学中有着怎样的重要地位。

马克思认为:"劳动首先是人和自然之间的过程,是人以自身的活动来引起、调整和控制人和自然之间的物质变换的过程。"(《马克思恩格斯全集》第23卷,人民出版社1972年版,第201~202页)劳动就是劳动力的使用或消费,它是人的有意识、有目的的活动,即使用劳动资料(主要是劳动工具),作用于劳动对象(主要是原材料),生产出满足人类某种需要的物或产品。因此,劳动过程包括三个要素:人类有目的的活动即劳动、劳动资料和劳动对象。后两者又称为生产资料。

马克思主义认为,劳动力或劳动能力应"理解为人的身体即活的人体中存在的、每当人生产某种使用价值时就运用的体力和智力的总和。"(《马克思恩格斯全集》第23卷,人民出版社1972年版,第190页)劳动力是生产力的决定性因素。生产资料只有与劳动力相结合,才能在生产过程中创造出产品来;生产资料如果没有人的劳动力在它上面发挥作用,它再好也只是一些无用的东西,更何况其中绝大多数也是人的劳动创造出来的。劳动力还是生产中最活跃的因素。因为人们在改造自然、创造物质财富的同时,也锻炼了自己,不断丰富着各种生产经验,提高着自己的劳动技能。

劳动生产率(或劳动生产力)就是人们劳动生产的效率,即单位劳动时间与生产劳动成果之间的比率。它可区分为个人劳动生产率、企业劳动生产率和社会劳动生产率。马克思认为,劳动生产率决定于以下五种因素:"工人的平均熟练程度,科学的发展水平和它在工艺上应用的程度,生产过程的社会结

合，生产资料的规模和效能，以及自然条件。”（《马克思恩格斯全集》第 23 卷，人民出版社 1972 年版，第 53 页）劳动生产率的提高还表现为资本有机构成的不断提高或资本积累的不断增加。

生产要素就是进行物质资料的生产所必须具备的因素或条件，即劳动者和生产资料。前者为人的因素，后者为物的因素。马克思说：“不论生产的社会形式如何，劳动者和生产资料始终是生产的因素。”（《马克思恩格斯全集》第 24 卷，人民出版社 1972 年版，第 44 页）

生产劳动是劳动者为创造物质财富而付出的劳动。它包括一切物质生产领域中劳动者的劳动和作为物质资料生产过程在流通领域中的继续的那部分劳动（如包装、保管等劳动）以及各种生产性劳务（如货物运输等）。与此相对应的是非生产性劳动，即不创造物质财富的一切非生产部门的劳动者的劳动。

必要劳动是指劳动者为维持和再生产劳动力所必需的劳动。劳动者为维持本人及家属的生活和进行学习，以延续自己的劳动力，需要一定的劳动产品，即必要产品。生产必要产品所消耗的劳动叫必要劳动，从事这种劳动所占用的时间叫必要劳动时间。必要劳动和必要劳动时间是一切社会都存在的。

剩余劳动是指超过必要劳动的范围所进行的劳动。劳动者在生产劳动中，除生产必要产品外，还生产剩余产品，即超出劳动者及其家属所需要的必要生活资料以外的产品。生产剩余产品所消耗的劳动叫剩余劳动，从事这种劳动所占用的时间叫剩余劳动时间。

产品即劳动生产物，它是人们为了生存的需要，通过有目的的生产劳动所创造的物质资料。它包括生产资料和生活资料两大类。如前所述，它还分为必要产品和剩余产品。财富又叫社会财富或国民财富。它通常是指某个社会或国家在特定时间内所拥有的物质资料总和。就其来源来说：“劳动并不是它所生产的使用价值即物质财富的唯一源泉。正象威廉·配第所说，劳动是财富之父，土地是财富之母。”（《马克思恩格斯全集》第 23 卷，人民出版社 1972 年版，第 57 页）除了物质财富之外，还有精神财富，它主要包括科学理论（包括哲学、自然科学和社会科学）、文艺作品、文化遗产等。

047. 怎样结合新情况全面、正确划分生产劳动和非生产劳动？

在我国改革开放之初的 20 世纪 70 年代末和 80 年代初的那几年里，经济学界对什么是生产性劳动和非生产性劳动的争论相当激烈。一些学者为了说明商业职工劳动的重要性，认为商业职工的劳动也是生产性劳动；一些学者为了说明教师劳动的重要性，认为教师的劳动也是生产性劳动；一些学者为了说明知识分子劳动的重要性，认为知识分子的劳动也是生产性劳动等。当时争论的背景是拨乱反正，许多有关意见并没有人去作结论，但后果无疑也是在生产劳动概念上是一种思想解放。但到底什么是生产劳动和非生产劳动，至今也没有一个统一的看法。我们认为继续弄清这个问题仍然是必要的和有意义的。

其实，生产劳动的概念本身，其内涵和外延的演进具有明显的时代特征和社会特征。生产劳动是永恒的，但生产劳动概念的形成却是历史的。

最早给生产劳动下一个科学定义的是资产阶级古典经济学家英国亚当·斯密。他认为一切生产物质产品的劳动都是生产劳动。斯密的定义，纠正了早期的重商主义者认为只有商业劳动才是生产劳动的缺陷和重农主义学派认为农业劳动才是生产劳动的缺陷。对此，马克思给予了肯定的评价。

但是，如果不是像上面从产品经济的角度，而是从商品经济的角度来给生产劳动下定义，那么，我们可以说一切生产商品的劳动都是生产劳动，或者说，一切能创造国民生产总值的劳动都是生产劳动。这样，商业职工的劳动和一切生产劳务的劳动都是生产劳动。因为在当代，商品不仅包括物质产品，而且包括劳务。而劳务包括的范围非常广，不仅商业领域，科技、教育、文化、卫生，以及一切中介服务公司生产的都是劳务，都创造国民生产总值。那么，从商品经济角度给生产劳动所下的定义，在内涵和外延上都比从产品经济角度所下的定义要宽得多。而社会经济发展的实践，也要求我们拓展生产劳动概念的内涵和外延，把有关部门和行业的劳动，特别是第三产业部门的劳动涵盖在生产性劳动的范围之内。

对生产劳动下定义，不仅可以如上面那样从生产的自然方面去界定它，还可以从生产的社会方面去界定它。马克思曾经说过，斯密关于生产劳动的定义就不适用于资本主义生产劳动。马克思认为，只有为资本家生产剩余价值或利润的劳动，才叫做资本主义生产劳动。马克思给资本主义生产劳动下定义是从资本主义生产目的这一前提或基础出发的。这无疑是正确的。把马克思的这一思想加以扩展，我们就可以进一步判断，不同社会由于社会生产目的不同,生产劳动的内涵和外延也就自然不同。联系到我国,社会主义生产目的是满足人民群众日益增长的物质文化需要。这样,在我国,凡是直接为满足人民群众日益增长的物质文化需要而进行的劳动都是社会主义生产劳动。这样,科技教育领域、精神文化领域、各种商业服务领域的劳动,都包含在社会主义生产劳动的范围之内。

二、商品概念的内涵和外延必须拓展

随着市场经济的不断发展,它与马克思的那个时代有很大的不同,首先是商品概念的内涵和外延有了很大的拓展。

048. 商品概念的内涵和外延有了哪些新变化?

马克思对资本主义生产方式的研究和认识是从商品的分析开拓的,他认为商品是用来交换的能够满足人们某种需要的劳动产品,其中主要是指物质资料类的商品。在商品经济十分发达的今天,商品概念的外延大大地扩大了。首先,商品是指用来交换的能够满足人们需要的物质产品、精神产品和劳务。这是商品概念内涵的拓展。商品不仅仅是指用来交换的能够满足人们某种需要的物质产品,而且也包括各种劳务、知识、信息等。

同时它的外延也大大扩大了。这主要表现在:(1)物质生产要素都成了商品,除了生产资料和生活资料外,自然资源如净化的空气、加工处理过的水等也成了商品;(2)货币这种特殊商品出现了许多亚种,如各种支票、承兑汇票、信用卡、电子货币等;(3)资本这种特殊商品的外延也扩大了,除了传统物质资本、货币资本外,还出现了人力资本、技术资本、知识资本、信息资本等,并且它们的地位和作用也日益增强和扩大;(4)精神产品大多也都成了商品,并在人们的经济生活中逐渐占有极其重要的地位,如教育产业、科技产业、研究和开发产业、图书出版与发行产业、传媒与娱乐业、信息与网络服务业、旅游产业等的产品也都是商品;(5)日益发展的第三产业中的劳务产品成了商品,它在经济发展和人们生活中扮演越来越重要的角色,如医疗卫生业、餐饮业、家庭服务业、信息咨询服务业、律师事务所、会计事务所、审计事务所等各种中介服务机构等,文化劳务已成为商品世界的重要组成部分;(6)房地产作为特殊商品的外延也大大地扩大了，马克思当年突出强调的是未开垦的处女地，今天未开发的土地越来越少；相反，房地产的品种则越来越多；(7)军需品作为一种特殊商品开始登上经济舞台。

所有这些情况都表明，我们今天的市场经济已完全不同于马克思时期的市场经济，商品概念的内涵和外延都大大地扩大了，商品的品种大大增加了。这一认识有着十分重要的理论和实际意义。

049. 怎样正确认识各种特殊商品？它的意义何在？

什么叫特殊商品，现在还没有一个规范的定义。学者们对某一特殊商品有研究，但对所有特殊商品的共性却缺少研究。我们这里试图给特殊商品下一个定义：特殊商品就是不同于一般物质产品的具有特殊使用价值的并且其价格是其价值的歪曲表现的商品。这个定义包括四层意思：

一是它是商品，即有使用价值或价值（价格），但其价格不同于一般的价格，其中有的无价值但却有价格，如土地，有的价格高于其价值，如资本等商品。

二是它不是物质产品，而是非物质产品，即所谓精神产品或劳务产品，如技术、专利、信息、商标、著作权、各种劳务服务和咨询服务等。

三是它不是一般物质产品，如武器装备、出版物、音像产品、字画、劳动力等。所谓一般物质产品，是指生产资料和生活资料，即以它的有形体能够满足社会生产的需要，或以其有形体满足人们的生活需要，它加入社会生产和再生产过程，或再生产出生产资料和消费资料，或再生产出劳动力。武器装备虽然也是物质产品，但它不具备一般物质产品的上述职能，即它不能满足社会生产和生活需要，不加入社会生产和再生产过程；它的生产和再生产如马克思所说，是对社会财富的直接扣除，是等于把资本扔到水里一样，但在国家还存在的条件下，它具有保卫国家的功能，因而又是必要的（在合理的限度内）。又如出版物，它们不是一般的物质产品。说出版物是精神产品又是物质产品，具有这种两重性，这可以讨论。我们认为出版物或音像产品，虽然是以物质为载体的，但它们不具有物质产品的基本特征，属于精神产品，不然的话，产品家族中就没有精神产品或精神产品的这一重要组成部分，因为哪里有毫无物质载体的精神产品呢？不确定出版物是精神产品，就不能建立起它是特殊商品的概念。我们应是这样来建立有关概念的区分:物质产品和精神产品是相对应的,产品和商品是相对应的。肯定出版物是商品并且是特殊商品,有利于确立出版业的性质、地位和作用,对大力发展出版业有重要的作用。

四是它具有不同于一般物质产品的特殊的使用价值。前面三个涵义是前提,某类商品只要具备了其中的一个前提条件,它就可列为特殊商品。而这第四个含义,则是任何一种特殊商品必须具备的内涵,否则它就不是特殊商品。

那么,在商品经济社会中,究竟有哪些商品是特殊商品呢?

第一,货币(指金属货币)是特殊商品,即是固定地充当一般等价物的特殊商品。货币为什么是特殊商品呢?它的特殊表现在什么地方呢?这就是它有特殊的使用价值,是固定地表现其他一切商品价值的材料。其特殊性不在于它的价值,它的价值同一般商品的价值一样都是人类抽象劳动的凝结;而在于它的特殊使用价值。由于它固定地充当一般等价物,它是用来表现、代表一切其他商品的价值,所以它又是社会财富的一般代表。

第二,劳动力是特殊商品。劳动力为什么是特殊商品?它特殊在什么地方呢?这也是因为劳动力商品有特殊的使用价值,而不是在它的价值上。劳动力商品的价值也是由生产和再生产它的社会必要劳动时间决定的,即由生产和再生产它所需要的生活资料价值决定的。劳动力商品的使用价值是劳动,它衍生在活的劳动者身上,并且只是在劳动过程发动时才表现出来。劳动这种使用价值的特殊性就是它是价值创造的源泉,并且能够创造出比劳动力价值本身更大的价值即剩余价值。因为劳动者的一天劳动时间可以分为必要劳动时间和剩余劳动时间两个部分。由于劳动力商品有这种特殊的使用价值,谁(公有制或私有制的法人)购买到劳动力这种商品的使用价值的使用权(就像购买其一切商品的使用价值的使用权一样),谁就具有劳动的占有权、使用权和支配权,就可以迫使劳动者为他创造剩余价值。剩余价值是剩余劳动时间创造的,这是商品经济或市场经济的共同属性和共有范畴。有无剥削不在于有没有剩余价值,因为它是剩余劳动的凝结,一切社会都存在剩余劳动,并且它具有促进一切社会进步的巨大功能;而在于剩余价值归谁所有,而这又取决于生产资料所有制的性质。关于资本和剩余价值问题,我们在后面将详细地加以讨论。

第三,资本是特殊商品。资本包括货币形态的资本和物质形态的资本

（如机器设备、厂房等），这里主要指前者。货币资本为什么是特殊商品呢？它又特殊在什么地方呢？也是特殊在它的使用价值上。货币资本这种商品也有价值和使用价值。它的使用价值特殊在什么地方呢？即它的使用本身虽然不能生产剩余价值，但它的使用却是生产剩余价值必不可少的手段，谁使用它就可能带来剩余价值或利润。简言之，货币资本的特殊使用价值就是它是生产剩余价值或利润的手段。正因为货币资本有这种特殊的使用价值，所以资本商品的市场十分红火。货币资本商品越缺少，越供不应求，人们就越想得到它。贷款、集资、引进外资，都是为了获得货币资本这种商品的特殊使用价值。货币资本这个商品由于这种特殊的使用价值即价值增值的手段，所以它一般不是买卖，而是借贷，即所有者暂时让渡其使用价值的使用权或支配权。但它有价格。这个价格就是利息或红利。你不给我利息，你就得不到它的支配权或使用权。所以利息是资本所有权和使用权分离之后的产物，是资本所有权在经济利益上的实现形式；如果不付给利息就是对资本所有权在经济利益上的否定。马克思讲，资本的价格是其价值的歪曲反映。怎么100元价值（资本）变成了110元（加利息10元）呢？它掩盖了资本增值的真正来源或秘密，好像它本身能生“金蛋”，即货币资本商品的特殊使用价值——资本增值的手段——似乎成了它本身就有增值的内在功能，增值的真正原因——剩余劳动——在这里一点也看不到了。

第四，土地是特殊商品。这里所说的土地是指处女地，是广义的土地，包括未开采的矿山、森林、草地、河流等。这种土地本身不是劳动产品，它为什么又是特殊商品呢？它又特殊在什么地方呢？这也是因为土地有特殊的使用价值。这就是土地是人类生产和生活的唯一场所。土地所有权一旦被人为地垄断，就不可能被别人无偿占用；土地被A使用了B就不能同时使用，经营权被垄断了。随着生产的发展和人口的增加，土地越来越成为一种最为稀缺的自然资源。土地没有价值，因为它不是劳动产品，人未在其中投入劳动。土地作为没有价值的东西却有价格即地租。如果你租用我的土地不付给我地租，就等于对我的土地所有权的否认。所以地租是土地所有权在经济利益上的实现形式。土地成为商品是由于土地存在着不同的所有权决定的。土地这种商品特殊的使用价值也是价值增值的手段或条件，土地本身并不能产生剩余价值或地租。剩余价值或地租本身来源于在土地上进行劳动的劳动者的剩余劳动。总之,土地成为特殊商品也是由它的特殊使用价值决定的。古典经济学家威廉·配第说过,劳动是财富之父,土地是财富之母。

第五,马克思曾说过的,名誉、良心,以及现在我们所讲的知识、科技出版物、专利、著作权、商标、品牌、信息等,也是特殊商品。它们为什么是特殊商品呢?它们特殊在什么地方呢?我们认为这也是因为它们有特殊的使用价值,即谁使用了它们,就能给谁带来利润,获得更多的财富。它们也是价值增值的手段。它们也可以叫做不同于物质资本和货币资本的智力资本。这类特殊商品,谁占有和使用了它们,谁就可以在生产和交换中处于有利地位,从而获得更多的利润。这些特殊商品的所有者把它们的特殊使用价值的支配权转让给使用者使用,也要求在经济利益上得到承认。这类特殊商品一般也有价值也是劳动产品,但它们的价格却超过它们的价值,这超过的部分归商品所有者所有。这些特殊商品的价格一般不是由其价值直接决定的,与资本商品一样通常也是由市场供求状况确定的,也可以说是由购买者的支付能力决定的。

上面所列的各种特殊商品,尽管它们有价值或者没有价值,但它们都具有特殊使用价值:价值增值的源泉(劳动力的劳动)或价值增值所不可缺少的手段或条件。

我们还必须看到,特殊商品外延的扩大,种类的增多,是随着社会生产力和市场经济的发展而发展的。经济越发展,社会分工越深化,各种生产要素特别是各种特殊生产要素就会随之作为独立的、扩展了的成员而加入了市场,以它们特殊的使用价值而成为特殊商品。认识这一点对我们进一步解放思想也是相当重要的。

050. 怎样看待军品也是特殊商品?

这里所说的军品是指军事专用品,其中主要指武器装备。

军品是商品现在已被广泛认可,但对军品是特殊商品的说明还不够有力和多见。

我们在前面关于特殊商品问题的分析中指出,特殊商品的核心在于这种商品有特殊的使用价值。这一点对于军品这个特殊商品是完全适用的。军品使用价值的特殊性就是它是消灭敌人、保存自己的手段,是维护国防安全的物质手段。但是前面的分析还告诉我们,那些特殊商品的特殊使用价值的共同点是：价值增值的源泉或手段，即使用它们就能获得更多的利润。军品的特殊使用价值却没有这个功能。这是军品这种特殊商品和其他特殊商品在使用价值特殊性上的一个最重要的不同之处。

军需品的特殊使用价值使商品本身存在着“先进”与“落后”、“有用”与“无用”的矛盾。军品作为消灭敌人、保存自己的手段，它始终必须具备相对的先进性和较高的质量，不能是等外品、次品和替代品，否则就起不到这种手段的作用。敌我双方军品消费是尖锐残酷的你死我活的搏斗，因此一方总是千方百计地使其军品在使用价值的性能、质量上超过对方。如敌方有坦克，我方或者想方设法生产比敌方先进的坦克，或者生产能够消灭敌方坦克的武器如反坦克导弹等。为了达到克敌制胜的目的，敌我双方都必然大力发展国防科学技术并把它的成果迅速应用到武器装备的生产上，以不断提高武器装备的技术和战术性能。这往往是不以人的意志为转移的。对此，恩格斯早就深刻地指出，武器装备的“技术每天都在无情地把一切东西，甚至是刚刚开始使用的东西当作已经无用的东西加以抛弃”。（《马克思恩格斯全集》第22卷，人民出版社1965年版，第444页）这样，军品本身就存在着“先进”与“落后”的矛盾。这个矛盾在其他商品的使用价值上起码是不尖锐的。

军需品与其他一切产品不同，它既不是生产资料，也不是生活资料；既不参与生产消费，也不参与生活消费；既不能用于物质资料的再生产，也不能用于生产性的劳动力的再生产。一般产品，有的充当生产资料，有的充当生活资料，它们的消费均可不断地加入物质资料的社会再生产过程。军品用来消灭敌人，维护国家安全，这种消费不进入物质资料的社会再生产过程，因为它不具有“生产性”，而是一种纯粹性的消耗。所以马克思曾经说过，战争直接从经济上来看，“这就像一个国家把自己的一部分资本扔到水中一样。”（《马克思恩格斯全集》第46卷上册，人民出版社1979年版，第70页）从这种意义上来看，军品对社会生产和再生产是“无用”的。但是军品是保障国家安全的唯一物质手段，是保障国家经济发展的必要条件，因而又是“有用”的。这样，军品本身又存在着“无用”与“有用”的矛盾。这个矛盾是其他一切商品体内部所没有的。

军品还是一种特殊的“公共商品”。军事的“公共商品”消费与政府行政管理的“公共商品”消费有许多不同的地方：一是军费消费的结果是生产“国防安全”，政府行政管理消费的结果不能直接生产“国防安全”；二是军事消费不直接为社会生产和再生产服务，政府消费有的却直接为社会生产和再生产服务；三是军事消费成果和政府消费成果虽然都是“非排他性”的，即全体社会成员都可以享用它们的成果或好处，但是社会成员在享用军事消费成果——国防安全时不需要再有新的投入，而社会成员在享受或使用政府消费的有些成果时却要有不同数量的新的投入，如享受诉讼权时需要缴纳一定的诉讼费，享受教育权时要缴纳一定数量的学费，享受一些公共设施的使用权时要缴纳一定的使用费，等等。因此，军品是一种绝对的“非排他性”的公共商品。

军品商品的特殊性不仅表现在它的个量决定上，而且还表现在它们的总量决定上。其他一切商品包括各种特殊商品，撇开对外贸易不说，它们的需求总量是由本国的有关各种情况决定的，而军品的需求总量则要受国外的有关情况的制约，如受到国际军事形势、国家周边环境、主要对手对本国安全的潜在或现实的军事威胁或威慑程度等因素的制约。而这一情况归根到底也是由军品的特殊使用价值引起的。

军品作为特殊商品，由于受其特殊使用价值的制约，对军品价值决定和价值实现，对军品生产、分配、交换和消费，对军品生产的产业结构，对军事经济的微观管理和宏观管理，都会引起广泛的影响，使社会化大生产规律和市场经济规律在军事经济领域发生作用采取了不同于民用经济的形式。认识军品是特殊商品，对于军事经济体制的改革和发展具有重要的指导意义。

051. 为什么说在我国现今条件下劳动力也是商品？

在许多人看来，马克思曾经说过，劳动力成为商品是资本主义生产或者简单地说是资本主义制度产生的决定性条件，劳动力商品是资本主义经济的特有范畴。我国是社会主义国家，怎么还能说劳动力仍然是商品呢？这个问题至今仍然没有得到一个系统而深刻的解答。它涉及许多重要经济现象和本质的问题，是人们思想解放遇到的一大难关。其中主要涉及以下几点：

第一，关于劳动力成为商品的条件问题。马克思说过，劳动力成为商品的条件有两个：一是劳动者具有人身自由，二是劳动者除了他的身体之外一无所有。这两个条件在总体上说是正确的，但它是一个极其严格的抽象。人身自由这个条件是正确的，毋庸置疑，但它本身也是一个过程。劳动者一无所有这种情况就极为罕见。假如劳动者有少量生产资料，但又不足以自己经营的话，他为了生存，可以去打短工、零工、季节工。在这种种打工时，他的劳动力也不是成了商品了吗？在封建社会中的雇农，他的劳动力就是商品。在小商品经济单位中的雇工，他的劳动力也是商品。可见，不能说劳动力商品是资本主义经济的特有范畴。

劳动者的人身自由是一个历史发展过程。在最初原始社会中，并不存在后来的所谓人身自由问题，家族或血统氏族中的劳动者，虽然依附着家庭或家族，但并不存在人身自由的法律干预。到了奴隶社会，奴隶没有人身自由，但平民却有人身自由，如果他没有或缺少生产资料，就可能依靠或部分依靠出卖劳动力谋生。在封建社会，农奴则有一定的人身自由，它并不排除某些农奴靠出卖劳动力谋生的可能性。争夺人身自由是从奴隶社会开始后劳动者的一项长期的斗争的结果，也是生产力不断发展的客观要求。劳动者们在没有人身自由时，他们首先争取的是人身自由。只有有了人身自由，有了劳动力的所有权，才有可能进一步争夺生产资料的所有权。到底是生产资料所有权决定劳动者的人身自由权还是相反，直到今天还没有一个明确的意见和结论。有人认为生产资料所有权决定产品的分配权，这种说法是相当模糊的。当劳动者有了人身自由权之后，产品的分配权是由生产资料所有权和劳动力所有权共同决定的，其中必要产品的分配权是由劳动力所有权决定的，剩余产品的分配权才是由生产资料的所有权决定的。生产力的进一步发展，特别是社会化大生产时代劳动者在获得了劳动力的所有权即人身自由后（这两者几乎是同时进行并存在着的），他们再来争夺的是生产资料的所有权，并且越来越不再是争夺生产资料的私有权，而是争夺生产资料的公有权，因为生产资料的私有制越来越不适应社会化大生产的客观要求。我们认为，从生产力的两要素人和物这两者关系来看，归根到底是劳动力的所有制决定生产资料的所有权，而不是现有许多人讲的生产资料所有权决定劳动力的所有权。

第二，关于劳动力商品的社会属性问题。有人根据马克思的一些论述或一些教科书的论述，说劳动力成为商品是资本主义独有的经济现象或资本主义经济特有的经济范畴。我们认为这是对马克思的论述缺乏全面理解。劳动力成为商品是商品经济社会的产物，雇佣劳动制度早在资本主义社会之前已经产生。恩格斯在《反杜林论》一书中指出:“包含着整个资本主义生产方式的萌芽的雇佣劳动是很古老的;它个别地和分散地同奴隶制并存了几百年。”“那时雇佣劳动是一种例外,一种副业,一种辅助办法,一种暂时措施。”(《马克思恩格斯选集》第3卷,人民出版社1995年版,第621页)马克思只是说在劳动力成为商品成为普遍的社会现象时,资本主义制度才宣告产生。马克思同时也讲到小商品经济中有雇工现象。雇工的劳动力当然是商品。我们认为劳动力商品是商品经济范畴而不是资本主义经济独有的范畴。如果说劳动力商品仅仅是资本主义经济的独有范畴,一是不符合历史实际,二是必然得出凡是有劳动力成为商品的社会就是资本主义社会的错误结论,就会否定我国今天的经济体制改革。

第三,关于劳动者与生产资料的结合形式问题。劳动者与生产资料的结合有三种情况:一是劳动者与生产资料的直接结合。这是指劳动者自己有生产资料,从而可以直接使用自己的生产资料进行劳动。个体经济就属于这种情况,他的劳动力不是商品。二是劳动者与生产资料分离。即劳动者自己没有生产资料。为了谋生,他不得不把自己的劳动力出卖给企业主,因此他的劳动力就成了商品。三是劳动者与生产资料是形式上的结合、实际上的分离。这是指生产经营单位的生产资料不是哪个私人所有,而是不同程度的社会所有制(如股份制、合作制、集体所有制、全民所有制或国家所有制),企业主只是法人代表,劳动者是这个生产经营单位生产资料的所有者中的一个成员。他不能与他所有的那一份生产资料直接结合,可称之为“分离”,因为他所有的那部分生产资料的数量还不足以使他自己独立经营。但是他又是所有者之一,这可以称之为“结合”。由于企业财产是“集体”的,并由法人来代表,所以他与企业的关系,是自然人与法人的关系。劳动者是企业生产资料的所有者之一,但又不为他直接所有与支配,直接所有者与支配者是法人代表或企业主。这样,他就不能像个体企业那样与自己的生产资料直接结合,也就是形式的即不完全或部分的结合而实际上的分离。这样,他要谋生,就不能不把他的劳动力卖给也是企业生产资料所有者之一的“集体”,于是他的劳动力也就成了商品。

劳动者的人身自由或劳动者的劳动力所有权,存在着形式上的所有权和实际上的所有权之分。如果他没有生产资料也不参加劳动,那他的劳动力所有权仅仅是形式上即法律上的,是没有在经济利益得到体现的所有权。要想实现劳动力的实际上的所有权,他必须出卖劳动力并获得工资。这样,他的劳动力就成了商品。如果他只有部分生产资料而又不能直接应用(经营),必须加入企业这个集体使生产资料数量大大增加(因为随着生产社会化的发展开办企业所需资本的最低限额越来越高)才能发挥作用。这样他的劳动力所有权仍然有一个从形式到实际的转变问题,就必须把劳动力出卖给企业这个自己的"集体"。这样他的劳动力也成了商品。这就是在我国今天的国有制企业、集体所有制企业、股份制企业、股份合作制企业中劳动者的劳动力也是商品的原因所在。只不过劳动者已不是"一无所有"(指生产资料),而是有一定数量的生产资料。

况且,在社会主义市场条件下,其他一切生产要素都是商品,唯独劳动力这个要素不是商品,不仅在逻辑上是讲不通的,而且在实际上也是行不通的。

052. 在公有制企业中劳动力已是商品时劳动者还是主人翁吗?

这是目前还没有得到充分解决的一个重要认识问题。劳动力成了商品,劳动者和企业主的关系就是雇佣与被雇佣的关系,劳动者怎么还是企业的主人翁呢?

在各种形式的公有制企业中,劳动者是企业的主人有两层意思:一是人身上的法律人人平等,劳动者——人民是国家的主人,也是企业的主人;二是劳动者是企业集体生产资料所有者之一,从而也是主人之一。特别是后者,劳动者作为企业生产资料所有者之一,他有权行使主人之一的权利,有权参与企业的决策和管理。否认劳动者的这种主人权利是不对的,违法的。

劳动者作为公有制企业的主人翁,是权利和义务的统一。没有只有权利没有义务的主人,也没有只有义务没有权利的主人。如果只讲权利不讲义务,权利也就难以得到有效实现,只有尽了义务权利才能得到更好地保证。主人翁在权利既定的条件下,更重要的是要尽好义务。是主人也不是他的任何意见都是对的,即使自己认为是对的,但从企业全局来看可能是不对的、片面的、暂时做不到的,因而企业无法采纳,这并不是对劳动者主人翁地位的否定。如果你认为不适合在本企业工作,你可以按合同进行新的就业选择,这也是你行使主人的权利。正确认识公有制企业职工的权利和义务之间的辩证统一关系，是处理职工主人翁地位问题的基本理论依据。

三、商品经济存在的条件在不断变化

随着生产力的不断发展，商品经济也在不断发展，由萌芽状态的商品经济发展到成熟状态的商品经济再发展到发达的商品经济即市场经济。商品经济发展的不同阶段，其存在的条件是不同的。

053. 为什么说私有制是商品经济存在的前提条件是不对的？

有的人引用马克思一些论述，认为私有制和分工的存在是商品生产存在的两个条件。我们认为这是对马克思的片面理解，它十分有害。不错，马克思是有过这样的论述，但他是指简单商品经济和资本主义商品经济的存在条件的。但马克思同时又讲过，在不同的原始公社之间就存在商品交换，从而在原始公社内部也存在着商品生产。原始公社不存在生产资料的私有制，相反却是公有制。所以，要正确地全面地和历史地理解，商品经济存在的条件是不同所有制和分工的存在。只要有不同所有制，就有不同的利益主体，它们之间的经济联系和交往，就只能通过商品货币形式，就不能无偿调拨。

说私有制是商品经济存在的首要条件，那么，社会主义公有制就是与商品经济不相容的，就是要全盘“私有化”；或者反过来说，要公有制就不能要商品经济，这就是错误的要害。

054. 怎样全面看待商品经济发展的不同阶段的存在条件的差别？

第一，在商品经济的萌芽阶段，其存在条件是不同的公有制和分工的存在。

第二，在小商品经济阶段，其存在条件是私有制和分工的存在。

第三，在大工业产生后的自由调节的市场经济阶段（自由资本主义阶段），其存在条件是私有制、分工和市场体系的存在。

第四，在当代的国家宏观调控的市场经济阶段，其存在条件是不同所有制（包括各种公有制和各种私有制）、分工、市场体系、国家宏观调节的存在。

第五，在经济全球化时代的市场经济阶段，其存在条件还包括全球市场的存在和国际市场游戏规则的存在。

因此,那种把资本主义社会中商品经济存在的条件看成是一切商品经济存在的条件是片面的和错误的,客观上是为了否认社会主义社会中还必须存在商品经济。它不仅是用个别(私有制和分工)来代替一般,而且是用静止的观点来看这一问题。商品经济存在的一般条件或者基本条件是不同所有制和分工的存在。这个结论就为社会主义社会商品经济的存在提供了有力的证据。

055. 说马克思恩格斯认为社会主义社会不存在商品经济为什么是片面的?它带来了什么负面影响?

长期以来,直至今天,一些专业书籍、刊物,严肃的讲台,甚至一些领导人,仍然认为,马克思和恩格斯都说过,社会主义社会不存在商品经济,应当消灭商品经济,并以此为依据对我国现今有关政策进行评判。其中包括赞成改革和不赞成改革的人,都在引用马克思和恩格斯的这种论述。

其实这是对马克思和恩格斯有关论述的片面理解直至歪曲,必须要坚决果断地予以纠正,否则影响很坏。因为我们习惯以马克思主义作为指导思想,不纠正对马、恩的这种曲解,就会引起重大的思想混乱。

不错,马克思和恩格斯在《资本论》、《反杜林论》等著作中是讲过,未来的社会主义(广义的,即共产主义)不存在商品经济,但那是什么样的社会主义?是没有不同所有制的社会主义,是全社会只有一个所有制(即生产资料归全社会所有)的社会主义。在那种社会,由于没有不同所有制,因而就没有不同的利益主体,没有个别劳动和社会劳动的差别,个别劳动同时就直接是社会劳动,所以,商品经济就没有存在的条件。恩格斯在《反杜林论》一书中说:一旦社会占有了生产资料,商品生产就将消除,而产品对生产者的统治也将随之消除。

恩格斯的这个公式不能认为是十分明确的,因为其中没有指出:①社会是全社会即“国家”还是某个“群体”,因为群体也可以叫做社会;②是社会占有一切生产资料,还是只占有一部分生产资料;③社会是在无产阶级夺取政权后立即占有全部生产资料,是一次行动,还是一个过程。也就是说,对恩格斯这个公式,可以作这样理解也可以作那样理解。

但是在《反杜林论》的另外一些地方，恩格斯同时又讲到占有社会“一切生产资料”或占有“全部生产资料”，讲到由“全社会”占有或“国家”占有；讲到无产阶级夺取政权后只是“把大规模的社会化的生产资料变为国家财产”，也就是说不可能一下子把全部生产资料收归国有，即不可能立即把小规模的非社会化的生产资料收归国有，全社会占有一切生产资料是一个过程。

后来，恩格斯晚年在《法德农民问题》和《论住宅问题》这两个重要著作中指出，针对西欧的大部分国家中，由于小农经济和手工业经济还占有相当大的比重，主张在无产阶级夺取政权后，对于小规模的非社会化的农业经济和手工业经济实行合作制。他说：“我们对待小农的态度究竟是怎样的呢？在我们夺得国家政权的那一天，我们应该怎样对待他们呢？

“第一，……我们预见到小农必然灭亡，但是我们无论如何不要以自己的干预去加速其灭亡。”

“第二，同样明显的是，当我们掌握了国家政权的时候，我们决不会考虑用暴力去剥夺小农（不论有无报偿，都是一样），像我们将不得不如此对待大土地占有者那样。我们对于小农的任务，首先是把他们的私人生产和私人占有变为合作社的生产和占用，不是采用暴力，而是通过示范和为此提供社会帮助。当然，到那时候，我们将有足够的手段，向小农许诺，他们将得到现在就必须让他们明了的好处。”（《马克思恩格斯选集》第4卷，人民出版社1995年版，第498～499页）

在这种条件下，恩格斯还主张把国有土地租给农民耕种，把一些工厂租给工人经营，还保留银行和货币，保留商品生产和商品交换。

列宁也有恩格斯的这种思想并把它付诸实践。

既然社会主义国家中仍然存在几种不同的所有制——国有制、合作制（或集体所有制），甚至私人或个体所有制，或者说还不具备全社会（国家）占有一切生产资料的条件，那么，就必然存在商品生产和商品交换。

因此，说马恩列认为社会主义社会不存在商品经济是不符合他们全面论述的，是一种片面的理解。这种片面理解在政治上造成了极大的被动和经济上的极大损失。按照这种理解似乎我们现在发展市场经济是“离经叛道”，似乎我们以前实行计划经济体制才符合马克思主义经典作家的教导。

四、要深化对生产劳动和生产工人的认识

在马克思的劳动价值论中，生产工人主要是指从事物质资料的劳动者以及作为生产过程在流通领域中的继续的那些部门的劳动者和各种生产性劳务部门的劳动者。同时，马克思又指出，总体工人概念的外延在扩大，即科技人员也是总体工人的一部分。他根据当时科技的发展及其在物质生产领域的应用情况，深刻地指出："总体工人的各个成员较直接地或者较间接地作用于劳动对象。因此，随着劳动过程本身的协作性质的发展，生产劳动和它的承担者即生产工人的概念也就必然扩大。为了从事生产劳动，现在不一定要亲自动手；只要成为总体工人的一个器官，完成他所属的某一种职能就够了。"（《马克思恩格斯全集》第 23 卷，人民出版社 1972 年版，第 556 页）这就是说，与生产紧密结合的科技研究人员也是生产工人。

056. 在当代，生产劳动和生产工人概念的外延扩大主要表现在哪些方面？

（1）科技劳动成为最重要的生产性劳动，科技工作者也是生产工人。当今，随着生产力的发展和科技的进步，科学技术日益成为创造财富的决定性因素。新的科技革命已成为推动社会生产力发展的最有力的杠杆。科技工作者的劳动不但是重要的劳动形式，而且是最为复杂的劳动。科学家、科技人员和专家型、知识型人才已正在成为社会先进生产力、"第一生产力"的代表，而且他们的队伍在不断扩大。这是当代经济发展的普遍现实和突出特点。

（2）教育劳动已成为基础性的生产劳动，教育工作者也是生产工人。在当代，各种先进产品和劳务的生产，都要求有高素质的劳动者，而高素质的劳动者要靠教育来培养。教育是高素质劳动者成长的起点、基础和"加油站"。当代国际竞争的中心的是经济，核心是人才，基础是教育。教育已成为一个基础性产业，是一个国家综合国力的重要组成部分，是决定性生产力要素——劳动者成长和素质不断提高之源。发达国家已经普及了高中教育。各级各类教育事业或学校十分发达。教育工作者已形成了一个庞大的队伍。

（3）经营管理劳动日益成为重要的生产劳动，经营管理者也是生产工人。企业的生产经营离不开科学有效的管理。管理作为生产力的要素的地位越来

越重要。现代企业,尤其需要懂技术、善经营、会管理的综合型、专家型人才进行高级管理的劳动。现代市场经济,竞争激烈,经营运行的变数增多,这使得企业经营管理职能更加重要。经营管理者的劳动在价值创造中和科技劳动一样,也是一种复杂的劳动。目前,市场经济发达国家,经营管理者的队伍不断扩大,已经形成了一个新的社会阶层。

(4)精神劳动是创造精神产品的生产性劳动,包括理论工作者、文艺工作者、新闻出版工作者等在内的精神劳动者也是生产工人。精神产品的生产,是劳动者运用精神生产资料通过大脑思维生产出满足人们需要的精神产品的生产劳动。精神产品已经成为人们生活消费不可缺少的重要组成部分。在当今社会,精神劳动创造的精神产品即精神财富是一种很重要的社会财富,它在整个社会财富中所占的比重越来越大,地位越来越重要。它既是物质财富不断增长的结果,又是物质财富不断增长的动力和智力支持,是实现人的全面发展的客观要求。这一点,已为人们在精神产品的消费占整个消费比重不断提高的事实所证实。今天,在我国,从事精神劳动的工作者数量也在不断增加,已经形成一个新的社会阶层。

(5)为物质资料生产直接提供的劳务也是生产劳动,从事这类劳动的人员也是生产工人。这种生产劳动,是劳动者为直接满足社会和人民生活需要而提供的劳务活动。商品的使用价值从一定意义上说,就是有用性,它不仅包括有形的物品,而且包括无形的劳务。劳务提供的效用,虽然没有一种实物形式,但是可以增加物品的效用或对人们具有用途,从而成为使用价值并且能够成为生产各种新的使用价值的要素;而生产"劳务"这些使用价值同样耗费包括人的体力和脑力在内的生产费用。因此,提供这些劳务的劳动也属于生产性劳动。当前,随着信息社会的到来,各种中介机构、信息服务行业等迅速发展,从事这种行业的工作者队伍不断扩大,已经形成了一个新的社会阶层,在社会经济生活中日益发挥着越来越重要的作用。

(6)第三产业中的大部分劳动都是生产劳动,从事这类劳动的人员也是总体工人的一部分。这就如上面提到的第(1)~(5)种情况以及各种商业服务等。在社会主义市场经济条件下,不能仅仅局限于生产物质产品的劳动是生产劳动,就是为生产、流通、分配、消费提供服务的劳动,也应该认为是生产性劳动。如商业劳动,就是直接为生产服务的劳动,我们也应该把商业劳动中的除真正的纯粹商业劳动外的绝大部分劳动都看做生产劳动，它同样创造价值。第三产业的迅速发展，在整个国民经济中地位提高，贡献增大，这与马克思的时代有很大的不同。

(7)政府宏观经济管理部门中大部分劳动也应看做生产劳动，这些劳动者也是生产工人。当今，宏观经济管理部门如计划、协调、统计、监督等，都是直接为社会再生产服务的，在社会总产品价值的决定和实现中日益发挥着重要作用。这些部门工作者的劳动理应当做生产劳动，他们也是生产工人。这与马克思时代有很大的不同。在马克思那个时代，政府基本是“守夜人”，不承担国家宏观经济调控的职责。市场经济由自由调节阶段发展到国家宏观调控阶段，政府不再仅是“守夜人”，同时又是国民经济的宏观调控主体，担负着管理整个国民经济的重要职责。这样，国家经济管理也有着生产劳动的涵义，即这种劳动也像企业管理一样是一种生产劳动，从而这些劳动者也是生产工人的一部分。当然，他们往往是一身二任，即同时也是国家管理者。与此相近的，还有与生产直接有关的行政执法、司法部门，也带有生产部门的性质，从而这些部门的人员也是生产工人，就像一些社会中介部门的人员也是生产工人一样。

(8)生产军工产品的劳动也应属于生产劳动的范畴，从事这类劳动的人员也是生产工人的一部分。只不过他们的生产劳动是生产一种特殊的产品——军品的生产劳动，他们是一部分特殊的生产工人。

总之，在社会主义市场经济条件下的我国，一方面，凡是能创造国民生产总值的劳动都是生产劳动，其中的劳动者都是生产工人；另一方面，凡是为社会主义生产目的——满足广大人民群众不断增长的物质文化生活需要——直接服务的劳动都是社会主义生产劳动，其中的劳动者也是社会主义生产工人。

除此以外，还必须看到，在当代，由于生产的自动化，生产第一线工人所占比例越来越小，而且他们的科技文化素质也越来越高，体力劳动和脑力劳动的差别也越来越小。同时应该说明的是，尽管社会生产劳动和总体工人概念的外延在不断地扩大，但是不能无限制地扩大。在社会主义市场经济条件下，除了生产劳动以外，还存在大量的非生产劳动，如军人劳动、国家行政管理和其他服务部门等方面的劳动。这些劳动对于保护国家安全，维护社会秩序，保障社会和人民正常生产和生活都是必要的。因为这些部门不直接为创造社会财富（物质的和精神的）提供服务，只是为社会主义的建设和发展提供保证和外部条件，因此，不能算做生产劳动。

五、要深化对价值规律问题的认识

价值规律包括价值决定和价值实现两个方面的问题。在当代市场经济发展中，商品的价值决定和价值实现都出现了许多新情况和新问题，要求给予科学的回答，以增强我们按价值规律办事的自觉性。

057. 怎样深化对商品价值量决定的认识？

马克思在《资本论》中对商品价值量决定问题的论述有着非常丰富的内容。但是，随着当代市场经济的发展，对这个问题也要进行深入地研究和分析。

马克思认为，商品价值量就是生产商品所耗费的社会必要劳动时间。这个社会必要劳动时间，马克思认为有三种涵义，并且是在假定条件逐步放宽的情况下进行论证的。

第一种涵义的社会必要劳动时间就是一个部门内部的社会必要劳动时间。这里所说的部门，是指生产同种同质产品的部门。通常是指一种产品就是一个生产部门，如小麦、大豆、桌子都各是一种生产部门。这种社会必要劳动时间是指在市场供求基本平衡、部门之间的竞争还未大量出现的情况下，在某个部门内部生产该单位商品所耗费的社会必要劳动时间。马克思指出："社会必要劳动时间是在现有的社会正常的生产条件下，在社会平均的劳动熟练程度和劳动强度下制造某种使用价值所需要的劳动时间。"（《资本论》第1卷，人民出版社1975年版，第52页）精确地说，它是一个加权平均数。这种社会必要劳动时间大致反映简单商品经济阶段商品价值量的决定情况。

第二种涵义的社会必要劳动时间就是整个社会的社会必要劳动时间。在商品经济进一步发展的阶段，部门之间的竞争出现并普遍化了。同时，我们知道，商品市场供求不一致在这个阶段是经常的和大量的现象，供求平衡则是个别的和偶然的现象。在这种情况下，社会只有把它的总劳动时间按比例地分配给各个特殊的生产部门，才能保证整个市场供求的基本平衡，同时这种总供求的平衡还是动态的。因此,第二种涵义的社会必要劳动时间就是社会根据社会需求把社会总劳动按比例分配给各个特殊生产部门的时间。马克思说:"事实上价值规律所影响的不是个别商品或物品,而总是各个特殊的因分工而互相独立的社会生产领域的总产品;因此,不仅在每个商品上只使用必要的劳动时间,而且在社会总劳动时间中,也只把必要的比例量使用在不同类的商品上。这是因为条件仍然是使用价值。但是,如果说个别商品的使用价值取决于该商品是否满足一种需要,那末,社会产品总量的使用价值就取决于这个总量是否适合于社会对每种特殊产品的特定数量的需要,从而劳动是否根据这种特定数量的社会需要按比例地分配在不同的生产领域。"(《马克思恩格斯全集》第25卷,人民出版社1974年版,第716页)"社会劳动时间可分别用在各个特殊生产领域的份额的这个数量界限,不过是整个价值规律进一步发展的表现,虽然必要劳动时间在这里包含着另一种意义。为了满足社会需要,只有这样多的劳动时间才是必要的。在这里界限是通过使用价值表现出来的。社会在一定生产条件下,只能把它的总劳动时间中这样多的劳动时间用在这样一种产品上。"(《马克思恩格斯全集》第25卷,人民出版社1974年版,第717页)所谓社会需要就是指社会各个特殊生产部门的实际的有支付能力的需求,它在一定的劳动生产率下,是由人口数量和收入平均分配水平决定的。

但是第二种涵义的社会必要劳动时间是社会分配给每个特殊生产部门的劳动时间总量,这样,该种商品单位价值量就等于这第二种涵义的社会必要劳动时间除以社会对该种商品的社会需求总量。例如,根据社会需要,社会对某种商品的需求量是100,社会将其总劳动时间的100的20%即20个时间单位分配给该生产部门,这时该生产部门生产商品的数量恰好是100。那么,该生产部门的单位商品价值量=20/100=0.2个时间单位。该生产部门不管实际上生产多少个商品,它们的第二种涵义的社会必要劳动时间总量都是20个时间单位。如果该生产部门生产的商品总量超过了社会需要,价格就会下降;反之,价格就上涨。

在当代,按产品品种不同,可以分为几万、几十万甚至更多的生产部门,社会劳动时间总量必须根据不同社会需要按比例地分配给这许许多多的生产部门。因此,这第二种涵义的社会必要劳动时间的量的计算也是极其复杂的工作，而且也是在经常变动的，各部门之间的合理比例也是相对的和不断变化的，产业结构的合理和优化是一个不断上升的过程。

第三种涵义的社会必要劳动时间是世界范围内的社会必要劳动时间。随着世界市场的形成和不断发展，国际范围内的商品交换不断发展、规模越来越大、数量和品种越来越多，以至于发展到今天，形成了经济全球化。这是马克思那个时代所无法比拟的。这样，在国际市场上，商品价值量的决定就应当按国际范围内的社会必要劳动时间来决定，由此而形成的价值就是“国际价值”。这就是说，参加国际市场交换的各国某种商品的个别劳动时间即个别价值（尽管它在国内则为社会必要劳动时间或社会价值）的加权平均数，就是国际平均价值。马克思说：“国家不同，劳动的中等强度也就不同；有的国家高些，有的国家低些。于是各国的平均数形成一个阶梯，它的计量单位是世界劳动的平均单位。”“一个国家的资本主义生产越发达，那里的国民劳动的强度和生产率，就越超过国际水平。因此，不同国家在同一劳动时间内所生产的同种商品的不同量，有不同的国际价值，从而表现为不同的价格，即表现为按各自的国际价值而不同的货币额。”“强度较大的国民劳动比强度较小的国民劳动，会在同一时间内生产出更多的价值，而这又表现为更多的货币。”“生产效率较高的国民劳动在世界市场上也被算作强度较大的劳动。”（《马克思恩格斯全集》第23卷，人民出版社1972年版，第614页）在当代，国际市场交换的广度和深度日益发展，国际分工正在加速形成，国际间的商品价值量的决定不仅表现在个别生产部门上即世界范围内的第一种涵义的社会必要劳动时间，而且正在表现为世界范围内的第二种涵义的社会必要劳动时间，要求世界范围内的按比例发展。

决定商品价值量的社会必要劳动时间的三种涵义的历史演进，充分说明了商品经济的发展历程。它对于我们认识当今时代商品价值量决定具有重大的现实意义，对于如何提高劳动生产率，降低商品成本，增强商品市场竞争力具有更重要的现实意义。

058. 怎样深化对价值规律发生作用形式的认识？

马克思的劳动价值理论告诉我们，价值规律作为商品经济的基本规律，总是通过市场价格、市场供求和市场竞争的机制来发生作用的。马克思指出：

“价格作为商品价值量的指数，是商品同货币的交换比例的指数，……这种交换比例既可以表现商品的价值量，也可以表现比它大或小的量，在一定条件下，商品就是按这种较大或较小的量来让渡的。可见，价格和价值量之间的量的不一致的可能性，或者价格偏离价值量的可能性，已经包含在价格形式本身中。但这并不是这种形式的缺点，相反地，却使这种形式成为这样一种生产方式的适当形式，在这种生产方式下，规则只能作为没有规则性的盲目起作用的平均数规律来为自己开辟道路。”（《马克思恩格斯全集》第23卷，人民出版社1972年版，第119～120页）但是，马克思这里告诉我们的价值规律通过市场价格、市场供求、市场竞争这些形式来发生作用，主要是指自由调节的市场经济阶段的价值规律发生作用的形式问题。我们知道，市场经济本身的发展也经历了两个阶段，即自由调节的市场经济阶段和国家宏观调控的市场经济阶段。在自由调节的市场经济阶段，经济运行只是靠“一只看不见的手”即市场来调节的。但是，自由调节的市场经济的发展，由于它自身不可避免的自发性和盲目性，必然造成生产发展的无政府状态，带来周期性的生产过剩的经济危机，给整个社会经济造成极大的破坏和浪费。这就在客观上要求社会的最高权力主体——国家出面进行干预，力图避免经济危机或减少经济危机造成的损失。于是，一些资产阶级国家开始研究这一问题。从19世纪中叶到20世纪初期，特别是凯恩斯的经济理论阐述了国家干预经济的必要性及其途径。但是，由于受到第二次世界大战的影响，凯恩斯的理论未能得到很好贯彻。第二次世界大战以后，西方发达国家普遍按照他的理论要求，实行国家宏观经济调控，从而使市场经济真正从自由调节的阶段进入到国家宏观调控阶段。这样，价值规律借以发生作用的形式，不仅有市场价格、市场供求和市场竞争这些手段，而且还要受到国家的经济计划、经济法规、经济政策、经济手段等宏观干预，从而使价值规律发生作用的形式更加多样化和复杂化。而且在当代，随着市场经济的不断发展特别是经济全球化和知识经济时代的到来，国家宏观调节的力度越来越强，具体手段越来越多，从而在发挥市场机制对资源配置起基础性作用的同时，高度重视国家宏观调控手段在资源配置中的重要作用，以克服价值规律自发作用的“缺点”。

不仅如此，价值规律借以发生作用的形式，在世界范围内，还有相应的国际“游戏规则”。世界贸易组织以及其他各种国际经济组织所制定的各种国际性规则,则是价值规律在世界范围内借以发挥作用的形式。

价值规律借以发生作用的形式的变化,调节手段的多样化,国家宏观调控机制的不可缺少,这一切告诉我们,在我国大力发展社会主义市场经济的过程中,不能停留在自由调节的市场经济发展阶段,否则就难以避免市场经济本身存在的自发性和盲目性,而必须从一开始就进入国家宏观调控的市场经济发展阶段,在注重发挥市场机制对资源配置起基础性作用的同时,必须高度重视国家经济宏观调控在资源配置中的重要作用,防止和克服早期的自由调节的市场经济的弊端。并且,我国已经加入 WTO,这还要求我们必须遵守国际市场上的"游戏规则"。

六、要深化对价值分配问题的认识

广义地说,劳动价值论还包含有价值分配的问题。按马克思的劳动价值论原理,商品价值包括三个组成部分:不变资本价值(c)、可变资本价值(v)和剩余价值(m)。商品价值分配就是指商品价值是根据什么进行分配的以及如何具体进行分配。对此,马克思都有深刻的分析和论述。在当代,由于情况的变化,也需要深化对这个问题的认识。

059. 为什么必须把财富的创造和商品价值的创造区分开来?

粗心的人们往往把财富创造和商品价值的创造混同起来,认为二者是一回事。这是错误的。财富创造和创造商品价值是两回事,前者的外延大于后者。财富的创造源泉包括自然资源(或自然力)和人类劳动,即配第所说,劳动是财富之父,土地是财富之母。马克思也说:劳动并不是它所能生产的使用价值即物质财富的唯一源泉。而全部社会商品价值仅仅是由劳动创造的。对某一单位商品来说,它的价值包括 c、v 和 m 三个组成部分,其中的 v+m 是它的生产过程中的劳动新创造的,c 是由过去劳动创造的。c 作为生产资料,它又包括劳动资料(主要是生产工具)和劳动对象(主要是原材料),而劳动对象又包括经过劳动加工过的劳动对象和未经过劳动加工过的劳动对象(即自然资源)。自然资源禀赋率高,劳动生产率就高,价值或单位劳动时间生产的产品就多。社会总财富大于社会商品总价值。

在当代，生产的社会化程度越来越高。生产经营单位投资的起点规模越来越大，资本有机构成越来越高，资本积累量越来越大，总之，不变资本部分或过去劳动积累的部分，在单位商品价值构成中所占比重越来越大。这样，在一定时间内（如产品生产的周期内），从新财富创造的角度来看，物化劳动部分所占比重就越来越大，或者说它所起的源泉作用越来越大，越来越突出。但是，在一定时间内（如产品生产的周期内），就价值创造来说，财富中的价值包括不变资本（c）、可变资本（v）和剩余价值（m）三部分，c 不是新创造的价值，而是转移到新的物质财富（或商品）中去的，v 和 m 才是新的活劳动创造的。也就是说，商品中的新价值才是劳动创造的，劳动才是新价值的唯一源泉。因此，如前所述，由于资本有机构成的不断提高，在剩余价值率不变的情况下，在一定时间内（如产品生产的周期内）新创造的价值在单个商品中所占的比重越来越小。这样，在一定时间内财富大大增加了，价值总量也大大增加了，但新创造的价值却不是按比例地增加的。

060. 为什么必须把商品的价值生产和价值分配之间的关系搞清楚？

很多人并不清楚商品价值的生产和分配之间的联系和区别，甚至有人把二者等同起来，从而掩盖商品价值的源泉。

商品价值生产问题是指商品价值创造的源泉问题，即劳动是商品价值创造的源泉。商品价值分配问题是指已经出来的商品价值根据什么来在商品生产当事人之间进行分配的问题。生产决定分配是指没有生产就没有可供分配的对象或材料，以及生产条件（要素）的所有权决定产品的分配权。

但是必须明白，生产要素所有权本身并不能创造商品价值（也不能创造任何财富）。资产阶级庸俗经济学家认为生产要素所有权特别是生产资料的所有权本身也能创造价值或财富，这是十分错误的。他们把生产要素所有权决定财富或价值的分配权，看做是所有权本身是财富或价值的创造源泉，目的是为了掩盖劳动是价值创造的真正源泉，进而掩盖资本家剥削雇佣工人的本质，即掩盖剩余价值的真正来源——雇佣工人的剩余劳动。

061. 怎样全面看待商品价值分配中出现的新情况？

在商品价值的分配上，虽然是生产条件（要素）的所有权决定产品的分配权,但由于商品经济的发展,情况也发生了许多变化,出现了在马克思的那个时代所不曾有过的问题。

首先,不变资本价值c的分配。虽然c是不变资本,所以它应当归c的所有者,但在企业中,特别是股份制企业中,c的投入者已不是过去的少数人,而可能是众多的股民,出现了投资主体的多元化,并且在股份制企业中,投资者也不能抽回自己的投资,他们投入并应收回的c却归企业所有而不是归投资者个人所有。

其次,在新价值中的v的分配在当代也出现了一些新情况需要进行研究和分析。按照马克思的论述,v的部分是工人劳动新创造的,同时它又是根据劳动力的所有权决定v的分配权来分配的。根据马克思的论述和当代的新情况,总体工人概念的外延在不断扩大,特别是科技工作者和经理人员所占的比例越来越大。这样,在v的分配中,更应当注意到这种新情况。其中,第一,关于经理人员的工资分配问题。马克思指出:"经理的薪金只是,或者应该只是某种熟练劳动的工资,这种劳动的价格,同任何别种劳动的价格一样,是在劳动市场上调节的"(《马克思恩格斯全集》第25卷,人民出版社1974年版,第494页)。这就是说,经理也是生产工人,他们的劳动也是生产劳动,他们的工资也只是他们劳动力价值的价格,并且是复杂劳动力价值的价格。当然,这种价格是由经理劳动力的市场供求状况来调节的。而在当今社会,由于企业的经营决策和管理比马克思时代要复杂得多,对经理素质的要求更高,为此他就要投入更多的人力资本。这样,经理的劳动就是更加复杂的劳动,因而他们应当有更高的工资收入。第二,关于科技工作者的工资分配问题。在马克思的那个时代,科学技术的发展还未真正成为一个独立领域,科技工作者并未形成一个阶层,人数也不多,对生产发展的决定性作用也大不如今天明显。因此,那时,科技工作者的工资分配问题还没有真正被提出来。在当代,科学技术工作者人数也越来越多,队伍越来越大;而且他们是人力资本投资最多的生产者群体,也是劳动复杂性程度最强的生产者群体,是先进生产力的突出代表。因此,他们的工资收入应当更高。第三,为物质资料生产提供直接服务的教育、文化、出版等产业以及各种中介行业的人员的工资分配问题。在马克思的那个时代,由于历史的局限,还不可能把他们的劳动视为生产劳动,也不可能把他们视为生产工人。而在当代,这些行业和企业却一个个独立化了,从业人员越来越多,队伍越来越大,对生产发展的促进越来越突出了。他们是知识分子,是复杂劳动者。因此,他们的工资收入一般都比较高。

同时还要看到,在后面的分析中,劳动者的人力资本投入,还将参加 m 的分配。

最后,新价值中 m 的分配,在当代也同样出现了许多新情况。根据马克思的有关论述,m 分解为企业的利润、利息和地租,当然还包括企业上缴给国家的税金(这里又撇开了个人收入包括工人收入所得税问题)。新价值中 m 分配的一般形式是:职能资本家的资本获得利润,生息资本家的资本获得利息(包括股份资本获得股息)和土地所有者获得地租。马克思反复强调,资本(包括大地产)的所有权决定剩余价值的分配权,但不是说资本的所有权本身能够生产出剩余价值来,或者说资本所有权本身能生产利润和利息、土地所有权本身能生产地租。同样,马克思也反复强调,生产要素的所有权决定新价值的分配权,但不能说生产要素的所有权本身能创造新价值。新价值是活劳动创造的。

在当代,资本的构成部分的存在形式多样化了。在马克思的论述中,资本的存在形式主要是货币资本和实物资本(即生产资料)。在当代,除了货币资本和实物资本外,还有人力资本、技术资本、知识资本、信息资本以及各种其他无形资产或各种知识产权。按照马克思关于资本所有权决定剩余价值分配权的论断,它们都应当分得相应份额的剩余价值。否则,就是对这些资本所有权的否定,或者说这些资本所有权在经济利益上没有得到实现。如果这样做,对发展生产是极为不利的。这些资本是过去劳动的积累,是价值创造的重要手段,对价值生产起着越来越大的贡献。如果否定它们对剩余价值的分配权,就会对社会财富和价值的创造造成极大的损失,特别是科学技术高度发展和知识经济日益发展的当代,这个损失将会更大。这些资本有特殊的使用价值,它们不仅是财富生产的重大源泉,而且更重要的是它们是生产更多剩余价值的重要手段或条件。因此,这些资本与货币资本、实物资本一样,都应参与剩余价值的分配,而且应当分得更高比例的剩余价值。只有这样,才能促进科学技术的迅速发展和加快知识经济的发展。同样,我们还必须十分明确地看到,这些资本与货币资本、物质资本一样,所获的剩余价值中还有相当一部分属于风险收入或创业收入。这种风险收入或创业收入,一般不应当理解为“剥削收入”或不能理解为全部是“剥削收入”，因为这里面有一个科学决策的问题，正如诺贝尔经济奖获得者刘易斯所说，管理就是决策。而管理又属于生产劳动，是一种复杂劳动，所以应该获得相应的劳动报酬。这样，在工人（广义的生产者）所创造的真正意义上为资本家无偿占有的单位商品中的剩余价值就不是很大部分的数量了。这样，我们就可以看到，一个企业主，他投入一定数量的货币资本或实物资本，又是企业的管理者，从而他的收入包括三个组成部分：一是他作为管理者所获得的工资，而且是复杂劳动者的工资；二是他的风险收入或创业收入，这基本上也属于他作为经营管理者的复杂劳动的收入；三是他无偿占有工人创造的剩余价值。同样，作为企业劳动者的人力资本、技术资本、知识资本、信息资本等各种无形资本的所有者所获得的收入，大致也可以作上述三个组成部分的划分。

总之，在财富或价值的分配中，所有权决定财富或价值的分配权，这是市场经济的一条重要规律。形式上的剩余价值的分配中，其中有相当大的部分属于同时是资本所有者的经营管理者的工资收入和风险收入或创业收入，除此以外，才是真正的剩余价值。

七、深化对劳动价值理论研究的现实意义

062. 深化对劳动价值论的认识有什么理论意义?

深化对劳动价值论的认识，对丰富和发展马克思的劳动价值论有重大的理论意义。科学的理论是发展着的理论。对马克思的劳动价值论同样要采取与时俱进的态度，要根据实际情况的发生变化，不断加以丰富和发展。不能以僵化的态度，更不能以教条主义的态度来对待马克思主义的这一理论。在前面的分析中，我们看到马克思的劳动价值论在发展：

（1）生产劳动概念的内涵更加丰富；

（2）生产劳动概念的外延有了很大扩展；

（3）商品概念的内涵更丰富了；

（4）商品概念的外延大大扩大了；

（5）商品经济存在的条件在随商品经济的发展而在不断增多；

(6)生产工人概念的外延在不断扩大;

(7)商品价值量决定的内涵在不断扩大;

(8)商品价值的实现形式更加丰富和多样化;

(9)商品价值中的c、v和m的分配出现了许多新情况;

(10)在社会主义市场经济中,劳动价值论中增添了许多反映社会主义市场经济特点的新内容。

劳动价值论内容的丰富和发展,是对自马克思主义劳动价值论创立后市场经济发展出现的新情况、新问题的概括,这是我们解放思想的基本依据。

063. 深化对劳动价值论的认识对我国社会主义市场经济的发展有什么指导意义?

当代条件下有关生产劳动概念的内涵的丰富和外延的扩大的分析,说明了不仅扩大了生产劳动者的范围,扩大了创造财富的源泉,而且也扩大商品生产劳动者的范围和价值创造的源泉。在我国今天,在社会主义市场经济条件下,凡是直接为满足广大人民群众不断增长的物质文化需要服务的人都是社会主义生产劳动者,凡是能够直接从事生产商品和劳务并进行管理服务从而创造国民生产总值的劳动者都是社会主义商品生产劳动者。从而人民概念的外延扩大了。以上生产劳动者都是社会主义国家的人民。

当代条件下有关商品概念内涵的丰富和外延的不断扩大的研究和分析,为我国经济实现商品化提供了强有力的指导。发展社会主义市场经济,就必须使各种产品和生产要素都成为商品,真正做到经济生活商品化。而经济生活商品化又是市场经济发展水平的一个重要标志,也是推动市场经济进一步发展的重要条件。经济生活商品化是我们经济发展的一项关键性任务。

当代条件下有关市场经济存在条件的研究和分析,为保留和发展我国社会主义市场经济提供了基本的理论依据。目前,市场体系的真正形成、社会分工的进一步发展、生产要素商品化,这些一般条件我国还不完全具备。我们应当努力创造这些条件,以推动我国社会主义市场经济的不断发展。另外,有关市场经济存在的所有制条件的新变化,则是我们社会主义国家具体特殊的情况,这就是以公有制为主体的多种所有制并存,各种非公有制经济是社会主义市场经济的重要组成部分,也是我国社会主义初级阶段市场经济发展的重要条件。离开这样的所有制条件,我国社会主义经济是不可能发展起来的。

有关商品价值量决定的三种涵义的分析告诉我们,不仅要按第一种涵义的价值决定规律办事,而且在生产高度社会化和经济全球化的大趋势下,我们更要注意和强调按第二种涵义和第三种涵义的价值决定规律办事。否则,一会造成国民经济发展的比例失调。我们强调调整和优化产业结构,就是按第二种涵义的价值决定规律办事的实际表现;二会在激烈的国际经济竞争中处于不利地位。我们强调我国经济发展必须增强国际竞争力,就是按第三种涵义的价值决定规律办事的实际表现。

有关价值规律实现形式或社会经济调节方式的分析告诉我们,不能仅仅依靠市场的自由调节,同时也要注意加强国家宏观调控。这也是市场经济进一步发展的客观要求。否则,就会落后于市场经济发展的时代要求。我国正在深化经济体制改革,建立社会主义市场经济体制。我们所要建立的社会主义市场经济体制,绝不能是自由调节的市场经济体制,而必须是社会主义国家宏观调控的市场经济体制。否则,就难以避免和克服市场经济自由发展本身所存在的自发性和盲目性及其必然带来的比例失调,更难以弥补市场调节的缺位。在我们这样一个刚刚开始大力发展市场经济、经济发展水平不高又不平衡的社会主义国家,更需要加强国家宏观调控,在使市场对资源配置起基础性作用的同时,保证市场经济的稳定、健康、快速发展。目前,我国经济体制改革正处在攻坚阶段,既要加快建立现代企业制度的步伐,又要深化流通体制改革、外贸体制改革、金融体制改革、农村经济体制改革等,以适应加入WTO的需要,同时又要注意加强国家宏观调控,加强国家对整个国民经济发展的规划和指导,要不断完善经济法规,加强对经济结构战略调整的指导,强化财政货币政策和收入分配政策的功能,采取各种有效政策努力扩大内需,保障整个国民经济的健康协调发展。

064. 深化对劳动价值论的认识对于深入理解“先进生产力”代表思想及其贯彻有什么重要意义?

深化对劳动价值论的认识,对于加深对“先进生产力”代表思想的理解和自觉贯彻,有着十分重要的现实意义。

“三个代表”重要思想中基础性的内容是“先进生产力”代表。前面的分析告诉我们，随着生产社会化程度的不断提高和科学技术的迅速发展及其在生产和整个社会经济生活的广泛应用，生产劳动者概念的外延大大地扩展了。为生产直接服务的科技工作者、企业经理，以及教育工作者、文化艺术工作者、新闻出版工作者以及其他科学理论工作者等广大知识分子，都是生产劳动者，是工人阶级的一部分。科学技术是第一生产力，而且是先进生产力的集中体现和主要标志。这就告诉我们，广大知识分子不仅是工人阶级一部分，而且是工人阶级这种先进生产力代表的集中体现和重要标志。因此，我们党和国家坚持实行尊重知识、尊重人才的政策，首先是符合“先进生产力”代表的重要思想的，也是把这一重要思想具体化为社会行为规范的表现。我们实施“科教兴国”的战略，也可以说是遵从和贯彻“先进生产力”代表思想的具体表现。而这一切又是以对劳动价值理论尤其是以生产工人概念新变化的正确认识为基础的。

065. 深化对劳动价值论的认识对于加深对增强党的阶级基础和扩大党的群众基础的理解和贯彻有什么重要意义？

首先，前面关于生产劳动者概念外延扩大的分析告诉我们，由于知识分子是工人阶级一部分，从而不仅使工人阶级外延得到了扩大，而且还大大提高了工人阶级队伍整体的科学文化素质。这就必然大大增强了我们党的阶级基础。我们的党员队伍正在发生重大变化，干部队伍正处于整体性新老交替的关键时期。在这样的大背景下，由于广大知识分子加入而带来的工人阶级队伍的不断扩大和整体素质的不断提高，对于增强党的阶级基础，保持和增强党的先进性，就具有更重大的战略意义。同时，我们前面的分析中，关于生产劳动者概念外延的扩大，还包括各级各类企业经营管理人员、个体户、私营企业主、外资企业的从业人员以及城镇打工的从业人员等。他们也是工人阶级的一部分。这也说明工人阶级队伍正在不断扩大，党的阶级基础正在不断增强。

其次，前面关于生产劳动这一概念的分析告诉我们，凡是从事物质资料生产和为物质资料生产直接提供服务的劳动，都是生产劳动；在我国，凡是直接为不断满足广大人民群众物质文化生活需要服务的劳动都是社会主义生产劳动。这就是说，不仅各种公有制企业职工的劳动，而且各种非公有制企业职工的劳动，都可以说是社会主义生产劳动，因为他们的劳动都是为社会主义生产目的服务的。因而,他们都是中国特色社会主义事业的建设者或劳动者。进一步说,在目前的中国,什么是人民?应该说,凡是为社会主义生产目的服务的人都是人民,凡是拥护社会主义初级阶段党的基本路线的公民,都是我国现阶段的人民。这样,人民概念的外延和生产劳动、生产劳动者等概念的外延都在扩大。人民群众队伍扩大了,并且又从人民群众中吸收那些承认党的纲领和章程、自觉为党的路线和纲领而奋斗、经过长期考验、符合党员条件的优秀分子入党,这就扩大了党的群众基础。这不仅使共产党成为工人阶级的先锋队,而且也使共产党成为中华民族的先锋队,不断增强党在全社会的影响力和凝聚力。

工人阶级队伍在扩大,人民队伍在扩大,都是以对劳动价值论的再认识为理论根据的,从而它也为加深对巩固党的阶级基础和扩大党的群众基础提供了强大的理论根据,明确了提高贯彻这项方针的自觉性并为具体落实这项方针指明了方向及范围。

066. 深化对劳动价值论的认识对于调动社会主义建设的一切积极性有什么重要意义?

在前面的分析中,不仅说明工人阶级概念的外延在扩大,即工人阶级队伍在扩大,素质在提高,而且还说明生产劳动概念外延在扩大、人民概念外延在扩大,这样,在我国一切从事合法的为社会主义生产目的服务的劳动者都属于人民的范畴。这就可以团结一切可以团结的人,调动一切积极因素,为建设有中国特色的社会主义事业服务。

在前面的分析中,说明不仅劳动是创造财富的源泉,而且一切过去劳动的积累以及自然资源都是创造财富的源泉,同时,我们又指出是财富源泉的所有权决定财富的分配权。这样就从财富的生产和分配两个方面,既肯定了他们对财富创造的贡献,又承认了他们对财富分配的权利。这就有利于调动一切人和一切因素的积极性,为建设有中国特色的社会主义事业服务。

在前面的分析中,我们还通过对商品价值的分配特别是商品中新价值分配问题的论述,说明了其如何调动一切人和一切因素为建设中国特色社会主义事业服务的积极性。其中,关于 c 的分配,它本来就应当为各种生产要素的投入者所有。关于 v 的问题,我们既肯定了按劳动分配的权利,也肯定了按劳动力价值分配的权利，特别强调了知识分子的劳动是复杂劳动，强调了管理劳动也是一种复杂劳动，他们的工资收入是他们的劳动力价值的价格，而且应该有较高的工资收入。这就有利于调动广大劳动者的积极性、主动性和创造性，为建设中国特色社会主义事业作出更大的贡献。关于那些既是资本（包括货币资本、实物资本、技术资本、知识资本、人力资本、信息资本等）所有者同时又是经营管理者或劳动者的收入分配问题，他们的年收入中有一部分是他们的复杂劳动的工资收入，有一部分是他们投资的风险收入或创业收入（这是他们的决策——管理劳动的报酬），最后剩下来才是真正的剩余价值。剩余价值中还有相当大的部分要向国家纳税，还要提取公积金和公益金。这些分析论证，为我们国家现行的分配制度即按劳分配和按生产要素分配结合的制度奠定了坚实的理论基础。实行这样的分配制度，既保护了各种生产要素所有者的权利，又从经济利益上实现了他们的权益，可以更好地调动最广大人民群众的积极性，鼓励他们为建设中国特色社会主义事业作出更多的贡献。

总之，中国特色的社会主义建设事业是最广大人民的共同事业，我们必须从对社会主义市场经济条件下劳动价值理论的新的研究和认识中，来理解最广大人民的贡献和权利，最大限度地调动一切因素、一切人的积极性，来发展我们的事业。

第四章　资本、剩余价值与"趋同论"

在马克思的政治经济学(政治经济学的资本主义部分)中,"资本"是其中一系列经济范畴中的主体范畴,剩余价值学说是它的政治经济学的核心。在当今的和平与发展的时代,我们在学习这个学说时,必须更全面、更准确地理解它的内容。在批判传统的资本主义制度时,在进行无产阶级革命时,我们可以重点抓住其中有关批判性、革命性的内容。现在,在世界以和平与发展为主题的时代,在我国以经济建设为中心的时代和要求大力发展社会主义市场经济的时代,我们则必须注重马克思关于资本和剩余价值学说中有关建设性和发展性的内容,结合当代实际,丰富和发展这方面的内容,并用它来指导我国的经济建设。这是我们义不容辞的责任。我们必须在这方面进行艰巨的拨乱反正的工作,消除在许多人心目中的根深蒂固的种种误解直至"左"的影响。其中一个极为重要的错误倾向,就是认为我们正在进行的经济体制改革,大力发展市场经济,就是与资本主义"趋同",与世界"接轨"就是与资本主义接轨。我们必须从理论上来消除这种曲解。

一、必须全面、正确认识必要劳动和剩余劳动问题

在《国际工人协会成立宣言》中,马克思把他的政治经济学称为"劳动的政治经济学"。劳动的政治经济学,要言之,就是劳动创造世界、劳动创造财富、劳动创造价值。这是历史唯物主义的体现。为此,马克思创立了一系列关于劳动的范畴。其中必要劳动和剩余劳动则是一对十分重要的范畴,它决定

着社会总劳动的分配，决定着社会再生产的实现过程，决定着社会文明和进步。

理论界对与必要劳动和剩余劳动有关的许多重要问题存在着较长时间的争论，其中也有不少盲点和疑点。这里我们谈谈对其中一些问题的粗浅看法。我们想，讨论这些问题，对正确理解《资本论》中的许多基本原理是十分重要的，对于理解社会主义经济建设中的一些重大问题也是十分有益处的。

067. 怎样准确理解必要劳动和剩余劳动的涵义？

在经济学理论界的争论中，关于必要劳动和剩余劳动的涵义，似乎被当做已经明确无误的前提来对待的。其实不然，并且一切争论都是与对这个问题的理解有或多或少的关系。通观马克思的有关论述，必要劳动和剩余劳动的含义，可以从两个角度来把握。

首先，就单个劳动者的劳动来说，只能这样来理解：必要劳动是指劳动者的全部劳动中用来满足本人及其家属的必需生活消费所耗费的劳动，剩余劳动是指劳动者的全部劳动中扣除上述必要劳动后的剩余部分。我们认为，除此以外，其他任何解释都是同马克思的论述不相符合的。必要劳动的必要性，只是在于这部分劳动及其产品对于满足劳动者及其家庭的生活需要是必要的，除此以外，凡指出这部分劳动其他必要性，或劳动者的全部劳动的其他必要性，都是与必要劳动的原来涵义相悖的。马克思为了避免人们产生误会，特别对必要劳动这一范畴的涵义作了慎重的说明，在《资本论》第一卷（人民出版社 1975 年版）第 243 页的（29）注中指出："我们在本书的前面一直用'必要劳动时间'这个词泛指生产一般的商品的社会必要时间。从现在起，我们也用这个词指生产特殊的商品即劳动力的必要劳动时间。用同一术语表示不同的意思是容易发生误会的，但这种现象在任何科学中都不能完全避免。"我们可以在《马克思恩格斯全集》第 23 卷（人民出版社 1972 年版，第 243 页），《哥达纲领批判》第 11—12 页、《资本论》第 1 卷（人民出版社 1975 年版，第 578 页）等处，找到这样的例子。

从这些例子中我们看到一个问题，这就是"必要劳动"和"劳动的必要性"是两个不同的用语。"必要劳动"这是个特有范畴，它只是指为维持劳动者及家属所必不可少的生活需要的那部分活劳动，除此以外，别无他义。而"劳动的必要性”,其涵义要广得多。它可以表示劳动对他人、对社会的不可缺少性,但不能反过来说这种劳动是“必要劳动”。如果单从劳动的必要性来看,一切劳动,只要不是无用劳动或无效劳动,它都是必要的。如果以此来划分必要劳动和剩余劳动,那就没有必要了。斯大林在《苏联社会主义经济问题》一书中就不赞成社会主义社会中还存在必要劳动和剩余劳动的划分,就是把必要劳动和劳动必要性混同了。他说:“现在讲到‘必要’劳动和‘剩余’劳动,也是令人非常奇怪的:仿佛在我国条件下,交给社会去扩大再生产、发展教育和保健事业以及组织国防等的工人劳动,对于现在掌握政权的工人阶级来说,并不是像用来满足工人及其家庭的个人需要的劳动那样必要的。”

以上只是就单个劳动者的整个工作日来划分必要劳动和剩余劳动的。如果就整个社会的总劳动来看,必要劳动和剩余劳动还有另一种划分方法,从而必要劳动和剩余劳动又有另外一种涵义。马克思在《资本论》第3卷,人民出版社1966年版,第713~717页,详细地说明了这个意思。

“和一个工人的劳动分为必要劳动和剩余劳动一样,工人阶级的全部劳动也可以这样划分:为工人阶级生产全部生活资料(包括为此所需的生产资料)的那部分,完成整个社会的必要劳动;工人阶级所有其余部分所完成的劳动,可以看作剩余劳动。但是,必要劳动决不是只包括农业劳动,而且也包括生产其他一切必然进入工人平均消费的产品的劳动。并且,从社会的观点来看,一些人只从事必要劳动,因为其他的人只从事剩余劳动,反之亦然。这只是他们之间的分工。”

“虽然食物直接生产者的劳动,对他们自己来说也分为必要劳动和剩余劳动,但对社会来说,它所代表的,只是生产食物所需的必要劳动。并且,不同于一个工场内部分工的整个社会内部的一切分工也是如此。”

这两段话告诉我们:

第一,从全社会的观点来看,为整个社会劳动者生产全部必需的生活资料(包括为此所需的生产资料)的那部分社会总劳动,就是必要劳动,劳动所完成的所有其余部分的社会总劳动就是剩余劳动。

这种从社会总劳动的角度来划分的必要劳动和剩余劳动,同前面从一个工作日的角度来划分必要劳动和剩余劳动,其依据是一致的,只不过是它的进一步引申而已。虽然生产劳动者所必需的生活资料的每个直接生产者的劳动，对他们自己来说也分为必要劳动和剩余劳动，但对社会来说，由于他们只生产劳动者所必需的生活资料，所以他们的劳动又代表全社会的必要劳动。

第二，从全社会的观点看，不能认为全部农业劳动都是必要劳动，也不能认为全部工业劳动都是剩余劳动。因为农业劳动不仅生产全部劳动者所必需的一部分生活资料，它属于必要劳动，也生产奢侈品、非直接生产者的必需生活资料和社会劳动资料，它属于剩余劳动。同样，工业劳动不仅生产社会劳动资料、奢侈品和非直接生产者必需的生活资料，它属于剩余劳动，而且也生产全体劳动者必需的一部分生活资料，它属于必要劳动。

第三，从全社会的观点来划分的必要劳动和剩余劳动，虽然与社会生产关系有一定的关系，但它却是以社会内部的分工为前提的，是社会生产力发展的产物。

以上我们从一个工作日和社会总劳动这两个角度来说明必要劳动和剩余劳动的涵义。我们认为，这是对必要劳动和剩余劳动的涵义的马克思主义的理解，是我们分析与此有关问题的基础和出发点。

068. 必要劳动和剩余劳动是永恒范畴吗？

理论界关于这个问题的争论有两种截然不同的意见：一种意见认为必要劳动和剩余劳动是历史的范畴，一种意见认为必要劳动和剩余劳动是永恒的范畴。我们是赞成后一种意见的。下面主要从历史事实来看。

第一，原始社会。原始社会劳动者的生产工具、公共祭祀、公共工程、战争的耗费都是由劳动者的剩余劳动所生产的剩余产品提供的。尽管原始社会生产力水平很低，剩余劳动时间在整个工作日中所占的比例很小，剩余产品数量也很少，但这并不等于那时就没有剩余劳动和剩余产品。

关于原始社会也存在剩余劳动，马克思有过明确的论断。“如果我们想一想社会开始时的情况，……那些只有很少需要必须满足的野蛮人，除了为占有自然界已有的生活资料所花费的劳动以外，有时间把另一些自然物变成弓箭、石刀、独木舟之类的生产资料，而不是利用还不存在的生产资料来进行新的生产。野蛮人的这个过程，单从物质方面来看，完全相当于剩余劳动再转化为新资本的过程。”（《马克思恩格斯全集》第25卷，人民出版社1974年版，第958～959页）很明白，马克思是把野蛮人制造生产工具的劳动称做剩余劳动。

紧接着这一页下一段马克思又明确指出，作为剩余劳动的产物的追加资本，“同野蛮人的那部分不是用来获取食物，而是用来制造获取食物的工具的工作日相似”。

随着生产力的发展，在原始社会的后期，出现了剩余的生活资料。这种剩余产品当然是由剩余劳动生产出来的。我们通常都是说在原始社会后期才出现了剩余产品。这种说法是含混的，也不正确。实际上，在原始社会初期，如前面马克思所说的在最初的野蛮人那里，他们制造的弓箭、石刀、独木舟等，也是剩余产品，是由他们的剩余劳动时间生产出来的。因此，我们通常所说的原始社会后期才出现剩余产品是否认了生产工具这种类型的剩余产品的存在。正确的说法应当是，原始社会后期，由于生产力的发展，出现了剩余生活资料这种类型的剩余产品。这两种类型的剩余产品都是由原始社会全体成员的剩余劳动创造出来的。

第二，奴隶社会。虽然奴隶主不把奴隶当做人来看待，而是当做生产工具来看待，奴隶劳动及其产品全部为奴隶主所占有，但是，奴隶的全部劳动也分为必要劳动和剩余劳动是毫无疑义的。另外，在奴隶社会中，以及在封建社会和资本主义社会中，都存在着一些小生产者。小生产的全部劳动，也可以分为必要劳动和剩余劳动两个部分。

第三，封建社会。在封建社会中，作为被剥削阶级的农民，他们的整个工作日也分为必要劳动和剩余劳动两个部分，地租就是他们的剩余劳动的存在形式。在劳动地租制度下，农民的必要劳动和剩余劳动在时间上和空间上是截然分开的；在产品地租制度下，农民的必要劳动和剩余劳动也是分得很清楚的，只不过农民的剩余劳动已经不再是在它的自然形态——徭役劳动——上存在着，不是表现在活劳动的形式上，而是体现在活劳动的物体形态——产品地租上；在货币地租制度下，农民的必要劳动和剩余劳动的划分，采取了比较隐蔽的形式，由于农民不是把剩余产品作为地租交给地主，而必须把剩余产品这种实物形式转化为货币形式再作为地租交给地主，所以，农民的必要劳动和剩余劳动的划分就不像劳动地租和产品地租制度那样一目了然。

第四，资本主义社会。雇佣工人的工作日划分为必要劳动和剩余劳动两个部分；工人的剩余劳动以剩余价值的形式表现出来。但工人的全部劳动分为必要劳动和剩余劳动这两个部分只是经过马克思的理论抽象分析才被揭示出来，而在表面上却表现为工人的全部劳动都是有报酬的。这一切大家都很清楚，也没有什么争论。

不能认为经济范畴是历史的，所以认为必要劳动和剩余劳动这一对经济范畴也是历史的。不错，马克思是说过经济范畴是一定经济关系的理论表现，是历史的。但是，马克思这样说是针对蒲鲁东认为一切经济范畴都是永恒的和自然的，是人脑甚至是上帝安排的谬论。实际上，经济范畴因它们各自存在的时间不同，可以分成三大类：一类是一切社会生产所共有的，如生产力、生产关系、劳动等范畴；一类是几种社会生产所共有的，如商品、货币等范畴；一类是某一种社会生产所特有的，如资本家、地主等范畴。从它们所反映的内容来看，可以分成两大类：一类是反映生产力方面的内容，一类是反映经济关系方面的内容。反映生产力方面内容的经济范畴难道能够说它们不是永恒的而是历史的吗？同时，反映经济关系方面内容的经济范畴，也不都是历史的，其中如反映适用于一切社会的生产关系、分配关系、交换关系等经济范畴就是永恒的，只是反映一种或几种社会生产关系的经济范畴才是历史的。而必要劳动和剩余劳动的划分属于分配关系一般，它适用于一切社会，因此它不是历史的而是永恒的。

对此，马克思有过十分明确而肯定的论述："一般剩余劳动，作为超过一定的需要量的劳动，必须始终存在。"(《马克思恩格斯全集》第25卷，人民出版社1974年版，第925页)剩余劳动始终存在，作为与它相对应的必要劳动不言而喻也是始终存在的。马克思又说："如果我们把工资和剩余价值，必要劳动和剩余劳动的独特的资本主义性质去掉，那末，剩下的就不再是这几种形式，而只是它们的为一切社会生产方式所共有的基础。"(《马克思恩格斯全集》第25卷，人民出版社1974年版，第990页)马克思这里显然是从分配关系一般来说明必要劳动和剩余劳动是永恒的范畴。马克思还说："在任何社会生产(例如，自然形成的印度公社，或秘鲁人的较多是人为发展的共产主义)中，总是能够区分出劳动的两个部分，一个部分的产品直接由生产者及其家属用于个人的消费，另一个部分即始终是剩余劳动的那个部分的产品，总是用来满足一般的社会需要，而不问这种剩余产品怎样分配，也不问谁执行这种社会需要的代表的职能；在这里我们撇开用于生产消费的部分不说。这样，不同分配方式的同一性就归结到一点：如果我们把它们的区别性和特殊形式抽掉，只注意它们的同区别性相对立的一致性，它们就是同一的。”（《马克思恩格斯全集》第25卷，人民出版社1974年版，第992～993页）马克思的这段话难道不最清楚不过地说明必要劳动和剩余劳动的划分是属于分配方式一般吗？从而不是说明它们也是一对永恒的经济范畴吗？从分配关系上来看，能把各种社会经济形态区别开来的，不在于有没有剩余劳动而在于剩余劳动归谁占有，对劳动者有没有利，由谁来执行用剩余劳动来满足一般社会需要的职能；能把各种剥削阶级社会区别开来的，还有因生产资料私有制不同而从直接生产者身上榨取剩余劳动的形式不同。我们认为这才符合马克思的原意。

以上我们只是从历史上来看，必要劳动和剩余劳动在各种已往的历史时代中都是存在的。但是，不同意必要劳动和剩余劳动是永恒的经济范畴的同志，还从理论逻辑上提出若干理由来反驳必要劳动和剩余劳动是永恒的经济范畴。那么，他们的理由是指的些什么呢？下面将按我叙述问题的逻辑来一一加以辩论。

069. 怎样正确看待必要劳动和剩余劳动的社会性质问题？

不同意必要劳动和剩余劳动是永恒的经济范畴的同志，一个重要理由就是认为必要劳动和剩余劳动只是剥削阶级社会中剥削和被剥削关系的反映，是生产资料私有制的产物。我们认为这个立论是不能成立的。必要劳动和剩余劳动具有什么样的社会性质，反映什么样的社会生产关系，必须进行具体分析，不能一概而论。

第一，生产资料私有制的产生是以剩余劳动的存在为前提的，而不是相反。不同意必要劳动和剩余劳动是永恒的经济范畴的同志认为，必要劳动和剩余劳动的划分是在私有制的社会中才产生的，言外之意就是剩余劳动是私有制的产物。这正好把因果关系搞颠倒了。私有制的产生是以剩余劳动的存在为前提的。马克思对此有过十分明确而肯定的论述。剥削关系的存在是以一定程度的剩余劳动的存在为前提的，而剩余劳动的存在又是以一定的劳动生产率为前提或自然基础的，特别是以一定的农业劳动生产率为基础和出发点。剩余劳动如我们在前一个问题所讲的那样在人类社会一开始就存在，但只有当劳动生产率提高到一定程度，劳动者的剩余劳动不仅能创造出生产工具这样的剩余产品，而且能创造出生活资料这样的剩余产品的时候，单纯凭借生产资料的所有权占有别人剩余产品供自己消费的剥削关系才有可能出现。

第二,必要劳动和剩余劳动是对立的,但不在任何时候和任何条件下都是对抗的。必要劳动和剩余劳动在概念上是对立的,是相互对应的一对范畴。但是,二者不是在任何条件和任何时候都是对抗的。在原始社会中,必要劳动和剩余劳动二者是有矛盾的,反映的是公社成员的个人眼前利益和个人长远利益之间,或者公社成员个人利益和公社集体利益之间的矛盾或对立。由于那时是生产资料的原始公有制,共同生产,产品是集体占有和共同分配,所以,必要劳动和剩余劳动之间的矛盾不是对抗性的矛盾,不存在一部分人无偿占有另一部分人劳动的剥削关系。在奴隶社会、封建社会和资本主义社会中,由于统治阶级占有生产资料,因而能占有直接生产者的剩余劳动,所以必要劳动和剩余劳动的矛盾才是对抗性的矛盾,反映的是剥削和被剥削的关系。但是,在这些社会中的小生产者那里,他们能够凭借生产资料的所有权占有属于他自己的那部分剩余劳动及其产品。在他们那里,必要劳动和剩余劳动反映的是他们的个人眼前利益和个人长远利益之间的矛盾,这种矛盾也不是对抗性的矛盾。

第三,所谓城市剥削农村或工业剥削农业,并不是必要劳动和剩余劳动之间对抗关系的反映。从全社会的观点来看,如前所述,一部分人只从事必要劳动,另一部分人只从事剩余劳动,这二者之间也不是什么对抗性的矛盾,并不反映一部分人对另一部分人的剥削关系,相反却是社会生产和文明进一步发展的物质前提。城市剥削农村,并不是指城市所有的人剥削农村人的剩余劳动,而是指在剥削社会中,特别是封建社会中,剥削阶级一般居住在城市,他们凭借生产资料的所有权,剥削丧失生产资料的并且一般居住在农村的劳动者(特别是农民),这种对抗实质上是生产资料所有制关系上的对抗,而不是必要劳动和剩余劳动之间的对抗。工业剥削农业,也不是指所有从事工业劳动的人剥削所有从事农业劳动的人的剩余劳动,而是指在剥削社会中,经营工商业的资本家阶级利用工农业产品的剪刀差剥削广大小农,这种对抗实质上是大私有者和小私有者之间的对抗,而不是必要劳动和剩余劳动之间的对抗。如果认为城乡对抗和工农对抗就是必要劳动和剩余劳动之间的对抗,那么,要消灭必要劳动和剩余劳动之间的对抗,就必须消灭城乡、工农之间的分工,这显然是荒唐的和有害的。

另外，把必要劳动和剩余劳动的划分只看做是私有制社会才存在的对抗的性质，还同把剩余劳动与无偿劳动混同起来有关。其实，剩余劳动和无偿劳动不是在任何社会和任何条件下都是相同的。只有在劳动者丧失生产资料的条件下，劳动者的剩余劳动才表现为被生产资料所有者占有的无偿劳动，从而必要劳动和剩余劳动才具有对抗的性质；劳动者自己占有生产资料，他的剩余劳动并不表现为无偿劳动，从而必要劳动和剩余劳动不具有对抗的性质。

070. 社会主义社会中必要劳动和剩余劳动有什么重要意义和特征？

社会主义社会（广义的，包括共产主义社会）中存在必要劳动和剩余劳动，这在前面已有证明，这里进一步阐述其鲜明的特征和十分重要的现实意义。

首先，必要劳动作为维持劳动者及其家庭生活需要的劳动，在社会主义公有制的条件下，同以前的剥削社会相比，具有完全不同的地位、性质和作用。劳动者是生产资料的所有者，是社会的主人，不是处于无权和被奴役的地位，因此他们劳动力的再生产不再是为别人提供无偿劳动，不再是当做被剥削的材料来再生产，而是当做生产和再生产过程的主人、当做社会的主人来再生产，是真正地被当做人来再生产，而不是当做“奴隶”来再生产。因此，劳动者就有权利和有可能随着社会生产力的发展而不断扩大必要劳动的范围。同时，劳动者为社会提供的剩余劳动，归根到底是为了他们自己的利益，所以，他们以不断扩大的必要劳动为条件，就必然更加主动和积极地为社会提供剩余劳动，而不是像剥削社会那样，是在皮鞭的驱迫下为剥削者提供剩余劳动。在社会主义社会中，必要劳动的特征是：①必要劳动的数量不断扩大；②不断扩大的必要劳动使劳动者能够按照人的本性得到全面发展；③不断扩大的必要劳动是以生产的不断扩大为基础的。因此，在社会主义社会中，必要劳动的意义就在于：①它是劳动者生活水平不断提高的根本标志；②它是劳动者得到全面发展的根本保障；③它是推动社会生产力迅速发展的根本动力。

最后，在社会主义社会中，剩余劳动也具有完全不同的特征和更加重要的意义。社会主义社会的剩余劳动的特征是：①剩余劳动时间显著缩短，因为要别人养活的有劳动能力的但又不劳动的人将逐步减少；②剩余劳动所生产的剩余产品将不断增加，因为劳动生产率从而剩余劳动生产率在不断提高，从而扩大再生产不是取决于剩余劳动时间的长短,而是取决于剩余劳动生产率的高低;③剩余劳动的存在是以劳动者的生活水平极大程度的不断提高为前提的。剩余劳动存在的意义是:①它是保险基金、积累基金、行政管理基金、公共需要基金、社会救济基金的唯一来源;②它是劳动者生活水平不断提高的物质基础;③它是社会进步和文明发展的基础。有人指出,在社会主义条件下,必要劳动的范围和数量在扩大,它吞并了剩余劳动。我认为这种说法既不能成立,也十分有害。如果说必要劳动的数量和范围扩大到吞并掉全部劳动,那么或者是改变了必要劳动的原来涵义,这是与必要劳动的概念相矛盾,它等于否定了必要劳动的概念;或者是要保留必要劳动这一概念的原来涵义,那就主张分光吃光,不要任何后备基金、积累基金、管理基金、公共需要基金和社会救济基金,这实质上就是扼杀社会进步和文明发展的基础。

二、必须还"资本"这个概念涵义的原貌

"资本"这个概念的涵义到底应当怎样完整、准确的理解,至今没有引起人们的高度重视,而传统的、片面的理解仍然根深蒂锢,禁锢着人们的思想,束缚着人们的手脚,阻碍着改革的深化。因此十分有必要重新认识马克思关于"资本"和"剩余价值"这两个最基本的政治经济学概念的含义的全面论述。

071. 资本是资本主义经济的特有范畴吗?或者说资本到底有几种涵义?

可以毫不夸张地说,至今仍然有许多人认为资本是资本主义经济的特有范畴,并且认为这是马克思的论断。我们可以十分肯定地说,这是对马克思有关论述的片面认识。这既是对马克思关于资本这个概念涵义全面论述缺乏了解,也是"左"的思想的一种反映。

其实,马克思关于"资本"概念涵义的论述有三种解释:

一是"资本"作为劳动成果,它是过去劳动或物化劳动的积累。这证明"资本"是一切社会共有的经济范畴。我们在前面引用的马克思在《资本论》第3卷中关于原始人手中使用的弓箭、石刀、独木舟等生产工具,就是他们利用剩余劳动时间生产出来的,就是最为原始而古老的资本。马克思曾多次在《资本论》中谈到了这个问题,并且认为这是最早的不变资本。"根据这种非

常合乎逻辑的理由，托伦斯上校在野蛮人用的石头上发现了资本的起源。‘在野蛮人用来投掷他所追逐的野兽的第一块石头上，在他用来打落他用手摘不到的果实的第一根棍子上，我们看到占有一物以取得另一物的情形，这样我们就发现了资本的起源。’（罗·托伦斯：《论财富的生产》第70、71页）根据那第一根棍子[Stock]也许还可以说明，为什么在英语中Stock和资本是同义词。”（《马克思恩格斯全集》第23卷，人民出版社1972年版，第209页）资本是剩余劳动的积累，而剩余劳动是永恒的，原始社会一开始就存在的，所以它一个永恒的经济范畴。

二是“资本”作为一种价值，它是一种不断增加的价值，是能够带来更多价值的价值，因为它是价值增值的必要手段或条件。这说明“资本”是一个商品经济或市场经济的范畴，是商品经济或市场经济社会共有的经济范畴。这是从商品价值的角度来考察资本的内在涵义的。无论是物质资本、货币资本或其他形式的资本（如智力资本、人力资本、技术资本和其他各种无形资本——品牌、商标、知识产权等），虽然它的本身并不能创造出比它本身价值更大的价值，但是谁使用了它们，就能为他带来更多的价值。它是价值增值的必不可少的手段，是价值增值的必要条件。

三是“资本”作为一种社会基本经济制度，它是资本主义特有的经济范畴，它本质上不是物，而是一种生产关系，即资本家剥削雇佣工人的关系。资本为资本家所有，资本家雇佣工人进行劳动，凭借资本的所有权无偿占有雇佣工人用剩余劳动所生产的剩余价值。这样，在资本主义社会中，资本就是有特殊的含义：资本家剥削工人的手段。

可见，不能认为资本是资本主义特有的经济范畴。

072. 全面、正确理解资本的三种涵义有什么重要意义？

资本这个概念本来就有三个不同的涵义，这是马克思主义政治经济学问题中应有之义。可见把资本仅仅看做是资本主义特有的经济范畴，并不符合马克思的学说，是对马克思的片面理解。

说资本是剩余劳动的积累，既强调资本的最初起源，也强调了它的积极功能——积累功能，即用积累的劳动去获取更多的劳动成果；同时，正是因为有了剩余劳动，才能推动社会分工的进一步发展，才能推动社会公共事业的不断发展,才能推动人类文明的不断进步。

说资本是过去劳动的积累,意在说明过去劳动和剩余劳动的区别。剩余劳动当然是过去劳动(或以往劳动),但过去劳动不一定是剩余劳动,它也可能是必要劳动的节约或扣除。例如一个人一年要消耗500斤粮食,但他只消耗了450斤粮食,剩下的50斤粮食作为种子,这就扩大了生产规模。50斤粮食在这里就不是作为生活资料被消费,而是作为生产资料、作为不变资本来使用,从而在下一个生产周期中扩大了生产规模并增加了粮食的产量。如前所述,社会主义和共产主义都存在并且也需要剩余劳动及其产品。

说资本是商品经济或市场经济的范畴,其意义在于承认它在价值增值过程的特有功能——价值增值的必要手段。这是市场经济运行的一个规律。这也是价值生产中的问题。商品生产没有这个条件或手段是无法进行的。如马克思多次所说,它本身不能创造新价值,新价值是工人创造的。至于增加了的价值中的剩余价值归谁所有的问题,那是分配问题。分配问题遵循的是另一条规律:生产资料的所有权决定剩余价值的分配权。市场经济的存在是以不同所有制、不同利益主体的存在为其基本前提的。生产资料的不同所有制决定并要求有占有剩余价值的权利,否则资本所有者就不会把资本投入生产过程,就不会冒这个风险,就会当“守财奴”。资本家比守财奴进步,就是因为资本家比守财奴能够推动社会生产的发展和社会财富的增加。在市场经济下,承认生产资料或资本的所有权决定剩余价值的分配权,同样具有进步意义,它可以调动生产资料或资本所有者的积极性,从前推动整个社会生产的发展。虽然这种分配关系是不合理的,但它是合法的,是资本所有权的法律肯定在经济利益上的实现,同时又是在生产力发展水平不是很高的条件下还不能马上消灭的。至于生产资料或资本的所有者占有剩余价值是不是剥削,那要看生产资料或资本所有制的社会性质。如前所述,奴隶主、地主或资本家的生产资料或资本私有制,他们占有剩余劳动、剩余产品或剩余价值是一种剥削关系。生产资料或资本的公有制,占有剩余劳动、剩余产品或剩余价值就不能认为是一种剥削关系;个体所有者自己占有自己创造的剩余产品或剩余价值也不能认为是一种剥削关系。我国社会主义经济也是一种市场经济,因此必须承认和保留生产资料或资本的所有权决定剩余价值分配权的经济关系。我们远不具备在目前就可以消灭这种关系的条件。保留这种分配关系,有利于调动生产资料或资本的一切所有者的积极性,从而有利于推动整个社会经济的不断发展。况且在我国,生产资料或资本的公有制是占着主导地位的。

马克思之所以在《资本论》以及其他经济学著作中,多次批判资产阶级经济学把“资本”仅看做是过去劳动或剩余劳动的积累,或看做仅仅是商品经济的范畴,是因为它们用“一般”来否认“个别”,抹杀资本主义制度的剥削本质。不言而喻,“资本”是过去劳动或剩余劳动的积累、资本是价值增值的手段,是资本这个概念涵义中的“一般”,即是一切社会或商品经济社会中共有的范畴。如果用这两个“一般”来取代“个别”——资本主义社会中的资本(资本家剥削工人的关系),那就起到掩盖资本主义制度剥削本质的作用。同时资本家或资本家的代言人资产阶级经济学家讲资本是过去劳动的积累,还有另外一个用意:资本家的资本是他节衣缩食的结果,言外之意是工人不注意节约甚至浪费。这显然也是为整个资本主义制度涂脂抹粉的。但这里我们也可以从反面来汲取经验:节约对劳动者、对社会主义也是不可少的。

在今天,我们如果仅仅抱住马克思关于资本是资本主义特有的经济范畴这一个涵义,而不了解它还有另外两个涵义,那么结果将是怎样的?这只能拒绝发展社会主义市场经济,拒绝一切过去劳动或剩余劳动的积累及其积极功能。这只能是经济永远得不到更大发展的“社会主义”,是人民所不需要的“社会主义”,是“只要社会主义的草,不要资本主义的苗”。这说明我们还不是在解放思想,还停留在“左”的立场上,是片面地理解马克思关于资本涵义的论述。

刻意把资金与资本等同起来或者用资金来代替资本也是不妥的。因为第一,资金只是资本的价值(货币)形式,资本的存在形式不仅有货币形式,而且还有物质资本、技术资本、人力资本以及各种形式的无形资本如品牌、商誉、商标、专利、著作权等。资本概念的外延大大大于资金概念的外延。第二,用资金代替资本,其意思是资金是货币,货币和资本在本质上是不同的。货币是一般等价物,资本是能够带来更多价值的价值,或资本是能够给资本家带来剩余价值的价值,从而避免产生误导:在我国社会主义条件下再用资本这一概念就意味着还存在剥削。这说明,在使用者的心目中,仍然只承认资本是资本主义经济特有的范畴,从而犯了片面理解马克思关于资本涵义的论述的错误。当然,只要不刻意把资金和资本等同起来或用它代替资本,使用这个概念也是有意义的。

三、必须理解资本主义有制度资本主义和经营资本主义之分

资本主义应该有两个涵义:一个涵义是指资本主义是一种基本经济制度体系;一个涵义是指资本主义是一种经营理念体系。这是资本概念的两种涵义即市场经济范畴和资本主义经济范畴的应用和延伸。正确认识资本主义的这两种不同的涵义,具有十分重要的理论和实践意义。

"主义"是种体系,这是不言而喻的。一种体系,尽管其内容十分丰富,但其内部总是一个有序的结构。

073. 什么是制度资本主义?

资本主义作为一种基本经济制度体系,它包括着以资本——价值形态存在的、聚集在少数人手里的财产特别是生产资料(不变资本)的所有制关系,以及由此决定的剩余价值的分配关系和生产当事人之间的相互关系,并以国家法律加以确认的相关制度的总和。它通常又被称为资本主义社会经济形态或资本主义社会生产方式,并既与封建社会经济形态或生产方式相对立,也与社会主义经济形态或生产方式相对立。这些都是大家熟知的。作为制度的资本主义,是资本主义社会特有的经济范畴。

074. 什么是经营资本主义?

我们同时又把资本主义看做是一种经营理念体系,却有着石破天惊的震撼。这可能被看做是对仅把资本主义看做是一种基本经济制度体系的"反叛"。不,这不是反叛,而是对"资本主义"这一概念内涵的一个新发现。它是资本史的一种新总结、新概括。

资本作为过去劳动的积累或物化,或者说资本作为劳动者剩余劳动的产物,可以说是一种永恒的范畴。正因为如此,马克思说原始人手中的木棍、石刀、石斧也是一种资本——不变资本,它是原始人在采摘野果充饥这种必要劳动后还有剩余劳动时间可用来制造木棍、石刀、石斧这种生产工具。但是原始人手中的这种不变资本不是真正为了"经营"以获得剩余产品的,更不是用来

赢利的。最古老的真正的经营资本如马克思所说是货币资本——高利贷资本。随着生产力的发展，私有制产生，商品经济的成熟，资本范畴的外延逐步扩大到全部物质形态的资本和货币形态的资本，出现了资本的经营活动。资本的涵义随之有了扩展，即资本不仅是过去劳动或剩余劳动的积累，而且还是价值增值的手段。资本也就同时成了商品经济或市场经济的范畴。随着资本经营活动的逐渐扩大和加深，在总结无数次的成功和失败的经验教训之后，就形成了资本的经营理念，而且这种理念又在实践中得到不断的丰富、发展和完善，于是便有了资本经营理念的体系——资本主义。

075. 资本主义作为资本经营的理念包括哪些主要内容?

资本主义作为一种经营理念体系，包括着极为丰富的内容。但归纳起来，主要包括四个方面。一是经营目标。经营目标又分为两类：一类是价值形态的目标，这就是获得利润；一类是使用价值形态的目标，这就是能满足消费者或社会（集合化的人群）的某种需要。经营目标是经营理念的核心。其核心的核心是追求利润最大化，追求价值增值。二是经营者，即由谁来进行资本经营。资本是个死的东西，必须交给会经营的人去使用，它才能发挥功能，实现它的经营目标。经营者既可以是自然人（资本的所有者），也可以是法人（生产经营单位或企业的资本的依法占有、使用、支配者）；既可以小到个人、企业，也可以大到家族、部门、国家，甚至是某种国际组织。三是经营规则。这就是资本经营活动的行为规范，它往往是以国际的、国家的、部门的、地区的以至企业的法律规章、政策方针、具体制度等形式存在的。它是市场经济规律内容的外化或主观化。其基本要求是既要维护社会的公共利益，又要维护资本所有者和经营者的合法利益。四是经营的具体方式、方法、手段。具体地说，它既可以是直接经营，即所谓资本的所有权和经营权的统一，也可以是间接经营，即资本的所有权和经营权的分离。两权分离又可以分为股份制、股份合作制、租赁制和承包制等。两权分离的经营形式最早是高利贷资本的借贷，后来又出现了租佃制、承包制、租赁制、合作制、股份制等。人为建立的资本的各种经营机制如市场机制、调控机制、激励机制等，则属于经营方式方面的问题。

资本经营理念体系中的经营目标、经营者、经营规则和经营方式，是有机统一的整体，是缺一不可的，它们共同构成作为资本经营理念的资本主义。

076. 为什么不能把资本主义的这两种涵义混为一谈？

第一，性质不同并且不可类比。制度资本主义属于社会经济形态方面的范畴，经营资本主义属于商品经济或市场经济方面的范畴。作为制度资本主义，它只能与作为它的前身的封建主义社会经济形态或作为它的替代者的社会主义社会经济形态相比。作为经营资本主义，它只能与作为它的前身的自给自足的自然经济相比，或只能与作为它的未来替代者的计划经济相比。前者的相比是基本经济制度不同的比较，后者的相比是社会经济调节方式不同的比较。因此，制度资本主义和经营资本主义之间没有同质性，不能直接进行比较。

由此可见，在当今世界的市场经济发展阶段（注意，它是人类社会经济发展的不可逾越的一个历史阶段），在制度资本主义国家，这两种涵义的资本主义是可能“合二为一”的，但在制度社会主义国家，这两种涵义的资本主义是不可以“合二为一”的。也就是说，在当代西方国家，可以说它既是制度资本主义，又是经营资本主义，而在我国，只能说是存在着经营资本主义，而不能说存在着制度资本主义。

在这里简要说明一下，制度社会主义是指在基本经济制度上实行社会主义（当然它要经历若干发展阶段），经营社会主义仅指在制度社会主义的成熟阶段的经济调节方式上的“社会主义”，也可以说完全的计划调节。同样，制度社会主义和经营社会主义，作为“主义”，各自也是一个体系，它需要在实践发展的基础上来不断丰富和完善。按照马克思恩格斯的论述，成熟的制度社会主义，就是由全社会占有一切生产资料，成熟的经营社会主义，就是社会经济运行完全由计划去调节。我们认为这符合他们有关定性分析的真正涵义。

第二，历史长短不同，经营资本主义比制度资本主义的资格要老得多。经营资本主义，或资本主义作为资本经营理念，它是商品经济范畴。而商品经济存在的历史要比制度资本主义长得多。按照恩格斯的说法，它至今大约有7000年的历史，而制度资本主义至今只有几百年的历史。

第三，发展的历史阶段划分不同并且也不可能进行直接比较。由于经营资本主义属于商品经济或市场经济范畴，所以商品经济或市场经济发展的各历史阶段也同时就是经营资本主义发展的各历史阶段。我们可以从不同角度对它的发展阶段进行划分。按交换媒介不同,可以划分物物交换的阶段、以货币为媒介的交换阶段、以信用为媒介的交换阶段;按市场的基本功能不同,可以划分为市场功能主要是实现商品使用价值的阶段、市场功能主要是实现商品价值(当然它同时涵盖前一功能)的阶段、市场功能主要实现整个社会经济资源优化配置(当然它同时涵盖前两个功能)的阶段;按市场交换的地域范围不同,可以划分为地区市场发展阶段、全国统一市场发展阶段和世界市场发展阶段。市场经济是商品经济发展的高级阶段;而市场经济本身的发展也经历了自由调节的市场经济和国家宏观调控的市场经济(目前)两个阶段。按商品经济或市场经济的不同社会属性,可以划分为小商品经济发展阶段、资本主义商品经济发展阶段和社会主义商品经济发展阶段。在商品经济或市场经济发展的不同历史阶段上,由于社会生产力的发展水平不同,由于资本所有者的社会属性不同,资本经营的理念也就不同,并且随着商品经济或市场经济的发展越来越走向成熟。随着商品生产和商品交换的广度和深度的不断扩大,资本经营理念的内涵和外延也就越来越丰富和扩大。“资本主义”作为资本经营理念的概括,就是对近代以来越来越成熟和高度发展的市场经济条件下的资本经营经验的系统而深刻总结。

但是,制度资本主义的发展阶段的划分就比较简单,一般把它划分为自由资本主义发展阶段和垄断资本主义发展阶段。

经营资本主义发展阶段的上述各种划分,与制度资本主义发展阶段的上述各种划分,在标准上没有什么共同之处。制度资本主义发展阶段划分的主要依据是资本所有制的部分质变,即大规模的垄断资本代替小规模的私人资本成为占统治地位的资本所有制。还有学者把垄断资本主义阶段又划分为私人垄断资本主义阶段和国家垄断资本主义阶段。而经营资本主义发展阶段划分的主要依据是资本经营的目的、媒介、范围、手段和方式等,它们并不直接涉及资本所有者及其社会属性问题。所以,经营资本主义发展阶段的划分与制度资本主义发展阶段的划分基本上不存在着共同的标准,因而也难以进行直接的比较。

必须明确,大的股份公司垄断资本主义,则不是私人垄断资本主义,也不是国家垄断资本主义,而是一种“社会”资本垄断资本主义。如果从基本经济制度角度来看,如马克思所说,它是社会资本或股份公司资本的所有制,是资本主义私有制向社会主义公有制的“过渡形式”，即它既不姓“资”，也不姓“社”。

第四，直接受制约的基本经济规律不同。制度资本主义的内在的主要矛盾是生产力和生产关系之间的矛盾，即生产的社会化与生产资料的资本家私人占有之间的矛盾，因此，直接决定制度资本主义的产生、发展和必然灭亡的基本规律是生产力和生产关系之间相互作用的规律，是生产关系一定要适应生产力发展水平要求的规律。由于经营资本主义属于商品经济或市场经济的范畴，所以，经营资本主义的内在的主要矛盾则是商品的价值和使用价值之间的矛盾，进一步地说是商品价值生产和价值实现之间的矛盾，因此，直接制约经营资本主义发展变化的基本规律是价值规律。哪个资本经营者按价值规律办事，其就能生存、发展和壮大，否则就将被淘汰。生产关系一定要适应生产力发展水平要求的规律制约着整个人类社会经济形态的更替，当然也制约着制度资本主义的产生、发展和必然死亡；价值规律则制约着商品（包括资本商品）生产经营者的生存与发展，而商品生产经营者不仅存在于制度资本主义社会，也存在于奴隶社会、封建社会和当今的社会主义社会。总之，这两条经济规律的作用范围和作用方向是不同的，也是不能进行直接比较的。

由此可见，无论从理论上还是从历史上来看，都不能把制度资本主义和经营资本主义混为一谈。因此，我们在看书看报（包括本书）时，应当根据文章的完整涵义，看它所用的“资本主义”概念是制度资本主义还是经营资本主义，千万不要把二者等同或混淆起来。

077. 把资本主义区分为制度资本主义和经营资本主义有什么重大现实意义？

我们把资本主义区分为制度形态的资本主义和经营理念形态的资本主义，并非仅仅是一种理论上的探讨和论证，而是更要注意这种研究的实践意义。它的实践意义很大也很多。我们在这里主要从总体上或发展趋势上进行必要的价值分析或判断。其中主要是：

第一，我国进行的经济体制改革不是实行制度资本主义，而是实行经营资本主义。所谓改革开放就是搞资本主义，直到现在也还是人们经常的话题和困惑。一些不赞成甚至反对经济体制改革的人，就是不知道还有制度资本主义和经营资本主义的严格区分，不自觉地把两者混为一谈，甚至认为市场经济就等于制度资本主义，搞经济体制改革，就是搞制度资本主义。我们认为，至今仍然有人不赞成经济体制改革，认为改革就是搞资本主义，从认识论上讲，就是因为没有把制度资本主义和经营资本主义这两个本来就不同的东西严格地区分开来。我们进行经济体制改革，坚持的是制度社会主义，抛弃的是经营社会主义，要的是经营资本主义。按市场导向经营资本——包括物质形态、价值形态、知识形态、人力形态以及许多无形资本，就是要在经营目标、经营组织、经营规则和经营方式上，真正按市场经济的基本规律——价值规律办事。在改革中，我们的基本经济制度并没有发生基本质的变化，但是经营理念上却发生了基本质的变化或者人们所说的“革命”。只要基本经济制度没有发生质变，按资本的内在要求办事，按价值规律办事，社会生产力大发展了，不但不会损害基本经济制度，反而会越来越巩固和加强基本经济制度。这是经济体制改革30多年来的基本事实，是任何人都抹杀不了的历史功绩。

第二，中国经济体制改革和开放是在资本经营理念上与世界市场经济国家“趋同”，而不是在资本主义基本制度上与西方国家“趋同”。所谓“趋同论”，曾是理论界争论的一个热点。如果说世界经济目前存在着“趋同论”，那不是指在基本经济制度上趋同，不是指我国在基本经济制度上与西方国家的基本经济制度趋同，而仅仅是指资本经营理念上的趋同。这个趋同的基本表现或事实就是各国都在发展国家宏观调控下的市场经济。自凯恩斯主义产生后特别是第二次世界大战后，西方国家越来越自觉地认识到，由于生产越来越高度社会化，由于周期性经济危机的爆发及其对社会生产力的巨大破坏，自由调节的市场经济越来越不适应经济发展的要求，所以越来越需要加强国家宏观调控。与此同时，社会主义国家也越来越深刻地认识到，商品经济或市场经济是不可逾越的一个历史发展阶段，实行计划经济体制的客观条件还远未成熟，必须建立市场经济体制，让市场对资源配置起基础性作用，同时，也不能走两个世纪前的自由调节的市场经济发展的老路，即也要走国家宏观调控下的市场经济发展道路。这样，自20世纪中期以来，基本经济制度对立的两类国家，在如何发展市场经济上，在资本经营理念上趋同了。这正如邓小平所说的，市场经济本身不存在姓“资”或姓“社”的问题，它是一种适合当代社会生产力发展要求的经济调节方式，“资本主义”（制度）可以用，“社会主义”（制度）也可以用；同时，计划经济本身也不存姓“社”或姓“资”的问题，“社会主义”(制度)可以用,“资本主义”(制度)也可以用。“市场”和“计划”本身都是一种中性的东西,是经济调节的工具、手段、方式,任何人都可以使用。这种趋同,就是资本经营理念的趋同,就是资本经营理念上的“资本主义”。

那种认为我国改革开放就是补资本主义的课,如果认为是补制度资本主义的课,是误解,也不符合事实,从而给改革开放造成认识上的阻力,应当纠正;如果认为是经营资本主义的补课,那是正确的。但必须明确,不能把制度资本主义和经营资本主义混为一谈,不能笼统地认为是补资本主义课,而只能准确地表达为补资本经营理念上的“资本主义”课。如果笼统地说改革开放是补资本主义课,由于习惯上把资本主义只理解为制度资本主义,那就会造成理论上的混乱,干扰改革开放的健康、正常进行。

第三,扩大开放和加入 WTO,是在资本经营理念上与世界“接轨”,是在世界市场游戏规则上与世界“接轨”,是在市场经济体制上与世界“接轨”,而不是在基本经济制度上与世界“接轨”。近年来,一些媒体上一直存在着我国扩大对外开放以及加入 WTO,就是在世界上与资本主义接轨的说法,并且认为,世界经济是资本主义占统治地位,与它接轨,就是与资本主义接轨。其言外之意还有就是中国搞资本主义了,不要社会主义了。大家看,这又是把制度资本主义和经营资本主义混为一谈了。事实明确告诉人们,我国扩大对外开放和加入 WTO,是在经济体制和资本经营理念上与世界市场经济接轨。但由于没有把制度资本主义和经营资本主义这两者严格地区分开,我国与世界资本主义国家经济接轨,就变成了与世界制度资本主义接轨,而不是与世界资本主义经营理念接轨,于是自己也就是变成制度资本主义的国家了。与世界范围内的经营资本主义接轨,与世界范围内的资本经营理念接轨,与世界范围内的市场经济体制接轨,与世界市场的游戏规则接轨,是当今世界经济发展的客观要求,是经济全球化和一体化的客观要求。在世界经济范围内,同在一国范围内一样,计划与市场同样都是经济调节的手段或方式,它们本身同样不存在姓“社”或姓“资”的问题。否则我们是不是可以说:我国对西方国家开放,就是同制度资本主义接轨,自己就变成了资本主义国家,那么,西方国家向我国开放,西方国家是不是向制度社会主义接轨,自己就变成了社会主义国家了。问题就那么简单吗?不要再搞形而上学!

不错,当今世界经济是制度资本主义经济占统治地位,发展中国家在加入世界经济体系后由于其实力弱小而受到严峻的挑战甚至可能会受损，但是不对外开放，不加入 WTO，发展中国家经济发展的困难更大。相比之下，扩大对外开放，加入 WTO，还是利大于弊。况且，世界经济游戏规则制定的基本依据是市场经济运行规律，是资本经营的现代理念，而不是制度资本主义本身的运行规律。不仅在一国范围内应把制度资本主义和经营资本主义区别开来，在世界范围内也可以区分为制度资本主义和经营资本主义。不要惧怕经营资本主义，在国内发展经济不要怕它，在国际经济活动舞台上也不要怕它，而是要充分到利用它为制度社会主义服务。这才是真正正确的态度和做法。

078. 怎样理解“趋同”还包括制度资本主义和制度社会主义之间的“过渡形式”？认识这一点有什么重大意义？

我们认为，“趋同”不仅表现在经营资本主义上或经营理念上，还应包括在基本经济制度的“过渡形式”上。这也是需要重新认识和进一步解放思想的问题。并且是被理论界和决策部门都忽视了的一个重大理论与实际问题。“过渡形式”的理论是马克思和恩格斯晚期政治经济学理论研究的突出而至今意义仍然十分重大的问题。它不仅对正确认识当代西方国家的基本经济制度变化有重要指导意义，而且对当今社会主义国家的改革与发展也有着同样重要的指导意义。

在整个社会经济形态上，目前世界上两类不同基本经济制度的国家都存在着向真正成熟的制度社会主义的过渡点。马克思和恩格斯在世时都说过，股份公司、合作制经济，是（制度）资本主义向（制度）社会主义的过渡点，它们是对（制度）资本主义的扬弃，列宁则进一步说，国家垄断资本主义也是（制度）资本主义向（制度）社会主义的过渡点。我们今天应该怎样结合实际看待他们的这些论断呢？

第一，从历史条件来看，我们必须承认目前世界各国包括发达国家都不具备实行成熟的制度社会主义的条件，只是由于历史的原因，在一些国家建立起了初级阶段的制度社会主义。我们可以大胆地假定，即使是发达国家无产阶级革命成功，也只能建立起初级阶段的制度社会主义，即可能仍然是以公有制为主体、多种所有制并存的社会主义，还不完全具备客观条件去建立单一的全民所有制的成熟的制度社会主义。因为在发达国家，也存在着生产力发展不平衡的状况,集体所有制和私人经济、个体经济仍然还有存在的必要,还将占相当大的比例,还不可能立即消灭一切私有制经济,国家也没有足够的力量把一切人都包起来。

但是,随着生产力的不断发展,生产社会化程度越来越高,特别是第二、第三次科技革命及其成果在社会经济领域的广泛应用,使得原来传统的资本主义经济制度越来越不适应生产力发展的要求,于是先后出现了合作经济、股份制经济、垄断以至国家垄断经济,它们是对私人资本的一个突破,也就是说它们已经不是原来的私人资本主义经济了,而是社会资本主义经济了,企业的生产资料或资本已经不完全是一个私人占有,而是越来越大的部分变成了社会性(人群)的占有,而这正是未来的社会主义经济制度所要求的。所以,正是从这一点来说,它们是对传统资本主义经济制度的"扬弃",是向着社会主义经济制度过渡的"过渡点"。所以,这种"过渡点"的存在,是在社会生产力发展水平还不是很高、但私人资本又不能完全驾驭、生产资料或资本的完全全社会占有的条件还不具备的现阶段的必然产物,或者说,私人资本在一定范围和程度上对社会生产力发展还有一定的积极作用。在现阶段,资本的全部全社会占有还不利于社会生产力的发展。

在当代,在(制度)资本主义国家存在着数量不小的合作经济,股份制经济几乎覆盖了所有重要经济部门,大股份公司的集团化的垄断企业和国家垄断企业大量存在,绝大部分大型企业的资本已不再是由哪个私人或家族完全占有,这样,它就不是原来传统的私人资本主义经济制度了,不是原来传统的私人资本在企业中的独占地位了。这种情况应当被看做是马列所说的资本主义制度向社会主义制度的过渡点。同时,在分配上,由于社会保障制度的不断完善,以至福利国家的出现,分配上的制度资本主义也不是原来的制度资本主义了,也是向着社会主义制度过渡的"过渡点"了。

第二,从经济的社会性质上看,"过渡点"的各种经济形式,既不是原来的传统的私人(制度)资本主义经济,也不是未来的成熟的(制度)社会主义经济,而是二者的中间形态。"非驴非马"。这是从社会基本经济制度的角度给"过渡点"的经济属性的所作出的界定。从历史上看,在已有的四种社会经济形态的历史演进中,都存在由低级形态向高级形态过渡的经济"过渡点",例如封建社会中的师傅带几个徒弟的手工作坊就可以视为封建制度向资本主义制度的“过渡点”，不是由大量农奴来耕种土地而是雇佣大量雇工来耕种土地的地主经济，也是封建制度向资本主义制度的“过渡点”，富农经济也是这种“过渡点”。

这是从生产关系特别是其中的所有制关系和分配关系来看的“过渡点”的中介性质或“过渡”性质的。另外，我们还可以从经营的角度来分析“过渡点”的经营性质。这其中以合作经济、股份制经济最为典型。在市场经济条件下，这些过渡形式经济的经营理念是资本主义的，其中核心是资本的增值，是追求利润的最大化。另外，（制度）资本主义国家的国有资本，它也不能视为原来的传统的私人资本主义经济（当然在性质上也不同于社会主义国家的国有资本），也是“过渡形式”，但在经营上，如果是实行股份制、租赁制或承包制，则在经营理念上也是资本主义的，即也是为了资本的增值。这样，从资本主义的两种涵义来看，当代（制度）资本主义国家所存在的“过渡点”经济，从制度资本主义来看，其相当大的部分也不是传统的制度资本主义，是过渡性质的经济；从经营资本主义来看，由于它是为了资本增值，所以是资本主义的。

第三，我国现阶段存在的集体经济、合作经济、股份合作制经济、股份制经济、混合所有制经济甚至国有经济，即除个体经济、私营（私人所有并直接经营，不能只理解仅是私人经营。关于这个问题，我们在后面进行详细讨论）经济外，都可以看做是马列所说的“过渡”性质的经济，是介于私有制经济和全民所有制经济之间的经济，是向未来成熟的完全由全社会占有一切生产资料的制度社会主义的过渡形式。马克思主义经典作家所讲的（制度）社会主义经济是指由全社会占有全部生产资料的经济，因此现在存在的各种公有制经济都可以视为向未来过渡的“过渡点”经济。不仅如此，在我国，即使是个体经济和私营经济也不是传统意义上的个体经济和私营经济，而是一种“普照的光”下的个体经济和私营经济，即初级阶段的社会主义公有制经济主导下的、在社会主义上层建筑反作用下的个体经济和私营经济。因此，它们也应当被视为新形式的“过渡点”经济，也是向成熟的制度社会主义过渡的经济。深化对我国社会主义初级阶段基本经济制度涵义的认识，可以作这样的理解：国有经济是成熟的制度社会主义经济的现存形式（即不是最终形式）；非国有的各种公有制经济（包括各种社会所有制经济）是向成熟的制度社会主义经济的直接“过渡”形式；个体经济和私营经济是向初级阶段（制度）社会主义经济新的间接“过渡”形式。

由此，我们可以进一步发现，当代（制度）资本主义国家“过渡”性质的经济和我国现阶段的“过渡”性质的经济有着许多重大的不同。一是从属的主导不同，（制度）资本主义国家的“过渡”经济从属于占主导地位的资本主义私人资本，社会主义国家的“过渡”经济从属于占主导地位的社会主义国有经济；二是范围不同，（制度）资本主义国家的“过渡”经济只包括合作经济、股份经济和国有经济，（制度）社会主义国家的“过渡”经济不仅包括国有经济，也包括集体经济、合作经济、股份经济、混合所有制经济，还包括个体经济和私营经济。

079. 把资本主义区分为制度资本主义和经营资本主义可以消除哪些重大误解？

一是一提资本主义就是指制度资本主义，并不知道还有经营资本主义；

二是搞经营资本（主义），就是搞（制度）资本主义，就是走（制度）资本主义道路，并不知道经营资本主义是市场经济条件下共同经营理念；

三是现在我国发展市场经济的做法与（制度）资本主义没有什么区别，是（制度）资本主义复辟了，并不知道经营资本主义是市场经济的共同做法；

四是我国现在已与（制度）资本主义“趋同”了，并不知道在经营资本主义与制度资本主义是两个完全不同的经济范畴，我们只是在资本经营理念上与资本主义趋同；

五是我国是在“补”（制度）资本主义的“课”，而不认为我国是在“补”市场经济的“课”或“补”经营资本主义的“课”。

这可以说也是区分资本主义的两种涵义的重要意义。关于这种意义，我们在后面还要结合有关问题继续进行说明。

四、必须完整、准确地理解剩余价值的涵义

资本和剩余价值是马克思主义政治经济学（资本主义部分）的主体范畴，剩余价值学说是马克思主义政治经济学的核心内容。因此，对剩余价值这个概念涵义的完整、准确地理解就显得十分重要——可以说是关键。我们在前

面已对资本这个概念的涵义以及它在当前实际中的发展、正确认识相关问题的现实意义，作了比较详细的说明。它也为这里说明剩余价值问题提供了许多理论的铺垫或准备。本章在后几节主要围绕剩余价值生产问题再结合实际进行相关的分析。

080. 剩余价值是资本主义特有的经济范畴吗？或者说剩余价值有哪三个不同的涵义？

在许多人看来，剩余价值是资本主义特有的经济范畴，并且认为这是马克思的论断。这又是对马克思关于剩余价值这个概念的涵义缺少完整、准确理解的一个非常突出的表现。其实，在《资本论》中，马克思给剩余价值下了三个不同的定义：

一是剩余价值是剩余劳动的凝结（或物化）。这是从剩余价值生产的角度，或者就是从剩余价值来源的角度所下的定义，并且是最基本、最重要的定义。马克思说：“把价值看作只是劳动时间的凝结，只是物化的劳动，这对于认识价值本身具有决定性的意义，同样，把剩余价值看作只是剩余劳动时间的凝结，只是物化的剩余劳动，这对于认识剩余价值也具有决定性的意义。”（《马克思恩格斯全集》第23卷，人民出版社1972年版，第243～244页）由于剩余劳动是一切社会所共有的，所以从剩余价值生产的这个角度上来看，剩余价值也是一切社会共有的经济范畴。正因为如此，马克思又说：“如果我们把工资归结为它的一般基础，也就是说，归结为工人本人劳动产品中加入工人个人消费的部分；如果我们把这个部分从资本主义的限制下解放出来，把它扩大到一方面为社会现有的生产力（也就是工人的劳动作为现实的社会劳动所具有的社会生产力）所许可，另一方面为个性的充分发展所必要的消费的范围；如果我们再把剩余劳动和剩余产品，缩小到社会现有生产条件下一方面为了形成保险基金和准备金，另一方面为了按社会需求所决定的程度来不断扩大再生产所必要的限度；最后，如果我们把那些有劳动能力的人必须为社会上还不能劳动或已经不能劳动的成员而不断进行的劳动，包括到1. 必要劳动和2. 剩余劳动中去，也就是说，如果我们把工资和剩余价值，必要劳动和剩余劳动的独特的资本主义性质去掉；那末，剩下的就不再是这几种形式，而只是它们的为一切社会生产方式所共有的基础。”（《马克思恩格斯全集》第25卷，人民出版社 1974 年版，第 990 页）在这里，马克思最明确不过地告诉我们，剩余价值作为剩余劳动的凝结，物化的剩余劳动，是一切社会共有的经济范畴。

二是剩余价值是超过预付资本价值的余额。这是从商品生产和商品流通相结合（统一）的角度给剩余价值所下的另一个定义。即 G—W—G′（G+△G），△G 就是剩余价值。马克思指出，包括生产过程在内的流通过程，“完整形式是 G—W—G′。其中 G′=G+△G，即等于原预付货币额加上一个增值额。我把这个增殖额或超过原价值的余额叫做剩余价值。”（《马克思恩格斯全集》第 23 卷，人民出版社 1972 年版，第 172 页）这个定义告诉我们，剩余价值是商品经济或市场经济的范畴，是存在着商品经济或市场经济的几个社会所共有的经济范畴。商品生产者进行生产经营的目的就是为了价值增值，就是为了追求剩余价值。这是商品经济或市场经济运行的一条共同的规律，而不管商品经济或市场经济是在一个什么性质的社会经济形态或社会生产方式下存在着的。

三是剩余价值是雇佣工人创造的被资本家无偿占有的超过其劳动力价值的那部分价值。这是从资本主义生产、流通和分配相结合（统一）的角度所下的又一个定义。这是在马克思的《资本论》中许多地方可以见到的，并且又由苏联的政治经济学教科书首先加以概括，也是在我国的有关教材和文章中常见的定义。这个定义非常明确地告诉我们，剩余价值是资本主义特有的经济范畴。

可见，剩余价值是一个多含义的概念，仅把它看成资本主义特有的经济范畴不符合马克思的原意。

081. 正确理解剩余价值这一概念的三种涵义有什么重大意义？

上面介绍的剩余价值的三种涵义，不仅在理论上，而且在实践上，都有着十分重要的意义。

首先，必须承认存在着剩余价值的社会一般性和社会特殊性的区别。这里所说的剩余价值的社会一般性和社会特殊性的区别，是指剩余价值的实体——剩余劳动同它在各个不同社会经济形态中的表现形式的区别。剩余价值的实体是剩余劳动，这是剩余价值的社会一般性。至于剩余价值的这个实体在各个不同社会经济形态中的不同表现形式，则是剩余价值的社会特殊性。

它有两个方面的内容：一是它的存在形式不同；二是它的占有形式不同。马克思分析剩余劳动是从两个方面进行的：一是从一般社会生产过程进行分析的，说明剩余劳动在一切社会中始终存在，它是剩余价值的实体，正因为如此，马克思才说去掉资本主义性质的剩余价值的形式，它是始终存在的；二是从一定社会生产过程进行分析的，着重指出剩余劳动这个剩余价值的实体，在一定的社会生产方式下，例如，在非商品经济社会中，它主要是以剩余产品的形式存在的，在封建经济社会中它主要是以地租形式存在的，在商品经济社会中它主要是以预付资本价值的增值额形式存在的，特别是在资本主义生产方式下，它主要以利润、利息和地租的形式存在的。剩余价值又是如何被占有的？区别不同社会生产方式的，不是在于它有没有剩余劳动，从而有没有剩余价值，而在于剩余劳动是以什么形式存在以及它被什么人占有？就剩余劳动的存在形式和占有形式相比，占有形式又是最主要的。因此，单就剩余劳动而言，能区别各种社会经济形态的，主要是看剩余劳动从而剩余价值采取什么样的占有形式。

其次，必须承认存在着广义的剩余价值决定和狭义的剩余价值决定的区别。所谓广义的剩余价值决定，就是指剩余价值是一般剩余劳动的凝结或物化；又是指剩余价值是在几个商品经济社会中的生产商品的剩余劳动的凝结或物化，这同价值决定有广义和狭义之分是一致的。所谓狭义的剩余价值的决定仅指资本主义社会中的剩余价值是雇佣工人剩余劳动的凝结。

再次，必须承认在马克思的经济学说中存在着广义的剩余价值学说和狭义的剩余价值学说的区别。马克思的广义剩余价值学说是研究一切社会生产方式或几个社会生产方式（商品经济社会）的剩余价值的生产、交换和分配问题，狭义剩余价值学说是研究资本主义生产方式下的剩余价值的生产、流通和分配问题。这同马克思主义的广义政治经济学和狭义政治经济学的区别是一致的。

我们认为把马克思的剩余价值学说分为广义和狭义的两个部分非常必要。它有助于解决不同意剩余价值范畴仍然存在于社会主义经济中的同志，担心把剩余价值范畴引进社会主义经济生活中所带来的各种疑虑。广义的剩余价值学说主要认为：①剩余价值是剩余劳动的凝结或物化；②生产资料所有制性质不同，决定剩余价值的占有方式的性质不同；③剩余价值占有方式的性质不同对社会再生产过程具有不同性质的反作用。承认广义的剩余价值学说的这些基本内容,对于承认社会主义社会中仍然存在着剩余价值范畴,不仅是无害的,反而是有益的。承认马克思的剩余价值学说有广义和狭义之分,丝毫不损害马克思主义政治经济学说的光辉,因为无论是狭义的或广义的剩余价值学说,都是由马克思首创的,它的科学性和革命性都是任何前人无法比拟的。

最后,必须承认在剩余价值问题上,资本主义企业和社会主义企业的区别,不在于是否生产剩余价值,而在于剩余价值是不是企业生产的唯一目的,在于剩余价值归谁所有。资本主义私有制决定了剩余价值生产是资本主义私有制企业生产的唯一目的。社会主义公有制决定了新价值(v+m)的创造是社会主义公有制企业生产的唯一目的。社会主义公有制企业生产目的的内涵比资本主义私有制企业生产目的的内涵更广了,这是由社会主义的根本制度决定的,是社会主义制度优越性的根本表现。资本主义私有制决定了工人阶级创造的剩余价值必然归资本家阶级无偿占有,社会主义公有制决定了劳动者创造的剩余价值必然归劳动者集体或国家共同占有。

五、要重新认识资本主义的剥削率

这是关于剩余价值问题的一个重要方面,也是认识上存在着误区的一个重要地方。

082. 在资本主义社会中,剩余价值全部被资本家全部无偿占有了吗?

在把剩余价值看做是资本主义特有经济范畴时,还必须弄清楚剩余价值是否被资本家全部无偿占有的问题。按照剩余价值的第三个定义,人们一般认为,剩余价值被资本家全部无偿占有了,而且《资本论》的论述似乎也确实如此。虽然马克思曾明确指出:“生产剩余价值即直接从工人身上榨取无酬劳动并把它固定在商品上的资本家,是剩余价值的第一个占有者,但决不是剩余价值的最后占有者。”(《马克思恩格斯全集》第23卷,人民出版社1972年版,第619页)但是,马克思在这里是要说明他将在《资本论》第3卷要分析的问题,即剩余价值还要被分割为利润、利息和地租:产业资本家凭借其资本所有权分得了产业利润、商业资本家凭借其资本所有权分得了商业利润、生息资本家凭借其资本所有权分得了利息、土地所有者凭借其土地所有权分得了地租。尽管如此，仍然是工人创造的剩余价值被全部资本家阶级（包括土地所有者）无偿占有了。

但是，工人创造的剩余价值的再分配还有其他情况，说明剩余价值并不是被资本家全部无偿占有：

第一，企业上缴国家的各种税金，是剩余价值的一个相当数量的部分，它被国家占有。企业上缴给国家的税金在当代发达国家占国家财政收入50%左右（包括个人所得税，各种税收约占国家财政收入的90%左右，其中资本家缴纳的个人所得税绝大部分属于剩余价值的范畴），其中除了用于维持国家行政开支和国防开支外，还有相当大的部分用于社会福利事业（如文化、教育、卫生、养老保险、失业保险、社会救助等）。这部分剩余价值不但不能最终归资本家所有，相反其中有相当大的部分最终为广大劳动者所有或使用。西方发达国家的社会福利事业相当发展，社会福利基金在国家财政支出中所占比例很高，有的国家甚至高达40%～50%。不过，劳动者享受的各种社会福利的开支，虽然在形式上属于他们创造的剩余价值，但实质上也是劳动者工资收入的一个组成部分，是劳动者劳动力的生产和再生产的费用，只不过它不是由资本家来直接支付，而是由国家来直接支付。同时我们还必须看到，工人创造的剩余价值以企业税金的形式上缴国家后用于维持正常的民族国家的国防开支，也不能认为这是对工人的剥削；用于维持正常的行政开支，也不能笼统地说它是对工人的剥削。因为政府职能有阶级职能和社会公共职能之分，用于社会公共职能的开支，尽管它来自工人创造的剩余价值，也不能认为这个是对工人阶级的剥削。

第二，劳动者的股票、债券等所分得的股息、红利也是剩余价值的部分。他们虽然获得了归根到底是由自己创造的剩余价值的一部分，但不能认为他们是资本家。这就像个体生产者占有了自己生产的剩余价值一样，他们也不是资本家。在当代，在西方发达国家，股票、债券的投资者分散化，相当大部分的劳动者也是股票、债券的所有者。这种情况的出现，归根到底是由于生产力发展的结果。

第三，劳动者的银行存款获得的利息，这是剩余价值的一部分。这同劳动者手中的股票、债券一样，它所分得的那部分剩余价值归根到底是由他们自己创造的。所以他们虽然获得了银行利息，但是他们不是资本家。

第四，劳动者的人力资本投资和技术入股所获的除了高工资收入以外的利润分红部分，也是剩余价值的一部分。严格地说，这种红利也是他们的劳动报酬，是复杂劳动的报酬和风险报酬。所以，虽然他们的分红收入在形式上属于企业利润，但他们则不是资本家。

可见，工人创造的剩余价值被资本家全部无偿占有的说法是不能成立的。

083. 在资本主义社会，剩余价值率是资本家剥削工人程度的准确表现吗？

这是一种非常流行的看法，也是马克思《资本论》中的重要论点。其实这也要进行具体的分析，特别是结合新情况进行分析。

首先，马克思讲剩余价值率（$m'=m/v$）是资本家剥削工人程度的准确表现是有前提的，即仅从资本主义生产过程来说的，是在剩余价值没有再分配的条件下说的，即指产业资本家是剩余价值的第一个占有者的情况下说的。也就是我们在前面指出的，马克思主义政治经济学的基本原理很抽象，是在假设条件极其严格的条件下所得出的抽象结论。离开这个前提去理解马克思主义政治经济的基本原理，往往不能说明极其复杂的现实，弄得不好还会犯曲解甚至教条主义的错误。

其次，工人创造的剩余价值经过各种形式的再分配后，自然要扣除掉不归资本家（阶级）所有的部分。只有扣除掉这些部分，才真正反映资本家剥削工人的程度。这就是我们在前面所说的，在剩余价值中还要扣除四个部分之后，剩下的才能真正被看做是被资本家无偿占有的剩余价值，从而才是真正的剩余价值率，即 m'=（m-企业主和企业纳税-劳动者的股票、债券收入-劳动者银行存款收入-劳动者人力资本投入和技术入股收入）/v。这才是资本家剥削工人程度在初次分配中的准确表现。

由此可见，实际的 m' 不是像在抽象研究中所指出的那么高。特别是劳动者还在再分配中直接或间接地分得的由自己创造的剩余价值部分（即社会福利）占有相当的比例，而且它在当代发达国家还呈上升状况。可见，实际的剩余价值率就更不高了。当然这并不排除资本家（阶级）所获得的剩余价值的绝对数量的增加。要实事求是看待 m' 的问题。要以理服人。

六、要全面看待相对剩余价值生产的方法

相对剩余价值生产方法是指在工作时间（通常指工作日）不变的条件下，通过缩短必要劳动时间而相应延长剩余劳动时间来增加生产剩余价值的方法。对这种剩余价值生产的方法要给予全面的评价。

084. 在资本主义社会中，相对剩余价值生产只是资本家剥削工人更巧妙的方法吗？

这是一种十分流行的看法。这种看法的正确性只是在与绝对剩余价值生产（即在必要劳动时间不变的条件下通过延长工作日从而延长剩余劳动时间来增加剩余价值生产的方法）相比较时才成立的。但是仅从剥削性来看待它是不够的，还应当从的历史进步性来看待它。因为相对剩余价值生产方法的出现，毕竟是整个社会劳动生产率不断提高的结果，是科学技术不断进步并被日益广泛而迅速地应用于生产过程的结果，是管理水平不断提高的结果。

生产方法包括剩余价值的生产方法本身是没有阶级性或剥削性的。阶级性或剥削性决定于生产资料的所有制性质，而不决定于生产方法本身。生产方法资本主义可以用，社会主义也可以用。社会主义更应当使用先进的生产方法。当代世界的西方发达国家的生产方法比我们先进，值得我们学习。我国对外开发的目的之一，就是引进国外的各种先进的生产方法。我们必须通过学习外国先进的生产方法，来提高劳动生产率，让劳动者为社会创造更多的剩余价值。

七、要重新认识资本主义社会生产目的问题

一个社会的基本经济规律包括生产目的和达到目的的手段两个方面的内容，生产目的决定生产手段，生产手段是为生产目的服务的。揭示一个社会的基本经济规律是政治经济学研究的主要任务。随着实践的发展，我们要对资本主义社会生产目的问题进行重新认识。

085. 为什么必须把资本主义国家的企业生产目的和社会生产目的区分开来？

现行比较流行的看法是，资本主义国家的企业生产目的和社会生产目的是一致的，都是为追求剩余价值。我们认为这是不对的，是不符合实际的。马克思是说过资本主义生产目的是为了追求剩余价值，并且认为这是资本主义生产方式的绝对规律。但当我们认真的仔细的理解马克思的这个论断时，恐怕不难看到马克思讲的是资本家企业的生产目的，并不是讲的整个社会的生产目的。

我们知道，消费是生产的目的，这是一般原理。一般寓于个别之中。如果一个社会的生产目的就是为追求剩余价值，那它之中就没有一般了，即一般就得不到体现了。因此只能说资本家企业的生产目的是为了追求剩余价值，而不能说整个资本主义社会的生产目的也只是为了追求剩余价值。

生产目的是为了消费，这是客观的，它不以人的意志为转移。但生产当事人的生产目的又是主观的。如果生产当事人的生产目的和生产目的一般相对抗时，要么前者服从后者，要么后者服从前者。一方服从另一方，并不等一方消灭另一方。服从与被服从，取决于生产当事人的权利，取决于生产资料所有制的性质或生产资料归谁所有。

生产当事人包括微观生产（企业）当事人和宏观生产（国家）当事人。在市场经济条件下，企业生产当事人的生产目的是为了追求剩余价值或利润，但整个国家或社会的生产目的不可能只是为了追求剩余价值或利润，否则整个社会就是为了生产而生产。在整个人类社会中，包括一切社会，当然也包括资本主义社会，其生产目的归根到底也是为了消费，只不过当事人对消费性质的看法不同而已。在剥削阶级社会中，劳动者的消费实际上被看做是“生产工具”的消费，是再生产出被剥削阶级用来再生产剩余价值的材料，如马克思所说只是给牲口加饲料，即劳动者的消费不真正被看做是人的消费。因为劳动者失去了生产资料，生产成果是首先由生产资料所有者占有的，劳动者只是被看做是生产剩余价值（或剩余产品）的工具、材料。但是，消费一般，它不区分剥削者的消费与被剥削者的消费，它们都属于消费。所以即使是剥削阶级社会，社会生产目的仍然是为了消费。资本主义社会生产目的也是这样。

可见，把企业生产目的和社会生产目的混同起来是不妥的。当然，企业生产目的和社会生产目的也是有联系的，即社会或国家都在为企业生产目的提供保障或条件，企业生产目的实现得越好，越有利于社会生产目的的直接或间接的实现。

086. 在当代世界资本主义国家，企业生产目的和社会生产目的都发生了哪些变化？

首先是企业生产目的发生了部分变化。在各国特别是西方发达国家，企业特别是大企业或股份制企业、合作制企业，在市场经济条件下，虽然企业生产目的仍然是为了追求（净）利润，但利润的最终占有者不再是资本家，而是广大的股民，其中也包括本企业的职工，并且企业职工的福利也得到不断增加。这样，企业生产目的实际上也包含了职工的超过“劳动时间工资”（即劳动者工作时间内的工资）以外部分的利益。

其次是社会生产目的也发生了部分质变。在各国特别是西方发达国家，社会公益事业特别是社会福利事业比自由资本主义时代有了很大的发展，国家税收的很大一部分用于社会公益事业和社会福利事业，也就是说，广大职工所享受的这些待遇比过去有了很大的增加。职工享受的这些待遇虽然归根到底来源于他们创造的剩余价值，但它是用于他们的消费，从而在社会生产目的中得到了自觉的体现。

087. 当代世界资本主义国家的企业生产目的和社会生产目的发生部分变化的原因是什么？

这种变化的原因是多方面的。其中主要有：

第一，直接原因首先是收入分配制度发生了部分质变。这种制度变化包括经济制度发生的部分质变和超经济制度发生了部分质变。前者主要指职工参股，并按资本所有分得了部分利润；后者主要是指国家以法律手段执行各种福利制度。

第二，归根到底是整个社会生产力水平有了很大提高的结果。这是不言而喻的。

第三，劳动者的工资收入水平较高，除了日常消费之外还有一定的节余，从而可以用来购买股票、债券或存入银行以获取利息。当然也有的是为了未来消费而把现在暂时不用的资金用来增殖。

第四,工人阶级长期斗争的结果。各国工人阶级在劳资斗争中,工人阶级或通过罢工,或通过工会与资方进行集体谈判,要求提高工资和增加福利。

第五,由于科学技术的不断迅速发展,人在生产过程中的决定作用更加明显,劳动者素质不断提高,人力资本投资或技术投资不仅成为必要而且有了可能。这种投资也同货币资本投资、物质资本投资一样,也要获得收益,从而使劳动者的消费越来越超过了生存和安全需要的界限,向社会交往需要、尊重需要、价值自我实现需要等更高层次的属于自我发展和享受的方向发展,并成为劳动者消费的新内容。

第六,人本观念的反作用。在当代西方国家,由于生产力的迅速发展和水平的不断提高,以人为本的观点已经被正式提到社会生产和社会生活的议事日程上来,即不仅有了以人为本的需要,也有了贯彻以人为本的物质条件。以人为本,最基本的方面就是解放人、发展人,使人得到全面发展。而人的全面发展是要有物质基础的,要有物质力量来保证人的全面发展。所以,以人为本也就成了社会生产目的或企业生产目的一个新的组成部分,成了生产发展的一个新动力。

第七,社会主义国家生产目的的实现的影响。社会主义国家由于实现了生产资料的公有制,所以它一开始就明确提出社会主义生产目的是为了满足广大人民群众不断增长的物质文化生活需要,在市场经济条件下,它就表现为追求新价值(v+m)的不断增长。进一步说,社会主义国家在一开始时就把人的再生产(所需费用为v)放在它的生产目的视野之内,把不断提高劳动者的素质放在社会主义生产目的视野之内,一开始就把人当真正的人、社会的主人来再生产,而不像资本主义社会中特别是在早期的资本主义社会中只把人即劳动力当做会说话的“生产工具”来再生产。把人或劳动者当做“生产工具”来再生产将会随社会生产的发展而碰壁,归根到底是行不通的。社会主义国家践行符合历史发展要求的社会生产目的,对资本主义国家有着不可忽视的影响力,它对现代资本主义国家推行社会福利政策有着相当的推动作用,对现代资本主义国家局部调整它的分配政策和制度有着一定的推动作用。也就是说,在社会生产目的上,资本主义国家也在向社会主义国家的生产目的靠拢了。不过,我们应当清醒地看到和实事求是地承认,由于各种复杂的历史原因，社会主义国家都诞生在生产力水平比较低的国家，尽管它所确定的社会生产目的具有先进性和合理性，但由于经济发展水平较低，所以它只能在较低的层次和水平上满足人的需要，即那里的人民生活水平还大大低于发达国家人民的生活水平。同时由于分配上的平均主义，又降低了效率。所以为了在现存条件下能够更好地满足人民群众的物质文化需要，还必须进行以市场为导向的分配制度的改革。当然，从根本上来说，还必须通过发展生产，来不断提高劳动生产率和各种福利水平，真正做到把人、把劳动力的再生产体现社会主义生产目的之中。

第五章　资本积累与工业化

马克思主义政治经济学的资本积累理论是剩余价值生产理论的继续和深化，是从再生产的角度研究剩余价值的再生产问题。剩余价值再生产特别是剩余价值扩大再生产，要靠资本积累，要靠不断地扩大再生产。扩大再生产当然是生产力和生产关系的扩大再生产的统一。从生产力再生产角度来看，积累和扩大再生产的不断推进，就是实现工业化和随之逐步实现全面的现代化。单就工业化以及全面现代化来看，在马克思的资本积累理论、社会总资本再生产理论中，有着丰富的内容和一般的指导意义。同时，由于实践的不断发展，这个理论也应当得到丰富和发展。

就社会总资本的再生产来说，积累与消费、社会总供给与社会总需求则是其中最重要的问题。实现现代化必须依靠资本积累，因此就发生了积累与消费之间的关系以及如何正确处理二者之间的关系。现代化只能在社会总供给与社会总需求的动态平衡中实现。这种动态平衡既是实现现代化的必要条件，又是实现现代化的必然结果。

自新中国成立以来，就面临着实现工业现代化的严峻形势和艰巨任务。我们既要坚持用马克思的资本积累理论和社会总资本再生产理论来指导我国的工业现代化建设，又要不断总结新经验并把它上升到理论的高度，来更好地指导我国的工业现代化建设。

一、必须完整、准确地把握马克思的资本积累理论

在前面我们已经指出，资本不仅是资本主义特有的经济范畴，而且还是市

场经济范畴和一般经济范畴。当我们在说明资本积累与工业现代化之间的关系问题时，我们同样必须把资本作为市场经济范畴和一般经济范畴来对待，也要抽掉马克思在资本积累理论中资本的资本主义特质，看到它对市场经济、社会化大生产以至工业化直到现代化建设一般的指导意义。不看到这一点，就不能算做是完整、准确地理解了马克思的资本积累理论，就是教条主义地对待马克思的这一理论。如前所述，马克思主义政治经济学（资本主义部分）中的特殊中有一般，批判的、革命的内容中有建设、发展的内核。

马克思的资本积累理论包括资本积累的来源、资本积累量的变化规律、简单再生产特别是扩大再生产的实现条件和方式、资本积累的一般规律、资本积累的历史趋势等内容。这些都是大家所熟知的，我们不再去多加重复。我们在这里只是特别指出一些被人们忽视或曲解的那些地方，同时更注重结合新的情况，回答新的问题。

088. 现代化建设的一般进程是怎样的？

撇开现代化的涵义是相对的和动态的这一点不说，整个人类社会的现代化建设是从第一次工业革命开始，就踏入了现代化建设的征程；资本积累是现代化建设的最基本的原动力；扩大再生产是实现现代化的基本途径。

这个进程用图示表达大致如下图所示：

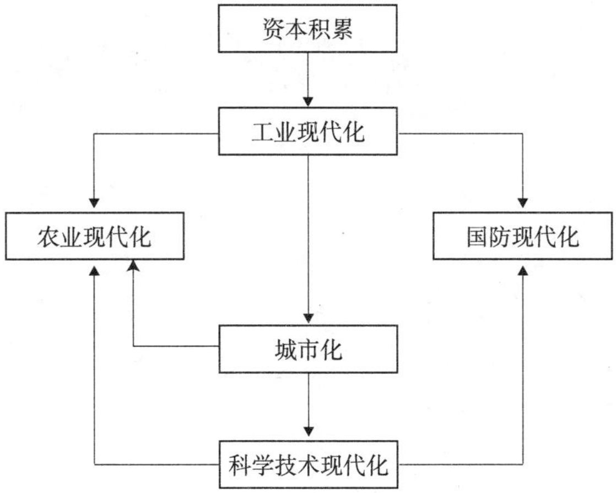

现代化建设历史进程图

上面的图示告诉我们，首先是通过资本积累和扩大再生产实现了工业现代化；工业现代化本身的进程是首先发展轻工业再进行资本积累后发展重工业，重工业的发展带动了农业的现代化和国防现代化；工业现代化、农业现代化和国防现代化的共同附生物是城市化，虽然城市化一般不直接构成一个国家现代化的一项内容，但没有城市化就没有农业现代化；最后，工业现代化、农业现代化和国防现代化，既要求有科学技术现代化来保证，而科学技术现代化又不断提高工业现代化、农业现代化和国防现代化的水平和质量。

089. 资本积累或扩大再生产的实现条件有哪些？

我们必须承认，马克思关于资本积累或资本主义扩大再生产的实现条件具有普遍意义，否则就是教条主义，就看不到它对我国现代化建设的指导意义。那么，它包括哪些条件呢？

第一，必须假定所生产出来的全部商品都能卖掉，或其价值都能实现。否则，不仅扩大再生产不可能进行，甚至连简单再生产也难以维持。这就要求整个社会生产是按比例地进行的，要求社会总供给和社会总需求保持平衡。这个条件对我国今天的资本积累和扩大再生产的正常进行是完全适用的。

第二，必须具有扩大再生产的追加资本。也就是说，整个社会所获得的剩余价值不能全部被消费掉，而必须有一部分用于积累。至于积累率的高低（即剩余价值分割为消费与资本的比率），则取决于企业的生产目的——追求更多的剩余价值和竞争这两条规律，即取决内在动力和外部压力。这对我国工业现代化以至整个现代化建设也是适用的。

马克思说，资本主义生产方式（这里是指资本主义大工业的生产方式）产生有两个前提条件：大量的货币资本和大量的雇佣工人。就其中所讲工业化来说，也是有其普遍意义的。

至于资本主义工业化的原始资本积累的来源问题，马克思说，主要是靠对小农生产的残酷掠夺、高额税收、贩卖黑奴、战争掠夺或战争赔款等。其方式是极其残酷的、血腥的，但没有资本的原始积累，就没有资本主义工业化。进一步地说，没有资本的原始积累就没有工业化，而不管资本原始积累的手段是如何残酷和肮脏。因为资本原始积累是工业化必不可少的条件。

第三，必须具有扩大再生产的追加物质资料。也就是说，必须有扩大再生产所需要的剩余产品，其中包括剩余的生产资料和生活资料，否则扩大再生产就没有物质基础。这些剩余产品是剩余价值的物质承担者，而不仅仅是剩余价值的货币形式。从而剩余产品不得被全部消费掉，在整个社会总供给和社会总需求平衡的条件下，这部分未被全部消费掉的剩余产品就可以供作扩大再生产所用。

扩大再生产的按比例进行，还要求整个社会生产必须按比例地进行。如果剩余产品不按比例，整个扩大再生产也不能按比例进行。

第四，必须具有扩大再生产的追加劳动力。扩大再生产光有剩余产品还是不够的，还必须有追加的劳动力。这也是扩大再生产的一般原理。资本主义生产方式（如前所说即资本主义大工业的生产方式）产生的前提之一就是大量待雇佣的劳动力。资本主义国家开始时是通过对小农的残酷掠夺从而使他们成为无产者来获取雇佣工人的。在英国，典型的是通过“圈地运动”来实现的。“圈地运动”，一方面为资本家积累了大量的资本，另一方面又为资本家创造了大量待雇佣的工人。当然，被贩卖的人口，包括非洲黑奴和中国的华工，也是资本主义工业化所需劳动力的重要来源。如前如述，不管劳动力来源的途径或手段是如何的残酷，但剩余劳动力的存在总是工业化不可缺少的条件。

总之，马克思在《资本论》中讲的资本积累或扩大再生产或工业化的这些条件，既是针对资本主义的，又是有普遍意义的，个别中有一般。

090. 资本积累的直接承担者或主体是企业还是国家？

这是一个很有意义的问题，也是一个有争议的问题，还是一个效果不尽相同的现实问题，并且是一个人们在学习马克思的资本积累理论时常常被忽视的问题。理论经济学或许可以忽视这个问题，但应用经济学绝对不能忽视这个问题。

我们经过仔细的分析和冷静的思考，不难看出马克思在《资本论》中是把企业主或资本家看做是整个社会资本积累或扩大再生产的直接承担者或主体，国家则不是，明显的根据是资本主义社会实行的是资本家私有制。但是在今天，我们回过头来看，在市场经济条件下，由企业，由微观经济主体来直接承担资本积累或扩大再生产，又是必然的，它并不以社会经济制度是姓“资”还是姓“社”为转移。当然这并不是马克思在《资本论》中直接明确地告诉我们的，而是市场经济发展的基本要求告诉我们的。

在市场经济条件下，即使在发达的市场经济条件下，尽管它要求加强国家的宏观经济调控，但国家的经济职能主要是从外部来保障资本积累和扩大再生产、保证工业化的顺利进行并尽快实现，而不是由国家来直接承担资本积累和现实工业化的职责。否则，它就不是市场经济而是计划经济。而在世界上的工业化开始时代直到当今时代，市场经济仍不过时，计划经济条件还远不具备。

实践已经充分证明，社会主义国家在开始时都试图由国家来直接承担资本积累和扩大再生产或实现工业化的职责，效果都是很差的，甚至是灾难性的。于是不得不进行改革，再由微观经济主体来重新承担这个职责。

教训就是不承认资本积累、扩大再生产、工业化是在市场经济条件下进行的。

091. 工业化是从轻工业开始还是从重工业开始？是两条不同性质的工业化道路吗？

这虽然是一个老问题，但仍有必要从资本积累的角度来加深对这个问题的理解。

斯大林认为从轻工业开始实现工业化是资本主义道路，从重工业开始是社会主义道路。在改革开放前，这被当做一般政治原则在社会主义国家包括我国贯彻执行。

这个政治原则错在什么地方呢？改革开放以后，我国以及其他相关国家的理论界只是认为，它错在把特殊当做一般。即社会主义国家成立之时，都面临着国防安全的重大威胁，客观上要求首先发展重工业，从而认为这是社会主义工业化道路的特殊。言外之意是，由于社会主义国家成立之初所面临的国防安全环境，首先大力发展重工业还是正确的，并被看做是社会主义国家工业化的必由之路。这样来总结事实证明是不彻底的，在实践上也是无力的。因为第一，社会主义国家走这条工业化的道路并不成功，尽管它对有效保证国防安全起到了重要的作用。真正要实现工业化，还是应当从轻工业开始，重工业发展如果失去轻工业的有力支持，重工业很难孤立地长期地发展的。第二，从资本积累的角度来看,工业化从发展轻工业开始,符合资本积累增长规律。因为轻工业投资相对较少,利润率较高,资本积累既多又快。而且从技术角度看,轻工业对技术要求低,重工业对技术要求高,所以从轻工业开始符合技术上从易到难的发展规律或顺序。第三,社会主义国家开始时在农、轻、重上面都是比例失调,不能说不与选择工业化前进道路上注重优先发展重工业的失误有关,都没有真正从资本积累的一般规律上认识这个问题。可以说,社会主义国家特别是我国,这方面的教训是很深刻的。

092. 怎样全面看待资本积累是不是扩大再生产的唯一源泉的问题?

按照马克思资本积累的一般原理,人们一致认为,资本积累不是扩大再生产的唯一源泉。这种认识其实是不够到位的,或者说不能完全概括各种形式的扩大再生产的情况的。

我们知道,扩大再生产有两种形式:一种是外延式的扩大再生产,一种是内涵式的扩大再生产。对外延式的扩大再生产来说,资本积累是唯一的源泉;只有内涵式的扩大再生产,资本积累才不是唯一的源泉。

或者说,经济增长方式有两种:粗放经营和集约经营。采取粗放经营的经济增长方式,资本积累是唯一源泉;采取集约经营的经济增长方式,资本积累才不是唯一源泉。

或者说,新兴产业或新办企业,资本积累是唯一源泉;在原有产业或企业基础上的内涵式的扩大再生产,资本积累才可能不是唯一源泉。

或者说,在国内进行内涵式的扩大再生产,资本积累不是唯一的源泉,但在国外开始进行扩大再生产,资本积累则是唯一的源泉。

如果不分清这些情况,笼统地说资本积累不是扩大再生产的唯一源泉,恐怕不能发挥这一原理的指导作用。一个国家在工业化建设的初期,更有必要强调资本积累的重要作用。

二、必须全面总结我国进行资本积累的历史经验和教训

我国要实现工业化也必须进行资本积累。这是一般规律,不能违背。但是,我国的资本积累,包括资本的原始积累,它的来源是什么,由谁来主担资本

积累,怎样来或采取什么方式来进行资本积累,以及如何提高资本积累的使用效果,都是有许多经验和教训值得汲取的。而且汲取这些经验和教训对加快我国现代化建设仍然是有意义的。

从资本积累的角度来总结我国经济建设的经验和教训,这是一个新思路。积累和消费是一个国家经济生活的基本方面,值得认真总结。

093. 为什么国家不应当是资本积累和扩大再生产的主体?

这个问题在前面已经简单提到,我们在这里再进一步深入探讨这个问题。

马克思主义的国家学说告诉,国家职能有阶级职能和社会职能两个方面,任何只讲国家的某一个方面职能的观点都是片面的;在阶级社会中,国家的主要职能是阶级职能,但不能否定其社会职能,在社会主义社会中,国家的社会职能是主要的,而且随着生产社会化程度的提高,国家的社会职能的地位也在不断加强和上升,即越来越要求加强国家对经济的宏观调控,以保证整个国民经济的协调发展。尽管如此,也不能因为我国是社会主义国家需要加强宏观经济调控,就认为资本积累和扩大再生产是国家的重要的或直接的职能。为什么?

第一,它与国家本身的职能是不相符的。国家本身不是经济组织而是政治组织。如果是一个经济组织,那它就不叫做国家,而就应当叫做马恩列所说的社会公共管理机关。现代国家具有经济管理职能,但它只是独立于直接经济活动之外的从外部环境上为经济发展提供良好的服务,而不是经济建设事业的直接参与者。尽管国家由自由调节的市场经济发展阶段的"守夜人"变为国家宏观调控的市场经济发展阶段的"调节"者,但它也不是以直接参与者的身份来调节整个国家经济的,而只是以一系列现行的经济政策以至法律和计划等行政手段来调节整个国民经济的。国家管理经济的职能只是从外部管理整个国民经济协调、健康发展,而不是从内部直接参与和管理各种类型的经济的。尽管国家有一定数量的国有资本(经营性的),但国家对它的管理,也不宜全部都由国家来直接经营。因为在市场经济条件下,实践证明它的效果是不好的。这就从总的方面说明,国家直接进行资本积累和扩大再生产是与国家的基本职能是不相吻合的。

第二,它必然造成国有经济规模过大。由国家直接进行资本积累和扩大再生产，必然造成"一大二公"。这就是我国改革开放前的实际。虽然在某种需要的情况下，国有经济可以集中力量办大事且如邓小平所说的这也是社会主义的优越性，但是，国家的直接经济责任就很大，包袱也更重，如果国家再管理不好这种经济，那它在积累到一定程度就可能出现很多问题。

第三，它必然要求实行计划经济。由国家来直接进行资本积累和扩大再生产，势必要求国家直接经营，势必实行计划经济体制。这样，一是整个国民经济发展即扩大再生产就只能是国家的一个积极性，而没有或很少有地方、企业和个人的积极性。在实行计划经济的条件不具备时硬要实行计划经济，就只能是官僚主义和瞎指挥。计划是主观的东西，当计划不能反映经济规律特别是各种具体的经济运行规律时，瞎指挥必然造成巨大浪费。须知，当代社会经济关系极为复杂，不确定因素很多很多，变动速率极为快捷，信息极多且变化很难准确预测，国家无条件、无力量、不可能制订出能适应各种变化要求的经济计划。指令性计划只能束缚微观经济主体的积极性、主动性和创造性。

这三个基本方面说明，资本积累和扩大再生产不能由国家直接来承担。实践也充分地证明了这一点。

094. 怎样正确看待高积累、低消费政策？

改革开放前，我国一直实行高积累、低消费的政策。当然这主要是指国有经济来说的。但是改革开放前我国国有经济占整个国民经济比重的70%左右，从而它也基本上说明了整个国民经济运行的状况，整个国民经济运行事实也是如此。高积累的主体是国家，低消费是针对整个劳动者。

第一，高积累，自觉或不自觉地遵循资本积累是扩大再生产唯一源泉的片面真理。在我国，要扩大再生产，要实现工业现代化，当然需要有资本积累，并且在一定时期内还需要高积累。因为社会主义国家，一开始时就面临实现工业化的迫切而严峻的任务，而资本积累尤其是高积累，一不能对外进行掠夺，不能依靠发动对外战争并取得胜利来获得战争赔款；二不要实行高税收政策；三不能对广大小生产者实行直接的剥夺；四是难以利用世界发达国家的剩余资本。于是只有一条出路，就是通过低消费的政策来达到高积累。艰苦奋斗，勤俭建国是社会主义国家初始阶段不得不采取的一条重要方针。

第二，长期坚持这个政策肯定要受到惩罚。因为它毕竟是违背经济规律的，是人为地降低人民的生活水平或工资水平，尤其不符合社会主义生产目的，忽视甚至否定消费对生产的巨大反作用，所以必然会降低劳动者的积极性。这已为改革开放前的实践所证明。

095. 高积累与现在国有企业工人大量下岗之间有没有必然联系？

有人说，现在国有企业工人大量下岗、失业，是改革开放造成的。根据是改革开放前就没有国有企业工人的下岗和失业的问题。我们认为，这正好相反。国有企业工人下岗失业恰好是计划经济体制造成的，也是高积累造成的。为什么这样讲呢？

第一，计划经济实行统收统支，实现资本的高积累。积累的资金用到哪里去了呢？是用来扩大再生产，而且是外延式的扩大再生产，不断扩大国有经济的规模。我们知道，改革开放前，国有经济规模有过数次扩大的“高潮”：一次是没收官僚资本；一次是三大改造中的公私合营；一次是大跃进中的公有制升级；一次是“文革”前几年的地方大办国有五小工业；一次是“文革”中的所谓大集体升级。伴随着国有经济规模不断扩大的高积累政策的不断执行，最后是国有经济占整个国民经济的比重高达70%左右。高积累和外延式的扩大再生产实施到一定阶段或时期，首先遇到的是国有企业固定资产更新问题。

第二，实行计划经济体制使国有企业固定资产更新受阻必然带来企业关停或破产和职工下岗或失业。高积累的资本基本上用于外延式的扩大再生产，甚至连国有企业的固定资产折旧费也被用来扩大再生产，等到国有企业的固定资产需要有资金来更新换代时，国家并没有保留这部分资金，而是把它花出去了。我们看到，大量的国有企业的固定资产需要更新。如果不进行这种更新，要么企业就不能进行正常的再生产，要么仍然使用旧设备生产出来的东西没人要，卖不出去，生产越多，浪费越大。你现在还生产竹壳热水瓶，谁还去买它。你还生产晶体管收音机，谁还要它。20世纪六七十年代各地方大办“五小”工业。各地小型的国有工厂如雨后春笋，什么小水泥厂、小造纸厂、小化肥厂、小农药化工厂，遍地开花。那时候根本不考虑这些“五小”工业还会带来什么环境污染问题，产品有毒有害问题。现在这些“五小”工业，往往产品有毒有害，造成环境污染，又无钱来更新设备，产品也无销路。怎么办？最好的出路是关闭、破产。这样职工只好下岗或失业。通过高积累造成国有企业过多，国有经济规模过大，又无钱来更新设备生产适销对路的产品，职工只能下岗和失业。

第三，国有企业职工素质由于实行计划经济体制而得不到提高而必然下岗或失业。高积累并进行大量的外延式扩大再生产，要求有大量追加的劳动力。但是由于工业生产力水平低、技术落后，所以当时并不要求有高素质的职工。随着工业生产技术的不断提高，老产品不断被淘汰，国有企业原有的职工既没有机会和资金不断提高他们的素质，他们的年龄绝大多数也已到或接近退休了，再学习新技术的机会也不多了。这样，大量的中小企业关停并转或破产后，其职工由于缺乏新的劳动技能而不得不失业。

总之，随着生产的不断发展，大多数的中小型企业特别是中小型国有企业，即使不进行经济体制改革，它们也会由于技术落后、设备落后，产品落后，并且由于实行了统收统支的计划经济体制而不能得到及时的更新改造而必然关停并转或破产，从而工人失业也在所难免。

巧合的是，正值大量国有企业职工必然出现这种由于旧体制造成的下岗、失业的时候，正好也是经济体制改革的攻坚时期。所以给人们的印象是，好像大量职工的下岗失业是经济体制改革造成的。不难想象，即使不进行经济体制改革，大量国有企业的固定资产经过 20 ~ 30 年也要更新了。如果固定资产更新得不到及时进行，企业就只能关停并转或破产，从而职工也就只能下岗或失业。

096. 高积累与国有企业职工养老保险金不足之间有没有必然联系？

这个问题与前一个问题一样，也是计划经济体制造成的，也是高积累、低消费政策的直接后果。

因为国有企业职工的工资被高积累人为地降级了。职工工资不仅包括在职时的生活费用，而且包括退休时的生活费用。按照工资的本质它是工人劳动力再生产的费用，工人退休后他还要活着，活着就要有生活费。生活费哪里来，当然是他在职时工资的节余。所以西方经济学家说，劳动者的工资分为即期支付的工资和延期支付的工资。延期支付的工资就是职工的养老保险金。

但是职工的延期支付的工资或养老保险金到哪里去了呢？职工得到的即期支付的工资只够他们当时的生活费用，低工资使他们很难有节余。所依靠养老的生活费被国家统收了，用于积累了，大部分被支出了。于是，退休职工的养老保险金缺口很大。

那时的职工，现在大部分到了退休的年龄，于是就需要有大量的养老保险金，养老金积累不足问题十分尖锐。如果不能较好地解决这个问题，就会影响社会安定。

097. 积极的财政政策是不是高积累政策的继续？它能不能长期坚持下去？

所谓积极的财政政策实质上就是扩张型财政政策。在国际上，各国的财政政策可以分为两种类型：紧缩型财政政策和扩张型财政政策。在国家经济过热时财政上用减少公共需求的办法来抑制经济增长过快，这通常被称为紧缩型财政政策。相反，在国家经济不景气时，财政上用增加公共需求的办法来推动经济增长，这通常则被称为扩张型财政政策。

在我国，从1998年东南亚金融危机爆发以来，为了能保证国民经济增长速度不低于7%，就开始实行所谓积极的财政政策。具体办法就是通过每年发行几千亿人民币国债，并由政府的财政收入或银行贷款配套，进行大规模的基础设施建设，其中主要是交通、能源、环境治理和重大技改项目等。从近几年的实施结果来看，这一政策对GDP的增长的确发挥了作用。

但是，对这一政策理论界以及包括政府相关负责人却有两种不同的意见。

一种意见认为，现在积极财政政策是有重大积极作用的。其理由主要是：

(1)财政政策的目标是追求社会总需求与社会总供给之间的平衡，而不是追求财政收支的平衡。这是凯恩斯经济学的基本原理。目前中国内需不足。但是，中国现在有大量的银行储蓄没有地方可以运用，而且民间资金也无法启动进入投资，出口对外国的依赖性很大，同时国际经济环境又不太好，竞争极其激烈。所以最有效的办法就是增加政府开支和投资，扩大内需，保障经济增长不低于7%的速度。我们必须明白，一个国家经济的稳定快速增长，要平衡的不是财政收支，而是要平衡社会总需求与社会总供给。这才是最终目标。如果放弃平衡社会总需求与社会总供给这个最终目标而去追求财政的收支平衡，这是本末倒置，舍本求末。

(2)从我国近年来以至未来一定时期的发展趋势看，内需不足仍将是制约我国经济增长的重要因素。增加内需包括投资需求和消费需求两个方面。

除了对外贸易对经济增长率的贡献外，投资需求和消费需求对经济增长率的贡献几乎相当，大致在 2 至 3 个百分点。但是，在可以估计的一段时间内，消费需求的增长不可能是很强劲的。虽然用内需增长来拉动经济增长重要的是靠消费需求的增长，但是，因为一是居民收入增长预期将是平稳的，它不可能带来消费的大幅增长；二是居民支出增长预期将是明显上升的，其主要表现是住房开支、子女教育开支、医疗和养老保险开支等将会不断增加，因此居民有钱也不敢乱花，必然将钱存入银行以备到时间应付大笔支出。当民间资本进入投资的渠道在短期内不通畅的情况下，用政府投资来拉动经济增长是相当一段时间难以取代的方法。如果让居民的大笔存款放在银行不用，闲置起来只会造成更大的浪费。通过发行国债把它用起来，加上它的乘数效应，就可以把闲置起来的生产力（资本和人力）利用起来了，就会创造更多的价值。

（3）我国基础设施落后，也的确需要大力加快建设。目前仅依靠民间资本或外资来加快基础设施建设是很不够的，必须由政府来主导这一建设。而政府在一般财政收入有限的情况下，要进行基础设施建设只能通过发行一定规模的国债来筹资。

赞成这一政策的人还认为，我国目前政府债务规模还保持在可控制的范围内，况且政府欠债在整个国民经济发展的基础上总是有能力和有办法偿还的。他们引用世界上一些国家成功运用这一政策的事例来证明这个问题。

但是，也有一种意见认为，长期实行积极的财政政策是不可取的，应当逐步“淡出”。其主要理由是：

（1）扩大内需要区分扩大哪种内需。内需包括居民的消费需求和投资需求，而投资需求又包括政府的投资需求和民间的投资需求。我国经济自 1998 年政府开始实行积极财政政策，时至今日已经表现出了一种倾向，即政府偏重于自己筹资直接投入基础设施建设，而对市场本身内生性的需求即居民消费需求和民间投资需求激发和扶持不足。真正的“内需”最终必然来自于市场本身，来自于广大的消费者的购买行为，来自于民间资本的自动的投资行为或资本的市场交易行为。以政府直接投资基础设施建设来带动和扩大整个社会的内需的做法，经过几年的实践结果或效应是“撑住了”经济增长不下滑的局面，使得我国经济在遭受到世界经济衰退的形势下仍然能够保持“一枝独秀”。但是，它的负面效应却在于这毕竟是一种“硬撑”，如果不能在预期的时间内有效地带动民间投资和居民消费,并使得积极的财政政策及时地“功成身退”,那么,经济发展对政府直接投资的依赖性将日益加重而积重难返。甚至有的学者认为,这是得了“凯恩斯依赖症”,即国民经济增长对国债投资的依赖太重,一旦停止扩张型财政政策,经济增长速度就会马上下滑,银行不良债权将随之上升,失业问题将更加严重,社会稳定问题将面临更大挑战。凯恩斯政策与市场经济配置的方向是相悖的。越是依靠“凯恩斯”,配置资源的效率就越低,经济就难以自主增长,从而就越要依靠“凯恩斯”,形成恶性循环:凯恩斯政策用的时间越长,对它的依赖性就越大。总之,这种意见认为,积极财政政策与改革的市场取向是相悖的,与国有资产应尽快逐步退出竞争性行业的趋向是相悖的。

(2)国家直接投资基础设施建设本身的问题也值得担忧。其中主要问题有:一是中央和各级地方政府一齐上,造成重复建设,特别是一些项目缺乏科学论证,盲目上马,搞政绩工程等,潜伏着严重的隐患;二是一些项目的投资回收率很低,时间也很长,效益低,维持的负担很重;三是国债资金管理多头,管理成本很高、使用效率低。国债资金从计划、论证、审批、筹集、下拨、使用、监督等环节,由国家发改委、财政部、审计署、纪检委等多个部门多头管理,在各个部门内部又有一些次级部门的业务性质的交叉,部门之间的协调成本很高,很容易导致管理效率缺位,管理成本高居不下,资金形成固定资产的比率低下。而且,还可能为某些机构或个人进行寻租提供了条件,增加反腐败的任务。

(3)积极财政政策是一种“挤出论”,即政府投资过多会排挤民间投资。理由是,在一定时期内社会总投资的盘子总是因社会总需求的有限而受到限制的。在一个大盘子中,政府投资所占比例大了,民间投资所占比例必然就少了。排挤民间投资,就必然会造成民间资金的闲置或“浪费”,造成整个社会投资效率的低下。如果不尽快“淡出”积极财政政策,民间资金就不可能填补国有直接投资的“空缺”,阻碍民间投入不断扩大这一内需的增长。

(4)不能小视国债的到期偿还问题。积极财政政策导致国债不断增加,而且这一势头短期内还难以抑制,同时国家财政赤字增加也是近期内难以扭转的,再加上所欠的外债,如果一旦经济增长速度遇到不可预测的原因而出现连续数年大幅下滑,那时的还本付息将可能是一个严重的问题。

可见,两种不同意见都有一定道理的。

我们认为,积极财政政策是政府执行的一种与以往不同的资本积累政策。它的出台既有一定的理论依据,又是实际的背景,在一定时间内效果也是积极的。但是,资本积累和扩大再生产仍由国家直接担纲,摆脱不了计划经济模式的束缚,与市场经济规律相悖,绝不是长久之策。及早“淡出”,“功成身退”是理性选择。用增加内需来拉动经济增长,是每一个经济大国所必须奉行的基本政策。近年来世界不少国家因泡沫经济而出现的金融危机以及经济疲软,归根到底是内需不足。但增加内需,从长远看,主要应着力于增加消费需求和民间投资需求,这在我国则更为突出和紧迫,而不是把重点仅仅放在增加政府的直接投资上。国企改革的一个重要目标就是在明确产权的前提下,尽量和尽快地退出各种竞争性行业,政府应采取各种有效措施,尽量和尽快让民间资本填补国有资本退出的“空缺”。

098. 引进外资是不是“资本积累”?

引进的外资包括政府间的贷款(含国际性组织的贷款)和外商资本。外国在中国的投资又分为直接投资即开发企业和间接投资即贷款或购买中国企业的股票或其他金融产品。外资在中国的投资又分在中国国有企业的投资和非国有企业的投资以及单独投资。中国企业向国外贷款,包括向外国政府、国际金融机构以及外国企业和个人贷款,但必须有相应的担保。担保人可以是中国的政府或企业,当然也可以其不动产作担保(抵押)。引进的外国资本的形式,可以是外国硬通货,也可以是外国的设备、技术、管理经验或知识、人才等。

工业现代化以至整个现代化建设需要大量的投资,对于发展中国家更是如此。这就需要进行资本积累。引进外资对引进国来说,就是解决了资本不足的问题。

但是,引进外资与资本积累是不同的。因为对一个国家来说,资本积累的资本归本国所有,引进的外资不归本国所有;与此同时,资本积累所获得的增值全部归本国所有,引进外资所获得的增值,其中就有相当大部分归外国所有。

尽管如此,引进外资从解决一个国家工业现代化乃至整个现代化建设所需资本这一点来看，它与资本积累具有相同或相似的作用，它可以看做是变相的资本积累，通俗的说法就是“借鸡下蛋”。

马克思在《资本论》中多次说过，货币资本是资本主义生产的第一推动力，撇开资本的资本主义特质，也可以说货币资本是商品生产从而成为现代生产的第一推动力。这个第一推动力的作用不可小视。引进外资也是利用这个第一推动力。远的不说，台湾最早也是通过引进美国外资这个第一推动力、韩国在朝鲜战争后引进美国外资这个第一推动力、独立后的新加坡也是引进美国、日本等国外资这个第一推动力，解决自己资本积累的不足，逐步实现现代化的。在我国，深圳也是引进外资这个第一推动力，把一个渔村变城了今天著名的现代化城市。在当代，发展中国家的现代化建设都面临着自己资本不足的问题，都需要第一推动力，关键看它们能不能引进到外资。

099. 引进外资就是引进资本主义生产方式吗?

对我国的大多数人来说，这个问题几乎成了不成问题的问题，即答案几乎是肯定无疑的。

资本主义这个概念，如我们在前面详细证明的它有两个本质不同的涵义：制度资本主义和经营资本主义。说引进外资就是引进资本主义生产方式肯定是从制度资本主义方面说的。当然持这个观念的人并不知道资本主义这个概念还有上述两个本质不同的涵义。

那么，我们就来从资本主义生产关系或制度资本主义的角度看，引进外资是不是就引起资本主义生产方式。

第一，根本的或首要是看引进的外资的所有制或所有权的性质问题。如果引进的外资是国际货币基金组织或世界银行等国际金融机构所有的资本，从资本所有制性质来看，它不是资本家所有制。因此，不能说引进这种外资就是引进制度资本主义生产方式，而只能说是引进经营的资本主义生产方式。

如果引进的外资是某个国家的股份制企业的资本，或者说是引进某个国家的股份制银行的资本，或者是引进某个国家的合作制企业的资本，不言而喻，这些资本都不是哪一个资本家所有的资本，而是一种社会所有制的资本，因此，这都不能说引进外资就是引进制度资本主义生产方式，而只能说是引进经营的资本主义生产方式。

如果引进的是外国政府所有的资本,能不能说就是引进制度资本主义生产方式呢?这也值得研究和商榷。因为这种资本是资本主义国家资本,或者说国家垄断资本。国家垄断资本,按照马、恩、列的说法,它是对私人资本的"扬弃",是(制度)资本主义向(制度)社会主义的过渡形式。所以,引进外国国有资本,也不就是引进传统的(制度)资本主义生产方式,严格地说或按照马恩列的说法,是引进(制度)资本主义向(制度)社会主义"过渡"的生产方式,当然也是引进经营的资本主义生产方式,因为引进者和被引进者都是在经营资本。

如果说引进所有的外国资本就是引进制度资本主义生产方式,那么,我们也可以说,国内的某个企业"引进"国内的某个公有制企业的资本、某个股份制企业的资本、某个合作制企业的资本、某个股份银行的资本(即贷款),是不也是引进了(制度)资本主义生产方式呢?恐怕肯定不能这么说。不能把资本、资本主义私有制和资本主义生产方式混为一谈,特别是不能把经营资本主义和制度资本主义混为一谈。或者,外国引进我国国内的各种公有制资本,是不是就引进了(制度)社会主义生产方式呢?恐怕并不那么简单。

第二,引进外资要受剥削,这难道不是引进资本主义生产方式吗?这大概是对引进外资就是引进资本主义生产方式持肯定意见的又一个理由,并且还引用列宁的话:是从一条牛身上剥两张皮。其实,引进外资会不会受到剥削,这是一个很具体而复杂的问题。关于剥削问题,我们在后面关于分配问题的一章将具体深入地进行讨论。这里我们仅就国家间的经贸来往来讨论国际间的剥削问题。

在当代,在市场经济条件下,无论在国内还是在国际间,经贸来往遵循的都是价值规律。价值规律在国际间的作用也是不容否认的。

经济学上的剥削,是指所有者凭借生产资料的所有权无偿占有他人的劳动成果,通常简称为"不劳而获"。但这个定义十分抽象,在实际的经济活动中,哪种情况下和哪些收入是属于"不劳而获",都要十分准确十分精确地认定。结论是抽象的,实践是十分具体的。不顾一切具体情况,仅凭抽象结论,往往不能以理服人,更不用说它对实践有什么指导意义。

按照马克思的劳动价值论,商品价值量是平均劳动时间决定的,在国际范围内也是这样。例如,生产某种商品如电视机,在国际市场,电视机的市场价格或价值是由参加交换的电视机的平均价值决定的:

电视机的国际价值

单位:工作日

国别	个别价值	国际价值	超额价值
A	3	5	2
B	5	5	0
C	7	5	-2

上表表示,在国际市场供求平衡的情况下,A 国一台电视机获得超额价值即超额利润 2,C 国则失去价值 2。能不能说 A 国电视机生产商剥削了 C 国电视机生产商呢? 恐怕不能这样说,因为 A 国劳动生产率高,它的劳动是复杂劳动;C 国劳动生产率低,是简单劳动。复杂劳动是倍加的简单劳动。马克思说:"比较复杂的劳动只是自乘的或不如说多倍的简单劳动,因此,少量的复杂劳动等于多量的简单劳动。""比社会平均劳动较高级较复杂的劳动,是这样一种劳动力的表现,这种劳动力比普通劳动力需要较高的教育费用,它的生产要花费较多的劳动时间,因此它具有较高的价值。既然这种劳动力的价值较高,它也就表现为较高级的劳动,也就在同样长的时间内物化为较多的价值。"(《马克思恩格斯全集》第 23 卷,人民出版社 1972 年版,第 58、223 页)按照马克思的这个论述,A 国工人的 3 个工作日等于 C 国工人的 7 个工作日,电视机按国际价值或价格 5 个工作日出售,A 国获得了超额利润,C 国亏本,但价值规律得到了贯彻:世界上生产电视机共花了 15 个工作日,它的价格即价值实现也是 15 个工作日。但这不能说 A 国剥削了 C 国。同样,在国内,这种情况也不能说 A 企业剥削了 C 企业。

这个道理也同样适用于一国引进外资的生产经营企业。即不能说外资企业(包括独资和合资企业)由于劳动生产率高,从而说它的劳动是复杂劳动,它由此所获得的超额价值或超额利润就认为是剥削。事实说明,外资企业的劳动生产率一般比国内的生产同类产品的企业的劳动生产率高;否则一个国家一般不会引进这种外资。

只有在外资企业中的不是超额利润的那部分利润(这里是指净利润,即扣除税收、积累基金、公益金等之后的利润),才可以再讨论它是不是剥削。我们认为,同样也要看这个外资的所有制性质。如果这种外资完全是国外某一个资本家所有，那才可以视为剥削。否则，国内的某一个国有制企业、集体所有制企业、股份制企业、股份合作制企业、联合所有制企业，也会有纯利润，我们是否可以说这些企业存在着剥削呢？显然是不能这样说的。国内的各种公有制形式的企业所获得的利润认为不是剥削，为什么认为外国的非私有制企业获得的利润就认为是剥削呢！若此，我国国内的各种公有制企业到外国投资，所挣利润是不是剥削呢？恐怕不能这样说。

前面我们是假定国际市场的供求是平衡的。但是马克思同样告诉我们，在商品经济社会，商品的供求平衡是个别的或偶然的，供求不平衡则是经常的和大量的。供求不平衡，商品的价格就会在商品价值是上下波动；在一个较长的时间内，价格波动的平均数正好等于商品的价值。即如下图所示：

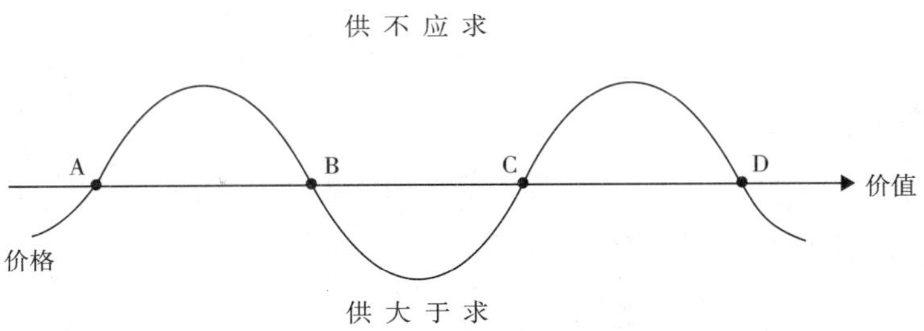

在上图中我们看到：A、B、C、D 点表示商品的价格正好等于商品的价值，其他一切无数的点，商品价格并不等于商品的价值；供不应求时，商品价格高于其价值，供过于求时，商品价格低于其价值；但从一个较长的时间来看（假定在这个较长时间内该商品的平均劳动生产率不变从而它的价值不变），价格波动的平均数即高低抵消后，正好等于商品的价值。

这种价格运动规律，对国内和国际间的商品交换都是适用的。

我们可以这样来假定，在某一时期，国际市场电视机供不应求，按前表，国际市场上电视机价格为 8，这样，所有国家电视机生产商却获得了超额利润；又假定某一时期，国际市场上电视机供过于求，国际市场上电视机价格为 2。这时，A、B、C 三国电视机生产商在供不应求时的多得之和就等于供过于求时的所失。这样，供不应求时的多得也不能认为是剥削收入，甚至只能认为是风险收入，而从一个较长时间来看，它的所得等于它的所失（风险支出）。

这个道理同样适用国内外资本企业。

有没有一个企业，它始终或者在多数情况下，它都是处于供不应求的地位呢？肯定是有这种优势的企业。除了外部原因（这里是指垄断或其他政治原因）外，这个企业之所以始终或多数情况下都是处于供不应求地位，只能说明这个企业的管理者有很高的经营本领，从而总是生产供不应求的产品。这又说明什么呢？这只能证明他们以及他们的企业的劳动是复杂劳动。他们依靠复杂劳动所获得的超额利润不能视为剥削。

这个道理也适用于国内外资本企业。

但是，在国内外，也的确有的企业在国家的行政干预下，能获得这种供不应求的地位，从而获得超额利润。这时，我们就要进一步来看这种企业的所有制性质，从而判定它是不是有剥削。

在国内市场上和在国际市场上，的确都存在着不等价交换（交换对象包括各种商品和生产要素，当然也包括资本这种特殊商品）。就国际市场来说，不等价交换是不是就一定是剥削呢？也要具体分析。假定是正常的供求不平衡所造成的不等价交换，多得的企业就不能说是剥削，因为一段时间内的多得可能被另一段时间内的少得所抵消。

但是在国际市场上的确存在着某个国家某种垄断组织在操纵国际市场价格，如欧佩克组织操纵国际市场的石油供求，从而操纵石油市场价格，又如某国或某个国际金融机构操纵货币资本的市场供求和市场价格，从而从中获利。这种超额利润既可能来自自然垄断的原因，也可能来自政府干预的原因。前者我们认为不能简单地就说是剥削，因为它是自然因素造成的；后者既然是集团型行政行为，与其说是剥削（凭借资本所有权），不如说“掠夺”，即是“超经济剥削”。国际游资，操纵某国股市，获得大量超额利润，所有者是投机者而不是投资者，他的所获是“剥削”，但他也可能失败，赔掉了他的所得。这也可以被认为是广义的“风险收入”。不过这种情况在我们研究剥削这个问题上没有代表意义。

所谓第一世界剥削第三世界，就是指第一世界利用不等价交换来剥削第三世界，就是第一世界国家利用政府力量来操纵世界市场，人为地压低进口商品的价格等和人为地抬高出口商品价格。这种情况是存在的。但是我们同时必须准确地判断，哪些是属于第一世界国家政府操纵国际市场供求与价格，哪些是属于正常的国际市场供求与价格波动。笼统地认为由于国际市场供求与价格的波动而使第三世界受到损失都是剥削恐怕也有失偏颇。

这种道理也适用于引进外资问题。

一些国家特别是广大发展中国家,在国际市场上只出售原材料或初级产品,而原材料和初级产品价格一般较低,这样,这些国家是不是受到了剥削?这也要进行具体分析。其中,第一,这涉及原材料与产成品之间的比价问题,涉及初级产品和高级产品之间的比价问题。比价不合理是经常存在的。由于比价不合理,低价的原材料和初级产品生产国有不同程度的损失。这种损失与其说是基于私有制的剥削,还不如说超经济的"剥夺"。第二,它还涉及简单劳动和复杂劳动的比较问题。一般地说,进行原材料生产和初级产品生产,与成品生产和高级产品生产相比,前者是简单劳动,后者是复杂劳动。所以这种比价关系就是简单劳动与复杂劳动的对比关系,这样前者的损失恐怕也不能笼统地说是被剥削了。第三,如果是进口国运用某种政治权力来人为压低出口国的原材料或初级产品的价格,这是剥夺。第四,如果进口国进口出口国的原材料和初级产品的价格低于本国生产的同类产品的价格,这里有个比较成本的问题,也有个供求问题。但是在进口国,不管是国产商品还是进口商品,同种同质的商品只可能是相同价格。如果进口商品价格低于国产商品,消费者可能就会买进口商品而不买国产商品,这样,国产商品就可能降价甚至停止生产。第五,如果进口国在对本国农副产品生产者进行大量补贴的情况下导致其价格下降而使出口国出口农副产品不利甚至无法进入进口国的农副产品市场,这是贸易保护主义,出口国的损失不属于一般的剥削而属于剥夺。与此相似的是,进出口贸易的各种保护主义措施所造成进出口的损失,也属于剥夺或超经济剥削。

总之,引进外资无论从外资的所有制性质及是否存在剥削来看,都不能笼统地说是引进了(制度)资本主义生产方式。要具体情况具体分析。但毫无疑问的是引进了经营资本主义,即要遵循市场经济的运行规律。

把引进外资作为一个国家补充资本积累不足的手段是一项有重要意义的重大政策。我国实行这项政策是相当成功的。担心它是引进了资本主义生产方式是多余的,这与外国引进我国资本担心是引进社会主义生产方式是多余的一样,不要把经营资本主义与制度资本主义混为一谈。

100. 怎样看待粮食统购统销和工农业产品剪刀差所进行的资本积累？

通过实行粮食等主要农副产品的统购统销以及与之配套的工农业产品剪刀差，是实行第一个五年计划后长达20多年的我国资本积累的主要方式和途径。农民和农村剩余的农产品都被国家低价统一收购了，其中一部分被低价卖给了城镇人口，维持了城镇职工低工资政策，一部分通过加工以高于农产品几倍的价格再卖给广大消费者（包括农民），国家从中挣到了大量“剪刀差”利润，为国家实行工业化建设积累了大量资金。

总之，统购统销和工农业产品“剪刀差”是“中国特色”的资本积累。这种资本积累是将农村和农民创造的一部分价值转移到国家手中，其主观愿望是为国家工业现代化建设积累必要的资金。从这一点来看，农村和农民对国家工业化建设的巨大贡献是历史所不能抹杀的。

101. 我国资本积累的历史教训——直接以政府为主体来进行资本积累——与政府工作以经济建设为中心之间是什么关系？以经济建设为中心是不是意味着必须由政府来直接进行资本积累？有的学者提出新世纪党和国家工作重心应当从经济建设转到制度建设上来，应当怎么看？

总结半个多世纪的经验和教训，我国的资本积累是以政府为主体来进行的。在改革开放前，实行计划经济体制，政府主打经济建设，其中主要是主打工业化建设，改革开放后，又在以经济建设为中心的战略方针下，主担资本积累，进行现代化建设。

1978年，中国共产党的十一届三中全会做出了党的工作中心由阶级斗争为纲转到社会主义现代化经济建设的战略决策，这是完全正确的，也取得了举世瞩目的伟大成就，也是任何人不能否认的，也无法否认的。

但是，这里面有一个问题，党和国家工作重心是经济建设，并不等于政府（包括中央政府和地方各级政府）的直接工作就是自己亲自从事经济建设，亲自进行现代化建设，直接代替社会来亲自投身于现代化建设之中。如果是这样来理解，那必然要由各级政府来亲自直接进行资本积累和不断地进行扩大再生产。干得好就是各级政府的“政绩”，干得不好就是“失职”。

那么实践证明这样做的效果如何呢？各级政府直接进行资本积累，直接进行扩大再生产，第一个结果就是国有经济比重或规模越来越大。这是谁也否认不了的事实。改革开放前表现为国有经济比重越来越大，改革开放后表现为国有经济规模越来越大。第二个结果是“恶性”循环：即政府要维持这个规模、守住这个摊子，即使要进行简单再生产，就要维持现有的资本积累规模；加之以经济建设为中心，就势必要扩大再生产，从而势必要增加资本积累的规模。这样，国有经济规模势必越来越大。第三个结果是，政府以为现在民间资本还无力进行扩大再生产以适应现代化建设的需要，或者说民间资本还担当不起现代化建设的重任，因此只有政府才能直接挑起这个重担。政府要挑起这个重担，就势必要由政府来增加资本积累。第四个结果是地方政府也向中央政府学习，也要挑起各地现代化建设的重挑，因此除了向中央要钱搞投资外，自己也在想各种办法筹资。各地方政府似乎在进行这种比赛，说本年度本政府投资几十亿、几百亿、几千亿元搞经济建设。如果让地方政府直接发行地方债券，那地方更会加大资本积累。中央考核地方的工作业绩，主要就是看地方直接抓经济建设的成绩。这样就出现了各种各样的“形象”工程，“政绩”工程。各级政府领导人的任期是有限的，晋升看“政绩”，难免有“短期效应”的诱惑，使得政府搞资本积累，搞现代化建设的热潮一浪高过一浪。

政府搞积累—政府搞投资—政府搞扩大再生产—政府搞现代化建设，这就是中国到目前为止的贯彻马克思主义关于资本积累搞工业现代化以及整个现代化建设的基本思路。

为什么会出现这种状况呢？这其中有几个重大的理论问题或关系问题未搞清楚：

第一，搞不清楚国体的经济基础和政府的经济基础之间的区别。这也可以说是国体和政体赖以存在的经济基础到底有什么不同。按照马克思主义的国家学说，一种社会政治制度或国家类型（国体）赖以存在的经济基础是该社会的基本经济制度，简言之就是生产资料所有制的基本结构，如资本主义政治制度赖以存在的经济基础是生产资料资本家私有制，社会主义政治制度的经济基础是生产资料的公有制（或社会所有制）。但是，一个国家的政府机器（政体）以赖存在的经济基础却不是生产资料的国家所有制，而是如马克思所说是税收。马克思说：“赋税是政府机器的经济基础，而不是其他任何东西。”（《马克思恩格斯全集》第19卷，人民出版社1963年版，第32页）“国家存在的经济体现就是捐税。”

(《马克思恩格斯全集》第4卷,人民出版社1958年版,第342页)“废除捐税的背后就是废除国家。”(《马克思恩格斯全集》第7卷,人民出版社1959年版,第339页)马克思讲国家存在的经济基础是税收,不能认为仅仅指的是资本主义国家或封建主义国家,应当也包括社会主义国家。乍一看,好像马克思说的不通,怎么说国家的经济基础是税收呢?而且是指所有的国家。其实,他这里所讲的国家,不是指作为国体的国家,而是指作为政体的国家,实际上是指各级政府机构,是指作为国家具体构成的军队、警察、法院以及其他政府部门。这与基本经济制度是基本政治制度的经济基础并不矛盾。如果把国体的经济基础和政体(政府)的经济基础混为一谈,那么为什么奴隶国家政府、封建国家政府、资本主义国家政府不大搞国有经济呢?为什么不搞各级政府的国有制经济呢?如果说前资本主义社会的各级政府没有力量搞不起来,那么资本主义社会特别是现代资本主义社会的政府该可以搞起来了吧!它们未大搞国有制经济,就说明它们的社会政治制度没有经济基础了吗?显然不是。第二次世界大战后西方发达国家政府大搞国有经济,它们政府的经济基础加强了嘛?也不是。后来它们搞所谓国有经济“私有化”,政府的经济基础削弱了吗?也不是。相反,财政收入才是政府存在的经济基础。而税收却占了政府财政收入的90%以上。西方发达国家政府在失败的教训中认识到,政府的经济基础不是它们的国有经济及其所获得的利润,相反是其财政收入或税收。

可见,把国体赖以存在的经济基础与政体赖以存在的经济基础严格地区分开来,就可以从根本上解决了一个社会特别是当代社会资本积累的主体到底是谁的问题,就可以解决国家要不要以其政府为主来搞资本积累的问题。

第二,搞不清政府(国家)管理经济的职能与政府经营经济职能之间的不同。这可以说是政府管理经济和经营经济之间的关系问题。严格地说,政府直接承担着管理整个国民经济的职能是社会化大生产和市场经济高度发展起来后的事。在奴隶社会、封建社会以及自由资本主义社会,国家并不是整个国民经济的管理人,而是西方学者所说的“守夜人”。只是到了第二次科技革命之后,由于自由调节的市场经济带来了一而再、再而三地周期性经济危机,才在社会化大生产不断发展的基础上,把政府管理整个国民经济的职能第一次真正地提到了议事日程上来。凯恩斯主义为之提供了比较系统的理论根据。即便如此,政府管理整个国民经济,并不是要求直接经营国有经济;西方国家凡是这样做了的，效果都不好。后凯恩斯主义者认为这是违背了凯恩斯主义。凯恩斯主义本质上是要求国家实行相应的政策措施，运用财政、税收、货币、分配等经济手段来调节社会总供给与社会总需求之间的关系，力求达到二者之间的基本平衡。社会主义国家一成立后，就马上实行了计划经济体制，不断扩大国有经济规模，从而把国家管理整个国民经济的职能与直接经营国民经济混合在一起，其主观目的是想加快工业现代化以至整个现代化建设的进程。为此，就必然要求由政府特别是中央政府来进行资本积累和扩大再生产。

不错，在社会化大生产和现代市场经济条件下，社会主义国家的政府尤其是中央政府应当加强对整个国民经济的宏观管理，但这并不等于政府去直接经营整个经济，也不等于政府掌握着占整个国民经济很大比重的国有经济并对它进行直接经营。这不仅是因为现代国家的政府不具备这个条件和能力，而且也与政府的基本职能相悖。政府的基本职能是阶级统治和社会管理（当然包括经济社会管理），而不是直接从事经济建设。虽然社会主义国家的阶级统治职能在弱化，社会管理职能在强化，但这并不意味着政府的基本职能是直接从事经济建设。

可见，把政府管理整个国民经济的职能与政府直接从事大规模经济建设区别开来，就可以从政府职能上排除了我国政府直接进行资本积累和扩大再生产的职责。政府是从宏观上来管理整个国民经济的，而不是从微观上直接参与更不用主担整个国家经济建设。

第三，搞不清计划经济条件下与市场经济条件下国家调节整个国民经济的方式不同。这也可以说政府在管理整个国民经济中如何处理好计划与市场之间的关系问题。我国改革开放 30 多年的经验和当前经济改革与发展所遇到的问题，应该说能对这个问题有一个基本正确的判断。这就是，社会化大生产和市场经济的高度发展，要求国家加强对国民经济的宏观调控，同时必须充分依靠市场来优化资源配置；对国民经济的宏观调控是间接的，主要运用的是经济手段和法律手段，而不是计划或行政手段；国有经济规模应当进一步压缩，逐步退出各种竞争性行业，重点保障公共事业的发展和极少数非常重要的而民间资本又无力进入甚至不宜进入的有关国家安全的行业。这样，资本积累和不断地扩大再生产就不是政府的主要职责。政府的主要职责是从外部强有力地保障整个国民经济的健康、有序和稳定发展，这也就不需要有巨额的积累资本来支撑，正常的税收在一般情况下就足以维持。

第四，搞不清中央政府和地方政府在国民经济管理职能上的地位区别。这实际上是一个中央政府与地方政府在财权与事权划分上的关系问题。在社会化大生产和当代市场经济条件下，要求国家加强对整个国民经济的宏观调控，事实上是指中央政府加强对整个国民经济的宏观调控，它并不同时要求地方政府加强对整个国民经济的宏观调控。随着改革的不断深化，国有经济规模和比重将会大大压缩，绝大多数的竞争行业要由民间资本（民间资本不等于私人资本，非国有资本都应当叫做民间资本）来填补。这样，中央政府和地方政府在共同参与整个国民经济管理上，如果说中央政府还必须有一定数量的国有资产或国有企业的话，进一步地说，它还有一定数量资本积累以便扩大再生产的任务的话，那么，地方政府则基本上没有这一任务。中央政府的财权与事权的这种统一，要求中央政府还肩负着一定数量资本积累的任务，即从中央政府税收中拿出一定数量用于资本积累，而地方政府基本上没有进行资本积累的任务，其具体任务应当定位为发展地方公共事业。

综观以上四个方面，仅从资本积累这个角度来分析理论和实践都相当充分地证明，不能由政府来直接承担资本积累和扩大再生产的任务，所以，党和国家以经济建设为中心，并不要求国家及其政府去直接从事经济建设，而只是要求，或者说重点要求党和国家创造出以经济建设为中心这个艰巨的社会任务的极为优质的外部环境。党和国家创造出这个优质环境，与党和国家工作以经济建设为中心本身不仅不矛盾，而且是有机的统一。相反，如果国家及其政府直接从事经济建设，为此而直接进行资本积累和不断地扩大再生产，不仅与前述的基本原理不相吻合，而且在实践上反复证明效果并不好。正因为如此，有的学者提出要开创“制度建设时代”，加快和深化政治体制改革，为贯彻以经济建设为中心这一战略方针奠定更坚实的政治制度（指具体制度）基础。学者提出的要以经济建设为中心转到以制度建设为中心上来，这个提法如果仅从保障以经济建设为中心的战略方针的更好贯彻执行，以及从改革的重点的转移来看是可以的，也是正确的。但是如果认为整个党和国家工作重心不再是经济建设了，这就会造成工作指导上的混乱甚至有害。以经济建设为中心是不能动摇的。我们在前面已经指出，以经济建设为中心与政府本身工作的重心，两者是不矛盾的，是一致的，是有机统一的。经济建设是全局，政府工作是局部,虽然是全局中的十分重要的局部。这个重要的局部,是唯一能从体制、制度上保证全局的局部。它也要服从和服务全局。

资本积累作为扩大再生产、工业现代化以至现代化建设的重要源泉,是完全必要的。必须正确处理积累和消费的关系。应当根据情况采取各种方式进行资本积累。引进外资是国内资本积累不足的一个重要补充,这对后发国家尤其重要。在市场经济条件下,资本积累应主要由民间进行而不应当由政府直接进行。政府的职责主要是为民间资本积累从而为整个经济建设的健康、有序、快速发展创造条件,其在相当长时间内本身的中心工作是进行政治体制改革和制度建设,这与整个国家以经济建设为中心是不矛盾的。

三、全面正确理解资本积累的一般规律和历史趋势

马克思在《资本论》第 1 卷中深刻地揭示了资本主义积累的一般规律:"社会的财富即执行职能的资本越大,它的增长的规模和能力越大,从而无产阶级的绝对数量和他们的劳动生产力越大,产业后备军也就越大。可供支配的劳动力同资本的膨胀力一样,是由同一些原因发展起来的。因此,产业后备军的相对量和财富的力量一同增长。但是同现役劳动军相比,这种后备军越大,常备的过剩人口也就越多,他们的贫困同他们所受的劳动折磨成反比(马克思亲自校对过的法文版中是:'成正比'。——译者著)最后,工人阶级中贫苦阶层和产业后备军越大,官方认为需要救济的贫民也就越多。这就是资本主义积累的绝对的、一般的规律。"(《马克思恩格斯全集》第 23 卷,人民出版社 1972 年版,第 707 页)。资本主义积累的历史趋势是资本主义必然灭亡和社会主义必然胜利。

我们必须全面理解马克思的这两个重要的结论:一是当马克思把资本定义为资本主义的特有经济范畴时,他的两个结论是正确的,但是当我们在前面所讲的同时把资本定义为一般范畴和商品经济范畴和资本主义同时是资本的经营理念时,特别是在社会主义中还存在资本和资本积累,又应当怎样正确看待马克思的这两个结论呢? 二是马克思的这个结论是针对自由资本主义时代下的,在今天,在自由资本主义已经过渡到垄断资本主义时,又应当怎样正确看待马克思的这两个结论呢? 这就要求我们既必须全面理解马克思的有关论断,又要结合新情况、回答新问题。

102. 为什么必须正确看待"节欲"对资本产生和资本积累的积极意义?

在我们学习马克思的《资本论》时,看到很多地方在批判资本家的"节欲论",即资本家的资本是他省吃俭用节余下来的;资本积累就是资本家没有把剩余价值全消费掉而用于积累和扩大再生产;工人穷是他们浪费不会节约的结果。这给人们造成一种错觉,似乎节约对于资本生产和资本积累毫无积极意义。

不错,马克思是在很多地方批判资本家及其代言人资产阶级庸俗经济学家的"节欲论",但马克思的基本精神是批判他们认为他们的财富、作为剥削工人阶级手段的资本和积累的资本,全部是他们节约的果实,从而否认对雇佣工人的剥削,至于他们讥笑工人阶级不会节约,更是没有什么道理的(不否认个别工人不会节约),完全是他们在为剥削辩护。节约不仅是一种美德,而且是扩大再生产的物质源泉。资本家在开始时比较节约,或者由于节约而逐步变成了小生产者以至资本家。把节约下来的财富用扩大再生产,对整个人类社会来说,这毕竟是一个进步。同时,就整个资本家阶级对整个地主阶级或奴隶主阶级来说,他们把剥削到的剩余价值不像以往的剥削阶级那样全部消费掉,而是用越来越大的部分进行积累和扩大再生产,这无疑是一个巨大的历史进步。资本家阶级由于注重资本积累和扩大再生产,在人类社会生产发展中的历史贡献是不能抹杀的。马克思在《共产党宣言》中对此给予了充分肯定。就是在我国,在加快现代化建设中,也同样要求我们尽量节约,增加资本积累。因此,完全否定节约在资本和资本积累以至扩大再生产中的积累意义是不全面的,对扩大再生产是无助的。

103. 怎样全面看待资本的原始积累?

我们常常看到,人们在讲到资本的原始积累时都要引用马克思的这一句话:"资本来到世间,从头到脚,每个毛孔都滴着血和肮脏的东西。"(《马克思恩格斯全集》第23卷,人民出版社1972年版,第829页)。似乎资本的原始积累只是一种十分残酷和肮脏的行为,它毫无一点积极意义和历史必然性或历史进步性。如果仅仅这样来理解,也不完全符合马克思的资本积累理论的全部思想。

不错,资本的原始积累对广大小生产者的剥夺是十分残酷和血腥的,这个历史事实是不能否认的。但它毕竟是新的对整个人类社会生产有巨大推动作用的资本主义生产方式产生的必然。小生产已经不能适应社会化大生产发展的迫切需要。正如恩格斯在《反杜林论》中所说，在价值规律作用下，如果只依靠小商品生产的发展所带来的两极分化，资本主义生产方式即使排除任何掠夺、任何暴力行为和任何欺骗，也会自然而然地产生，只不过这个过程将会很长。（参见《马克思恩格斯选集》第3卷，人民出版社1995年版，第506页）资本原始积累只是用掠夺、暴力和欺骗手段，加快了资本主义生产方式的产生，加快了小生产的灭亡。因此它即使是十分残酷的和血腥的，也不能因此而完全否认它的历史进步性。新的生产方式代替旧的生产方式，往往是通过暴力手段来实现的。它既像一切暴力革命那样，是残酷的，但又是进步的。没有资本的原始积累，就没有资本主义生产方式的产生，就没有资本主义工业化，也没有人类社会的进步。

这是在我们把资本看做是资本主义特有经济范畴时所看到的资本原始积累。

当我们把资本看做是一般范畴和商品经济范畴时，资本的原始积累，有没有以上残酷性和进步性两种尖锐对立的属性呢？这恐怕也不能完全否认。要实现工业化，就要有资本积累，特别是原始的资本积累。即使是社会主义国家也不能例外或难以例外。所以从这一点上来说，不能对农业合作化进行完全否定，也不能对统购统销、工农业产品剪刀差进行完全否定。

从一般意义上说，即撇开阶级社会意义上说，小农业和大工业的对立、农村和城市的对立，以至后者对前者的“剥夺”，在一定历史时期是难以完全避免的，甚至后者对前者“剥夺”也不是没有任何积极意义的。

104. 马克思主义政治经济学为什么对内涵式扩大再生产没有给予高度的重视？一个国家或社会要实现经济增长方式的变革，实现集约化经营，以内涵式扩大再生产为主，需要具备哪些条件？

在马克思的那个时代，资本积累用于扩大再生产，外延式的确是主要的，所以反映在他的《资本论》等主要经济学著作中，关于外延式的扩大再生产的论述比较多，即使是论述资本有机构成不断提高，讲的也是外延式扩大再生产，他论述的有关粗放经营和集约经营，则主要是指农业生产由手工劳动转向机械化生产问题。当然他的著作中也多次提到科学技术是生产力的问题，提到对机器的技术改造问题，这些是属于内涵式扩大再生产或集约经营问题。在他的著作中，也肯定管理是生产力的一个要素，但对如何提高企业的经营管理水平，则谈得很少。总的来看，这些不足受到当时生产发展的实际状况的限制，加之他的经济学是理论经济学，所以这些不足存在就不难理解了。

这些不足，后来或者由西方经济学的研究所弥补，或者由广大经营管理人员在实践中把它一一解决了。特别是像我们在前面详细地论述到的，当代西方经济学比较成功地说明了生产力与生产关系之间的“中介”理论，并紧密结合当代社会化大生产和发达的市场经济实际，不断开拓和丰富了内容广泛的应用经济学和经济管理学，把科学的政治经济学理论及其体系推向了新的阶段。

至于其中关于一个国家或社会要实现经济增长方式的变革、实现由粗放经营向集约经营的转变、以内涵式扩大再生产为主，需要具备哪些条件的问题，这的确是一个很有现实意义的问题。我们撇开粗放经营和集约经营以及内涵式扩大再生产都是一种相对的概念不说，就总体范围和一般趋势来看，其条件主要有：

第一，科学技术的高度发展及其在生产领域的广泛而迅速地应用。这就是说，科学技术已真正成为一个独立生产领域和独立的产业，并且具备能够把科技成果迅速有效地应用到生产中的体制和机制。只有这样，科学技术作为第一生产力，作为先进生产力的主要标志，才能变成真正的现实，从而才能使经济增长方式实现由粗放型到集约型的转变，扩大再生产才能以内涵式为主。

第二，经济管理科学的高度发展及其在生产经营领域的广泛而迅速地应用。这就是说，不仅经济管理研究已成为一个独立的生产领域，而且企业家阶层已经形成，并且二者之间有一个迅速而有效的对接体制和机制。只有这样，管理作为生产力的独立而高效的要素才能变成真正的现实，从而才能使经济增长方式实现由粗放型到集约型的转变，扩大再生产才能以内涵式为主。

第三，市场经济体制的健全和完善。在现阶段，不管哪种社会制度的国家，用计划经济体制是不可能实现经营方式由粗放型到集约型的转变的，也难以实现以内涵式的扩大再生产为主。实践证明，只有健全、完善的市场经济体制，才能从运行机制上保证经济增长方式的真正变革。因为只有健全完善的市场经济体制，以及与之相适应的市场体系，价值规律、剩余价值规律、平均利润率规律、竞争规律等市场经济的若干重要经济规律才有其充分发挥作用的条件，才能迫使各个生产经营主体必须进行集约化经营，才能迫使各个生产经营主体以内涵式扩大再生产为主。哪个生产经营主体，特别是大规模的企业和高新技术产业，如果不这样做，它就可能在激烈的市场竞争中被淘汰。推广集约型经营方式，以内涵式扩大再生产为主，不是什么政府行为，不是靠政府号召，不是靠政府干预就能推广的，而必须依靠市场的导向，靠市场的动力和压力。外因是变化的条件，内因是变化的根据。这对经济增长方式的变革也同样是适用的。

这三个方面的条件本身包括着很多具体的内容。我们这里不可能对它再进行具体的介绍。

这三个方面的条件也是一个成长的过程。在发达国家，到了 20 世纪中叶大致已经基本形成这些条件。当然，在这个过程中并不排除某个或某些生产经营领域的经济增长方式的局部变革。

要想经济增长方式全面地实现由粗放型到集约型的转变，这三个方面的条件是缺一不可的。

这就告诉我们，我们国家要真正全面地实现经济增长方式的变革，也必须加快创造这三个方面的条件。

105. 绝对贫困化是一条经济规律吗？

现在，仍然有不少教科书、文章、有些著名学者，认为绝对贫困化是一条规律。他们的论据大致有：马克思在《资本论》的有关论述、当代世界的许多国家内的两极分化、当代经济全球化所带来的贫富差距的扩大等。我们认为这些论据并不能真正证明绝对贫困化是一条经济规律。

愤怒出诗人，但不能出经济学家。恩格斯对此有一大段十分深刻而精彩的论述。他说："一个社会的分配总是同这个社会的物质生存条件相联系，这如此合乎事理，以致经常在人民的本能上反映出来。当一种生产方式处在自身发展的上升阶段的时候，甚至在和这种生产方式相适应的分配方式下吃了亏的那些人也会欢迎这种生产方式。大工业兴起时期的英国工人就是如此。不仅如此，当这种生产方式对于社会还是正常的时候，满意于这种分配的情绪，总的来说，会占支配的地位；那时即使发出了抗议，也只是从统治阶级自身中发出来（圣西门、傅立叶、欧文），而在被剥削的群众中恰恰得不到任何响应。只有当这种生产方式已经走完自身的没落阶段的颇大一段行程时，当它多半已经过时的时候，当它的存在条件大部分已经消失而它的后继者已经在敲门的时候——只有在这个时候，这种越来越不平等的分配，才被认为是非正义的，只有在这个时候，人们才开始从已经过时的事实出发诉诸所谓永恒正义。这种诉诸道德和法的做法，在科学上丝毫不能把我们推向前进；道义上的愤怒，无论多么入情入理，经济科学总不能把它看做证据，而只能看做象征。相反地，经济科学的任务在于：证明现在开始显露出来的社会弊病是现存生产方式的必然结果，同时也是这一生产方式快要瓦解的征兆，并且在正在瓦解的经济运动形式内部发现未来的、能够消除这些弊病的、新的生产组织和交换组织的因素。愤怒出诗人，在描写这些弊病或者抨击那些替统治阶级否认或美化这些弊病的和谐派的时候，愤怒是适得其所的，可是愤怒在每一个这样的场合下能证明的东西是多么少，这从下面的事实中就可以清楚地看到：到现在为止的全部历史中的每一个时代，都能为这种愤怒找到足够的材料。”（《马克思恩格斯选集》第3卷，人民出版社1995年版，第491～492页）

对贫富差距、分配不平等的愤怒是可以理解的，但经济科学不能依靠这种道德的控诉，而必须揭示其运动规律。在资本主义生产方式下的确存在着分配不平等并由此产生了贫富差距，但不能由此得出工人阶级绝对贫困化是一条规律，而只能指出，工人阶级有时处于绝对贫困的境地。

工人阶级的贫困化，如果可以用一种图示来表示，那应当是这样：

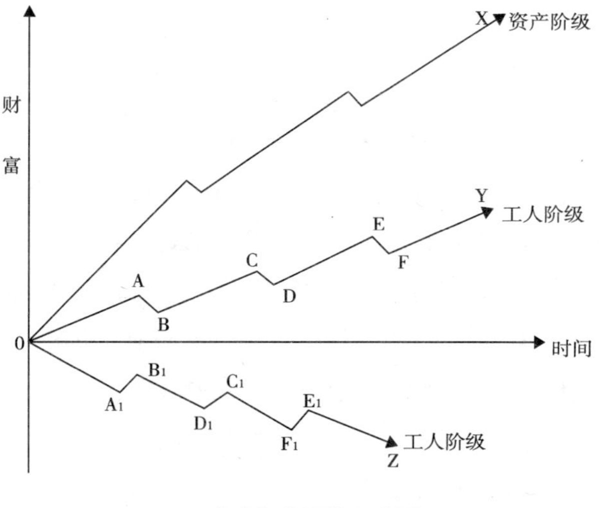

工人阶级贫困化示意图

这就是说,资产阶级和工人阶级对财富的占有状况,表现为图中的 OX 与 OY 之间的差别,而不是表现为 OX 与 OZ 之间的差别。OX 与 OY 之间差别,说明在整个社会财富分配中,资产阶级增长越来越快,所占的比例越来越大,工人阶级增长速度大大慢于资产阶级,所占比例越来越小。这种情况说明工人阶级处于相对贫困化的境地。工人阶级相对贫困化是一条规律。

而 OZ 线表示什么呢?它表现为工人阶级在整个社会财富中所占的份额在绝对下降而不是相对下降,这种绝对下降意味着每个工人今天吃 4 个面包,明天吃 3 个面包,后天吃 2 个面包……

"化"是彻头彻尾、彻里彻外的意思。工人阶级的贫困是绝对"化"了吗,是每天或每周、每月、每年吃的面包越来越少了吗?这样,工人阶级的劳动力不就是只能在萎缩的状态下进行再生产了吗?这与随着社会生产的发展,劳动者阶级生活水平在不断提高的历史事实是不符合的,与在经济繁荣时期工人阶级工资水平有所提高的事实是不相符的(因为经济繁荣时期,对劳动力的需求多,劳动力供不应求,劳动力价格可能提高),与马克思所说的,在工人阶级斗争的迫使下,"在工人自己所生产的日益增加的并且越来越多地转化为追加资本的剩余产品中,会有较大的份额以支付手段的形式流回到工人手中,使他们能够扩大自己的享受范围,有较多的衣服、家具等消费基金,并且积蓄一小笔货币准备金……吃穿好一些,待遇高一些,特有财产多一些"(《马克思恩格斯全集》第 23 卷,人民出版社 1972 年版,第 677 ~678 页)的描述不符。

我们说工人阶级绝对贫困化不是一条规律,但这并不是否认工人阶级有时有绝对贫困,即生活水平绝对下降,即如上页图所指出的:从 A 到 B、从 C 到 D、从 E 到 F,就是表示工人阶级收入绝对下降,从而绝对贫困。但整个 OY 线则不是代表工人阶级绝对贫困化,因为它是不存在的。

工人阶级在什么情况下会出现绝对贫困呢?一般地说在经济危机或战争时期,工人阶级可能出现收入减少、绝对贫困的现象。因为经济危机或战争时期,生产下降,对劳动力的需求减少,工人失业,工资下降,所以生活水平下降了。列宁曾明确指出,工人阶级有时有绝对贫困。

在资本原始积累时期,以至在机器大工业开始时期,资本家对工人的剥削十分残酷,他们用延长工作日的绝对剩余价值生产方法,可以获得暴利。这时,工人阶级的处境十分悲惨。对此,马克思给予抨击,提到工人的绝对贫困。

但是,由于工人阶级起来斗争甚至罢工、起义,反对延长工作日,要求提高工资,直至夺取政权,这就迫使资产阶级让步,缩短工作日,取消使用童工,提高工人工资,男女同工同酬。随着科技革命的发展,机器的广泛使用,劳动生产率的不断提高,社会财富的不断增加,工人阶级的生活水平也有了不断提高。这正如马克思所说的,这不妨碍资本家把深重的财富锁链松一松,如列宁所说的现在蛋糕做大了,不妨碍给工人多切一点。从此之后,工人阶级绝对贫困的现象只是短暂的危机或战争时期才出现过。工人阶级要求提高工资的斗争也往往在这时出现。这正如恩格斯所说的:“当一种生产方式处在自身发展的上升阶段的时候,甚至在和这种生产方式相适的分配方式下吃了亏的那些人也会欢迎这种生产方式。”

在整个阶级社会中,在到现在为止的全部历史中的每一个时代,都可以找到引起愤怒的贫富差距、分配不平等的材料。在当代也是如此。广大发展中国家有,发达国家有,社会主义国家也有。但这并不能证明工人阶级是越来越绝对贫困了,工人阶级绝对贫困化是一条规律,而只能说在两大阶级之间财富的相对差距目前还处于扩大的趋势。至于在亚非拉的极少数国家,在经济全球化的过程中目前还处于劣势,南北的贫富差距在拉大,贫困人口还看不到明显日益减少的趋势,但即便如此,那些国家人民收入也不是长期绝对下降的,而只是在战争(往往是内战)和自然灾害时期才绝对下降。即使那些国家有绝对贫困,也不是苦于资本主义多了,而是资本主义少了,封建主义多了。

106. 人口相对过剩是资本主义特有的人口规律吗?

资本积累的不断增加,在扩大再生产条件下,资本有机构成(由资本的技术构成决定的资本价值构成即不变资本 c 与可变资本 v 之间的比率)不断提高的情况下,不变资本增长的速度快于可变资的增长速度,即 c ∶ v 的比率在不断提高,在劳动力价值不变的情况下,资本对劳动需求的比例相对下降。例如原来资本为 100,c ∶ v=6 ∶ 4,需要雇用 4 个工人,现在资本由于积累增加而为 200,c ∶ v=8 ∶ 2,仍然只需要雇用 4 个工人,而不是 8 个工人。这样,在工人人口增加的情况下,就会出现人口的相对过剩。这就是所谓人口相对过剩的资本主义人口规律。例如前例,资本由 100 增加到 200,增长一倍,人口如果增长 50%,就由 4 增加到 6,但现在只需要 4 个工人,过剩了 2 人。由于资本积累不断增加和资本有机构成不断提高是不以人们的意志为转移的客观趋势,所以只要资本积累增加和资本有机构成提高所形成的对劳动力人口的吸收数量小于人口增加的数量,就会产生人口相对过剩,就会存在失业劳动大军。“因此,工人人口本身在生产出资本积累的同时,也以日益扩大的规模生产出使他们自身成为相对过剩人口的手段。这就是资本主义生产所特有的人口规律。”“过剩的工人人口是积累或资本主义基础上的财富发展的必然产物,但是这种过剩人口反过来又成为资本主义积累的杠杆,甚至成为资本主义生产方式存在的一个条件。过剩的工人人口形成一支可供支配的产业后备军,它绝对地隶属于资本,就好象它是由资本出钱养大的一样。过剩的工人人口不受人口实际增长的限制,为不断变化的资本增值需要创造出随时可供剥削的人身材料。”(《马克思恩格斯全集》第 23 卷,人民出版社 1972 年版,第 692 ~ 693 页)

马克思主义关于资本主义人口规律的论述,不仅阐明了工人人口相对过剩存在的必然性,阐明了工人人口相对过剩对资本积累以及资本主义生产方式存在的意义,而且指出了工人人口相对过剩的存在形式:流动的过剩人口、潜在的过剩人口、停滞的过剩人口以及赤贫人口,指出它是造成资本主义社会财富占有差别的直接原因,造成一极是财富的积累,一极是贫困积累的两极分化,它是资本主义积累一般规律的重要内容。

但是,人口相对过剩仅仅是资本主义特有的人口规律吗?如果将资本看成是一般经济范畴和商品经济或市场经济范畴,从而如果从生产的技术方面将资本有机构看成是资本的技术构成(即生产资料和劳动力的比率),如果从商品价值方面将资本有机构成看成是资本的价值构成(即生产资料价值和劳动力价值的比率),那么,在社会生产力不断发展的情况下,在商品经济不断发展的情况下,资本有机构成不断提高也是一个规律。既然资本有机构成不断提高是一个一般规律,那么在撇开其他一切情况不说时,劳动人口相对过剩也是一个一般规律,从而人口相对过剩就不是资本主义特有的人口规律。

那么,马克思为什么说人口相对过剩是资本主义特有的人口规律呢?这是因为人口相对过剩第一次最明显地发生在资本主义社会,发生在机器大工业迅猛发展的时期,发生在人类社会第一次真正出现生产相对过剩的经济危机时期之后。而在这以前的时代,这种人口过剩只是潜在的或以萌芽状态存在的。

更精确地说，人口相对过剩是商品经济或市场经济高度发展的必然产物。因为市场经济的高度发展，必然要求和实际造成资本积累不断增加和资本有机构成不断提高。而市场经济的高度发展时期又正是资本主义时代，正是大工业到来的时代。

从这里我们可以进一步引申，只要是在高度发达的市场经济发展时代，只要资本积累不断增加，只要资本有机构成不断提高，就会出现工人人口的相对过剩，而这不管是资本主义时代还是社会主义时代。我国目前也存在着工人人口的相对过剩就有力地证明这个问题。

工人人口相对过剩是市场经济和大工业不断发展的产物，准确地说是资本有机构成不断提高的产物。尽管它对工人来说是不幸的，但它又是不可避免的。它对整个工人阶级命运的影响是消极的，但它对整个国民经济的发展也是有一定的积极作用。这正如马克思所说，产业后备军是蓄水池。经济衰退时期工人失业，但是经济高涨时期对工人需求的增加却可由产业后备军来补充。经济衰退和高涨是经济周期运动的主要标志，也是一条不以人的意志为转移的规律。

107. 人口相对过剩的规律受到哪些反作用的限制？

我们说人口相对过剩是一条规律，是资本积累增加、资本有机构成提高的产物，但它的作用却受到许多因素的限制，从而使这一规律的作用越来越弱。

一是世界各国特别是市场经济国家，都把就业问题作为国家宏观调控的一个重要方面。中央政府和地方政府通过增加政府投入创造就业机会，通过加强对失业工人的培训，帮助失业工人再就业，通过税收和信贷的优惠，鼓励失业工人的创业，通过产业政策的调整来改善工人的就业结构。这在一定程度上限制着工人人口相对过剩规律的作用。

二是科学技术的不断发展及其在生产上的应用，社会劳动分工的发展带来了产业结构的不断演进，新兴产业不断涌现，特别是第三产业的迅猛发展，吸收了大量工人，从而削弱了工人人口相对过剩规律的作用。

三是教育产业的不断发展，普及高中教育在许多发达国家已经实现，大学生占人口的比重也在不断增加，从而推迟了一定数量青年的就业时间，这也是对工人人口相对过剩作用的一个限制。

四是计划生育政策的制定和有效实现,使人口的增长越来越不再是一种盲目的个人行为。物质资料的生产计划和人口生育计划的协调和配合,也是对工人人口相对过剩规律的一个制约。人口增长速度和经济发展水平往往呈反方向发展。社会保障制度的不断完善,对抑制人口的盲目增加起到了不可忽视的作用。在广大发展中国家,随着经济的不断发展,计划生育政策将会越来越受到人们的普遍欢迎和自觉遵循,这一政策贯彻落实的条件也会越来越好。控制人口数量,提高人口质量将越来越呈现出一种带规律性的趋势。这将有助于抵消工人人口相对过剩规律的作用。

可持续发展已成为一种国际共识。可持续发展中的最基本内容是人口与自然资源和经济之间的协调发展,就是要控制人口数量,提高人口质量,来保持经济社会的可持续发展。

108. 怎样看人口相对过剩规律在当前我国的作用?

工人人口相对过剩规律在我国也同样存在。因为我国当今也具有这个规律。存在并发生作用的一般条件是:

一是我国是实行市场经济体制。因为工人人口相对过剩是市场经济高度发展的必然产物。

二是我国为加速实现工业现代化以及整个现代化正在并将不断增加资本积累。因为工人人口相对过剩是资本积累的必然产物。

三是我国整个国民经济的资本有机构成正在不断提高。因为工人人口相对过剩是资本有机构成不断提高的必然产物。

所以,我国存在工人人口相对过剩是符合一般规律的,不必为此而大惊小怪,更不能认为是改革开放后部分企业关停并转的产物,不能认为因为马克思认为它是资本主义特有的人口规律而说我国是在搞(制度)资本主义了。

不仅如此,由于我国特殊的国情,在当前以及今后相当长的时期内,工人人口相对过剩问题要比其他一些国家还要严重。其原因是:

一是我国人口政策的失误。新中国成立时人口就是世界上最多的国家,但在一开始没有意识到应当抓计划生育工作,合理控制人口数量。后来强调实行计划生育,成果虽然很突出,但人口基数已经太大。专家们预测,到 21 世纪中期，中国人口总数将达到16亿左右的高峰后才可能开始慢慢减少。这样，中国在今后半个多世纪以至更长的时间，工人人口相对过剩的问题更比世界上绝大多数国家还要突出。可见，中国工人人口相对过剩这一情况的存在，与工人人口相对过剩存在的一般原因就不完全相同。

二是我国改革开放以来，资本积累增加和资本有机构成提高的速度大大加快。改革开放前，我国资本积累的规模和速度虽然也不算是低水平的，但都是铺摊子，实行的是低工资、高就业政策，所以资本有机构成也不高，而且大多数也是外延式的扩大再生产，所以它能吸收大量的潜在的剩余劳动力，因而工人人口相对过剩问题并不明显，但是实际上也存在着大量潜在的过剩人口。其中在广大农村，人多耕地少，就实际上存在着大量潜在形式的剩余劳动力，在城市，3个人活5个人干，低工资高就业，也说明城市也实际上存在着大量潜在形式的过剩劳动力。改革开放了，一方面资本积累速度加快了，特别是引进了大量外资；另一方面更重要的是资本有机构成提高速度更快，这是发展社会主义市场经济的要求和产物，也是提高国民经济的整体竞争力的要求和产物，特别是调整、改造已经不适应发展要求的国有工业企业的要求和产物，是对大量的国有工业企业进行设备更新、提高它们的资本有机构成的要求和产物，是淘汰大量已经落后而不得不淘汰企业的要求和产物，是难以再继续实行3个人活5个人干的政策的要求和产物。这样，以前早已存在的劳动力过剩问题现在一下子冒了出来。

我国在实现工业现代化以至整个现代化的过程中虽然遇到了比其他国家更为严峻的工人人口相对过剩的问题，但是我们也应当相信这是可以逐步解决的。解决问题的办法和出路仍然是相当多和广的。第一，国家已接受国际经验，把就业问题作为国家宏观经济调整的一项重要内容，这就从国家就业政策上得到了高度的重视和重要保障。第二，以经济建设为中心，大力发展经济，特别是大力发展第三产业和开发新的产业或行业，这是解决工人人口相对过剩的根本出路。第三，劳动者的就业观念正在发生变化。观念一变天地宽。他们也正在认识到大工业条件下的工人人口相对过剩的规律，认识到我国工人人口相对过剩的严重性，从而主动、自觉地改变择业观点，逐步放弃依靠政府来解决自己就业的观点，开始通过自己努力来创造就业机会。第四，改革的深入将更加强调和实际上要由民间资本和企业来吸收越来越多的过剩劳动力和新增劳动力。而我国民间资本和企业的发展空间是很大的。第五,继续坚定不移地贯彻执行计划生育这一基本国策。这是解决我国工人人口相对过剩的一项长期政策。第六,加快城市化建设,特别是加快中小城市和乡镇建设,是转移农村大量剩余劳动力的一条重要途径。第七,加快教育事业的发展,特别是逐步实现普及高中教育(城市和有条件的农村),大力发展高等教育,推迟青年学生的就业时间,也是解决工人人口相对过剩的一个办法。

109. 怎样全面理解两极分化的涵义?

人们对"两极分化"这一概念含义的理解至今仍然比较狭窄。其实,随着经济的发展,两极分化的涵义变得相当宽泛。

就两极分化的原有涵义来看,它是指财富分配的高低悬殊:占社会总人口数量很小比例的一极的财富越来越多、或在整个社会财富中占有很大的比重;占社会总人口数量很大比例的另一极的财富越来越少,或在整个社会财富中占有很小的比重。简言之就是贫富的两极分化。并且,这种贫富的两极分化根源于生产资料的私有制,即占有生产资料绝大多部分的剥削阶级是富裕的一极,丧失或占有生产资料很少部分的被剥削阶级是贫困的一极。因而,两极分化不是资本主义特有的经济现象,它也是一切存在剥削阶级的社会共有的经济现象。

但是,随着经济的发展特别是市场经济的发展以及经济全球化,两极分化出现了不少新的情况,从而使其含义有了新的内容。

一是一个国家内部的所谓白领人员和蓝领人员的"两极分化"。这种情况在西方发达国家表现得比较明显,在后发国家以及在一些发展中国家也开始出现和强化。这种含义的"两极分化"的产生就不能用传统的两极分化产生的根源来说明。因为无论是白领工人和蓝领工人,他们都不是生产资料私有者,他们之间不存在剥削和被剥削的关系。他们的收入都是劳动收入。他们之间收入的高低差别根源于简单劳动和复杂劳动的差别。经济发展的一般规律告诉我们,在整个社会生产力发生水平还不高的时候,简单劳动和复杂劳动的贡献虽不同但差别还不大,经济越发展,科学技术和管理对生产力发展的贡献越大,市场经济越发展,竞争越激烈,简单劳动的劳动者与复杂劳动的劳动者的生产和再生产费用的差别越来越大,这一切都使简单劳动和复杂劳动的贡献之间的差别拉大。一项科研成果可以救活一个企业,一个老总可以救活一个企业,这已不是什么个别的情况。这说明复杂劳动的贡献有多大!在发达国家,一个企业老总的工资可以是一般工人的几倍、十几倍,以至百倍千倍。它合理吗?事实证明它是合理的和有积极意义的。激烈而残酷的竞争规律迫使人们承认它的合理性和积极性。尽管政府可以用其他政策如个人所得税收政策、遗产税政策等来限制这种收入上的高低悬殊,但在收入的初次分配中,这种贫富差距、高低悬殊是确实存在的。

二是一个国家内部的贫富的地区差距或城乡差距。当这种差别达到一定程度时,人们也可以把它称之为两极分化。例如,一个国家的经济发达地区和经济落后地区的居民的收入高低悬殊,或一个国家内部的由于二元经济结构所造成的城乡收入的高低悬殊。这种所谓"两极分化"也不能用传统的两极分化的根源——生产资料私有制——来说明,而只能用一个国家内部经济发展的极度不平衡来说明。如果一个国家不能消除这种经济发展的极度不平衡,甚至会加重这种不平衡,那么这种形式的两极分化就不能消除甚至会加重两极分化。

三是国际间的两极分化。这就是世界上存在着富国和穷国的巨大差别。随着经济全球化进程的加快,这个差别还有某种扩大的趋势。这种差别是什么性质,原因又何在呢?它是不是国际上的阶级差别呢?是不是富国剥削穷国造成的呢?这的确要给予实事求是的科学分析。第一,当今世界上的贫富差别是民族国家间的贫富差别。如果说19世纪末到20世纪初,国家间的贫富差别是殖民主义造成的,是帝国主义的侵略和掠夺造成的,还是有根据的。但自从第二次世界大战后,民族国家纷纷独立,旧的殖民主义基本消灭,经过半个多世纪,如果再认为当今的富国和贫国的差别仍然是富国对贫国剥削和掠夺的结果,恐怕是难以完全成立的(其中不否认有殖民主义灾难的延长效应)。所以不能认为它属于一个国家内部劳资两个阶级的差别在国外的延伸。第二,国际间的不等价交换是不是产生这个差别的基本原因?这个问题更要具体分析。首先,什么叫不等价交换。如前所述,国际间的商品交换,如果是由于国家间的劳动生产率不同,那么发达的劳动就属于复杂劳动,是多倍的简单劳动,这种交换不仅不属于不等价交换,相反则属于价值规律在国际范围内发生作用的必然表现,如马克思说,这不是它的"缺点"。其次,也如前面曾说过的，发展中国家的原材料或初级产品价格低，发达国家的产成品或高级产品价格高，在国际市场交换中，发展中国家处于不利地位。这从价值规律在国际范围内的作用角度看，这也不属于剥削范畴内的问题。这与前面问题一样，价值规律是激励先进，淘汰落后。这符合历史进步的要求。最后，不排除发达国家利用政府权力、行政垄断以及贸易壁垒等政策，以及控制国际贸易的游戏规则，在国际贸易中通过人为的不等价交换来对发展中国家进行“剥夺”。这也是国家间贫富差距产生的一个原因。但不能认为这是基本原因。第四，国际间的贫富差距的基本原因是经济发展水平的差别，是资本积累上的差别，是科技发展水平上的差别，是劳动力素质上的差别。这恐怕是不能否认的基本事实。第五，与其说世界上贫富差距是苦于所谓国际间的劳资对立，还不如说是苦于那些落后国家的资本主义不发达。正如马克思当时所说，他的祖国德国在19世纪中期时的落后和贫困，不是苦于资本主义的发展，而是苦于资本主义不发展。在今天来看，一些国家的贫困和落后，仍然是苦于市场经济的不发展，苦于封建主义的严重残余，是苦于资本主义的不发展。

110. 怎样正确看待中国当前社会存在的“两极分化”？它与旧社会的两极分化有什么不同？

在许多人看来，中国当前社会存在的“两极分化”是一种可怕的倒退行为，是政策甚至是制度失误的结果。

看来，首先必须要从整体环境和社会发展阶段这个高度来分析和对待这个问题。

中国当前社会存在的两极分化是在社会主义初级阶段和发展社会主义市场经济这样的大背景下必然产生的问题。

这样的大背景与所谓的“两极分化”是什么关系呢？我们的认识是：

第一，从基本经济制度来看，公有制的主体地位告诉我们，我国社会当前存在的“两极分化”与以往社会的两极分化是根本不同的。以往社会的两极分化是在私有制占主体的情况下发生的，是阶级剥削的表现。而我国经济成分是以公有制为主体的，因此它基本上不是这种阶级剥削的表现。

人们对公有制和私有制的认识要回到马克思主义的立场上来。什么叫私有制，我们将在后面的章节中进行详细的研究。在这里我们只简单地说出后面分析所得出的结论。生产资料私有制是指以企业(或生产经营单位)为载体的企业生产资料归某个私人(或家族)所有。除此以外的财产私人所有都不能叫做生产资料私有制。例如,某人有住房一幢,就不能叫做生产资料私有制,因为房子是生活资料。又如,某人在银行存款1万元,或他购买股票1万元,这也不能叫生产资料私有制,因为他虽然是在“经营”这1万元,但真正在经营的是企业而不是他个人,企业是生产资料所有制存在的载体,不能离开生产资料经营活动的“载体”去谈私有制或公有制。生产资料公有制的形式是多种多样的。马克思所说的公有制就是社会所有制。社会范围有大小,国家是个社会,地方、部门、群体、社团等都是一种“社会”。公有制除了国有制这个最大范围的公有制以外,还有多种形式的公有制,如集体所有制、股份制、股份合作制、合作制、联合所有制等,以及这些公有制下的租赁制、承包制、代理制等。这些企业的生产资料都不能说是生产资料私有制,不能说企业的生产资料归企业厂长或经理私人所有。我国在生产资料所有制结构的改革趋势上,国有制部分将会进一步减少,各种其他形式的公有制部分(或如马克思所说的其他社会所有制部分)将会大大增加,真正的完全意义的个人(含家族)所有制的绝对值部分尽管会增大,但在整个社会经济成分中所占比例不会很大,更不会超过一半。

因此,从基本经济制度层面来看我国当前存在的两极分化,根本不属于旧社会的两极分化,即不存在一个完整的剥削阶级去剥削被剥削阶级而产生的两极分化。

第二,从生产力发展水平来看,这种新形式的“两极分化”的情况相当复杂。首先,由于生产力发展水平低,所以它既制约着“两极分化”的水平,即是低水平的“两极分化”,或者说是低水平的贫富差距,也可能是高低比例很大,但绝对量并不是很大。其次,由于生产力水平低,又制约着贫富差距变动的实际进程,即在生产力水平或人均GDP水平的一定阶段内,贫富差距可能拉大,人均GDP达到一定高度时,贫富差距反而逐步缩小。这也是世界性的统计数值。再次,由于生产力发展不平衡,造成了所谓的城乡“两极分化”或经济发达地区与经济落后地区之间的所谓“两极分化”。这种所谓“两极分化”本来就存在的,这往往是历史造成的,也与经济资源分布的不平衡直接相关。只不过在生产力发展过程中,在经济梯层发展过程中,一旦发达地区经济发展速度超过落后地区,它们之间的贫富差距就可能拉大。在经济发展过程中,在一定阶段内,前者的发展速度超过后者则是难以避免的,甚至在一定时期内又是必要的。因为从资本积累所产生的经济效益来看,在较发达的地区增加更多的投资,从长远来看是合理的。在资金有限的情况下,投资100元,如果在发达地区一年可能赚20元,在落后地区可能只赚5元或不到5元甚至亏本。这样,资金的较大部分投到发达地区就很难避免。开发落后地区,是个长期过程,也是在资金利润率下降和资本积累量很大的条件下的一种所谓战略开发重点的转移,即存在这种战略转移的内外部条件。在这种战略开发重点的转移尚未实施并取得显著成就时,这种地区性的贫富差距是难以缩小的。

可见,从生产力发展水平的层面来看我国当前存在的"两极分化",也根本不同于旧社会的两极分化,即不是根源于剥削与被剥削所造成的两极分化。

第三,从市场经济体制改革来看,所谓"两极分化"情况更加复杂:

(1)效率优先的后果。由计划经济体制下的平均主义演化至今天的贫富差距,许多人很不适应,很看不惯,加上一些人富起来,又"为富不正"、"为富不仁",更增加了人们的反感和抵触心态。总之,一方面我们还不习惯一定阶段内必然存在的贫富差距,另一方面我们还缺乏治理贫富差距的经验,再一方面我们的制度还很不完善,给那些"不正"的人钻了空子而且又打击不力。

但是,市场经济毕竟是强调效率优先。除了非法致富的少数人外,生产经营效率高的那些人必然先富起来。只要他们是依法致富,靠诚实劳动致富,我们必须予以保护和鼓励,否则整个社会经济就不能得到更快的发展。市场经济是社会经济发展的一个不可逾越的阶段。平均主义是行不通的。计划经济体制是失败的。在实行市场经济体制的一个较长的开始时期内,实行效率优先必然带来过去(计划经济时期)根本不曾见到过的明显的贫富差距。这是难以避免的。我们必须有这样的基本认识和思想准备。

(2)分配上遗留问题严重。过去我们实行计划经济,搞平均主义,并且是由国家统收统支,该分配给职工的住房基金、医疗保险和养老保障基金,都没有给职工,职工显得很"穷"。另外,如果不急于搞农业合作化,长期实行统购统销、工农业产品剪刀差,农民也不至于现在这么"穷"。虽然这些现象的存在都有其历史背景,但在分配上遗留问题多而重,造成了今天的被动,也是对改革后所产生的所谓"两极分化"的一种反刍式的痛苦。

(3)资本等要素的累积效应。我国实行按劳分配和按生产要素分配相结合的分配制度。按劳分配从总体上来看不会产生过大的贫富差距。尽管随着改革的深化,将来高级经理人员和高级科技人员的工资收入要比现在高得多,但按劳分配收入之间的差距也是不会很大的。但是按生产要素分配,特别是其中按资本、技术要素分配,由于其累积效应,将会逐步拉大收入差距。这是不可避免的,也是合法的。这可以调动一切生产要素所有者的积极性,促进经济的迅速发展。

(4)企业家阶层的逐步形成和人力资本作用的增强。随着企业体制的深化,特别是随着现代企业制度的健全和加入 WTO 后国际间竞争的激烈展开,我国的企业家阶层将会逐步形成。在与世界接轨的形势下,企业家阶层的工资收入将会大大提高,由此将会拉大劳动者之间的收入差距。同时,人力资本在生产经营中的作用将会逐渐增大,人力资本将会像货币资本和物质资本一样参加企业收益的分配,并且还会和技术要素参加分配、企业家收入高度融合在一起,从而使人力资本的高投入者获得越来越高的收入。这也会拉大劳动者之间的贫富差距。

(5)收入再分配政策的滞后。在市场经济条件下,劳动者或生产要素所有者之间收入差距拉大是必然的。仅靠居民收入的初次分配来缩小贫富差距是不可能的,也可以说是不可取的。必须依靠居民收入的再分配来尽量缩小贫富差距。这应当在加强精确统计的基础上,通过征收个人收入所得税、遗产税、赠与税以及鼓励捐赠、赈济、转移支付等途径,来缩小贫富差距。

(6)法制不完善及政治体制改革不到位。法制不完善给一些不法分子钻了空子,从而获得高额非法收入。政治体制改革不到位,又给一些人以权谋私提供了方便或条件,从而进行权钱交易,攫取大量非法收入。这些都是当前贫富悬殊产生的重要原因,也是广大人民群众最为不满的一个方面。腐败分子往往与不法商人勾结在一起,非法侵吞国家和人民的大量财产。他们是"暴发户"。人民群众对依靠合法经营和诚实劳动致富并不反对,也没有什么不满。人民群众对当前的所谓"两极分化"表示担心甚至愤怒、不满,主要是针对那些非法致富的人。我们不能不承认,在市场经济发展的初期阶段,高额利润的诱惑,会使那些利益熏心的人不惜冒绞首的危险而疯狂地敛财。"高额的利润激起对更多利润的贪欲。"(《马克思恩格斯全集》第 23 卷,人民出版社

1972 年版，第 446 页）只要自己能大捞一把，并把钱藏好以后，“我死后哪怕洪水滔天！”我们读读《资本论》第一卷第十三章《机器大工业》，就可以看到，在机器大工业发展初期（也即是市场经济发展的初期），那些资本家如何与政府相勾结，采取坑蒙拐骗、弄虚作假、大量使用童工、无人道地延长工作日、偷税漏税，充分地暴露了资本家的贪婪。我国今天也正处在市场经济发展的初期，少数包括披着公有制企业家和政府官员外衣的不法分子，也是在高额利润的驱使下重演着当年英国的恶剧。

111. 同马克思的那个时代相比，“资本主义生产的内容和外壳”发生了哪些变化？这种变化是怎样影响着资本主义的命运的？

马克思在分析资本积累的历史趋势时指出：“这种剥夺是通过资本主义生产本身的内在规律的作用，即通过资本的集中进行的。一个资本家打倒许多资本家。随着这种集中或少数资本家对多数资本家的剥夺，规模不断扩大的劳动过程的协作形式日益发展，科学日益被自觉地应用于技术方面，土地日益被有计划地利用，劳动资料日益转化为只能共同使用的劳动资料，一切生产资料因作为结合的社会劳动的生产资料使用而日益节省，各国人民日益被卷入世界市场网，从而资本主义制度日益具有国际的性质。随着那些掠夺和垄断这一转化过程的全部利益的资本巨头不断减少，贫困、压迫、奴役、退化和剥削的程度不断加深，而日益壮大的、由资本主义生产过程本身的机构所训练、联合和组织起来的工人阶级的反抗也不断增长。资本的垄断成了与这种垄断一起并在这种垄断之下繁盛起来的生产方式的桎梏。生产资料的集中和劳动的社会化，达到了同它们的资本主义外壳不能相容的地步。这个外壳就要炸毁了。资本主义私有制的丧钟就要响了。剥夺者就要被剥夺了。”（《马克思恩格斯全集》第 23 卷，人民出版社 1972 年版，第 831～832 页）

这就是我们常常引用的马克思关于“两个必然”（即资本主义必然灭亡和社会主义必然胜利）的最精辟的论断。

马克思的这一段论述包含着相当丰富的内容。结论是最后三句几乎意思相同的话；依据是倒数第四句话：资本主义外壳与它的内容的不能相容。外壳和内容的不相容又是前面分析所得出的结论。现在我们所面对的是，自马克思那个时代之后，资本主义生产的内容和外壳及其相互关系发生了哪些变化？

这些变化又如何影响资本主义的命运？这也是我们谈到“两个必然”时常常感到困惑的问题。

我们知道，在一切社会生产方式中，生产力总是内容，生产关系总是形式或马克思所谓的“外壳”。在当代，在西方国家，生产力发生了哪些变化呢？参照马克思的前面论述，生产力的变化是生产更加高度社会化了，生产力发展水平更高了。即一是劳动过程更加社会化了，即单个的个人劳动（企业）甚至家庭劳动（企业）已经早就不占主体地位了，代之是集体的或社会化的劳动；二是劳动资料更加社会化，即劳动工具更加不再是单个人手中使用的简单的工具，而是大型的更加具有综合功能的复杂的劳动工具；三是劳动产品更加社会化了，即劳动产品，不仅是产成品，甚至是原材料、零部件和配套件，也更加不再是哪一个劳动者的劳动产品；四是劳动产品更加成为为社会、为他人而使用的产品了，即任何一个生产单位，它的产品越来越多的是为社会、为他人而生产，是为了交换而生产，而且交换的地域由地区、国家而扩展到世界，世界市场网已经真正形成，经济已经全球化了；五是科学技术真正成了第一生产力，知识经济时代正在到来；六是管理（包括微观管理和宏观管理）作为生产力的因素，在社会大生产时代的作用突出了，在一定意义上也具有某种决定性的作用；七是社会生产劳动分工更加复杂从而经济的产业结构更加复杂了，部门、行业之间的联系更加紧密和复杂了，从而对经济资源在各个部门、行业之间的合理配置、国民经济按比例发展，比以往经济时代的要求都高得多。八是劳动者本身的素质或劳动技能越来越高，人的全面发展不再仅仅是理想，而是越来越成为现实和客观上的迫切要求。总之，生产力发展的这种状况是马克思的时代所无法比拟的。

生产力决定生产关系，内容决定形式。生产力的上述这些巨大变化，它必然要求生产关系发生相应的变化。这里我们不去说明当代西方国家的生产关系发生变化的具体过程、途径和细节，那似乎是我们在前面曾详细论述的有关生产力与生产关系之间的“中介”理论要说明的问题，我们在这里只是说明当代西方国家，或者说马克思恩格斯逝世后的西方国家的生产关系发生变化的直接结果，即生产关系发生了哪些变化。

根据马克思的上述论述，我们在这里主要从生产资料所有制关系、交换关系和分配关系方面说明生产关系变化的主要内容。

一是所有制关系发生了部分质变。这里主要是指由过去以私人资本所有制为主转变为现在以社会资本所有制为主。这在马克思和恩格斯的著作中，特别是在他们的晚期著作中也有了比较深刻的分析和预见。以社会资本所有制为主代替以私人资本所有制为主，是指股份公司的大量出现、合作制的大量存在以及国家资本的大量涌现。马克思恩格斯以及后来的列宁都指出这是对私人资本的“扬弃”，是资本主义向社会主义的“过渡形式”。从一定意义上来看，马克思所说的传统的或自由资本主义阶段的典型涵义上的单个资本家（或其家庭）私有制已经基本上不存在了，或者说它已经基本上退出了历史的舞台。说得更准确点，是它已经不完全适合现代社会生产力发展的要求了，也如马克思自己所说的“一切生产资料因作为结合的社会劳动的生产资料使用”而要求社会来“占有”。但是这个由“社会占有”是一个过程，它一下子不可能达到一切生产资料由“全社会全部占有”，而只能由不同层次的“社会”来占有一部分生产资料，或者说的更准确点，一部分生产资料由“国家”这个“大社会”占有，一部分生产资料由“股份制企业”、“合作制企业”等各种“小社会”占有。

毫无疑问，生产资料的各种形式的“社会占有”（或所有），它适应了社会生产力发展的要求，适应了生产社会化发展的要求。从这个意义上看，生产资料的这种“社会占有”，是生产发展史上的进步，有利于社会生产力的发展。也就是说，生产力的“外壳”变化了。原来的“外壳”越来越不适应其内容了。既然“外壳”变化了，能较适应社会生产力发展的要求了，“爆炸”就不会发生，自发演进倒是很合乎逻辑；既然资本私人所有制变成了资本社会所有制，“丧钟”就不是被敲响，而是资本（指作为商品经济范畴的资本）生命的自然伸长；既然剥夺者现在被“兼并”了，被融进一个“社会”中了，不能独立直接经营了，成为社会所有制中的一个“股东”了，这就不需要进行直接“剥夺”了。

在这里，我们看到一个十分深刻而又新鲜的问题，即一种社会基本经济制度向另一种新的进步的社会基本经济制度的演变，也可以不通过暴力手段。例如，恩格斯所说的，小商品经济的发展，由于价值规律的作用，也可以自然地过渡到资本主义，也不需要经过暴力革命，只不过这个过程要很长。同样，由资本主义制度（即典型的资本家私人所有制）向社会主义制度的过渡，也可以是和平方式的，只不过同样是很长的历史过程。马克思在说到资本主义社会中的合作工厂时说:“这种工厂表明,在物质生产力和与之相适应的社会生产形式的一定的发展阶段上,一种新的生产方式怎样会自然而然地从一种生产方式中发展并形成起来。”(《马克思恩格斯全集》第25卷,人民出版社1974年版,第498页)。可见,斯大林曾经说过的社会主义公有制不能在资本主义社会产生的话,看来是不正确的。在旧社会中存在着新的生产方式萌芽并可能形成发展起来,这是生产力决定生产关系这一规律发生作用的结果或表现。至于这种存在于旧社会中的新生产关系会不会被消灭或自动消亡,它不仅取决于代表旧的生产关系的统治阶级对它的政治态度;相反则取决于它对日益发展的社会生产力有没有适应性或积极作用,取决于会不会从根本上损害原来所有者的利益,取决于在这种新的生产关系中,原来所有者的利益是否得到了增进。在西方国家,国有制、股份制、股份合作制、合作制等社会所有制的产生、形成和发展,原来的资本私有者现在虽然不是新型企业的单一所有者了,但由于它们在一定程度上适应了社会生产力发展的要求,从而也就给他们增进了利益。如果他们仍然固守原来的私人资本所有制,他们就可能被淘汰。他们虽然如马克思所说是“被迫”的适应社会生产力发展的客观要求,但是还是那么做了:加入“股份公司”。至于在西方发达国家,各种形式的生产资料“社会所有制”将来能不能由现在的“过渡形式”自动成长为社会主义“成熟形式”,这有待于经济发展的实践来做结论。

二是交换关系的重大发展。这在西方发达国家主要表现为国内市场体系更加完善,各种要素市场纷纷建立和健全,市场游戏规则更加完善,市场经济同时又是法制经济并得到了更加充分的体现。与此同时,生产国际化进程加快,国际间的分工多元化,跨国公司大量涌现,国际贸易发展很快,贸易量占各国的GDP的比重显著提高,国际贸易组织纷纷建立,贸易规则逐步完善,经济全球化的时代已经到来,地区性的经济一体化组织已经出现。这一切不仅说明市场经济的发展程度已大大高于马克思的那个时代,而且也说明市场经济已经全球化了,而不是在马克思的那个时代那样发达的市场经济仅存在于欧美等少数国家。

商品交换关系的上述发展,对原有的资本主义“外壳”产生了什么影响呢?首先是市场主体的部分质变。原来的作为生产资料所有者的单个资本家企业已难于驾驶这个极其复杂而庞大的市场,他们作为市场微观主体的地位逐渐被股份制企业所代替。仍然存在的少数私人（或家族）资本家企业已不再成为微观主体的主体了。相当大数量的职工已成为小股东了，他们在市场中的地位的内涵发生了局部变化，已不再仅仅是原来的消费主体和劳动力供给主体，而同时也是资本、技术和人力资本的供给主体。其次是价值规律作用的强化。在国内，价值规律的作用深入到各种生产要素，在国际上，价值规律作用范围大大扩展，由原来主要在国内起作用，现在国际上也同时起越来越大的作用。价值规律在国内作用的深化，使生产要素的所有者分散化了，广大职工也成了除本人劳动力之外的某种或某些生产要素的所有者，他们在生产中的地位有了不同程度的提高，从而，可以各得其所。价值规律作用普及到国际，劳动生产率高的国家依据商品交换的规律，可以获得更多的超额价值（即发达国家商品的个别价值低于国际平均价值的差额）。这样发达国家在国际贸易中可以获得各种比较利益而又不违背价值规律和游戏规则，更不必像过去那样主要依靠战争掠夺和殖民主义掠夺。发达国家依靠价值规律的国际作用所获得的超额价值可以用来提高本国职工的工资水平，即这些国家职工的复杂劳动所创造的更多的价值得到了国际的承认和实现。它从一定程度上缓解了国内的劳资矛盾。须知，这不能认为是发达国家的工人剥削了落后国家的工人，而是发达国家工人的劳动生产率高于落后国家，从而说明前者是复杂劳动，后者是简单劳动，前者工资高于后者是来自于复杂劳动是倍加的简单劳动。在国际贸易不发展时，这种比较得不到国际范围的体现，现在国际贸易发展了，普遍化了，它随之得到了国际体现。

三是分配关系的部分质变。在马克思的那个时代，工人工资基本上是满足工人基本生活需要的报酬，按照今天的说法，就是满足工人的生存需求。工资是工人唯一的收入。自那以后，随着经济的不断发展，工人阶级争取提高工资的斗争，西方国家也学习社会主义国家的一些分配办法，以维护社会稳定，工人的收入发生了明显的部分质变。具体主要表现在：(1)工人工资收入的横向变化。即工人工资不仅包括满足生存需求，而且逐步地增加到包括满足安全需求、社会交往需求、自我尊重需求和价值自我实现的需求，从而为人们全面发展提供了越来越好的条件。(2)工人工资的纵向变化。即工人不仅在职时可以获得工资，而且退休时可以获得延期支付的工资，即各种养老保险金。这就是西方国家建立了比较完善的社会保障制度，福利基金占到国家财政收入的很大比例。(3)工资以外的收入。这就是有相当数量的工人依靠平时的节约积累了少量资本用于购买股票债券和存入银行,从而可以获得少量的股息和利息,高级管理人员和高级科技人员这部分收入更是可观。也就是说,各类职工可以以其据有的除本人劳动力之外的生产要素参与“剩余价值”的分配,从而获得工资以外的收入。

资本主义“外壳”的上述变化,使当代西方国家的生产关系发生了部分质变,使它能够比过去更好地适应着“内容”——社会生产力。这样,原来形式与内容的矛盾在相当大的程度上都缓解了,而且新的矛盾也不是原来意义上的矛盾,因而没有发生“爆炸”就不难解释了。

112. 能说现在发达国家生产关系对社会生产力的“容纳”等同于原来的资本主义生产关系对社会生产力的“容纳”吗?

目前很多人甚至包括很权威的人士用马克思的这段话来说明我们在上面证明的问题:“无论哪一个社会形态,在它所能容纳的全部生产力发挥出来以前,是决不会灭亡的;而新的更高的生产关系,在它的物质存在条件在旧社会的胎胞里成熟以前,是决不会出现的,所以人类社会始终只提出自己能够解决的任务,因为只要仔细考察就可以发现,任务本身,只有在解决它的物质条件已经存在或者至少是在生成过程中的时候,才会产生。”(《马克思恩格斯选集》第2卷,人民出版社1995年版,第3页)马克思的这段话大体上是正确的,对于说明未发生“爆炸”问题也是有一定说服力的,但是,我们认为马克思的这段话中缺少一个重要的方面,而这缺少的东西后来是由马克思自己来补充的。这就是生产关系从低级到高级、由旧到新的中间形式或“过渡形式”。当一个国家中的生产关系处于或基本上处于这种“中间形式”或“过渡形式”时,旧的形式或“外壳”就不是被“炸毁”的,而是被“扬弃”的。“资本主义的股份企业,也和合作工厂一样,应当被看作是由资本主义生产方式转化为联合的生产方式的过渡形式,只不过在前者那里,对立是消极地扬弃的,而在后者那里,对立是积极地扬弃的。”(《马克思恩格斯全集》第25卷,人民出版社1974年版,第498页)尽管前者是一种“消极扬弃”,但它毕竟不是原来的形式或“外壳”了,不属于旧的资本主义生产关系了。因此,不能完全说,现在的西方发达国家的生产关系对社会生产力的“容纳”,是原来的资本主义生产关系对社会生产力的“容纳”，而只能说是“过渡形式”的生产关系对社会生产力的“容纳”。我们认为这样说更准确，更符合马克思的原意。我们认为，认识这一点很重要，它关系到给当代西方发达国家的社会性质定位的问题。下面我们还接着深入讨论这一问题。

113. 怎样正确把握“革命形势”、“革命爆发”和“革命胜利”之间的关系？

一般地说，新的生产关系代替旧的生产关系是通过“革命”手段来完成的，而且这个“革命”手段又往往是非“和平”的，即往往是“暴力革命”。但马克思主义并不完全排除用非暴力手段来完成这种革命的。

即使是“暴力革命”，还有一个“革命形势”（或“革命时机”）、“革命爆发”和“革命胜利”之间关系的问题。

按照列宁的有关论述，只有在统治阶级不能照旧统治下去了，被统治阶级不能照旧生活下去了，革命时机才能到来，才有了革命的形势。这样的时机或形势往往出现在大的经济危机或大规模战争时期。所以马克思主义经典作家都十分关注经济危机和战争问题，认为这是革命时机的到来。马克思在世时，当经济危机和战争到来时，他总是放下手中的《资本论》写作，投入到革命的准备中去。

虽然“革命时机”是“革命爆发”的前提，但有“革命形势”并不等于“革命爆发”。在自由资本主义时代以及后来的垄断资本主义时代，出现了很多次“革命形势”，但只有在极少数国家爆发了革命。要把“革命形势”转变为“革命爆发”，必须具备主观条件，这就是要有工人阶级政党的领导。这大概就是德国、日本等国第二次世界大战后没有发生革命的主要原因。

“爆发革命”并不等于“革命胜利”。虽然发生了革命，但是如果无产阶级政党没有一条正确的路线，革命照样不能取得成功。马克思在世时的法国巴黎起义，第一次世界大战后的德国、第二次世界大战后的法国和意大利，革命都未成功，主要是因为工人阶级政党没有一条正确的革命路线。

“革命形势”、“革命爆发”和“革命胜利”这三环是环环相扣的。当代世界上，首先是不是具有“革命形势”，即那些发达国家和那些地区性的大国，是不是出现了统治阶级不能照旧统治下去、被统治阶级不能照旧生活下去？目前还没有看到这种时机。虽然也发生过经济危机和局部战争，但它并没有形成“两个不能照旧”的形势。其次，除了上述国家外，特别是其中一些发展中国家的确也出现了“两个不能照旧”的革命形势，但那里并没有一个工人阶级的政党来领导革命，从而也就谈不上“革命胜利”。

114. 当代世界处于社会主义革命的“低潮”吗？在可以预见的未来能够出现革命的“高潮”吗？

政治界和理论界几乎一致认为，当代世界处于社会主义革命的低潮。我们认为这个论断值得研究和探讨。

社会主义终究要代替资本主义，这是不以人们的意志为转移的社会发展规律。它是生产关系一定要适应生产力发生状况和要求的规律发生作用的必然结果。但是这种社会基本经济制度的变革通过什么途径、采取什么方式来实现，是可以选择的，而且是由历史来选择的。采取暴力革命仅是其中的一种手段，虽然过去的历史证明它是必然的手段。但是，人类社会在前进，物质文明和精神文明都在发展。现代经济技术条件使选择“暴力革命”的手段越来越困难，而且成本也越来越高。马克思和恩格斯当时也希望英国通过和平手段实现这个变革。英国的这种和平道路之所以未能走通，有当时的主客观原因。但是，现在走和平道路的主客观条件比英国当时好多了，这恐怕也是事实。曾经遭到批判的伯恩施坦、考茨基和托洛斯基的“和平长入社会主义”的论点，现在不能不引起我们的探讨。当时不存在这种“和平长入”的条件，并不代表今后永远不存在这种条件。随着人类社会文明的发展，恐怕这种条件只能是越来越具备，而不能反过来说具备这种条件的可能性越来越小。

由此，我们可以说，假定可以通过“非暴力手段”逐步的来实现这种社会基本经济制度的更变，那么，就不存在什么“革命高潮”或“革命低潮”之分，就不能说现在是处于社会主义革命“低潮”。

我们又假定，世界上的多数国家，经过或长或短的时间，甚至经过较长的历史时期，逐步实现了由原来的资本家私人所有制，过渡到如马克思恩格斯所说的各种形式的即不同程度的“社会所有制”，这难道还需要发动一场“暴力革命”来完成所谓向全社会占有一切生产资料的再过渡吗？这种假定，即使按照马恩的理论，也不是什么幻想，相反它也符合生产力决定生产关系的一般原理。

因此，认为现在世界处于社会主义革命“低潮”的论点并不是无隙可击的。社会主义代替资本主义仍然有和平与非和平两条道路可以选择，而且我们更应当注重非和平道路的研究，注重这方面情况，创造这方面的条件。我们不应当拒绝这种选择。

“低潮”是与“高潮”相对应的。在我们可以预见的未来一定能出现社会主义革命“高潮”吗？现在还不能这么说。我们在前面说过，“革命形势”到来的标志是“两个不能照旧”，现在人们还看不到以往无产阶级革命的那种“革命形势”。现在绝大多数老牌资本主义国家在工资收入分配制度特别是福利保障制度上已经相当完善了，它虽然还需进一步完善，但是这一定还需要“革命”、“打碎”、“剥夺”来重新建立吗？同样，在绝大多数老牌资本主义国家，各种“过渡形式”的社会所有制已基本建立起来了，绝大多数居民已是股民了，资本已经“社会化”了，完全意义上的私人资本家所有制企业已经很少了，虽然这些与真正的社会主义公有制还有很大的差距，但是它仍然一定要通过社会革命“打碎”和“剥夺”来进入真正的社会主义吗？由资本主义向社会主义过渡，暴力革命是唯一道路的论断正在受到挑战。选择什么样的革命道路，最终是由社会生产力的稳定、持续发展的要求决定的。“炸毁”、“剥夺”的办法并不是唯一的办法。人类将会越来越聪明，一定会找到更好的办法来解决这个问题。这正像邓小平在解决国家间遗留问题时所讲的那样。

从哲学上讲，社会基本矛盾的解决，可以是突变式的，也可以是渐进式的。采取什么方式来解决，要取决于阶级力量的对比，取决于社会力量结构状况。当代表先进生产力的阶级力量和社会力量占优势时，社会基本矛盾的解决是完全可以用和平的方法的。量变引起质变。当量变的积累达到一定程度时，质变也可以通过某种非对抗的形式来实现。在我们可以预见的未来，世界上特别是那些经济发达和经济正在迅速发展的各地区的大国，代表先进生产力的阶级力量和社会力量将会有更大发展，由此将会带动生产关系以至经济基础的部分质变，将会使资本主义生产方式向社会主义生产方式的“过渡点”或“过渡形式”更加普遍和成熟，“社会主义”生产方式的部分内容特别是其中的生产组织形式、收入分配形式将会越来越趋向“成熟”。“资本主义生产极度发展的这个结果，是资本再转化为生产者的财产所必需的过渡点，不过这种财产不再是各个互相分离的生产者的私有财产，而是联合起来的生产者的财产，即直接的社会财产。另一方面,这是所有那些直到今天还和资本所有权结合在一起的再生产过程中的职能转化为联合起来的生产者的单纯职能,转化为社会职能的过渡点。”(《马克思恩格斯全集》第25卷,人民出版社1974年版,第494页)这就是说,生产社会化的内容和形式的发展,将从财产所有制形式和财产管理职能上,为实现资本主义生产方式向社会主义生产方式的过渡创造着越来越有利的条件。“过渡”将会在“不知不觉”中逐步实现。

115. 我们应当巩固什么样的“革命成果”?

革命成功难,巩固革命胜利的成果更难。但是,我们还需要深入一步问:我们要巩固的是一种什么样的“革命成果”。

在苏东剧变后,我们更需要研究社会主义国家要巩固的是什么样的“革命成果”。

首先,要巩固的不是“穷过渡”的“一大二公”的成果。这种成果不是生产力决定生产关系的历史的自然果实,而是“左”的产物,是违背马克思主义政治经济学基本原理的苦果。按照我国目前以至今后相当长的历史时期内的生产力的发展状况,社会主义革命结出的成果应当是公有制为主体、多种所有制并存的果实。按照邓小平的说法,改革也是一种“革命”。这个“革命”要结的也是这种“果实”。这也是我们要栽培的“果实”。

最后,要巩固的不是“计划经济”的成果。社会主义国家在开始大规模经济建设时都实行计划经济体制,并把“计划”这种本来就是中性的经济调节方式当做是与资本主义的根本区别之一,是革命的胜利成果。其实正如邓小平所说,计划和市场都是经济调节方式,资本主义可以用,社会主义也可以用,不存在姓“资”或姓“社”的差别。因此从其基本属性来说,它并不是社会主义革命的成果。而且,马克思、恩格斯与列宁,从总体上看,都是把计划作为经济管理或经济调节的手段来对待,说它是社会化大生产发展的客观要求,社会主义公有制只是为计划管理创造了更有利的条件。特别是列宁还认为,社会化大生产发展,经济危机的周期性爆发,也使资本主义国家认识到加强计划管理的必要性,并且在19世纪中叶开始,就有了不同形式的计划管理。列宁在苏维埃俄国实施电气化计划时,还要求政府学习资本主义国家从事计划管理70年的经验。虽然在19世纪末期,由于历史条件的限制,恩格斯和列宁都曾批判过西方经济学家鼓吹资本主义已不是无政府状态的资本主义而是有计划的资本主义的论点，但同时也强调计划是社会化大生产的客观要求。可见，马克思主义经典作家并不是把计划看做是社会主义的专利品。

社会主义国家实行计划经济体制的长期实践证明，它的弊端越来越凸显出来，严重地束缚了社会生产力的发展。这并不是说明计划经济体制本来就不好，而只是说明当代世界的社会生产力发展水平和技术水平还不够高，还不具备由一个中央计划来管理整个经济的必要条件，即中央政府还不具备条件用一个计划来合理有效配置整个国家资源，以保障整个国民经济的稳定、健康、持续发展。实践证明，在不具备条件时硬要那样去做，只会产生官僚主义、瞎指挥以致造成效率低下和严重浪费。

因此，计划经济不属于巩固“革命成果”的对象。相反，在当代社会生产力的发展水平还不很高的情况下，还只能实行市场经济体制，由市场来对资源配置起基础性作用，只是针对市场经济的自然缺陷才附之必要的计划调节。

这样，原来实行计划经济体制的国家，不管它们是社会主义国家还是其他发展中国家，都面临着经济体制改革的严峻而迫切的任务，都要通过改革去建立和完善市场经济体制。因而，社会主义国家不但不是要巩固计划经济这个所谓的“革命成果”，相反却要基本否定这个所谓“革命成果”，去建立与之相对立的市场经济体制。按照邓小平的关于改革也是一场“革命”的说法，建立社会主义市场经济体制，也算做真正的“革命成果”。在我国，改革这场革命尚未成功，同志尚须努力。社会主义市场经济体制一旦真正建立了，它才是我们所要巩固的“革命成果”之一。

我们在这里所讲巩固“革命成果”是仅就经济方面来说的。要巩固或将要巩固的经济方面的“革命成果”，包括巩固我国正在逐步健全的基本经济制度和社会主义市场经济体制。当然还要巩固社会主义革命的政治方面的成果，巩固人民民主专政和共产党领导的成果。这是巩固经济方面的“革命成果”的前提。不过，我们的政治体制也要进行改革，以适应经济体制不断深化的要求，为经济发展提供更有力高效的政治保证。

第六章　劳动力所有权、工资与个人收入分配

马克思关于劳动力和工资的理论内容相当丰富。劳动力理论包括:劳动力的涵义;它在生产力中的地位和作用;劳动的所有权、占有权、使用权;劳动力的再生产等问题。工资理论包括劳动力成为商品、劳动力商品的价值和价格、工资构成、工资变动等问题。这些理论本身并没有过时。但随着经济的发展特别是市场经济的发展以及社会主义经济制度的产生,它也受到了挑战,要求在实践中加以发展。我们在这一章主要不是阐发这些理论的基本内容,而是重在结合实际研究我们面临的重大实际问题。为了研究实际问题,我们不得不对一些与之有关的被忽视的、被搞乱了的或被曲解的理论问题做必要的说明。

一、必须重视对劳动力所有权问题的再研究

劳动力所有权不仅是人权的基础和前提,而且在政治经济学中也有着极为重要的地位和作用。以往的政治经济学对劳动力所有权研究不够。在当今强调以人为本、重视人的全面发展的时代,必须重视对劳动力所有权问题的研究。

116. 怎样理解劳动力所有权是一组权利的结合体?

与马克思把财产权看做是一组权利的结合体一样,劳动力所有权也是一

组权利的结合体。马克思的财产权中的“权”字用的是复数形式,它包括所有权、占有权、使用权、支配权、索取权或要求权、继承权、不可侵犯权等一系列权利。劳动力所有权也是一组权利的结合体,它应当包括所有权、占有权、使用权、支配权、索取权或要求权、人身自由不可侵犯权等。

劳动力的所有权是劳动者的劳动能力归谁所有。法权关系是反映经济关系的意志关系。马克思指出:法的关系正像国家的形式一样,既不能从它的本身来理解,也不能从所谓人类精神的一般发展来理解;相反,它们根源于物质的生活关系。“这种具有契约形式的(不管这种契约是不是用法律固定下来的)法权关系,是一种反映着经济关系的意志关系。这种法权关系或意志关系的内容是由这种经济关系本身决定的。”(《马克思恩格斯全集》第23卷,人民出版社1972年版,第102页)。可见,马克思第一次揭示了法权关系和经济关系之间的内在联系。劳动力所有权也是经济关系的法律表现,是劳动力所有制的法律形态。

在人类社会生产发展过程中的漫长的原始社会,国家尚未产生,因而作为上层建筑之一的法也不存在,从而那时只是有劳动力的所有制,而没有劳动力的所有权。可想而知,在原始社会中,劳动力为劳动者个人所有,但由于生产资料的公有制,劳动力则归原始公社占有、使用、支配,劳动者生活资料的索取则采取平均分配的形式。由于不存在法律,所以在原始社会中劳动力的占有、使用、支配和生活资料的索取并不具有法权的性质。由于人类社会还处在野蛮时期,因而也不存在人身自由不可侵犯的法权关系。原始公社中的某些规范也许可以称为最原始的法权关系的萌芽。

在国家和法产生之后的各社会中,劳动者队伍一分为二:一部分劳动者是个体生产者,他们既有劳动力的所有权,又有劳动力的占有权、使用权和支配权,他们自己向自己索取生活资料。但在剥削阶级统治的社会中,他们人身自由不可侵犯权往往得不到真正有力的保护,特别是在奴隶社会和封建社会中更是如此。另一部分劳动者对其劳动力的所有权状况,在各种社会形态中有不同的表现形式。在奴隶制社会中,奴隶既丧失了其劳动力的所有权,也丧失了其劳动力的占有权、使用权、支配权、索取权和人身自由不可侵犯权。因为奴隶在奴隶主眼中只是会说话的牲畜而不是人。在封建社会中,农奴在人身上是依附农奴主的,所以农奴对其劳动力只有半所有权、占有权、使用权、支配权、索取权和人身自由不可侵犯权。在资本主义社会中,雇佣工人具有其劳动力的所有权、索取权和人身自由不可侵犯权,但由于没有生产资料,所以他也就丧失了劳动力的占有权、使用权和一定的支配权。在当前阶段的社会主义社会中,一切劳动者都具有其劳动力的所有权、索取权和人身自由不可侵犯权,但在一切生产资料公有制(即各种形式的社会所有制)的企业中,劳动者只有形式上但却无实际上的劳动力的占有权、使用权和一定的支配权。在上述社会中,劳动力的所有权状况还存在一种中间形式,即一些小生产者,由于其生产资料的不足而去打短工,如当季节工、临时工等,他们在帮工时就失去了对其劳动力的占有权、使用权和一定的支配权。在未来的共产主义社会,按照马克思的设想,那时国家将消亡,从而现在意义的法律也将不存在,劳动者的所有权状况,将在更高程度上恢复着原始社会中劳动力所有制以及由全社会来占有、使用和支配劳动力,生活资料的索取将采取按需分配的形式,劳动者也成为真正的自由人。

117. 劳动者的劳动力所有权和占有权(含使用权、支配权,下同)是如何统一或分离的?

马克思历史地考察了劳动力的所有者和占有者、所者权和占有权的统一与分离的关系或情况。

在某些条件下,存在着劳动力的所有和占有的统一、所有者和占有者的统一、所有权和占有权的统一。这又表现为两种情况。一种情况是个体小生产者。独立的农民、手工业者或者近代以来的其他个体生产经营者,他们既有自己的生产资料,又直接用自己的生产资料进行劳动,生产产品(或劳务)。他们既是劳动力的所有者,又是占有者;既有其劳动力的所有权,又有其劳动力的占有权。马克思说:“在我们所考察的场合,生产者——劳动者——是自己的生产资料的占有者、所有者。”(《马克思恩格斯全集》第26卷Ⅰ,人民出版社1972年版,第440页)他们拥有对劳动条件的所有权和占有权。这种情况说明,在以自己劳动为基础的生产资料个体所有制下存在着财产的所有权和占有权的统一,从而也存在着劳动力的所有权和占有权的统一。另一种情况是奴隶。在奴隶制经济中,奴隶主不仅是生产资料的所有者和占有者,而且是奴隶的所有者和占有者。因此,奴隶的劳动力的所有权和占有权是统一在奴隶主手中而不是统一在奴隶手中。这种情况说明,在劳动者没有人身自由又没有生产资料时,他的劳动力的所有权和占有权也是统一的,但不是统一于劳动者本人,而是统一于他的主人——奴隶主。

介于上述两种情况之间的一种附带情况:是劳动力所有权和占有权的部分统一。例如,小生产者中的一些短期帮工,他们在不帮工时是劳动力所有权和占有权的统一,帮工时是劳动力所有权和占有权的分离。又如农奴,在为自己劳动时是劳动力所有权和占有权的统一,在为农奴主劳动时是劳动力所有权和占有权的分离。

可见,劳动者的劳动力所有权和占有权的统一,既取决于自己是否拥有生产资料,又取决于自己是否有人身自由;两者缺一不可。只有既有生产资料又有人身自由,他的劳动力所有权和占有权才统一于自己;既无人身自由又无生产资料,他的劳动力所有权和占有权则统一于非劳动者自己——奴隶主。

另外还有一种特例,即在租赁、承包、委托代理经营的制度下,经营者当然没有自己的生产资料(或基本没有自己的生产资料,即生产资料的主体部分不是自己的),但他的劳动力的所有者和占有者、所有权和占有权都属于自己。这种特例的典型形式是封建社会的佃农和我国今天的联产承包的农民。其他在工商业等行业存在的租赁制、承包制或委托代理制的经营者,也属于这种情况。这种情况存在的基本原因是经营者虽然不是生产资料的所有者和不具有生产资料的所有权,但他们都是生产资料的占有者和具有生产资料的占有权。这种情况说明,不管生产资料的所有者和所有权是私有的或公有的,只要经营者具有生产资料的占有权,劳动力的所有权和占有权也是统一的,并统一于劳动者自己。

在某些条件下,存在着劳动力的所有者和占有者的分离、所有权和占有权的分离。这又分为几种情况:

一是在原始公社中,劳动力的所有者和占有者是分离的。这是由于劳动者不是生产资料的所有者。生产资料的公共所有决定了劳动是共同劳动,因而劳动力归劳动者所有(即所有制,而不是所有权),而劳动力的占有者则是公社本身。

二是在生产资料私有制下的各种形式的雇佣劳动者(包括长期雇工和各种形式的短期雇工),其劳动力的所有权和占有权是分离的:劳动力的所有者是雇工本人,所有权也属于他本人,而他的劳动力的占有者是雇主,占有权也属雇主。

三是在生产资料的各种形式的社会所有制或公有制企业下的劳动者(他们也是企业生产资料的所有者之一),其劳动力的所有权和占有权也是分离的:劳动力的所有者是劳动者本人,所有权也属于他本人,而他的劳动力的占有者是企业法人、占有权也属企业法人。不过这种劳动力的所有权和占有权的分离,同前一种分离也有区别:前者是彻底分离,绝对分离;后者是不完全的分离或相对分离,即后者对其劳动力有不完全的占有权或使用权。支配权是有参与决策的权利,因为他是其企业生产资料的所有者之一。只是由于他的那一份生产资料由于规模或数量的限制,使他不能使用它进行独立的生产经营,或进行独立生产经营于已不是最有利,但他是生产资料的所有者之一,因此,他有权对包括自己在内的劳动力的使用权提出意见或建议,尽管他的意见或建议要服从企业集体的决定。

可见,劳动力的所有权和占有权的分离,是在劳动者具有人身自由或具有其劳动力所有权的前提下,由于他自己没有生产资料或者虽然有一定数量的生产资料但又不能自己直接独立经营,所以他没有生产资料的占有权或直接占有权,所以他的劳动力的占有权归生产资料的所有者或占有者(即生产资料公有制企业法人)所有。

从抽象的理论上说,劳动力的所有者和占有者的统一、所有权和占有权的统一,最有利于调动、发挥劳动者的积极性、主动性和创造性,最能促进社会生产力的发展;反之反是。所以在历史上,劳动者一直在追求这种统一,反对这种分离。正是在这个意义上,马克思《资本论》第1卷中在谈到消灭生产资料资本主义私有制后,主张"重新建立个人所有制"(《马克思恩格斯全集》第23卷,人民出版社1972年版,第832页)须知,马克思这里所说的"个人所有制"(注意:马克思这里所说的"所有"与"占有"是同一涵义),不是生产力水平极低或生产社会化程度极低基础上的"个人所有制",而是生产力水平极高或生产社会化程度极高基础上的"个人所有制"。恩格斯说,马克思这里所讲的"个人所有制"是指生活资料"个人所有制",看来并不符合马克思的原意。

在人类历史发展进程中,追求劳动力的所有者和占有者的统一、所有权和占有权统一,是在生产力不断发生中逐步达到的,也是在劳动者的不断斗争中逐步达到的。在阶级社会中，劳动者首先必须在生产力的不断发展进程中争取其劳动力的所有权或人身自由权，然后再争取生产资料的所有权和占有权。劳动者争取其人身自由权是争取生产资料所有权和占有权的前提。前者的权利是后者权利的前提，后者的权利也是前者权利的保障。原始社会中的人的自由是动物般的自由，人还是处于半开化的野蛮人。奴隶的起义首先是为了争夺人身自由，资产阶级起义也是为了争夺不做第三等公民的权利。“自由、平等、博爱”，首先是自由。只有在劳动者争夺了人身自由并成了的无产阶级，才能最后争夺生产资料的所有权和占有权。一旦劳动者获得了生产的主客观的各种权利后，作为法权关系的权利就将消亡。法权的消亡，并不代表所有制的消亡。所有、占有、使用、支配的职能完全统一于劳动者身上，人类就实现了真正的自由，生产者和生产的客观条件不再“异化”，生产力发展的一切人为的障碍将被彻底消除。

当代社会中的人权问题，说到底就是劳动者的劳动力所有权和占有权的统一问题。以人为本，就是以人性为本，而以人性为本要以人权为本为基础，以劳动者劳动力的所有权和占有权统一于自己为基础。强调人的全面发展，就是人权的全面发挥，它必须以消除劳动力所有权和占有权的这种统一的各种障碍为前提。人的全面解放和实现从必然到自由，要以消除妨碍劳动力所有权和占有权这种统一的一切因素来保障。共产主义就是人权的全面实现，就是以人为本的全面实现，就是人的全面发展的全面实现，就是人的解放的全面实现，就是人的自由的全面实现。这一切都要以生产力高度发展条件下的人人都是生产资料的共同所有者与占用者，劳动力的所有权和占有权真正统一于劳动者自身为前提和基础。只有这样，才能充分地发挥人是生产力第一因素的潜能，才能有生产力的高度发展。

118. 劳动力所有权和占有权的分离与劳动力成为商品之间是什么关系?

劳动力的所有权和占有权的分离必然使劳动力成为商品；两权的分离程度制约着劳动力成为商品的程度；两权分离的对立程度制约着劳动者被支配（权）的程度。

劳动力的占有权或使用权，是指劳动力的使用——劳动被谁占有和使用。一切物品都有使用价值，即物的有用性，劳动力也不例外。劳动力作为一种物,它的使用价值或有用性就是劳动。

劳动力所有权和使用权的分离是有条件的:

第一,劳动者必须是自己劳动力的所有者,对自己的劳动力有所有权和自由支配权。这也是劳动力成为商品的一个条件。“劳动力的所有者要把劳动力当做商品出卖,他就必须能够支配它,从而必须是自己的劳动能力、自己人身的自由的所有者。”(《马克思恩格斯全集》第23卷,人民出版社1972年版,第190页)在劳动力商品市场上,作为劳动力的卖者,劳动者必须是对自己的劳动力具有所有权和自由支配权,他卖出去的仅仅是劳动力的占有权或使用权;作为劳动力的买者,他必须具有劳动力借以发挥作用的物质条件或生产资料的所有权和自由支配权,只有这样他才具有劳动力的实际占有权和使用权。劳动力卖者和买者的对立,才实现了劳动力所有权和使用权的分离。

第二,劳动者失去了除劳动力这一财产之外的一切财产。对自由的劳动者来说,他的唯一的财产就是他的劳动力,而劳动的客观物质条件则表现为“他人的财产”,表现为“他的非财产”(《马克思恩格斯全集》第46卷上册,人民出版社1979年版,第463、504、499页)。由于劳动者失去了除劳动力之外的一切财产,为了谋生,他不得不出卖自己的劳动力的占有权或使用权。通过劳动力的买卖,卖者暂时让渡出劳动力的占有权和使用权,获得了他所必需的生活资料的所有权,从而可以养活自己;买者让渡了他所拥有的这一生活资料的所有权,获得了劳动力的占有权和使用权,从而使他的生产资料所有权得以真正发挥作用。

在上述两个条件下,劳动者的唯一财产所有权就是劳动力的所有权,但他自己无法实现劳动力这一财产的使用权,因为他已经完全失去了劳动力使用即劳动的物质条件。于是他只有进入市场,让渡自己唯一财产的占有权和使用权,从而形成了劳动力的所有权和使用权的分离。

在劳动力商品市场上,买卖“双方是在法律上平等的人。这种关系要保持下去,劳动力所有者就必须始终把劳动力只出卖一定时间,因为他要是把劳动力子全部卖光,他就出卖了自己,就从自由人变成奴隶,从商品所有者变成商品。他作为人,必须总是把自己的劳动力当做自己的财产,从而当做自己的商品。而要做到这一点,他必须始终让买者只是在一定期限内暂时支配他的劳动力,使用他的劳动力,就是说,他在让渡自己的劳动力时不放弃自己对它的所有权。”(《马克思恩格斯全集》)第23卷,人民出版社1972年版,第190～191页)这就是说,在劳动力商品市场上,买卖双方是平等的人,一方让渡的是劳动力的“暂时使用权”(《马克思恩格斯全集》第26卷Ⅲ,人民出版社1972年版,第121页)或“暂时支配权”(《马克思恩格斯全集》第46卷上册,人民出版社1979年版,第333页),一方让渡的是养活劳动者所必需的生活资料所有权;或者说一方让渡的是劳动力商品的使用价值的暂时使用权,一方让渡的是劳动力商品的价值的所有权。

在奴隶制社会或封建社会中,一些小生产者去打临时工或季节工,他的劳动力的所有权和使用权的分离是暂时的,因而他的劳动力成为商品也是暂时的。也就是说,他的劳动力的商品化程度是较低的。因为劳动者不是完全没有生产资料,而只是他的生产资料较少,不足以完全实现他的劳动力的使用权。

在资本主义社会中,由于雇佣工人失去了一切生产资料,所以他必须始终在一定时间内出卖自己的劳动力。在他那里,劳动力的所有权和使用权是彻底的分离,而且,这种分离的对立性质是一种对抗性质,因为工人所创造的剩余价值被资本家(阶级)无偿占有了。

在社会主义社会中,在一切形式的生产资料公有制(或生产资料的各种形式的社会所有制)企业中,由于劳动者也是他所在企业的生产资料的一个所有者(他所有的那一部分生产资料的数量或规模或者不足以供他独立生产经营,或者他所有的那部分生产资料实际是国家所有),所以他的劳动力的所有权和使用权是分离的。这虽然也使他的劳动力成为商品,但他的劳动力不是卖给与他根本对立的卖者——资本家,而是卖给与自己在根本利益上一致的企业集体,所以他的劳动力的商品性根本区别于私有制企业中劳动力的商品性,他仍是企业的主人之一,进而,在公有制企业内,劳动力的所有权和使用权分离的这种对立是非对抗的。

二、必须重视研究工资问题的新情况和新特点

工资是劳动者劳动力价值的货币表现,是劳动力生产和再生产的物质保证,也是一个国家国民消费的主要组成部分,是扩大内需的最终要求,是生产

的目的和决定性动机。工资分配关系是劳动力所有制关系的实现形式。因此,政治经济学研究都特别重视分配问题,重视工资问题。在当代更是如此。

马克思的工资理论包括工资的本质、工资的构成、工资的形式和工资的变动规律等内容。这些方面的论述在当代仍然是适用的。但是,随着社会生产力的发展,劳动分工的深化、劳动者争取提高工资水平的斗争和社会主义国家实行市场经济体制,使工资问题发生了许多新情况和新特点。我们要结合新情况和新特点,深化对工资问题的研究。

119. 工资的本质是否发生了变化?社会主义市场经济条件下的工资是否掩盖了剩余价值的真正来源?工资的形式是否掩盖了其中的剥削本质?

这似乎是一个敏感的问题,特别是当谈到社会主义市场经济条件下的工资问题更是如此。

按照马克思的原意,工资是劳动力价值的货币表现,或曰工资是劳动力价值的价格。"劳动力的价值或价格转化为工资。"(《马克思恩格斯全集》第23卷,人民出版社1972年版,第585页)

什么叫转化形式?转化形式就是掩盖事物的现象形态。事物的现象形态往往掩盖着事物的本质,社会科学研究的任务就是透过现象揭示事物的本质。马克思说过,工资是劳动力价值的转化形式,利润是剩余价值的转化形式,利润率是剩余价值率的转化形式,资本主义地租是超额剩余价值的转化形式,等等,它们都起着事物本质的作用。"如果事物的表现形式和事物的本质会直接合而为一,一切科学就都成为多余的了"。(《马克思恩格斯全集》第25卷,人民出版社1974年版,第923页)

马克思针对资产阶级古典经济学家把劳动力和劳动混同起来,认为工资是劳动的价值或价格的错误,透过现象看本质,严格地区分了劳动力和劳动这两个不同的范畴,指出工人卖的是劳动力而不是劳动,劳动力是商品,劳动不是商品,工人在市场上出卖劳动力时,劳动还不存在。如果说劳动是商品,有价值,那就等于说"劳动"这个商品的价值是劳动决定的。"这是无谓的同义反复"。(《马克思恩格斯全集》第23卷,人民出版社1972年版,第585页)

但是,工资的这种形式则表现为干多少活给多少工资,表现为劳动的价值或价格,似乎工人的所有劳动都获得了报酬即工资,因而起到了掩盖工资是劳动力价值的价格的作用，因为“工资的形式消灭了工作日分为必要劳动和剩余劳动、分为有酬劳动和无酬劳动的一切痕迹。全部劳动都表现为有酬劳动。”（《马克思恩格斯全集》第23卷，人民出版社1972年版，第590页）

不管是什么社会经济制度下，工资形式都具有这种掩盖工作日中的必要劳动和剩余劳动区分、有酬劳动和无酬劳动区分的作用，从而掩盖剩余价值的真正来源。社会主义市场经济条件下的工资也不例外。

工资是商品经济范畴，商品经济本身就有一种神秘性质，即所谓“商品拜物教”，亦即现象掩盖本质。只有消灭商品经济，才能消灭“商品拜物教”，工资明明是劳动力价值的价格或劳动力价值的货币表现，但在现象上却被认为工资是劳动的价值或价格，即工人获得了他的全部劳动成果。

工资掩盖了剩余价值的真正来源是工人的剩余劳动或无酬劳动，但不能认为一切社会经济形态下的工资都掩盖了剥削的本质。不能把这“两个掩盖”混为一谈。因为根本的问题是生产资料所有制的社会性质。生产资料的资本家所有制可以说工资起到了掩盖了资本家剥削工人的本质的作用，但不能说生产资料的社会主义公有制下的工资也起到掩盖社会主义国家或企业集体剥削其工人的作用，因为这里本身就不存在剥削的关系：剩余价值是取之于民、用之于民。

120. 劳动力价值构成在当今社会发生了哪些变化？当代职工的消费需求是由哪些部分构成的？消费需求构成的变化说明了什么？

劳动力价值就是生产劳动力商品所需要的社会必要劳动时间。或者如马克思所说：“劳动力的价值，就是维持劳动力所有者所需要的生活资料的价值。”（《马克思恩格斯全集》第23卷，人民出版社1972年版，第194页）。它具体包括三个组成部分：一是劳动者本人所需要的生活资料的价值；二是劳动者子女所需要的生活资料的价值；三是劳动者所需要的教育训练费用。并且他还指出：“和其他商品不同，劳动力的价值规定包含着一个历史的和道德的因素。”（《马克思恩格斯全集》第23卷，人民出版社1972年版，第194页）恩格斯后来还说，劳动者的需要包括生存费用、发展费用和享受费用。列宁后来说过，人类消费需求不断上升是一条规律。这些论点无疑是很正确的。但是，经典作家对劳动力价值构成的这种表述总的来说是比较抽象的，对劳动力价值的构成也缺乏具体系统的说明，缺少可操作性，而且从当时的情况出发，他们把劳动力价值的构成范围更多地落脚在生存类需求上。

在当代，劳动力价值的构成被具体化和序列化了，其中最为典型的和有代表性的要数马斯洛的需求理论。他把消费者的生活需求依次划分为五个层次：

(1)生理需求。即人们为了生存下去而在衣、食、住、用、行等各方面的需要。这是首先必须得到满足的最基本的需要。

(2)安全需求。即人们的生活安全能够得到保障的需要。它具体包括人身安全、保障身体健康和保障生活来源等方面的需要。

(3)社交需求。即通过社交活动推进与他人友谊的需要。作为社会的一个成员，每个人既希望了解别人，也希望能被别人所理解，为此就要支付一定的费用，并成为工资的一个组成部分。

(4)尊重需求。即希望自己的能力得到别人承认，受到他人或社会尊重的需要。为此也要支付一定的费用，它也应成为工资的一个组成部分。

(5)自我实现需求。即希望获得成就、充分发挥自身潜能的需要。这就需要进行人力资本的投资。这是最高层次的需要。

以上每个层次的需求，还被有关学者和实际部门再具体细化为若干项目。

有的学者还认为应将"自律"需求纳入即劳动力价值的构成中。

据此，我们可以将劳动力价值的构成进一步细化：

(1)生存需求。它包括：

A. 劳动者本人劳动力简单再生产费用。它包括本人自然劳动力简单再生产费用和专业劳动力简单再生产的费用两个部分。本人自然劳动力简单再生产费用应包括人的吃、穿、住、用、行、医6类费用。本人专业劳动力简单再生产费用主要是根据一个国家的文化教育普及程度决定的相应的教育费用，如小学到高中的教育费用。

B. 本人的赡养人口费用。它由各国就业人口的平均赡养系数和居民的平均生活水平决定。

(2)发展需求。它包括：

A. 继续教育费用。现代经济社会发展要求劳动者必须接受继续教育。继续教育费用主要指劳动者本人进行自学或进行函授教育所需要的费用。这项费用主要包括教材费、学费、时间投入及机会成本等。

B. 医疗保健费用。这主要指劳动者本人及其家属的必要的医疗性保健费用以及按规定的休假费用等。

C. 体育锻炼费用。这主要指劳动者本人及其家属的按社会平均水平计算的必要的身体锻炼费用，其中如家庭体育器材购置费、体育场馆使用费等。

(3)享受需求。亦即提高生活质量的需求。它主要包括物质需求和精神需求两个方面，其中如家庭平均购买各种文化娱乐耐用品开支、订阅报刊的开支、参加市场文化娱乐活动的开支、旅游开支以及其他社会交往活动的开支等。

(4)特殊需求。这是指补偿劳动者的特殊劳动或超额劳动的费用。它包括超强度劳动、超时劳动、艰苦地区劳动、高技术劳动、高难度劳动、职业风险性劳动、责任大的劳动、职业约束性劳动等所需要的费用。这类费用也可以说是自尊、自律和价值自我实现方面的需求。

(5)保险和养老需求。这也可以说是安全需求，但它同时也是社会保障需求。这主要包括人身保险费用、医疗保险费用、失业保险费用、生育保险费用、社会救助费用以及养老金等。

按以上五个方面的需求费用构成的劳动力价值，在许多国家都是按城镇居民的平均消耗水平计算的。

劳动力价值的构成是一个动态的或历史的范畴，也是一个道德的范畴，它必将随着物质文明和精神文明的发展而不断丰富。人类消费需求的不断提高，劳动力价值的构成必然不断丰富和扩展。

劳动力价值的上述变化告诉我们，在马克思的那个时代，劳动力价值构成侧重于满足工人的生存需求，随后，安全需求、社交需求、自律和自尊需求一步一步地被提上了劳动力价值决定的议程，到了现在，在强调人的全面发展、强调以人为本，不仅自尊、自律需求的地位越来越重要了，而且价值自我实现的需求也正在被提到工资决定的议程上来了。

劳动力价值构成的这种变化一方面说明了人类经济发展水平比马克思那个时代有了很大的提高，这为扩大劳动力价值构成的外延提供了更强大的物质保证；另一方面也说明了劳动者的生活需求越来越丰富了，生活质量越来越高了，而这又可以进一步调动劳动者的劳动积极性、主动性和创造性，可以不断提高劳动者的素质,从而反过来推动社会经济的进一步发展。

121. 工资形式或构成在当代社会发生了哪些变化?当代工资有哪些具体形式?工资形式的变化说明了什么?

劳动力价值构成决定了工资的形式或构成。

马克思在他的经济学著作中谈到工资形式时,主要介绍了计时工资和计件工资这两种形式,后来列宁还指出奖金是工资的补充形式。在当代,工资研究已形成了一种比较成熟的专业性的应用经济学,其中有关工资问题的形式或构成是这个学科的一项重要内容。

工资构成可以从不同角度进行划分。由于我们这里不是专门研究工资问题的,所以对工资形式或构成不作具体的介绍。职工工资(包括企业职工工资以及参照企业职工工资的政府公务员工资或军人工资)的形式或构成,主要包括三大部分:

(1)基本工资。它以保障职工基本生活需要为目标。它主要包括:

A. 职务工资或职能工资。它以职工的职位价值和能力区分为依据。

B. 年资工资。它以职工服务年数为依据。

C. 眷属津贴。它一般以各国的就业率或赡养系数为依据。

(2)工资性津贴、补贴和奖金。它与基本工资一起构成职工的“劳动时间”的工资。即是职工的直接劳动所得,是对职工劳动的直接补偿和鼓励,但它又是基本工资之外的工资收入。它主要包括:

A. 专业岗位津贴、补贴和奖金系列。它具体包括:

岗位临时津贴——为完成某种临时任务时而设立的津贴;

岗位技术津贴——为工作岗位特点和技术等级要求而设立的津贴;

岗位资格津贴——为某种特定岗位工作要求的专业技术水平而设立的津贴。

B. 保健性津贴、补贴和奖金系列。它具体包括高空作业津贴、水下作业津贴、地下行业津贴、核作业津贴、飞行作业津贴、航海作业津贴,以及其他各种有害、有毒作业津贴等。

C. 艰苦地区津贴、补贴、奖金系列。它具体包括高寒、高温地区补贴,高山地区补贴,边远地区补贴,海岛工作补贴,海外工作补贴,以及地区物价补贴等。

D. 职务津贴、补贴和奖金系列。这主要包括领导职务津贴、技术职务津贴、基层岗位津贴，以及各种专业部门职务补贴等。

E. 其他津贴、补贴和奖金系列。这主要包括一些职业性（如军队）津贴、超时性工作补贴（即加班补贴、节假日值班补贴等），超强度工作补贴、教育训练补贴和荣誉性补贴（奖金）等。

（3）福利性津贴、补贴和奖金。它与前两类工资收入不同的是，它是“非劳动时间”工资收入，即不是按劳动直接消耗的多少而给的补偿或鼓励。

福利性津贴、补贴和奖金又分为职工在职时享受的和退休时享受的津贴、补贴和奖金。

职工在职时享受的这类津贴系列，又分为人人都能享受的和部分人可以享受的两种情况。人人可以享受的有人身保险补贴、住房补贴、交通补贴、医疗补贴、休假补贴、生育补贴等。部分人可以享受的有：子女补贴、子女教育补贴、搬迁或工作调动补贴、学习进修或培养补贴、家庭困难补贴等；另外还有失业补贴和社会救助等。

职工退休时享受的补贴，又分为一次性的因在职时有特殊情况决定的退休补助金、各种赔偿金或抚恤金，和终身享受的退休金或养老金以及其他社会救助金等。

当然，职工工资的上述构成部分，不是每个国家、每个地区的每个部门以及每个职工都全部依法设立并都能全部享受的，也不是这些工资构成部分都是由企业事业单位支付的，其中有的部分是由政府支付或社会捐助的。但是，不管其来自何处，它们都是职工工资收入的组成部分。职工退休时享受的各种福利待遇，只是他们的“延期支付的工资”，仍然是他们劳动力价值的构成部分。

职工工资构成的这种变化，说明了工资在更充分的程度上体现了现代社会劳动力价值的构成，说明了现代社会中的劳动力生产和再生产有了更高程度上的物质保障。

122. 人力资本投资收益与工资之间是什么关系？如何正确看待高技术人员的工资收入？

人力资本是与物质资本相对应的一种资本形态。一般认为，通过人力投资所形成的资本叫做人力资本。人力资本体现并附着在劳动者身上，表现为劳动者的知识、技能、资历、经验、身体健康状况等方面。也可以说是体现在劳动者身上的以其数量和质量形式表示的资本就叫做人力资本。

人力资本的显著特点就是它是人的身体的一部分，但它同时又是资本。人力资本对经济增长的作用相当重要并且越来越重要，是经济发展中起关键性作用的因素，也是国民收入或 GDP 增长的最重要的源泉。因此，人力资本投资在很大程度上决定了人类未来的发展。

人力资本投资分为个人投资和企业单位投资。对劳动者个人来说，主要有学校教育投资、职业培训投资、自学时间投资、卫生保健投资、信息投资和人才流动投资等。对企业单位来说，主要有雇佣投资和培训投资。

人力资本投资收益分为个人投资收益和企业单位投资收益。

这里所说的人力资本投资收益与工资的关系，是指劳动者个人人力投资收益，不包括企业单位人力资本投资的收益。个人人力资本投资的权益主要通过他的较高的劳动报酬来体现。因而人力资本投资越多，他的工资就应当越高，否则，个人就不会进行人力资本投资。至于个人人力资本投资收益通过工资的哪些形式返还给劳动者个人，那是另外要具体研究的问题。人力资本投资收益属于劳动收入，不能认为它是剥削收入。

个人通过人力资本投入而形成的专利等，通过出卖或入股形式而获得的收入，也属于他的劳动报酬，从而也是他的工资收入。尽管这部分收入数量很大，也不能改变这种收入的劳动收入的性质。如果这种收入数量很大，那可能是因为该技术的经济效果很大，或者是独创，很先进，或者是由于该技术市场竞争激烈造成供不应求。因为技术产品的价格也取决于市场供求状况。这种收入既可以看做是复杂劳动的报酬，也可以看到是一种创业收入或风险收入。

高技术人员应当获得较高的工资收入。因为他们的劳动是复杂劳动，他们的人力资本投资相对也较多。所以他们获得较高的工资收入是合理的。

高技术人员的工资收入不仅包括他在本单位劳动的工资收入，还可能包括他的各种兼职收入、技术入股收入、著作权和专利权的收入、技术诀窍收入等。这些收入都属于他的劳动收入。技术入股收入、著作权和专利权收入、技术诀窍收入之所以也称为劳动收入，是因为这些收入也直接来源所有者的直接劳动，而不是来源他的劳动成果的再物化为物质生产资料即物资资本所有权的收入。这些收入也可以叫做人力资本投资收益。

人力资本投资收益是职工工资构成和分配的一个新特点，也是劳动力价值构成的一个新变化。随着科学技术和教育事业的发展，职工工资构成中的这部分比重有着不断增大的趋势。

人力资本投资收益还会产生累积效应，从而扩大劳动者之间收入的差别。但它对经济发展的积极作用是不容否定的。

123. 企业经理的高收入与工资之间是什么关系？如何正确看待经理工资的补偿和激励作用？“相对剥夺论”对管理人员以及其他劳动者会产生什么负面影响？

这里所说的企业管理人员包括董事、监事、经理和其他一切管理者。为了简化，我们可以统称为经理。

首先我们来看一看马克思对经理工资问题的论述。这可以归纳为以下几点：

(1)经理工资是复杂劳动的报酬，并且是由市场调节的。“经理的薪金只是，或者应该只是某种熟练劳动的工资，这种劳动的价格，同任何别种劳动的价格一样，是在劳动市场上调节的”。(《马克思恩格斯全集》第25卷，人民出版社1974年版，第494页)

马克思的这一论断是完全正确的，在今天也不过时。这就是说，经理是生产工人，他的劳动也是生产劳动，所以他的工资只是他们劳动力价值的价格，并且是他们的复杂劳动力价值的价格。而且，这种价格同其他商品的价格一样，也是受市场供求状况调节的：供不应求时，价格高于价值，供过于求时，价格低于价值。

但是在当今社会的企业，由于企业的经营和管理决策比马克思那个时代要复杂得多，对经理素质的要求更高。为此，就要求经理人员必须有更多的人力资本投资。所以经理人员的高工资收入，不仅包含有他的复杂劳动的报酬，而且包含有他们的人力资本投资的收益。

(2)马克思虽然主张要把私人资本家企业的经理工资与合作工厂以及股份公司的经理工资区别开来，但又否认经理工资是剥削收入。马克思认为，在私人资本家企业的经理工资，有“监督工资”的属性，合作工厂和股份公司的经理工资,特别是合作工厂的经理工资,没有“监督工资”的属性。所谓“监督工资”,是指经理代替资本家对工人劳动的“监督”——奴役和统治——的报酬,是为资本家剥削工人服务的报酬。马克思批判了这种监督劳动报酬的属性。马克思指出:“凡是直接生产过程具有社会结合过程的形态,而不是表现为独立生产者的孤立劳动的地方,都必然会产生监督劳动和指挥劳动。不过它具有二重性。”(《马克思恩格斯全集》第25卷,人民出版社1974年版,第431页)从这里我们可以看出,马克思把“监督劳动”和指挥劳动看成是社会化大生产条件下的生产劳动,是一切社会化大生产所共有的。同时他又认为在生产资料私有制下,监督劳动和指挥劳动又具有为生产资料私有制服务的属性即奴役劳动者的性质,从而经理的工资具有“监督工资”的性质。但是即便如此,也不能把资本家的收入也说成是“监督工资”,尽管经理可以代替资本家行使监督劳动和指挥劳动的职能。马克思说:“指挥和监督的劳动,只要它不是由一切结合的社会劳动的性质引起的特殊职能,而是由生产资料所有者和单纯的劳动力所有者之间的对立所引起的职能,……这种由奴役直接生者而产生的职能,经常地被人们用作替这种关系本身进行辩护的理由,而对别人的无酬劳动的剥削即占有,也同样经常地被人们说成是资本所有者应得的工资。”(《马克思恩格斯全集》第25卷,人民出版社1974年版,第433页),也就是说,不能把资本家收入和经理收入混为一谈,认为资本家的收入也是“监督工资”。但是马克思又同时指出,在社会化大生产下,监督劳动和指挥劳动是“直接地和不可分离地同由一切结合的社会劳动交给单个人作为特殊劳动去完成的生产职能,结合在一起的。”(《马克思恩格斯全集》第25卷,人民出版社1974年版,第434页)这就是说,第一,监督劳动和指挥劳动是不可分离的,是直接结合在一起的,甚至是指挥中有监督,监督中有指挥;第二,监督劳动也是生产劳动——生产职能。可见,马克思并没有把资本家私人企业中的经理工资看做剥削收入,也不能把资本家收入歪曲为“监督工资”,是他的生产劳动收入。马克思只是批判企业主——资本家把他的不劳而获的剥削收入看做是他的“监督工资”,“是资本所有者应得的工资。”马克思认为合作工厂和股份制企业的经理工资却没有这种性质,并且认为这是对私人资本主义的“扬弃”:前者是“积极扬弃”,后者是“消极扬弃”。

在当今社会的企业,在资本主义国家,真正原来意义上的私人(含家族)

资本家企业已经不占多数;相反,股份制企业和合作性企业却占多数,因此,企业经理人员的工资应当更多地被看待为他的劳动收入,不能认为是“监督工资”。至于在社会主义国家中的公有制企业经营者工资,更应当被看待为他的劳动收入。

(3)关于经理工资是从企业利润中列支的问题。马克思指出,在私人资本家企业中,经理工资是从资本家的利润中列支的,是在“企业主收入”中列支的。“商业经理和产业经理的管理工资,在工人的合作工厂和资本主义的股份企业中,都是完全同企业主收入分开的。在其他场合偶然出现的管理工资同企业主收入的分离,在这里则是经常的现象。”(《马克思恩格斯全集》第25卷,人民出版社1974年版,第436页)经理工资与企业利润是否分离,这完全是一种会计核算问题,它并不能改变经理工资是管理人员劳动力价值的价格形式,它不能从本质说明经理工资本身就是利润。在现代社会企业中,工资包括管理人员的工资,在会计上都列在企业生产成本的栏目。在资本家私人企业中把经理工资看做是企业利润的一部分,当然与会计制度有关,但更多的是资本家企图把经理拉到自己一边,把经理看成是资方人员。

在当代社会中,按照国际惯例,现代企业制度中所有权和经营权已经分离,企业普遍实行经营者年薪制,经理的薪金收入高于本企业职工几倍、十几倍甚至几十倍。由于他们处于企业经营的中心地位,他们如此高的工资收入,不仅是对他们极其复杂的经营劳动的补偿,也是对其名誉、地位、职务和企业存亡等承担经营风险的补偿和激励。在现代企业经营的激烈竞争中,经理人员的地位十分重要,一个好的经理人员能救活一个企业;相反一个不好的经理人员能招致企业破产。高工资对经理人员不仅是一种补偿,更重要的是一种激励,即鼓励他把企业经营好。同时,由于经理市场人才竞争也很激烈,如果经理在一个企业不能获得与他的绩效和能力相适应的工资收入,他可能另谋出路,以实现自己的价值,如果由于某种或某些原因使他们不能自由地选择职业,在他们不能获得相应的工资收入时,他就有可能采取寻租的方式非法获得租金,甚至走上贪污、受贿等犯罪道路。我国一些国有大中型企业的一些老总走上经济犯罪的道路,不能说不与他们的工资收入过低有一定的关系。

“差别境界”理论或“相对剥夺”理论对企业经理以及其他劳动者的工资收入问题也是适用的。按照“差别境界”理论,物质性给予不一定能使被给予者得到满足；受到激励即被给予者的满足程度，不一定取决于所给的绝对数量，而在一定程度上取决于给予的方式和由给予所导致的“差别境界”。这是因为，人的需要的满足具有两重性，即物质上的满足和精神上的满足；精神上的满足才是真正最后的满足。精神上的满足只是在群体利益差别的比较中才能感受到。人们在领取报酬时，不但关心报酬的绝对值，更关心报酬的相对值（与该群体其他成员的比较，或与同他能力或贡献相同的其他群体的比较）。绝对值只能使人们得到某种程度的物质上的满足，相对值才能使人们得到精神上的满足。劳动者包括企业经理人员特别是那些有特殊技能从而有特殊贡献的人员获得比较高的各种形式的工资性收入，包括各种津贴、补贴和奖金，就是为了满足他们各种精神上的需求，使他们产生光荣感、自豪感、责任感，自守自律，更好地实现自己的价值。这就不会产生“相对剥夺”感。“相对剥夺”是指一部分人在整个社会物质文明水平不断提高的趋势和环境下处于相对落后地位时所产生的一种感觉。它是社会生活中常见的现象。经济收入、福利待遇上的差距，社会声望的高低，支配权力的大小，自我实践机会的多少等，都可以成为产生“相对剥夺”的理由。职务、能力、绩效大致相同的经理人员，如果其中一部分人工资收入比较低，甚至低得很多，他就会产生“相对剥夺”感。所以，给予经理人员相应的高工资，可以避免产生“相对剥夺”感，补偿并激励他们兢兢业业，把企业经营好。

124. 承包经营者、租赁经营者、受托代理经营者等资本使用权者的收入与工资之间是什么关系？经营的风险收入是否是剥削收入？

上述这些作为企业法人的资本使用权的经营者，他们的收入与工资之间是什么关系，也是一个值得研究的新问题。

前面我们所说的企业各级经理人员的高工资收入也是他们的劳动收入，是他们劳动力价值的价格，是假定他们不是企业法人，不是企业资本使用权的法定经营者，这里所说是董事长等，他们是企业资本使用权的法定经营者。在正常情况下，他们的收入要比企业职工高得多，甚至要比经理高得多。那么，他们的收入也都全部算是工资收入吗？

我们认为，资本使用权的经营者的收入应当分为两个部分：一部分是他的工资收入；另一部分是风险收入。他们的风险收入与企业经理的工资收入中也包含有风险收入没有什么本质的区别，因为他们与经理一样，对这种风险给予收入也是对他们的名誉、地位、职务和企业生存等所承担的经营风险的补偿和激励。只不过风险收入在他们的全部收入中所占的比例可能更高。

他们的收入也是劳动收入，更准确地说是劳动绩效收入，从而不能认为他们的收入是非劳动收入或剥削收入。

既然是风险收入，那就可能有赚有赔。这个人总是赚，或者赚多赔少，那说明他的劳动—经营管理能力很强或较强。

我们这里只是仅仅讲资本使用权经营者的劳动收入，同时也包括经理的劳动收入，不包括他们作为资本所有者获得的收入，或者是股份所有者所获得的收入。股份资本所有者的收入以及单纯货币资本所有者或债权人的收入，将在下一章进行研究。

125. 企业职工的股票分红与工资之间是什么关系？这种收入对职工来说是不是一种非劳动收入或剥削收入？

关于单纯的股份资本所有权得到的股票收入（分红）问题将在下一章讨论，这里仅研究企业职工的股票收入。股票分红本身又存在两种情况：一种情况是非本企业职工购买股票的分红；一种是本企业职工购买本企业股票的分红。我们认为，这两种收入在性质上是有所不同的。

对非本企业职工购买本企业股票的分红问题我们在下一章讨论，这里仅讨论本企业职工购买本企业股票的分红问题。

我们认为，企业职工（广义的职工，含所有在企业工作的人员）购买本企业股票的年终分红收入，应当被看做是劳动收入，而不应当被看做是剥削收入，但它又不是他们的工资收入。

问题本身是这样的。职工购买了本企业的股票，使本企业资本规模扩大，技术构成提高，从而劳动生产率提高。而劳动生产率提高的主观条件是企业职工，是每一个持股者。持股者同时又是劳动者。企业劳动生产率的提高，从本质上讲是职工活劳动的物化，是他们亲自劳动的贡献。如果说他们的这种收入是“剥削收入”，那就是自己剥削自己，这在逻辑上是说不通的。

或许有人会说，这个企业有的职工并没有购买本企业的股票，或者说企业职工中有一部分人未买本企业的股票，这样购买股票的职工是不是剥削了没有购买股票的职工？这恐怕不能这样看。没有购买股票的职工虽然收入数量少于购买股票的职工，但是，企业劳动生产率的提高，经济效益的提高，也会使他的工资收入增加。他搭了“便车”。

或许还有人会说，这个企业职工，有的购买股票数量很大，有的购买数量很少，甚至多与少之间相差很大，这样在股票分红时，红利的差别很大，这样是不是购买股票数量很大的职工剥削了购买股票数量很少和没有购买股票的职工呢？这个问题值得探讨。我们认为，起码不能说购买股票数量很大的本企业职工的股票分红收入全都不是他们劳动收入。应当承认他们在对提高企业劳动率中的物质贡献是大的，即使其中有一定部分可以说是非劳动收入，但这也是一种激励。同时，这也是另一种风险收入，是一种风险决策的收入。而且须知，股票本金是不退还本人的，所以它更具有风险收入的性质。

我们知道，在股份公司企业的章程中，对本企业职工购买本企业的股票权利，一般都有具体的规定，不买股票的人极少，同时对购买的最大比例也有限制。所以，对本企业职工买不买以及买多少股票的分红的性质问题，对于研究其分配的社会性质的典型意义不大。

126. 怎样全面、正确认识和处理工资差距问题？

在马克思的那个时代，工资差别问题在现实中并不突出，所以他对这个问题的研究不多。他所提到的主要是国家间的工资差别问题，即在《资本论》第1卷第20章所讲的《工资的国民差异》问题。在当今，工资差别问题比较突出，表现也比较广泛，它引起的社会后果也比较明显。因此，它引起了学者们和社会的广泛关注。以往我们实行平均主义分配政策，不重视工资差别的研究，更缺乏治理和调节工资差别的经验。

研究工资差别主要是弄清工资差别的各种表现，分析其产生的原因，找出消除或缩小差别的办法。

(1)工资差别的类型表现及其原因问题。这主要有国家之间的工资差别，地区之间的工资差别，产业或行业之间的工资差别，企业之间的工资差别，劳动者之间的工资差别等。它实际上表现为不同工资收入者之间的工资数量关系。

在现实中，从过去的情况看，在市场经济国家，都注重对以个人为特征和以工作性质划分的两种类型的工资差别进行研究和调节；在计划经济国家，则侧重于以劳动者所处群体为根据的工资差别的研究和调节。我国已初步建立了社会主义市场经济体制，并且党的十六届三中全会提出要不断完善社会主义经济体制。因此，我们要在全面研究以上各类工资差别的基础上，重视以个人为特征和以工作性质划分的两种类型的工资差别的研究和调节。

A. 国家间的工资差别问题。马克思在《资本论》中首先研究了国家间的工资差别问题，指出："对于不同的国家说来，会表现为国民工资的同时存在的差异。因此，在比较国民工资时，必须考虑到决定劳动力的价值量的变化的一切因素：自然的和历史地发展起来的首要的生活必需品的价格和范围，工人的教育费，妇女劳动和儿童劳动的作用，劳动生产率，劳动的外延量（指劳动时间——引者注）和内含量（指劳动强度——引者注）。"（《马克思恩格斯全集》第23卷，人民出版社1972年版，第613页）马克思关于国家间的工资差别归根结底决定于国家间经济发展水平的差别或劳动生产率的差别，这是完全正确的。但在马克思的那个时代，国家间的工资差别不像今天世界那么明显和影响突出。在今天，在经济全球化的时代，国家间的工资差别突出地表现为少数富国和穷国的巨大差别，基本原因是经济水平的差别，核心原因是科技水平的差别，而且这些差别还有进一步扩大的趋势。这个差距的存在有合理的一面，也有不合理的一面。差距扩大不利于世界的和平与发展。中国目前属于发展中国家，是穷国，在人均GDP和人均工资水平上与发达国家存在着巨大的差距。我们要缩小这个差距，根本出路在于大力发展经济和科技，提高劳动生产率。

B. 一国内地区间的工资差别。在我国，主要表现为城乡居民的收入差别和东西部地区的收入差别，而且改革开放以来这种差别有所扩大并且还有进一步扩大的趋势。其原因，一是经济发展水平的不同，二是自然条件的不同，三是国家政策及其影响的不同。这种地区间的工资差别也是历史造成的。在一定时期内要消除这种差别是不可能的。但是，这种差别的长期存在，很不利于整个国民经济的持续、健康发展，不利于社会稳定，不利于调动各方面的积极性。因此国家必须采取有力措施，大力加强农村地区、西部地区的经济发展，首先是遏制这种差别拉大的趋势，并且逐步缩小这种差距。

C. 产业之间的工资差别。这主要表现为主要产业部门之间的工资差别、制造业内部行业之间的工资差别，以及农业与非农业之间的工资差别。造成产业之间工资差别的原因主要有：一是产业的技术经济特点。这是影响产业之间工资差别的主要因素。高工资产业一般规模大，每个工人所占的投资比例高。高投资的产业会限制新企业加入这一行业，这就产生了垄断。同时高投资产业对劳动力的技术素质要求也高，人力资本投入高。这样，高投资产业的资本有机构成高，利润量大，从而既有必要也有能力支付较高的工资。相反，投资小规模的产业，工资则较低。实践证明，产业之间的工资差别有不断扩大的趋势。二是熟练劳动力在整个产业部门劳动力中所占的比重。这是影响产业之间工资差别的重要因素。哪个产业部门劳动力中熟练劳动力所占比重大，其工资就较高；反之反是。因为熟练劳动力本身的培养教育费用多，同时他的劳动技能强，劳动生产率高，从而既有必要也有可能支付较高的工资。三是产业所处的地理位置。这也是影响产业之间工资差别的一个重要因素。工资高的制造业更多地集中在地理条件好的地区，而低工资的产业更多地集中在地理条件差的地区。地理位置是经济发展的一个重要条件，也是影响劳动生产率的一个重要因素。地理位置好或自然条件优越的地区，集中着高工资产业；相反则集中着低工资产业。四是人口增长率，这是影响农业和非农业之间工资差别的一个重要因素。农村人口出生率高于城市，农产品国内需求上升率也相对较慢，这就造成了农村劳动力供给增加较快，这两者结合在一起，就会造成农业劳动人口相对过剩，农业劳动者的工资收入相对较低。只有在工业和城市发展加快，需要吸收大量农村劳动者就业时，农业劳动者的工资收入才有可能提高。在广大发展中国家，二元经济结构的存在，农业劳动者的工资收入普遍低于非农业劳动者。五是产业的工会化程度。这也是影响产业之间工资差别的一个因素。在西方国家，制造业、建筑业和交通运输业中，工会化程度较高，对工资的影响作用较明显，纺织业、服装业和农业的工会化程度低，工资也较低。我们不能不那么重视工会在提高产业工人工资中的作用，但也不能夸大它的作用。总之，影响产业之间工资差别的因素是多方面的，产业之间的工资差别仍然主要取决于各产业之间的劳动生产率。一个国家应当通过产业合理的布局，推进产业结构协调和优化，实行合理产业政策，实行合理的人口政策，加快农业现代化建设进程等，来合理调节产业之间的工资差别。

D. 职业之间的工资差别。这是指劳动者之间的工资差别问题。早在200多年前,亚当·斯密就指出,影响劳动者之间工资差别有五种因素:工资因业务有难易、有污洁、有卑尊不同而有所不同;工资因学习业务有难易、学费有不同而不同;各种职业的工资因业务的稳定程度不同而不同;工资因赋予一个职业的责任大小不同而不同;工资随胜任的可能性大小不同而不同。斯密的看法对今天也是适用的。美国的劳工统计部门把职工分成11类职业:专业与技术人员、经理与管理人员、推销员、办事员、技工、机械操作工、运输设备操作工、非农业粗工、家庭雇佣人员、其他服务人员、农业劳动者。统计表明,劳动熟练程度、教育水平是决定工资水平的主要因素;医生、法官、律师等是工资水平最高的职业,因为这些职业要求就业者有广博的教育和高超的技能;各种管理人员、大学教授、工程师等各种专业人员也是工资最高的一些职业,因为他们都有较多的人力资本投入和较高的专业技能。报酬最低的一般都是非熟练的职业劳动者。中等收入的主要是办公室和操作职业的人员。

造成职业之间工资差别的直接原因主要是存在着补偿性工资差别和非补偿性工资差别。

尽管职业之间的工资差别有各种各样的表现,产生于各种各样的具体原因,但它们都可以归结为补偿性工资差别和非补偿性差别。所谓补偿性工资差别是指对不同数量的劳动消耗给予不同的工资待遇。补偿性工资差别主要体现在两个方面:一是对工作条件恶劣或工作性质危险的劳动者给予较高的工资待遇(包括各种津贴、补贴、奖金和福利);二是对某些行业、岗位、职务需要有较高的文化素质、技能素质、身体素质的劳动者给予较高的工资待遇,而且这类劳动者又需要更多的人力资本投资,也应当获得相应的人力资本投资收益。对于补偿性工资差别应当保留,不能人为地加以缩小。要通过工资这个杠杆,鼓励劳动者到艰苦、危险的地方工作,鼓励劳动者不断提高自己的素质,鼓励劳动者不断增加人力资本投入。这对整个经济发展是十分有利的。

非补偿性工资差别是补偿性工资差别之外的工资差别。现实中的工资差别并不完全是补偿性的工资差别,有不少是属于非补偿性的工资差别,即一些工资收入相对较高的劳动者个人和职业并不是劳动条件最差的职业,并不是人力资本投资最多的劳动者;相反,一些工资收入较高的职业都是工作条件较好职业,如管理、设计、创意、文艺、研究等行业。非补偿性工资差别也主要表现在两个方面。

一是竞争性工资差别。竞争性工资差别是指在劳动力自由流动的条件下形成的劳动者之间的工资差别。假如不考虑前述形成的补偿性工资差别的因素,假如劳动者所处的劳动条件(环境)和市场机会相同,工资收入也会因为劳动者各自的能力不同而有所不同。但是,劳动者的能力有时并不完全取决于他们人力资本投入的多少,例如在某些职业还取决于他的先天因素或"天赋"。在市场竞争中,劳动者需要根据自身的自然条件进行不断选择来寻找适于自己的职业,以充分发挥自身的优势,扬长避短。既然每个劳动者的长短有不同之处,那么,在一些有特殊要求的职业,劳动力的供给就会出现短缺,从而劳动力价格即工资收入较高。最典型的例子是演艺界和体育界的明星效应。因为他们在许多方面具备了别人所不具备的潜质和条件,即便别人进行了大量的人力资本投资也难以与他们匹敌。他们的劳动力供给曲线的弹性很小,因此在他们身上出现与别人有较大的工资差别也就在所难免。他们所得到的工资收入基本上不取决于他们本身劳动力的再生产费用,而是取决于市场对他们的需求和消费者的支付能力。对于这种竞争性工资差别我们应当承认它的存在和一定的积极作用,有的还有鼓励先进的重大作用。但要防止市场竞争过度,防止人为炒作,同时运用个人收入所得税这个杠杆加以调节。

二是垄断性工资差别。它是指政府的收入分配政策对某些特殊职业提供优惠的工作条件或生活待遇和特殊的社会力量所形成的工资差别。其中主要有:①国家政策的影响和照顾。国家可以根据需要对某些职业及其劳动者提供优惠条件和职业津贴、补贴和奖金。例如,当代许多国家对高科技产业都提供了比较优惠的条件和给予更多的职业津贴。许多国家对军人也给予较高的工资待遇。②行业垄断的影响和习惯作用。每个国家总可能存在一些垄断性行业,它们可能获得垄断利润,从而与那些非垄断行业相比,可能形成垄断性的工资差别。③工会组织的影响和作用。工会组织对劳动力市场具有的垄断权力使劳动力供给方具有更强的谈判能力。这样,存在工会组织的行业与不存在工会组织的行业之间,也会产生垄断性工资差别。同样,我们也应当承认垄断性工资差别和它的积极作用,但同时必须防止垄断过度,特别是防止少数行业的过度垄断,也要运用个人收入所得税这个杠杆来调节收入的高低悬殊。

(2)衡量收入差别的标准——基尼系数。以上关于收入差别告诉我们,在市场经济条件下，生产要素的价格是按边际生产率理论来确定的，这就决定了生产要素所有者的收入状况。我们知道，稀缺要素价格高，丰富要素价格低；同时，生产要素所有权分布不均。这样就会产生收入分配不平等的情况。基尼系数则是衡量收入不平等的标准。

基尼系数是一条45°线和洛伦茨曲线之间的面积同整个直角三角形面积之比。它因意大利经济学家科拉多·基尼提出而命名。美国统计学家洛伦茨提出了一种广泛使用的收入曲线——洛伦茨曲线：

假定一个国家人口分为5个阶层，各占人口的20%，按照他在国民收入中所占比重的大小作出下表：

阶层	每级占人口比重(%)	人口累积比重(%)	每级占收入比重(%)	收入累积比重(%)
1	20	20	4.6	4.6
2	20	40	9.6	15.2
3	20	60	16.5	31.7
4	20	80	23.7	55.4
5	20	100	44.6	100.0

根据上述资料可以作出一个几何图形——直角三角形：

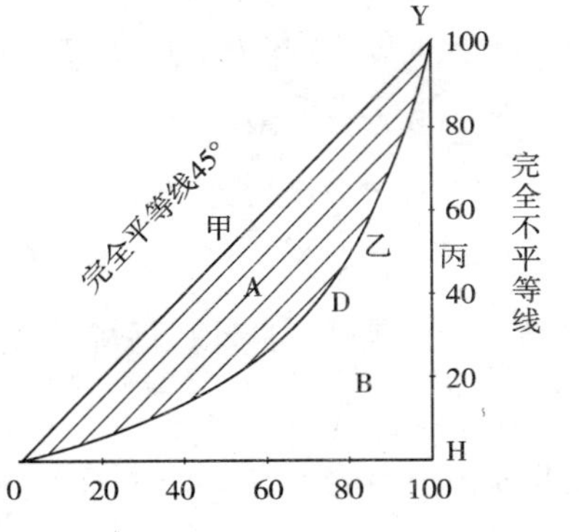

上图中，横轴OH表示人口累积百分数，纵轴YH表示收入累积百分数；然后将这两个累积的百分数的一一对应关系点连接起来，就得到图中的一条D曲线，这就是洛伦茨曲线。

图中 OY 线为完全平等线，表示收入分配绝对平等，即每个阶层都得到了同等数额的收入；折线 OHY 为完全不平等线，表示收入分配的绝对不平等，即所有收入都归最富有的人所有。

从上述的表和图可见，收入最低的 20% 人口所得到的收入仅占总收入的 4.6%，依次向上，前 80% 的人口只得到总收入的 55.4%，最富有的 20% 的人却得到总收入的 44.6%。

显然，洛伦茨曲线越向横轴凸出，与完全平等线（即 45°的 OY 线）之间的面积 A 就越大，表明收入分配差距越大，即越不平等。因此，A 是“不平等面积”。当收入分配达到完全不平等时，洛伦茨曲线就成为折线 OHY。折线 OHY 与 45°角线 OY 之间的面积＝A+B，就是完全平等的面积。不平等面积与完全平等面积之比，就称基尼系数。用公式表示：

基尼系数＝A/（A+B）

它是一种衡量收入不平等程度的标准。由洛伦茨曲线导出，其值由零起最大到 1。值越大，收入分配的不平等程度就越高。

按照国际通用的标准，基尼系数小于 0.2，表示收入分配完全平均；在 0.2～0.3 之间，表示收入分配相对平均；在 0.3～0.4 之间，表示差距相对合理；在 0.4 以上，表示收入差距较大。

洛伦茨曲线可应用于两个方面：

一是对各国之间的收入根本状况进行比较。假如，在三角形中，从左到右有三条互不交叉的洛伦茨曲线，依次为甲国、乙国、丙国的，这说明甲国收入分配最平均，乙国次之，丙国收入分配最不平均。

二是对各种政策的收入效应进行比较。假如从左到右有两条互不交叉的洛伦茨曲线，A 在左边，可以看做是执行该政策前的洛伦茨曲线；B 为实行该政策后的洛伦茨曲线。结论是，实行该政策后，A 的面积增加则表明收入分配差距有所扩大。

在比较中，如遇到不同的洛伦茨曲线互相交叉，则应通过计算基尼系数后进行比较。

在我国，据有关部门的调查统计，我国的基尼系数已超过 0.45，这说明我国的收入分配差距已经很大。

（3）公平与效率兼顾，采取措施消除收入差距过大。收入分配的不平等是市场机制运行的结果。人人平等只存在于虚幻的乌托邦中。只要不平等还是效率提高的基础和条件时，或者不平等的存在对效率起着重要的经济作用时，它就被认为还是合理的。但不平等的经济作用又存在上下两条界限，上限是差距过小，向完全平等靠拢，是绝对平均主义；下限是差距过大，向绝对不平等靠拢，社会上少数人极富有，大部分人极贫困，基本生活毫无保障，不仅影响劳动力的生产和再生产，而且无法生活下去的人们就必然会铤而走险，扰乱社会秩序，造成社会动荡，甚至采取恐怖主义行为。因此，公平和效率既得以兼得，但又必须兼顾，在效率优先的前提下，尽量实现公平，让不平等保持在一个相对合理的限度内。为此，需要相应政策措施来影响社会收入分配，以协调公平与效率的关系。这些政策措施归结起来主要有：

A. 发挥市场机制对资源配置的基础性作用；

B. 发挥竞争机制作用，保障各种资源的高效利用；

C. 以盈亏决定企业的成败，促进优胜劣汰；

D. 完善个人收入所得税的征管机制，按照累进税制对高收入者按高税率征税；

E. 国家用转移财政支出的办法搞好社会福利，帮助弱者；

F. 用立法和社会舆论相结合的办法来防止垄断或限制垄断；

G. 以工会力量来保障劳工权利；

H. 大力发展教育事业，不断提高劳动者素质，使劳动者获得致富的均等机会。

127. 工资变动规律是什么？它有什么指导意义？

马克思十分重视工资的变动规律，指出工资的变动，与劳动力价值变动成正向关系，与劳动生产率变化成正向关系，与劳动力市场供求状况成反向关系，与人口变动成反向关系，与工会的作用成正向关系，与物价的变动成反向关系（在名义工资不变时）。这些论断对今天仍然有指导意义。

当今社会，制约工资水平因素的作用力度更加明显，从而更应当引起我们的高度重视：

一是劳动生产率水平及其增长速度。不同国家、地区、产业和企业之间工资水平的差别，归根到底是由其劳动生产率水平及其增长速度决定的。工资水平之所以首先取决于劳动生产率水平,是因为劳动生产率水平最终标志着社会生产力水平,最能准确地反映一个劳动者在一定时期内的劳动成果的多少;劳动生产率高,就能为提高按劳动人口平均计算增加工资提供可靠的物质基础。但是,工资增长幅度应当低于劳动生产率增长的幅度,因为只有这样,才有可能有积累与扩大再生产。

二是国民生产总值中积累与消费的比例关系。职工工资水平的高低或增长速度的快慢虽然首先取决于劳动生产率水平及其增长速度,但在一定时期内也会受到国民生产总值中积累与消费之间比例关系的制约。因此,必须正确处理积累和消费的比例关系,既防止高积累,又防止高消费。我国在这方面有着深刻的教训。当前和今后,应当主要运用市场机制来调节积累和消费的比例关系,尽量减少用行政手段来调节二者之间的比例关系。

三是重视物价对实际工资的影响。工资分为名义工资和实际工资。名义工资是指以货币形式支付的工资。实际工资是指货币工资的实际购买力。在名义工资不变时,物价增长,实际工资水平下降;反之反是。物价上涨所包括的范围不仅限于食品价格上涨,而且包括住房价格、医疗价格、教育费用以及其他各种劳务价格的上涨,在我国还包括原来劳动者享受的由国家或集体支付的福利正在市场化和商品化及其价格的上涨。这些都要由劳动者用工资去支付。因此,劳动者的工资,如前所述必须包括在相应的劳动力价值或工资的各种构成部分,而且还必须随物价的上涨而相应增长,否则,劳动者的实际工资就会下降,生活水平就会下降。

四是农业发展状况和人口增长速度问题。在包括中国在内的整个发展中国家,特别是中国,农业的发展状况和农村人口的增长速度,是构成劳动者工资收入变动的一个特殊因素。农业不发展或发展不快,农民收入不高,会直接和间接地影响全体劳动者工资收入的水平和增长的速度。人口规模过大,特别是农村人口规模过大且增长速度过快及增长的绝对量很大,就会严重制约工资水平的提高,使每年增长的 GDP 被增加人口的消费抵消了,就不可能提高人均工资水平。同时,人口规模过大,又使人均推动的物质资本量必须随人口增长而变慢,即资本的有机构成提高很慢,而资本有机构成提高慢就意味着劳动生产率提高速度慢,从而必然导致工资水平提高慢。

全面掌握当代制约工资水平变动的各种因素,了解它们的作用力度和深刻影响,对于我们根据新情况和新问题,真正按工资变动规律办事,有着不可忽视的现实意义和深远意义。

128. 扩大中等收入者的比重有什么重要的经济、政治和文化意义?

在西方发达国家,收入分配的高低悬殊情况比发展中国家轻,一个重要的直接原因就是这些国家存在着一个庞大的中等收入者阶层或中产阶级(或阶层)。所有中产阶级,他们不仅有较高的收入,也有较多的资产。这对我国改变目前收入分配不均衡状况有重要借鉴意义。党的十六大报告首次正式提出:“以共同富裕为目标,扩大中等收入者比重,提高低收入者收入水平。”扩大中等收入者的比重,不仅可以缓和目前收入不平衡所带来的矛盾,有利于社会稳定,而且更重要的是从长远来看,它可以为中国社会的长治久安和社会主义现代化提供一个与之相匹配的社会阶层结构。这也是一条重要的历史经验。

一个国家中产阶层人口越多,占总人口的比重越大,社会就越稳定。社会学理论告诉我们,如果一个社会的阶层结构是“橄榄型”,即富人和穷人都是少数,中等收入者是多数,那么这个社会就会变得较为稳定、理性、务实,就有利于建立符合大多数人的公平、公正和稳定的社会政治秩序,有利于经济的持续、健康发展。亚里士多德早在4000多年前就曾经说过,当中等收入者群体弱小无力并且组织很差时,国家就会分裂穷人和富人,由于二者是天然的敌人,所以他们就往往会在政治上互相排斥,很难妥协,就会导致社会不稳定。目前世界上一些发展中国家社会很不稳定,其原因正如亚里士多德说的,是中等收入者群体力量过于弱小并且缺乏组织性。

我国改革开放30多年的实践有力地证明,中等收入者阶层人口所占比重虽然不大但其作用却十分明显:

在政治上,由于他们是国家经济发展的普遍受益者,而且相对来说也是受益相当明显的群体,所以他们从心底深处最拥护党的路线、方针和政策。

在经济上,由于他们收入稳定,所以可以说他们是社会的支柱性消费群体,对于市场具有巨大的拉动作用,同时对市场供求和价格波动也有比较正常的承受心理和能力。

在文化上,由于他们受益明显,亲身感受到先进文化的重要作用,所以大多具有良好的公民道德素养，对文化教育的投入稳定并呈不断增加的趋势，也是先进文化的主要创造者群体。

可见，中等收入者在我国如果比重越大，国家的社会阶层结构和社会秩序将会越趋向稳定，经济就越会继续发展，文化就越会不断繁荣。扩大中等收入者比重，是维护社会稳定、促进经济和文化发展、社会进步的必然之路。

一个社会中的中等收入者群体是以他们的可支配收入状况为基础的。在一个国家中，中等收入者群体并不是某个职业或某几个职业的职工的代称，而是由从事各种行业和职业、收入处于中等水平或相近水平的人们形成的。在我国，改革开放以来实行了允许一部分先富起来的政策，这是走共同富裕道路的起步阶段。沿海地区和城市等一些地区目前已进入这个阶段。当一部分先富裕起来以后，就应当不失时机地实施让更多的人也富裕起来，使整个社会进入实现共同富裕的发展阶段。实行西部大开发战略也是这个考虑。

目前我国中等收入者的比重还比较小。据专家们调查，推测目前我国中等收入者人数大约为两亿，占全国总人口不到20%，70%左右的人口处于低收入群体，真正比较富裕的人口大约占10%。可见，提高中等收入者比重，使更多的低收入者逐步进入到中等收入者行列，是一项十分紧迫的现实而艰巨的任务。

扩大中等者收入比重也是世界各国现代化建设的普遍对策。从世界各国实践来看，在一个实现了现代化的国家中，都有一个人数众多的中等收入者群体。相反，在一些发展中国家，虽然那里的经济都有了较快的增长，但收入上却存在着明显的两极分化，中等收入者群体却未得到相应的增长，中产阶级发育缓慢、社会阶层结构不合理，结果社会动荡不安，经济发展遇到了妨碍，教训十分深刻。所以党的十六大提出扩大中等收入者比重的决策是十分重要和及时的，其意义是深远的。我们坚信，日益扩大的中等收入者阶层，将成为我国经济上的消费主体和建设主力，成为我国社会进步的基本力量及推动力量，成为社会的稳定器和凝聚力量，成为建设全面小康社会的主要建设者。

129. 为什么我们要重新认识工会在工资集体谈判中的作用?

对于工会，以往的理论仅认为它是劳资斗争的产物，而忽视它同时也是市场发展的产物。市场经济以追求利润最大化为目标，往往导致忽视劳动者的权利。工会组织的产生和发展，是与大工业的发展、市场经济的发展同步的。

早在18世纪初期，像亚当·斯密等一批早期的西方经济学家就注意到劳动力市场上集体交涉的问题，但它未引起人们的重视，直到19世纪末期，理论家们也没有把劳资工资集体谈判看做工资决定的一个因素。但是后来，英国的学者韦伯和美国的学者克拉克一道，才把集体谈判办法与工资的决定直接挂钩。

现在，工会组织在许多行业成立，会员人数大大增加，雇员的工资率也随之通过劳资谈判来确定，其他未加入工会的雇员的工资率也享受着重要谈判的成果。因此，经济学家们一致认为有必要重视工会在工资集体谈判中的重要作用。

工会劳资集体谈判的主要问题是两个：工资问题和劳动条件问题。在短时期内工资问题往往是核心。

工资增长中存在的"强制性比较"态势，要求工会在劳资谈判中发挥应有的作用。工资增长中存在的"强制性比较"，是指工人们通过参照其他可以比较的工人的工资来判断自己的工资是否公平。例如，城市的交通警察增加了工资，救火队员则会确信自己的工资也应当同样提高。一类工人在谈判中赢得了工资的增长，另一类工人也要求增加工资。这样就出现了工资增长中的"强制性比较"，而不管其经济后果如何，代表工人的工会就会出面谈判，以实践这种"强制性比较"。

在经济增长时，劳动力市场供不应求，工会集体交涉的力量就会增强并促成工人工资的提高，而雇主抵抗工资增长的能力则相对减弱。但是，雇主在此期间也会把工资增长的成本以产品涨价的形式转移到消费者身上。相反，在经济萧条时，情况和结果往往相反：雇主害怕企业高工资会削弱企业的竞争力；工会担心工人被解雇，从而工资一般不会增长。

我国社会主义市场经济体制的不断完善，特别是引进外资的不断增加，外资企业数量巨大，也要求不断发展和壮大工会组织，发挥工会在工资集体谈判中不可替代的作用。把工会仅仅看做是一般性的群众组织甚至政治性组织是不够的，必要看到它同时也是维护会员经济利益的重要组织。工会的政治作用、监督作用要保持，经济福利作用要加强。

130. 在市场经济条件下国家应当怎样加强对工资水平问题的宏观调控？

实行市场经济体制，强调效率优先，必然会带来收入分配的高低悬殊。这在我国已经明显地反映出来。发达市场经济国家这方面管理的丰富经验值得我们借鉴：

（1）工资指导线制度。工资指导线制度就是政府根据宏观经济形势和上一年度经济增长、企业工资增长，预测本年度的经济增长幅度，提出本年度工资水平增长的基准线、上线和下线，并向社会公布，违者要受到相应的经济处罚。工资增长基准线是政府对大多数生产发展、经济效益正常的企业工资增长的基本要求。工资增长上线（预警线）是政府对工资水平较高企业提出的工资增长的预警提示。工资增长下线是政府对经济效益下降或亏损企业工资增长的起码要求，明确确定这些企业的实际工资可以是零增长和负增长。工资指导线具有操作性强、适用范围广、间接性、指导性以及公开性的特征，适应了市场经济条件下政府调控企业工资分配的要求。

（2）工资集体谈判制度。它也称工资集体协商。它是由雇主代表组织的一方同工资代表组织的一方，就劳动者的年度工资增长水平及其他工资福利问题进行平等协商、谈判，最后达成一致意见，并将一致意见签订为专门的工资契约或作为专门条款列入集体合同，作为约定期间内签约双方处理工资分配行为的准则。实行工资集体谈判制度，可以从体制上保证在工资分配方面协调劳资关系，是劳动者得以用团体力量来保护其工资合法权益，是实现企业自主分配和民主管理的重要途径，也是衔接工资指导线，保证工资水平合理增长的组织基础。

（3）经营者年薪制。经营者年薪制是以年度为单位确定经营者的基本收入，并视其经营成果分档浮动发放效益收入的经营者工资制度。这一制度的核心是把企业经营者的利益同本企业职工的利益分离开来，以确保资本经营者的利益；它从工资制度上突出经营者的重要地位，增强经营者的责任感，强化其所负责任、生产经营成果和应得利益的一致性；它以一年为时间单位，能较好地体现企业经营者的工作特点——一年一个生产经营周期，使经营者利益和企业经营业绩及时地连接起来；它也能使经营者的工资收入分配规范化，避免经营者多拿或少拿到合理、合法的收入。

(4)最低工资保障制度。最低工资就是劳动者维持生存和延续后代费用的价格。马克思在《雇佣劳动与资本》一书中早就明确指出:简单劳动的生产费用就是维持工人生存和延续工人后代的费用,这种维持生存和延续后代的费用的价格就是工资。这样决定的工资就叫做最低工资。最低工资水平在不同时代是不同的。目前国际上确定最低工资一般考虑到城市居民生活费用支出、平均工资、劳动生产率、失业率、经济发展水平等因素,同时确定一个适当的调整系数。实行最低工资制度的目的,是为了保证生活水平低下人员的工资水平,它对于缓和劳资矛盾,劳动力的开发和利用,保证社会生产的正常秩序和社会安定,也起到了一定的作用。以法定的形式制定最低工资标准,是当今世界各国常见的政府干预工资的手段。

(5)个人所得税政策。其主要内容是实行累进税,即根据个人收入的高低确定不同的税率,对高收入者按高税率征税。相反,对低收入者按低税率征税;若收入达不到规定水平,可免于征税,甚至给予补贴。除了个人所得税外,政府还对于一些人征收遗产税、赠与税、财产税、消费税等。政府采取这些税收手段,可以在一定程度上实现收入分配平均化。可见它有重要的积极作用,但在一定程度上也有限制生产的副作用。

我国社会主义市场经济条件下政府如何加强工资的宏观调控,这还是一个新课题。我们首先要借鉴市场经济国家的成功做法,同时也要结合我国的实际,采取有力措施,从宏观上加强对工资问题的管理。

三、加深对按劳分配与按生产要素分配相结合方针的理解

按劳分配与按生产要素分配相结合的方针是我国在确定经济体制改革的目标是建立社会主义市场经济体制后首次提出来的,是对过去有关个人收入分配方针的重大突破,有着重大的理论和现实意义。

其实,这个方针的提出也是基于马克思主义政治经济学的关于个人收入分配问题的基本原理。首先,科学的按劳分配理论是马克思创立的;其次,马克思的政治经济学系统而深刻地揭示了生产条件的所有权决定产品的分配权:资本的所有权决定利润和利息的分配权、土地的所有权决定地租的分配权、劳动力的所有权决定工资的分配权。今天我们所说的按生产要素分配,准

确地说是按生产要素的所有权分配，省略了“所有权”三个字，仅仅是为了使“生产要素”对称于“劳”。生产要素所有权决定产品分配权是马克思主义政治经济学的一条基本原理，它也是社会经济运行的一条重要规律。按劳分配与按生产要素分配相结合，体现了社会主义市场经济下个人收入分配的特点，有着特殊的背景和意义。

但是，对于这一分配方针，不仅在贯彻中遇到了许多新的情况，而且在人们的认识上也有许多待澄清的问题。

131. 如何全面准确地把握马克思按劳分配理论的主要内容？马克思的按劳分配理论在今天还有没有指导意义？

这个问题的提出，既源于马克思的按劳分配理论本身，也源于我国今天现实中的按劳分配。按劳分配理论是马克思主义政治经济学社会主义部分的一项重要内容，长期以来被我们当做经典来理解和贯彻，因此首先必须全面准确地把握这个理论的基本内容，以免产生不必要的误解。

(1)关于按劳分配存在的社会条件问题。马克思认为，生产资料社会主义公有制是按劳分配存在的前提条件。这是正确的，在今天也是有意义的。因为实行了生产资料公有制，任何人都不可能仅仅凭借生产资料所有权去无偿占有他人劳动成果，个人收入只能是劳动所得。“不劳动者不得食”。可见按劳分配真正否认了剥削的存在。按劳分配是生产资料社会主义公有制的特有产物，是社会主义特有的经济范畴。

但是，生产资料公有制的实际内容是什么呢？马克思在有的地方指社会占有生产资料，有的地方指社会占有一切生产资料，有的地方指全社会占有一切生产资料。这三种说法的涵义是不同的。但通观马克思的意思则是指全社会占有一切生产资料。因为他们所说的社会主义是成熟阶段的社会主义。同时，马克思和恩格斯在一些著作中也提到，全社会占有一切生产资料是一个过程，在那些农业生产占很大比重的当时的德国、法国等西欧国家，在革命胜利后是做不到的，农业还必须实行集体所有制。如此这般，要不要实行按劳动分配，他们没有说明这个问题。当然我们不能要求他们在有关的每一篇文章中都说清楚这个问题。可见，马克思关于按劳分配问题只是一种原则的设想。

(2)关于如何进行按劳分配的问题。这个问题比较复杂，当前争议的也较多。我们可以把它进行简要的归类并加以探讨：

A. 按劳分配的“劳”指什么？马克思的原意是指劳动时间，而且是全社会统一的劳动时间，是每个劳动者的个别劳动时间同时也是社会必要劳动时间，也就是说没有个别劳动时间和社会必要劳动时间之间的区别，因为那时已经没有商品生产和商品交换了。每个劳动者按他的劳动时间的多少，来领取个人生活消费品。很明显，这也是马克思的设想。至于为什么是这样，以及如何去实施，马克思基本没有什么更多的具体说明，马克思只是说要有一个机构去进行这种劳动时间统计或登记就是了。

但是，在后来的实施中，对按劳分配中的“劳”的理解中会遇到了许多问题：

a. 这里的“劳”是指“活劳动”——正在进行中的劳动；

b. 这里的“劳”是指“死劳动”——物化劳动，即劳动成果；

c. 这里的“劳”还包括“潜在劳动”——劳动能力、劳动者的资历等；

d. 这里的“劳”仅指劳动数量——劳动时间或劳动成果的数量；

e. 这里的“劳”还应当包括劳动质量问题——简单劳动与复杂劳动的差别问题、同种产品的质量差别问题；以及不同行业间的简单劳动与复杂劳动的比较问题等。

总之，对“劳”的理解有许多不同看法，这在马克思的关于按劳分配的直接论述中并没有给予回答。我们知道，这些不同理解都来自马克思经济学中的相关论述，都是有根据的。在贯彻按劳分配原则的过程中，这些意见都应得到体现。

B. 分配原则问题。马克思认为是等量劳动获得等量报酬。这个论点是正确的，对今天也是适合的。

C. 分配多少问题。马克思认为，劳动成果必须先扣除“六项”后，再按劳动量进行分配。“六项”扣除是指：

a. 用于补偿消耗掉的生产资料部分；

b. 用于扩大再生产的追加部分；

c. 用于应付不幸事故、自然灾害等后备基金或保险基金；

d. 和生产没有直接关系的一般管理费用；

e. 用于满足共同需要的部分，如学校、保健设施等；

f. 为丧失劳动能力的人等设立的基金。

马克思的这些论断是正确的,也适用于今天。

但是,由谁来实施,具体如何实施,马克思几乎没有更多的说明,只是提到由一个社会公共机构来实施,而且是全社会(或全国)是同一个标准或自然尺度即劳动时间。这个社会公共机构是“国家”还是非“国家”的社会管理机构,马克思没有明确指出。如果马克思指的“过渡时期”,这个机构当然是无产阶级专政的国家。但是,全社会占有一切生产资料了,无阶级了,国家自然已经消亡了,当然就是由社会管理机构来实施了。显然,这又是一种设想。同时,“六项扣除”的量,是各种不同的实物,但如何化做统一的单位——劳动时间,从而与劳动所得按劳动时间分配个人消费品如何统一、同一起来,更是一个复杂的技术问题,这不是简要的原则就能解决的。

在这里,与在其他一切地方一样,生产关系如何反作用于生产力,生产力如何决定生产关系,到处都要求有生产力和生产关系二者之间相互作用的“中介”理论去完成。否则,这个理论就是不完善的。

D. 分配方式问题。马克思主张采取“劳动券”的形式。这就是劳动者劳动了多少时间,就给他多少劳动券,劳动者用劳动券到社会公共管理机构去领取多少消费品。这更是一种设想。马克思说“劳动券”不是货币,因为那时已经没有商品生产和商品交换了。但是,马克思又说,有的人劳动多些,有的人劳动少些。这样有的人劳动券就多些,有的人劳动券就少些。劳动券多的劳动者,领取的消费品用不完怎么办?劳动券到底会不会流通?马克思根本就没有考虑这个问题。而且,每个劳动者的劳动是单一的,而他的需求是多方面的。多种生活消费品不可能在一个地方生产出来,必然出现交换和运输,不同种消费品的劳动量又是如何统一计算的,等等,更是一个复杂的统计和比较的问题。

(3)关于按劳分配的积极作用问题。马克思认为,第一,它否定了剥削,第一次实现了人类分配史上的公平;第二,它有利于调动劳动者的积极性,多劳多得。这些无疑也是正确的,对今天也有指导意义。

(4)关于按劳分配中体现的权利的性质问题。马克思认为,等量劳动获得等量报酬,仍然存在着形式上的平等和实际上不平等的矛盾。因为有的人可能劳动多些(由于劳动者的体力和“天赋”不同),有的人可能劳动少些,有的人生活好些,有的人生活差些(由于赡养人口数量不同等)。并且认为这是不可避免的,也是旧社会的一个痕迹。这是符合实际的分析,也是正确的结论,它对今天也是有意义的。

但是马克思把这种权利的性质定为资产阶级法权,这恐怕是不对的。形式上的平等掩盖事实上的不平等,不是资产阶级法权,而是商品经济法权。因为只要是商品经济,就存在着形式的平等和事实上不平等的矛盾。商品价值量由社会必要劳动时间决定,贯彻等价交换的原则,就一定存在着形式的平等和事实上的不平等。因为各个商品生产者的个别劳动时间并不都等于社会必要劳动时间或社会平均劳动时间。"商品是天生平等派",在市场上只承认社会平均劳动时间,不承认个别劳动时间。这样,个别劳动时间多的商品生产者,他在市场上只能获得少于他的劳动时间的商品价值或价格;个别劳动时间少的商品生产者就可以获得超额价值或超额利润。而商品经济中的形式上平等掩盖事实上的不平等,早于资产阶级产生。因此,不能说它是资产阶级法权。有的学者提出,把资产阶级法权改为"资产阶级权利"或"资产阶级式权利",同时也主张在翻译上把它改过来。我们认为这也无济于事。看来,马克思在这里出现了两个问题:

一是没有把商品生产和资本主义生产真正区别开来。这一点由邓小平真正解决了。

二是形式上的平等掩盖事实上的不平等,第一次在资本主义社会中普遍化,因为商品生产普遍化了。这种普遍化的法权同资产阶级巧妙地利用这种法权在时间上统一了,从而误认为就是资产阶级法权了。可见,利用这种法权,与这种法权本身的性质是两码事。把两者等同起来是错误的。仍然是邓小平第一次真正纠正了这种错误。

还有,与此相关的问题是,马克思认为等量劳动获得等量报酬,它本身并不是贯彻等价交换的原则。这个说法也似乎勉强。因为马克思认为,在成熟的社会主义社会中商品生产已经消亡,所以就不存在等价交换的问题。但是,商品生产消亡了,交换仍然存在!交换应遵循什么原则呢?起码在社会主义阶段(包括马克思所说的真正的成熟的社会主义)仍然必须遵循等价的原则。只不过在马克思看来,这个价不是用货币这个尺度来衡量,而是用自然的社会劳动时间这个尺度来衡量。这也是一种设想!

可见,马克思按劳分配的理论在总体上是科学的,从而是有理论和现实意义的。但是,我们必须承认:第一,这个理论只是一个原则的设想;第二,由于历史条件的限制,这个理论中存在不少不确定的东西;第三,这个理论中也有不完全正确的东西。因此,我们对它,一要作事实求是的肯定;二是丰富它和发展它;三是不能作教条主义的理解,不能照搬照套。

132. 我们今天实行的按劳分配与马克思所说的按劳分配有哪些不同?认识它有什么重要意义?

我们今天实行的按劳分配与马克思所说的按劳分配有许多重大的区别。其中主要有:

(1)按劳分配存在的前提条件——公有制的范围和程度不同。马克思所说的按劳分配是以全社会占有一切生产资料为前提条件的。我们今天还不具备这个前提条件。生产资料社会主义公有制程度有国家的或全社会所有的公有制,有部分劳动者所有的集体所有制。国有制实际上又存在着中央政府所有和地方政府所有,地方政府所有还分为省、市、地、县、乡政府所有(当然有的学者认为,地方政府没有所有权,所有权在中央政府,地方政府只有使用权)。同时,还存在非公有制经济,按劳分配不可能像马克思设想的那样涵盖全社会。

(2)按劳动分配的执行主体不同。马克思的按劳分配的执行主体只有一个,即社会公共管理机关(或中央政府即国家)。我们现在的按劳分配执行主体是多层次的和多元的,有国家和各种地方政府,有部门、行业和企业。生产资料公有制的主体的多层次性和多元性,决定了按劳分配执行主体的多层次性和多元性。我们现在根本没有条件按马克思的这个设想去做。硬要按马克思的设想去做,就是教条主义。

(3)按劳分配的计量标准不同。马克思的按劳分配的计量标准,一是全国一个标准,二是这个标准就是自然尺度的劳动时间。我们今天的按劳分配几乎不存在全国就一个标准,即使在计划经济时期的国有经济中,即使是参照企业进行按劳分配的政府官员以及其他国有事业单位,也不存在全国完全意义的统一标准,更不用说是用统一的自然时间尺度标准。各个分配主体有各自的分配标准和水平。不仅存在实际上的不平等,而且还存在形式上的不平等。

(4)按劳分配存在的经济体制不同。马克思的按劳分配是以计划经济体制为背景的,是以劳动券的形式支付的。我们今天的按劳分配是以市场经济体制为背景的,是以货币形式支付的(即使在计划经济时期也如此)。以计划经济体制为背景,劳动力就不是商品,以市场经济体制为背景,劳动力则是商品。以劳动券来支付,就不存在名义消费水平和实际消费水平的差别,以货币形式支付,由于种种原因(物价、税收等的变动),就存在名义工资和实际工资的差别;劳动力不是商品,就不存在劳动力的价格问题;劳动力是商品,就存在劳动力的价格问题,从而就存在其价格波动的问题。

这些不同,是由今天的社会主义社会和马克思所设想的社会主义社会不同产生的。所以今天的按劳分配是对马克思的按劳分配理论的一种结合实际的丰富和具体化。如果拿马克思的按劳分配理论来否定今天的现实,说它不是按劳分配,这是不正确的;要求我们今天就实行马克思的按劳分配模式,是完全错误的。说我们今天实行的根本就不是按劳分配,不是社会主义的分配原则,也是不对的。准确地说我们今天实行的是“准按劳分配”。这个“准”字有两层意思:一是从“标准”(即涵义)上讲是“低程度”的;二是为“标准”的按劳分配做准备的。它是社会主义初级阶段和社会主义市场经济条件下的产物。

133. 市场经济条件下和计划经济条件下按劳分配的主要区别在哪里?认识它有什么重要意义?

这个问题与前一个问题紧密相连。

市场经济条件下和计划经济条件下的按劳分配,或者说改革前后的按劳分配,有着许多重大区别。其中主要是:

(1)所依存的生产资料公有制条件发生了重大变化。改革开放前,公有制一统天下,而且是国有制占绝对优势。改革以来,并且随着改革的进一步深入,公有制的范围将相对缩小,国有经济的比重也将相对下降,非公有制经济比重将会有相当的扩大。这是当代社会生产力发展的客观要求。这样,按劳分配所涵盖的范围和分配的全国性标准的统一尺度都将缩小。认识这一点,其意义首先在于不能认为它是一种“倒退”,而是更加符合实际,更有利于促进生产的发展。生产关系决定分配关系，而生产关系又是由生产力决定的。今天的生产力水平要求我国更应当实行以公有制为主体、多种所有制并存的基本经济制度。否则就不利于生产力的发展，更谈不上更好贯彻按劳分配以发挥它对生产力的反作用。如果我们还继续实行计划经济，继续搞“一大二公”，公有制不断升级，按劳分配的范围和统一分配标准范围是扩大了，接近“社会主义”了，但生产力却得不到迅速发展，甚至倒退了，这样的按劳分配还有什么意义呢？现在，由于公有制的规模不同，由于企业是真正独立的商品生产经营者，所以，与计划经济时期相比，现在不但按劳分配的范围不同了，而且分配的标准也各不相同了。

(2)劳动力是否是商品。在计划经济条件下，劳动力不是商品，在市场经济条件下，劳动力是商品。这是市场经济下和计划经济下按劳分配的一个重大区别。在计划经济下，由于劳动力不是商品，劳动者的劳动力所有权没有真正落实，这突出地表现在劳动者并无其劳动力的支配权，即不能自主择业。在市场经济下，由于劳动力是商品，劳动者的劳动力所有权得到了真正的落实，这突出表现在劳动者对其劳动力有了支配权，可以自主择业。在计划经济下，由于劳动力不是商品，按劳分配收入虽然也可以说是其劳动力所有权的实现形式，但不能说是劳动力价值的价格(虽然那时候工资也是以货币形式支付的，但那时货币只是种计算工具)。因为那时的工资收入并不能由于劳动力市场供求波动而波动。在市场经济下，由于劳动力是商品，按劳分配收入则是劳动力价值的价格，工资能够随劳动力市场供求的变化而变化。劳动力是商品，才有价值和价格，否则就谈不上它的价值和价格。认识这个不同，其意义在于:一是劳动力所有权得到了进一步的落实。二是劳动者可以自主择业，即可以人尽其才，又能对经济发展作出更多的贡献。三是劳动力的价值有了更有效的实现形式和更多的实现途径，从而按劳分配就能得到更充分的体现。

(3)平均主义能否得到更好的克服。在计划经济下，按劳分配中存在着比较明显的平均主义，干多干少、干好干差基本上是一个样，职工之间的工资差别不大，没有体现效率优先的原则。在市场经济下，贯彻按劳分配，可以使那些从事复杂劳动、高技术劳动、责任大的劳动，以及从事各种危险、有害、艰苦的劳动的劳动者获得较高的工资收入，从而可以较明显地克服平均主义，体现效率优先的原则。认识这一点，更能体现马克思关于多劳多得的原则，可以进一步调动劳动者的积极性、主动性和创造性,可以进一步鼓励劳动者不断提高自己的素质,可以更好地推动经济发展。

认识计划经济下和市场经济下按劳分配的不同,也就明确了市场经济下按劳分配的基本特点,从而就可以更自觉地贯彻市场经济下按劳分配的要求。

134. 市场经济下的按劳分配有哪些模式?

与计划经济下的按劳分配模式相比,市场经济下的按劳分配模式也发生了变化。在计划经济下,按劳分配只是一种模式——工资制模式。而在市场经济下,按劳分配的模式除了工资制外,还有不少补充性的模式:

(1)两级式按劳分配。这主要指国有企业的按劳分配。一级是指国家对国有企业实行按劳分配,企业经济效益好,企业工资总量就多,从而职工工资高;反之则工资低。这就克服了企业吃“国家大锅饭”的弊端。前提是国有企业是真正独立的商品生产经营者。二级是指国有企业内部的按劳分配。即企业根据职工的劳动效绩实行按劳分配。这也可以克服职工吃“企业大锅饭”的弊端。

(2)工资加利润分红式按劳分配。这就是指在公有制企业中,劳动者除了获得劳动工资外,在做了各种扣除后的利润,由生产者和经营者共同所有,并按劳动者贡献大小进行分配。其根据是扣除后的利润是企业全体职工共同创造的。实际上,这种“分享制”分配模式是由英国经济学家马丁·L.威茨曼教授在1984年首先提出来的。我国的不少企业实行“工效挂钩”的分配形式,就类似于这种“分享制”。这种分配方式有利于稳定企业职工,促进职工“以厂为家”。但它也有弊端,如影响职工流动等。

(3)工资加股息式按劳分配。在股份制企业、合作制企业、股份合作制企业中,劳动者的收入不仅有工资,而且还有股息。我们认为,这类企业也是公有制企业,是马克思所说的“社会所有制”企业。在这类企业中,股息是本企业职工创造的,归职工所有也是一种按劳分配。这种分配形式更有利于调动劳动者的积极性,也有利于鼓励劳动者向所在企业投资。消极的方面可能是企业职工的股份资本数量悬殊过大所带来的不公平。

(4)承包收入。这是指劳动者承包经营集体的或国家的生产资料或资产,经营收入中除了缴纳承包费用和进行必要的扣除后的部分都归承包经营者所有。典型的形式是农村联产承包责任制:上缴国家的,提留集体的,剩下都是自己的。农民的这种收入分配形式也是一种按劳分配。租赁经营、委托代理经营(国家或集体财产)的收入,也有类似承包经营收入的按劳分配性质。承认承包收入也是按劳分配,其根据是在公有制下的劳动者的收入是自己的劳动所得。同时由于是发生在市场经济条件下,所以他们的全部收入也包括他自己劳动创造的利润,也不完全排除其收入的风险性质。

在市场经济条件下,按劳分配可以是多种模式。哪种模式好不好,关键是不是符合三个"有利于":有利于发展生产力,有利于提高综合国力,有利于提高人民的生活水平。

135. 按劳分配与按劳动力价值分配之间有什么不同?认识它有什么重要意义?

按劳分配和按劳动力价值分配之间既有相同之处也有区别。两者之间的相同之处,都是劳动力所有权决定劳动力生产和再生产费用的分配权,劳动报酬都是劳动力所有权在经济利益的实现。没有劳动力的所有权(如奴隶),劳动者就谈不上什么分配权。

但是两者之间还是有区别的。其中主要有:

(1)前提条件不同。按劳分配是以生产资料公有制为前提条件的,按劳动力价值分配是以商品经济为前提条件的。因此,不能说在生产资料私有制企业内也存在着按劳分配,只能在生产资料公有制企业内才存在着按劳分配。

(2)社会属性不同。由前面不同可以推导出来,按劳分配是社会主义特有的经济范畴,按劳动力价值分配是商品经济共有的经济范畴。

(3)两者能否合二为一。在市场经济条件下,在公有制企业中,按劳分配和按劳动力价值分配可以合二为一;在私有制企业中,两者不能合二为一,即只能叫做按劳动力价值分配,而不能叫做按劳分配。即使是个体经济,生产者的收入也不能叫做按劳分配。因为按劳分配是以公有制为前提的。不是这个前提,即使劳动收入是劳动者自己创造的,也不能叫做按劳分配。

(4)在量上可能有所不同。按劳动力价值分配,在理论上讲,劳动者的报酬量只等于其劳动力价值量(撇开劳动力市场供求波动不说);而按劳分配,在我们前面提到的两极式分配模式、工资加利润分红的分配模式、工资加股息的分配模式、承包制分配模式等中，劳动者分得的收入量就可能大于其劳动力价值量。

（5）存在不存在剥削。按劳分配否认了剥削的存在，因为它以公有制为前提。劳动者虽然也生产剩余价值，但它不是被私人无偿占有，而是归集体或国家占有，是取之于民、用之于民，所以它不存在剥削。按劳动力价值分配，如果是在生产资料私有制下进行的，它就不可能否定剥削。因为劳动者创造的剩余价值（一部分）必然被生产资料所有者无偿占有。

在我国，既存在市场经济，又存在公有制，按劳分配当然也可以叫做按劳动力价值分配，但为了区别一般市场经济下按劳动力价值分配，应当叫做按劳分配更好，因为它更能体现劳动者的收入分配是在公有制的条件下进行的。

136. 按生产要素分配的准确涵义是什么？它与马克思所说按生产条件所有权进行分配有什么不同？按生产要素分配对我国经济发展有什么重大意义？

（1）按生产要素分配的准确涵义。关于什么叫按生产要素分配，现在的许多解释还不够到位，没有全面、准确地界定它的科学涵义。这里试图加以准确的界定：

A. 按生产要素分配的准确解释应当叫按生产要素的所有权进行分配。因为生产要素是客体，客体总是归某个主体所有。客体不可能参加分配，分配权总是由客体的所有者参与的。因此，准确的提法是生产要素的所有者参加产品的分配，而不是生产要素本身参加产品分配。

B. 按生产要素分配的对象是什么？是 c+v+m，还是 v+m？即是总产值，还是新创造的价值（v+m）？从理论上讲，当然是总产值，但实际上主要指的新创造的价值或国民收入。因为按生产要素分配指的个人收入分配问题。c 的分配不属于个人收入分配的范畴。

C. 按生产要素分配个人收入也不是指全部国民收入，而仅指国民收入要扣除：a. 上缴国家税收的部分，即马克思在《哥达纲领批判》中指出的：用来应付不幸事故、自然灾害等后备基金或保险基金；和生产没有直接关系的一般管理费用；用来满足共同需要的部分，如学校、保健设施等；为丧失劳动能力的人等设立的资金；b. 用来扩大再生产的追加部分；c. 企业本身必要的福利基金或保险基金等。我们认为，按生产要素分配的只是做了上述各种扣除的国民收入部分。

因此，按生产要素分配的完整准确的提法应当叫做按生产要素的所有权来分配做了各种扣除的国民收入。按生产要素分配只是上述准确涵义的一种简称。如果不明确它的准确涵义，就会带来混乱，也不利于执行或操作。

(2)按生产要素分配与马克思的按生产条件所有权分配的异同。马克思在《资本论》中以极大篇幅，特别是《资本论》第3卷，分析了资本主义的分配状况，揭示了资本主义社会的分配规律，指出资本的所有权决定了利润和利息的分配权，土地的所有权决定了地租的分配权，劳动力的所有权决定了工资的分配权。一句话，就是生产条件的所有权决定国民收入的分配权。按生产要素分配与马克思的生产条件按所有权分配，在基本方面的思想是相同的。

一是都讲生产条件或要素的所有权决定国民收入的分配权；

二是都讲分配的对象是做了前述各种必要扣除后的国民收入(不是吃光分尽)；

三是都明确声明，所有权本身不能创造出国民收入或任何新价值，国民收入或新价值是劳动创造的。不能把新价值的生产和新价值的分配等同起来，更不能用新价值分配代替新价值生产，说新价值是由生产条件的所有权本身生产出来的，因为所有权本身不是劳动，而只是一种法律权利。

因此，马克思关于生产条件所有权决定新价值的分配权的思想，对我们今天仍然有着重要的指导意义。

但是，我们今天讲的按生产要素分配与马克思当时讲按生产条件所有权分配，也有一些重要区别：

一是社会环境不同。马克思讲按生产条件所有权分配，重点指的是资本主义社会中生产条件所有权决定分配权，我们讲按生产要素分配，重点是指我国社会主义初级阶段生产条件所有权决定分配权。不同社会经济形态中的生产条件的所有权性质是不同的，特别是其中占主体地位的生产资料所有权的性质是不同的。在资本主义社会中，生产资料资本家私有权(资本家私有制的法律用语)占主体地位，在我国今天的社会主义社会中，生产资料公有权(生产资料公有制的法律用语)占主体地位。从而在对社会剩余价值的分配中，在公有制企业内，它不存在剥削关系，在私有制企业内，却存在着剥削关系。进一步地说，这种权利虽然都是合法的，但是前者是合理的，而后者则是不合理的。

二是生产条件或要素的外延不同。在马克思的那个时代，生产条件主要是资本（包括货币资本和物质资本即生产资料）、土地和劳动力，马克思讲按生产条件分配，也是讲按这些生产条件的所有权来分配新价值。在今天，生产条件或生产要素的外延扩大了，特别是科学技术、信息、人力资本等，成了当代生产的重要因素，是先进生产力的重要标志，它们对生产力发展的作用或贡献越来越大。在发达国家是这样，在我国今天也应这样，而且更应当重视发挥这些新要素的作用，因为我国生产力比较落后。这些新的先进的生产要素，也有归谁所有的问题，它们也要求所有权在经济利益上得到实现，也就是说要求参加新价值的分配；否则就是对它们所有权的否认，它们的所有者就不会热心把这些新的先进的生产要素投入到生产中去。随着社会分工的不断发展，特别是随着科学技术的不断发展，还将会出现新的先进的生产要素，从而也就有这些生产要素的所有权，就有这些生产要素的所有者要求参加新价值的分配。这是进步的表现，合法的权利，应当受到法律的保护。

(3)强调按生产要素分配对我国经济发展有着很重要的意义。理解这种意义，应当从生产决定分配、分配反作用于生产这个基本原理出发来看待。首先，在我国，由于生产力发展水平较低，发展不平衡，必然要求或必须承认生产要素以公有制为主体的多种所有制的存在，必须充分发挥生产要素的非公有制的重要作用，必须调动各种生产要素的所有者的积极性，才能最大限度地把一切积极因素的潜能利用起来，从而推动社会主义现代化建设不断发展。分配反作用于生产，就是要用实实在在的物质利益，使各种生产要素所有者从分配中获得他们应得的收入来最大限度地调动他们投入社会主义现代化建设的积极性：一是把已有的一切生产要素尽多尽快地投入到社会主义现代化建设中来；二是更多更快积累和创造新的生产要素并尽多尽快地投入到社会主义现代化建设中来。最后，在我国，现实中缺少的主要是资本、技术、信息和人才这些重要的生产要素。正因为缺少资本，我们才大量引进外资，但是内资的数量也是十分巨大的。按生产要素分配，就是要在法律上允许和保护资本这个生产要素参加分配，就是尽量要使居民把手中的钱投入到生产经营中去。技术、信息、人力资本，是新的先进的生产要素，我们更缺乏，但它们又是最重要的，我们既要引进国外先进技术、信息和人才，更要重视发挥我国技术、信息和人才的巨大实力和潜力。按生产要素分配，就是要在法律上允许和保护这些新的生产要素参加分配，就是用物质利益去调动、刺激这些生产要素所有者的积极性。这是实施科技兴国战略的迫切要求。四个现代化，关键是科学技术现代化。科技、信息、人才这些生产要素现代化又是关键的关键。抓住按这些生产要素分配，就是抓住了科学技术现代化的牛鼻子。

137. 在社会主义市场经济条件下，资本这个生产要素参与分配是否合理？

“确立劳动、资本、技术和管理等生产要素按贡献参与分配的原则，完善按劳分配为主体、多种分配方式并存的分配制度”，是党中央在深刻总结改革实践经验基础上提出来的，它符合我国的国情，也是对马克思主义理论的重大突破和发展。人们都拥护这种分配制度。但是，一些人对劳动、技术、管理这些生产要素与参与分配的合理性表示认可，而对资本这个生产要素参与分配的合理性则表现质疑。这是为什么呢？我们又应该怎样对待它呢？

我们认为，在认识上要真正理解马克思的劳动价值论，必须把价值创造的一元性与财富创造的多元性真正区别开来。马克思劳动价值论认为，商品价值是劳动创造的，劳动是价值创造的唯一源泉；但社会财富的创造源泉却是多元的。马克思借用威廉·配第的“劳动是财富之父，土地是财富之母”的话，就是这个意思。在现代社会，财富的源泉不仅包括劳动，还包括资本、土地、技术、信息、管理等生产要素，缺少这些生产要素，劳动是创造不出任何物质财富的。

就价值生产包括剩余价值生产或创造来说，虽然劳动是唯一源泉，但它也离不开物质条件，离不开生产资料，离不开不变资本。马克思好像是针对我们今天的上述模糊认识或质疑来说的：“虽然只有可变资本部分（它所代表的实体就是劳动力——引者注）才能创造剩余价值，但它只有在另一些部分，即劳动的生产条件也被预付的情况下，才会创造出剩余价值。”（《马克思恩格斯全集》第25卷，人民出版社1974年版，第50页）这就告诉我们，资本（这里指不变资本，即生产资料）在剩余价值的创造过程中，是作为外部条件来起作用的，没有这个外部条件，剩余价值就创造不出来。没有生产资料，作为劳动凝结的剩余价值又附着在哪里呢？总不能是劳动成果附着在劳动上。资本在剩余价值生产中的作用或贡献就是指它为剩余价值的生产提供了物质条件。从物质财富的角度来看,资本(生产资料)是物质财富——产品的一个构成部分。

有人进一步提出,资本(生产资料)参与分配,它的所有者已经从产品的出售中分得了他预付的价值部分——c,他没有少得呀,为什么还要参加剩余价值(m)的分配呢?剩余价值也不是他的劳动创造的,而是工人劳动创造的。马克思也是这样说的呀!不错,剩余价值是工人劳动创造的,但是,第一,没有生产资料(c),工人也创造不了剩余价值,资本的这一作用也是不能否定的;第二,假如不让生产资料的所有者分得一部分剩余价值,他就不会把资本投入到生产中去,这样他价值(c)仍然存在或保留在他的手中,他何必去多此一举,也何必去冒这个风险(假定生产出来的商品卖不出去,他的资本就将收不回来)。他把资本投入到生产中,要比守财奴把钱放在保险柜要进步一些,也比地主把财产都挥霍掉也进步些,比把手中的钱通通胡乱花销掉的一切人都进步,因为这对社会生产发展有积极作用。社会是鼓励人把余下的钱——资本都消费掉呢,还是鼓励人把余下的钱用于扩大再生产呢?毫无疑问是鼓励后者。怎么鼓励呢?把他投入的资本如数还给他这不是鼓励,因为这与他把钱存在保险柜没有什么区别。鼓励应当是让他参与剩余价值的分配。这种行为的合理性就是对他的作用的一种鼓励。否则他就不会把钱投入到生产中去。资本这种生产要素参与剩余价值的分配,就是资本所有权在经济利益上的实现和体现。

有人又进一步提出,资本所有权参与剩余价值的分配是不是剥削。这要看资本所有权的社会性质。如果资本所有权(所有制的法律用语)是私人的,其中有剥削的成分,如果资本所有权是公共的,一般不存在剥削关系。退一步说,按照马克思主义政治经济学的基本原理,剥削是应当消灭的,但消灭剥削是一个过程,完全消灭剥削是有条件的。只有在社会生产力极大发展的时候,从而在生产资料(或资本)私有制没有任何存在理由或条件的情况下,私有制将最终消亡。我们看到,在历史上,当社会化大生产充分发展的时候,当机器大工业充分发展的时候,封建地主的土地所有制再也没有存在的理由和条件,所以它最终退出了历史舞台。我们再向前看,当生产力向前发展时,奴隶主所有制也是因为没有存在的理由和条件而退出历史舞台的。资本主义在发达国家之所以能最终代替封建主义,靠的就是生产力的高度发展。可见,新的生产关系最终完全取代旧的生产关系,靠的是生产力的不断发展而不是什么道义。

在今天世界的生产力水平下，还不具备消灭一切私有制的条件，还不具备消灭一切剥削的条件。资本所有权参与剩余价值的分配的合理性，归根结底就在于它对社会生产力的发展还有一定的积极作用。

138. 按劳分配与按生产要素分配两者之间有没有矛盾？它们又是如何统一的？

按劳分配与按生产要素分配两者之间当然有矛盾。这里所谓的矛盾，表现在两个方面：一是分配多与少的矛盾；二是所谓剥削与被剥削的矛盾。多与少是不可避免的。有人是按劳分配，收入少；有人是按生产要素分配，收入多。但这是法律所允许的，也可以说是合理的。剥削与被剥削的现象是可能存在，但它在现阶段是不可避免的，也有一定的积极作用，企图现在就消灭这种现象反而对社会经济发展不利。对于剥削这个问题，人们很忌讳它，总是回避它。这在一定程度是可以理解的。由于我们受“左”的影响特别深重，因而在政治上回避它似乎是有必要的，否则给人的印象是回到“左”的道路上去了。但是，在理论上仍然很有必要去认真对待它。科学只承认真理的权威。我们既不要回避事实，也不要恣意扩大，更不要摆出消灭的架式。它有多少合理性，就应该承认多少合理性，就要用法律有效保护它的合理性。同时，我们更应当重视现实表现，重视这种收入的实际用处。如果这种收入主要用来扩大再生产，用来为社会主义现代化建设服务，我们更应该加以鼓励。我们还要看到，在社会主义公有制中，在按劳分配占主体的条件下，它不会改变社会主义这个事物的本质的。

对于什么是剥削，我们将在下一章中具体进行探讨。

我们知道，任何事物都是一个对立统一体。按劳分配和按生产要素分配(包括其中的按资分配)也是一个对立统一体。这个对立统一体中，统一在三个方面：

一是统一于社会主义分配制度。社会主义分配制度是按劳分配和按生产要素分配的对立统一体。统一体的一方的个人收入来自按劳分配，另一方的个人收入来自按生产要素分配。按劳分配的一方是矛盾的主要方面，按生产要素分配的一方是矛盾的非主要方面。矛盾的主要方面决定事物的性质。所以是按劳分配决定社会主义分配制度的性质。

二是统一于社会主义初级阶段的基本经济制度。社会主义初级阶段的基本经济制度是公有制和非公有制的对立统一体。统一体的一方是生产资料公有制，另一方是生产资料的非公有制。生产资料公有制是矛盾的主要方面（它决定按劳分配也是社会主义分配制度的主要方面）；生产资料非公有制是矛盾的非主要方面（它决定按生产要素分配是社会主义分配制度的非主要方面）；矛盾的主要方面决定事物的性质。所以是生产资料公有制决定社会主义基本经济制度的性质。我们进一步的研究发现，以往一切社会的生产资料所有制成分都是多元的，没有哪一种社会只是一种生产资料所有制。对于这一点，马克思给予很精辟的最有说服力的说明："在英国，现代社会的经济结构无疑已经有了最高度的、最典型的发展。但甚至在这里，这种阶级结构也还没有以纯粹的形式表现出来。在这里，也还有若干中间的和过渡的阶段到处使界限规定模糊起来（虽然这种情况在农村比城市少得多）。不过，这种情况对我们的研究来说是无关紧要的。"（《马克思恩格斯全集》第 25 卷，人民出版社 1974 年版，第 1000 页）马克思在这里告诉我们，即使在英国这样一个最典型的资本主义制度国家，阶级构成也不是最纯粹的，即除了资本家阶级、地主阶级和工人阶级外，还有若干中间的或过渡阶级或阶层，这在城市中更是这样。这三大阶级中的中间的或过渡的阶级或阶层，就是指各种各样的个体生产者和小私有者。马克思说，这对于研究资本主义生产方式的矛盾、特点和运动规律是无关紧要的。马克思这一思想和这种研究方法，同样适用于对我国今天的生产方式的矛盾、特点和运动规律的研究。

三是归根到底统一于我国社会主义初级阶段的社会生产力发展状况。生产力发展水平低和不平衡是我国社会生产力的基本状况。生产力水平高与低、平衡和不平衡都是一对矛盾。正因为有这样的矛盾，才决定了公有制和非公有制的矛盾的存在，按劳分配与按生产要素分配的矛盾的存在。要解决这些矛盾，只有大力发展生产力。要大力发展生产力也只能实行公有制和非公有制相结合以公有制的基本经济制度，实行按劳分配和按生产要素分配相结合以按劳分配为主的分配制度。除此之外别无选择。

139. 在当代世界各国中，生产资料的各种社会所有制企业的职工收入分配是什么性质？能不能也说是按劳分配和按生产要素分配相结合的分配制度？

这是一个很有趣的问题，大概也是极少有人研究的问题，还是一个很敏感的问题。

我们认为，这个问题的关键是对生产资料社会所有制的性质的看法。按照马克思恩格斯的原意，生产资料社会所有制是与生产资料私有制相对立的，生产社会化的发展必然要求前者代替后者。生产资料社会所有制是生产资料公有制的另一种叫法。当代世界各国的生产资料的社会所有制的确大量存在，并且呈现出若干层次，其中有国有制、股份制、股份合作制和合作制等。同时，按照马克思恩格斯的原意，它应当被看成是资本家私有制向社会主义公有制的“过渡形式”，是资本家私有制向社会主义公有制“过渡点”，是对资本家私有制的“扬弃”，尽管其中有的是“积极扬弃”，有的是“消极扬弃”。从马克思和恩格斯这些论断来看，当代世界各国中的生产资料社会所有制应当被看成是对原来的传统意义上的资本家私有制的一种否定。它是中间状态的东西，过渡性的东西，就是“非驴非马”。

既然当代世界各国中存在着生产资料的各种形式的社会所有制，既然它们又是“过渡形式”，那么，由此决定的分配关系、分配方式也自然而然地属于“过渡形式”了。

这种“过渡形式”是生产力发展的客观要求和必然产物，是不以哪个人的意志为转移的。

人们也可能会提出，社会主义国家也存在着股份制，股份合作制和合作制企业，进一步地看，包括国有制和集体所有制，也可以说是种种形式的社会所有制，是各种形式的公有制，那里的企业个人收入的分配是按劳分配和按生产要素分配并存，那么世界其他国家的这种种社会所有制企业的个人收入分配，在形式上甚至在性质上，与社会主义国家这类的分配有没有区别？如果有区别，区别又在哪里？我们认为，从分配形式或分配方式上看，应当没有什么区别。这里应当没有“双重标准”。最典型的是西方发达国家的许多社会所有制企业实行工资加利润的分享制、工资加股息的分享制，也都能说明这个问题。如果从更宏观方面来看，或者从“普照阳光”的不同上来看，社会主义国家公有制企业的分配关系和分配方式，更接近马克思所说的社会主义，也可以说是“积极扬弃”，正如马克思所说的合作工厂是“积极扬弃”那样，因为工人已经是企业生产的主人了；同时，社会主义国家在基本政治制度和基本经济制度上已是“社会主义”的了，“普照阳光”不同于世界上其他国家，从而它的性质,它们所体现的"质",应当有所不同。

按照马克思的原意,按劳分配存在的前提条件是全社会占有一切生产资料。目前社会主义国家还不可能也未做到全社会占有一切生产资料,但这不妨碍社会主义国家实行按劳分配。那么这种按劳分配远不是马克思所说的按劳分配,可以说是低级形态的按劳分配。这样,世界其他国家中的社会所有制企业的工资收入分配,也是一种低级形态的按劳分配。之所以那里的分配也叫做低级形态的按劳分配,只是因为那些企业已经不是生产资料的资本家私有制,而是社会所有制。

总之,世界各国中的各种形式的社会所有制企业的工资收入分配,可以叫做"过渡形式"的按劳分配以及"过渡形式"的按劳分配与按生产要素分配。

第七章　资本所有权、利润与现代企业的产权改革

马克思在整个《资本论》第3卷中，以80万字的巨大篇幅重点论述了资本主义的分配关系问题。其中以资本所有权为核心，十分详尽地分析了资本所有权是怎样参加剩余价值的分配的。资本家企业的经营，实质上就是资本的经营，经营的目的就是追求利润的最大化。资本的所有权和使用权的分离，导致了利润分割为企业主收入和利息。这样资本的产权制度就成了企业资产运营的前提。撇开《资本论》中资本及资本所有权的特定的资本主义性质即资本归资本家所有的性质，如前所述把资本看做为商品经济或市场经济的范畴，那么，马克思所阐述的基本原理，对我国今天的社会主义经济条件下的公有制企业的资本所有权、企业产权、资本运营、企业生产目的都是完全适用的。公有制企业的改革，前提也是产权制度问题。产权清晰是最重要的前提。公有制企业的经营也可以说是资本运营，企业的生产目的也是追求利润最大化。资本所有权和使用权的分离，也会导致利润分割为企业主收入和利息。企业主收入又分割为工业企业的企业主收入和商业企业的企业主收入。借贷资本的存在及其运营，到了现代就完全成了以银行资本为主的金融资本的运营，虚拟资本的存在及其运营，又可能导致虚拟经济或泡沫经济。现代资本中的金融资本的核心地位和作用，使现代资本的运作具有更加难以想象的复杂性和风险性。我们运用马克思主义政治经济学来回答今天现实经济生活中发生的新情况和新问题，难度也更大。在这里，我们只是着重结合我国经济生活中的主要问题，谈谈我们的一些粗浅的认识。

一、必须高度重视对资本所有权问题的再研究

当代社会市场经济的运作，核心是资本的运作。资本的运作，前提是资本所有权。资本又分为产业资本、商业资本和生息资本。资本还可以分为单个资本（企业资本）、部门资本和社会总资本。资本所有权决定利润的分配权又具体化为产业资本、商业资本和生息资本共同分割利润，具体化为单个资本、部门资本和社会总资本共同分割利润。资本所有权和使用权的分离，又使利润分割为企业主收入和利息。企业主收入又包含着工业企业和商业企业的企业主收入。利息又包含着借贷资本或银行资本的利息、股份资本的股息和债券的利息等。银行利息又包含着银行自有资本的利息、银行存贷款之间的利息差、居民存款的利息以及各种有价证券流通的利息问题。这些利润的分配问题，首先是资本所有权问题，是资本所有权和使用权的分离问题。

140. 什么叫财产权？所有权和所有制之间是什么关系？

财产权是指以财产为对象、直接与经济利益相联系的民事权利。它又简称为产权。财产权的主体是财产所有者，财产权的客体是所有物。财产权主体可以是自然人，也可以是法人。法人可以是自然人，也可以是国家或集体财产的代表。

财产权的客体既包括金钱、物资、土地、房屋和劳动力等有形财产，也包括专利权、商标权、名誉权和著作权等无形财产。

财产权的“权”字是个复数，即除了所有权外，还包括占有权、使用权、支配权、索取权和要求权、继承权、不可侵犯权等一系列权利。

财产权是经济关系的法律表现，是反映经济关系的法律用语。法权关系是经济关系的意志关系。只要有国家，就有法律，从而就有法权关系，就有财产权问题。

所有权和所有制是两个既有联系又有区别的范畴：所有制是经济范畴，所有权是法律范畴。所有制通常是指生产资料归谁所有的经济制度，所有权则是指财产归谁所有的法律制度。所有制反映着人们在生产资料方面的经济关系或生产关系，它决定人们在生产过程中的关系以及交换关系、分配关系和消

费关系。所有权则是所有制的法律形态。对所有制来说,有决定意义的是实际占有。这种实际占有在有国家的社会和无国家的社会中是不同的。在原始社会中,由于没有法律,实际占有是一种属人关系,谁使用也就是谁实际占有。自国家产生从而有了法律之后,"只是由于社会赋予实际占有以法律的规定,实际占有才具有合法占有的性质,才具有私有财产的性质。"(《马克思恩格斯全集》第 1 卷,人民出版社 1956 年版,第 382 页)就历史顺序而言,所有制先于所有权的存在而存在。只要有生产活动就必须有某种形式的占有或所有制性质。"任何所有制都不存在的地方,就谈不到任何生产,因此也就谈不到任何社会。"(《马克思恩格斯全集》第 12 卷,人民出版社 1962 年版,第 738 页)在原始社会中,生产是在公有制下进行的。但是,那时还不存在国家和法律,因此马克思说,那时的家庭和氏族"只有占有,而没有所有权"。(《马克思恩格斯全集》第 12 卷,人民出版社 1962 年版,第 752 页)也就是说,那时生产资料公有制则表现为劳动者的实际占有,但不是表现为法律上的规定。可见,所有权是在所有制已经存在很长的历史时期以后才出现的。只是在私有制产生和保护私有制的法律出现后,才出现了所有权。所有权是特定历史阶段的产物,是历史的范畴而不是永恒的范畴,而所有制则是一个永恒的范畴。

所有权和所有制的联系是:所有制是所有权的经济基础,所有权是所有制的法律表现。一般来说,一定所有制决定一定的所有权;所有制的变动决定所有权的变动。马克思说:"一定所有制关系所特有的法的观念是从这种关系中产生出来的。"(《马克思恩格斯全集》第 30 卷,人民出版社 1974 年版,第 608 页)又说:"民法不过是所有制发展的一定阶段,即生产发展的一定阶段的表现。"(《马克思恩格斯全集》第 4 卷,人民出版社 1958 年版,第 87 页)同时,所有权又反作用于所有制,即保护、巩固和发展所有制。

在存在国家和法的人类社会的各个历史阶段上,没有不存在所有制的所有权,也没有不存在所有权的所有制。马克思还预言,在未来社会中,当国家消亡以后,所有权将会消亡,但所有制仍将继续下去。

141. 什么是财产权的统一或分离?在什么样情况下才出现所有权与占有权的分离?

前面我们已经指出,财产权是一组权利的结合体,即除了所有权外,还包括占有权、使用权、支配权、索取权、继承权、不可侵犯权等。

财产的各种权利在某些情况下是统一的，即都属于财产所有者；这种财产权称为完全财产权。在某些情况下，财产权可以分离，即财产的各种权利可以分属于不同的人，财产所有者不具有财产的全部权利如占有权、使用权、经营权等；这种财产权称为不完全财产权。财产权的分离包括货币财产权的分离、生产资料财产权的分离、生活资料财产权的分离、劳动力财产权的分离和各种无形资产财产权的分离等。在经济学上，或在经济运行上，财产权的分离主要指生产条件（要素）类财产权分离，如货币、生产资料、无形资产的财产权分离，尤其是货币和生产资料的财产权分离。

财产权的统一的典型是小生产者以及以无偿占有他人劳动成果为基础的私有制下的奴隶主、地主和资本家。不过在后者的私有制经济下，在各种社会的后期，奴隶主、地主和资本家也不具有完全的财产权。

财产权分离的直接原因是财产所有者财产规模的“最小”或“最大”及由此决定的是否有利于所有者的直接经营。当财产——货币或生产资料等——规模很小时，所有者不便于经营——占有或使用——时，或自己直接经营不能获得最大利润时，他便把它交给（租给或借给）别人经营。最古老的典型就是高利贷资本。在银行出现以后，居民的小额货币就存入银行，居民的货币财产权也出现了所有权和经营权的分离。与此同时，也有的人有一定量的生产资料特别是生产工具，自己不便于经营或经营不利，也把它租给或借给他人使用，从而也出现两权分离。例如，在以往社会中，有些职员、商人、教师等，自己有少量土地，他们把土地租给别人经营。在资本主义社会中，随着生产社会化的发展，资本有机构成的不断提高，企业投资规模的起点不断提高，少量货币资本根本不能开业经营，于是也把它存入银行或购买股票及债券，这样也出现了所有权和经营权的分离。后来出现的合作工厂、合作社、股份合作制企业和股份制企业，也是因“最小”而产生的所有权和经营权的分离。我国现在的合作制企业、股份合作制企业和股份制企业，也属于这种“最小”类型。

所谓“最大”，就是指所有者的财产规模很大，自己根本无法直接经营，于是他也会把大规模的生产资料、货币资本交给别人经营。例如，一些奴隶主、地主有大量的土地，他们往往把土地交给大管家、二地主经营，或者租给自由民和农民耕种。在资本主义社会中，大工业的不断发展，企业投资规模的起点不断提高,要求有极大规模的投资,从而出现了股份制企业,股份资本是近代以来最典型的所有权和经营权的分离。到了当代,在世界各国,股份制企业是极为普遍的所有权和经营权分离的形式。在资本主义国家以及在我国,国有资本规模极大,也不便于国家直接经营。那么巨大规模的国有资产,国家无论如何也无法自己直接经营的。除了极少数企业必须由国家直接经营外,其他绝大部分国有资产,一部分或者租给或承包给别人(法人或自然人)经营,或者以股份资本的形式加入股份公司由股份制企业经营,从而也发生了所有权和经营权的分离。在我国,土地国有化和集体化,数量规模也很大,于是也出现了所有权和经营权的分离,最典型的例子就是农村土地家庭承包制。

进一步讲,上述所谓财产"小"到所有者不能直接经营或"大"到所有者不能直接经营,都是商品经济或市场经济发展的产物,也是社会化大生产发展的产物。

142. 什么是资本的财产权?资本主义的资产权形式是怎样的?

我们在第四章已经说过,资本的概念从最一般意义上看,马克思把它看做是永恒的范畴,即一切生产资料都可以叫不变资本,一切生活资料都可以叫可变资本;从市场经济来看,马克思又把资本看做是商品经济范畴,有商品生产和商品交换,就是资本。马克思还把资本当做资本主义特有的范畴,即资本为资本家所有,并且资本主义生产方式成为普遍的生产方式,劳动者成为一无所有的雇佣工人。资本主义生产方式的普通化是以雇佣劳动制度为前提的,而资本主义雇佣劳动制度的存在又是以工人一无所有为前提的。到了社会主义阶段,由于商品经济形式仍然存在,所以资本作为商品经济范畴当然仍旧存在。这样,资本的财产权就涉及三种类型社会经济形态中的资本财产权:一切社会的资本财产权、商品经济社会的资本财产权和某一特定社会(如资本主义社会或社会主义社会)的资本财产权。我们这里主要研究商品经济社会的资本财产权;同时研究商品经济社会中的资本主义社会的资本财产权形式和社会主义社会的资本财产权形式。

资本财产权是以资本为对象的、直接与经济利益相联系的民事权利。简称资产权。资产财产权的主体是资本所有者,客观是资本。资本财产权的主体可以是自然人,也可以是法人;法人也可以是国家或集体资本的代表。

资本又包括货币形态的资本、物质形态的资本、知识(技术)形态的资本和人力形态的资本。知识形态的资本又被叫做无形资产(本),人力形态的资本被简称为人力资本。

同样,资本的财产权也是一组权利的结合体,即包括所有权、占有权、使用权、支配权、索取权、继承权和不可侵犯权等一系列权利。

资产权同财产权一样是中性的,它本身并不表示权利的社会质性或阶级质性;只有当权利归谁所有时,它才表明这种社会属性或阶级属性。

资本主义社会的资产权同样也是资本所有制的法律表现。在资本主义社会中,由于存在着商品经济或市场经济,资本的所有制同样存在着多种形式,有劳动者个人所有制、资本家私有制、劳动者合作制、股份合作制、股份制和国有制以及混合所有制等,从而资产权也就存在这些权利形式。但是,在自由资本主义时期和垄断资本主义时期以至当代资本主义时期,资本所有制的状况是有不同的。在自由资本主义时期,资本家私有制占主体地位,自此之后,股份制、股份合作制和合作制占主体地位,即不同形式的社会资本所有制占主体地位。不仅如此,无形资产(本)和人力资本则是现代商品经济社会所特有的资本存在形式,是新的资本存在形式,是由过去的萌芽状态的资本形式变成今天独立的成熟形态的资本形式,而且从所有制方面来看,这两种新形式的资本绝大部分为法人所有或劳动者个人所有,法人所有又分为企业(集团公司)和国家所有。这两种新形式的资本的地位日益重要,在生产经营中发挥着越来越大的作用,已成为新经济——知识经济的突出代表。

143. 马克思是怎样论述资本主义社会中的资本所有权和使用权的统一或分离的?当代资本主义社会中这种统一和分离出现了哪些新情况?

在政治经济学史上,马克思第一次系统而深刻地分析了资本主义社会资本所有权的统一或分离的问题。

所谓资本所有权和使用权的统一,就是指资本的所有者和使用者统一于同一主体。资本所有者和使用者不统一于同一主体,则称为资本所有权和使用权的分离。另外还有资本所有权和使用权既统一又分离的状况。

在现实的资本主义经济活动中,当资本家用自有资本进行生产和交换活动时,资本家既是资本的所有者,又是资本的使用者,这时,资本所有者和使用者是同一主体,从而资本所有权和使用权是统一的。这在资本主义早期是比较普遍的。

随着资本主义经济的发展，出现了借贷资本或自息资本，从而出现了职能资本家和借贷资本家。这样，不仅在工业企业和农业企业中，而且在商业企业中，资本的所有权和使用权发生了分离。借贷资本家是资本所有者，职能资本家（包括工业资本家、农业资本家和商业资本家）是资本使用者，即职能资本家借贷借贷资本家的资本进行生产经营，资本的所有者和使用者分属于不同的主体，从而出现资本所有权和使用权的分离。资本所有权和使用权的分离形成了不同的产权主体：一个是借贷资本家，一个是职能资本家，前者是资本的所有者，后者是“资本的非所有者”。（《马克思恩格斯全集》第25卷，人民出版社1974年版，第419页）借贷资本家是为了获得利息而将资本暂时贷给职能资本家的货币资本家，职能资本家是在资本的生产过程和流通过程中执行职能的资本家（包括产业资本家和商业资本家）。借贷资本家处在生产过程或流通过程之前和之外，单纯代表资本的所有权；职能资本处在生产过程或流通过程之中，单纯代表资本的使用权。资本所有权留在借贷资本家手中，资本的支配权或使用权则转到职能资本家手中。“同一资本在这里具有双重规定：在贷出者手中，它是作为借贷资本；在执行职能的资本家手中，它是作为产业或商业资本。”（《马克思恩格斯全集》第25卷，人民出版社1974年版，第408页）即前者作为单纯所有权的资本，后者是执行职能的资本。

在资本所有权和使用权分离的情况下，存在着两种对立：一是“在再生产过程中，执行职能的资本家作为别人所有的资本的代表，同雇佣工人相对立”；一是“在再生产过程中的资本职能同在再生产过程外的资本的单纯所有权的对立”（《马克思恩格斯全集》第25卷，人民出版社1974年版，第427页）后一种对立会模糊雇佣工人同资本所有者的对立关系，似乎资本所有者并没有参与对雇佣工人的剥削。事实上，资本所有者由资本使用者即执行职能的资本家来代表，共同参与对雇佣工人的剥削。

在现实的资本主义经济活动中，资本所有权和使用权并不是如理论抽象那样表现得泾渭分明。有一部分职能资本家，他们的资本，有一部分是从货币资本家那里借贷来的，有一部分资本则是自有的，所以在这部分职能资本家那里，有一部分资本的所有权和使用权是分离的，有一部分资本的所有权和使用权是统一的。在银行资本家那里，他们的资本实际上也分成两个部分：一部分是自有的；另一部分是别人存入银行的，即不是他所有的，所有者是别人。对银行资本家来说，自有资本是所有权和使用权的统一；别人存入银行的资本对银行资本家来说是所有权和使用权的分离，即假定他们把所有资本都已贷出去，就发生了如上所述的所有权和使用权的分离。

货币资本家和职能资本家的分离，资本所有权和使用权的分离，由于银行业的出现和发展，还会产生一次、二次和更多次的两权分离。例如，银行 A 把货币资本贷给企业 A_1，企业 A_1 得到贷款后有一部分暂时不用，又存入另一个银行 B，另一个银行 B 又把 A_1 的存款贷给企业 B_1；B_1 把暂时不用的货币存入银行 C，银行 C 又把它贷给企业 C_1；如此循环，就会创造出多次的所有权和使用权的分离。不仅如此，资本的量在名义上同时被扩大许多倍。如上例，本来只有资本量 100 并归银行 A 所有，经过上述循环，结果创造出企业 A_1 有资本 80（假如企业借款有 80% 暂时不用）而存入银行、银行 B 有资本 80，企业 B_1 有资本 64，银行 C 有资本 64，企业 C_1 有资本 51.2……马克思把这种循环所创造出来超过原有资本（100）的部分称为“虚拟资本”。并且说，银行资本大部分是虚拟资本。而且企业资本的上述贷与存的活动导致企业资本中也有一部分是“虚拟资本”。不仅如此，银行业在买卖各种有价证券的活动中同样会创造出更大量的“虚拟资本”，企业在股票的买卖中也同样会创造出大量的“虚拟资本”。这样，不仅资本量被虚幻地增加了，而且资本所有权和使用权也同样被多次地分离了。“虚拟资本”的大量产生，造成了“虚拟经济”，在经济高潮时，这种“虚拟经济”就是我们现在所说的“泡沫经济”，在经济衰退时，经济泡沫破裂，资本大量缩水，资本所有权和使用权分离的链条断裂，造成资本的所有者和使用者破产。

以上是马克思分析股份公司出现以前资本所有权和使用权的统一与分离的情况。在股份公司出现后，资本所有权和使用权的分离得到了进一步发展。马克思研究了股份公司的资本所有权和使用权的分离，指出：“在股份公司内，职能已经同资本所有权相分离，因而劳动也已经完全同生产资料的所有权和剩余劳动的所有权相分离。”（《马克思恩格斯全集》第 25 卷，人民出版社 1974 年版，第 494 页）这就是说，第一，股份公司的经营者不是资本所有者，没有所有权，只是资本使用者；第二，股份公司的劳动者仍然是劳动者，他们没有资本所有权，他们的剩余劳动被别人无偿占有。

马克思还研究了股份公司中资本所有者和使用者的变化，指出：“实际执行职能的资本家转化为单纯的经理，即别人的资本的管理人，而资本所有者则转化为单纯的所有者，即单纯的货币资本家。因此，即使后者所得的股息包括利息和企业主收入，也就是包括全部利润（因为经理的薪金只是，或者应该只是某种熟练劳动的工资，这种劳动的价格，同任何别种劳动的价格一样，是在劳动市场上调节的），这全部利润仍然只是在利息的形式上，即作为资本所有权的报酬获得的。而这个资本所有权这样一来现在就同现实再生产过程中的职能完全分离，正像这种职能在经理身上同资本所有权完全分离一样。因此，利润（不再只是利润的一部分，即从借入者获得的利润中理所当然地引出来的利息）表现为对别人的剩余劳动的单纯占有，这种占有之所以产生，是因为生产资料已经转化为资本，也就是生产资料已经和实际的生产者相分离，生产资料已经作为别人的财产，而与一切在生产中实际进行活动的个人（从经理一直到最后一个短工）相对立。在股份公司内，职能已经同资本所有权相分离，因而劳动也已经完全同生产资料的所有权和剩余劳动的所有权相分离。”（《马克思恩格斯全集》第25卷，人民出版社1974年版，第493～494页）这就是说，在股份公司内部，第一，资本所有者即货币资本家已成为多余的人，从而他们已经转化为同实际生产过程完全无关的单纯所有者和食利者，资本所有权和使用权彻底分离了，利润分割为利息和企业主收入；资本所者获得利息或股息，资本使用者获得企业主收入。第二，资本使用者即职能资本家也已成为多余的人，因为他们已经完全可以被经理和管理者所代替。资本所有权和使用权的分离，现在不是表现为货币资本家和职能资本家的分离，而是表现货币资本家和经理的分离。正因为如此，马克思把股份公司看做是资本主义生产方式向社会主义生产方式的“过渡点”：一方面是生产资料所有制的过渡点——私有制向公有制的过渡点：“资本主义生产极度发展的这个结果，是资本再转化为生产者的财产所必需的过渡点，不过这种财产不再是各个互相分离的生产者的私有财产，而是联合起来的生产者的财产，即直接的社会财产。”另一方面是管理职能的过渡点——私人职能向社会职能的过渡点，“这是所有那些直到今天还和资本所有权结合在一起的再生产过程中的职能转化为联合起来的生产者的单纯职能，转化为社会职能的过渡点。”（《马克思恩格斯全集》第25卷，人民出版社1974年版，第494页）

144. 当代资本主义社会中资本所有权的统一或分离出现了哪些新情况?

马克思以后的当代资本主义社会的资本所有权和使用权的统一与分离情况发生了很大变化。这主要表现在:

(1)关于两权统一问题。资本所有权和使用权的统一,主要存在于个体经济和小企业中,真正原来意义上即马克思那个时代的私人大资本家或家族式的私人大资本家的所有权和使用权的统一的情况已经很少。也就是说,当代资本主义国家中特别是当代发达国家中,大型企业或公司的资本一般都不再是哪一个资本家所有或哪一个资本家家族所有,从而也就不是过去的那种资本所有权和使用权的统一。相反,都出现了大规模的国有资本的所有权和使用权的统一,即资本的国有国营。

(2)关于两权分离问题。这方面的情况主要是:

A. 大规模的国有资本,大多数是两权分离。除极少数国有资本是国有国营外,其他大部分国有资本是国有民营:民间租赁经营、承包经营、委托代理经营和股份制经营等。

B. 其他大规模或特大规模的资本都是以股份制形式表现出来的两权分离。股份资本的规模在整个社会总资本中占有最大的比重,在发达国家都达到一半左右。在股份公司内部,两权分离情况也与以前(马克思时代)不同。股东不仅包括董事会成员和监事会成员,其中有的董事、监事还是大股东,而且包括经理和其他管理人员,其中有的经理人员还是大股东,还包括公司的广大职工和其他社会居民。也就是说,资本的所有权高度分散化了,而不是像马克思那个时代那样资本只为少数几个资本家所有。资本的使用权和支配权集中在董事会手中,经营权集中在经理手中。对股份制企业的全体成员来说,从一个角度来看,他们既是资本的所有者,又是资本的使用者;但是从另一个角度来看,他们只是资本的所有者,但却不是自有资本的使用者。从前者来看,是两权的统一,从后者来看,又是两权分离。从两权统一来看,企业主和职工之间不是对立关系,从两权分离来看,企业主和职工之间又有某种对立关系;正因为如此,马克思恩格斯才称股份公司这种过渡形式是“消极扬弃”。

C. 在各种合作制企业和股份合作制企业中,从企业成员是企业资本所有者之一来看,资本的所有权和使用权是统一的;从企业一般职工没有他所有那部分资本的直接使用权、支配权、经营权来看，资本的所有权和使用权又是分离的。从两权统一来看，企业主和职工之间不存在对立关系，从两权分离来看，企业主和职工之间又有某种对立关系。由于在合作制或股份合作制企业中资本规模一般较小，而且在企业成员之间比较均等，因而企业主与职工之间的对立不会导致对抗。正因为如此，马克思恩格斯才称合作工厂这种“过渡形式”是“积极扬弃”。

D. 在金融领域内，由于资本市场的高度发达，资本所有权和使用权的统一所占部分更少，所有权和使用权分离所占部分更大，即银行资本的借贷量、股票的买卖量、其他各种有价证券和金融产品的买卖量，远远大于企业的自有资本量，经营的绝大多数是别人资本。由此产生出来的虚拟资本量更大，泡沫资本规模巨大，并且几乎遍及各主要产业，金融泡沫、高技术产业泡沫、房地产泡沫以及一些主要制造业泡沫，经常存在于各国。两权的一次分离、二次分离、三次分离，是造成泡沫经济的主要原因。投资和投机更加难以区分开来，拿别人资本来冒险已不再是个别人、个别企业的事情。

E. 跨国公司的大量涌现，使资本所有权和使用权的分离由国内传导到国外；资本所有权往往在国内，使用权则多在国外；或者，资本所有权既有国内的也有国外的，资本使用权既有在国内的，也有在国外的。两权分离真正国际化了。经济全球化的基础是资本国际化。

以股份公司为主要载体的资本所有权和使用权的分离，比马克思那个时代更加普遍化的情况及其发展趋势，使资本主义生产方式向社会主义生产方式的“过渡点”比马克思那个时代更多、更普遍和更成熟。特别是在发展了的市场经济形式下，这些“过渡点”与社会主义国家中的“过渡点”，在形式上的区别已经不大了，经营理念上特别是在资本的经营方式上已经没有什么区别了。

145. 社会主义国家的资本财产权应当是怎样的？它与当代资本主义国家资本财产权有什么不同？

在社会主义国家如中国，由于存在着市场经济，因而也就同时存在着作为市场经济范畴的资本，存在着资本的财产权。资本的财产权同样是一系列权利的结合体，同样也存在资本所有权和使用的统一或分离。在计划经济体制下，由于否定市场经济的存在，实质上不承认资本这个范畴，从而也就谈不上什么资本的两权统一或分离问题。改革开放以来,特别是把建立社会主义市场经济体制作为经济体制改革的目标以来,资本的财产权以及资本的两权统一或分离问题已被重新重视起来:

(1)资本的财产权应当得到法律的承认和保护。资本财产权也是一组权利的结合体,它应当明细化并受相关法律的承认和保护。

(2)对资本财产权的法律承认与保护,应当与社会主义基本经济制度相吻合。资本的财产权应当是社会主义市场经济下的所有制关系的法律表现,资本的所有权应当是资本所有制的法律形态。进一步地说,一切合法财产权都应当得到法律的承认和保护,即不仅合法的公共财产要受到法律保护,公民合法的私有财产权也同样应当受到法律的保护。

(3)国有资本的财产权系列应当明细化并在法律上得到表现和受法律保护。

(4)一切集体资本或社会资本的财产权系列应当明细化并在法律上得到表现和受法律保护。这包括集体资本或社会资本包括股份制企业资本、股份合作制企业资本、合作制企业资本、集体所有制企业资本、混合所有制企业资本,以及其他集体事业单位中的经营性资本。

(5)一切私人资本的财产权系列应当明细化并在法律得到表现和受法律保护。私人资本包括个体企业的资本,私人企业的资本;公民个人在银行的存款、购买的股票和债券,在国家、集体或合作企业的入股基金,专利权、著作权以及人力资本、各种保险基金和劳动力的所有权等。进一步地说,公民的一切合法财产都应得到法律承认并受法律保护。

社会主义国家的资本财产权与资本主义国家的资本财产权的不同之处在于:它是社会主义生产关系的法律表现,是社会主义基本经济制度的法律形态;社会主义的法律更应当重视保护公民的一切合法资本的财产权;在我国社会主义初级阶段,大力发展社会主义市场经济,更要用法律来保护一切合法资本包括公民的合法资本的财产权,以调动一切积极性。

二、要系统理解和重新认识利润分配问题

马克思在《资本论》中对利润分配问题阐述得最系统、最全面和最深刻,

篇幅也最长，其理论和实际意义都很大。虽然马克思的利润分配理论所揭示的是资本主义制度下的利润分配规律，但撇开其资本主义的特质，就市场经济一般来说，它对社会主义市场经济下的资本运行也是完全适用的。但是尽管如此，这一理论仍然主要是属于基础理论也不完全是应用理论，仍然主要是概括了自由资本主义时期的利润分配情况而且是不发达的市场经济下的利润分配情况。现在，一方面是资本主义社会本身已经发生了很大变化；另一方面，市场经济已高度发达、知识经济时代已经到来；再一方面，社会主义仍然必须发展市场经济，这一切不仅要求我们重视系统，全面、深刻理解马克思的利润分配理论，更要求我们结合新的实际，研究当代社会中利润分配的新情况和新问题，消除长期存在于人们思想中的许多模糊甚至不正确的认识。

146. 怎样全面、系统、准确地把握马克思利润分配理论的研究思路？

马克思的利润分配理论不仅内容十分丰富，而且结构也十分复杂。我们这里不去重复马克思利润分配理论的内容，而是介绍马克思利润分配理论的研究思路。这不仅有利于系统、全面、准确地理解马克思的利润分配理论，而且更重要的是有利于理解马克思是怎样得出那些结论的，以及在情况发生变化的今天，我们如何实事求是和与时俱进地对待有关的新问题。

简单地说，马克思利润分配理论的研究思路大致是这样的：

（1）利润分配权是以资本的所有权为基础的。资本的所有权决定利润的分配权，利润分配权是资本索取权的实现。但资本所有权本身不创造剩余价值或利润。

（2）资本生产的目的就是为追求剩余价值或利润。

（3）这里所说的利润只是剩余价值的一部分，它不包括超额剩余价值。超额剩余价值转化为资本主义地租，它不是利润分配理论研究的对象。

（4）产业资本家是剩余价值的第一个占有者，但不是最后的占有者，剩余价值还要分解为利润和地租，利润还要分解为利息和企业主收入，企业主收入又包括工业和商业资本家的企业主收入。

（5）只有在弄清资本的生产和流通过程之后，才能弄清剩余价值的分配问题。

（6）马克思是运用从抽象到具体，即由简单到复杂，由低级到高级的抽象法来研究利润分配问题的。

(7)马克思首先分析单个资本(或企业)的利润问题,这完全是一种假定,但又是一种科学的假定。即利润量等于剩余价值量(不含超额剩余价值)。在这个前提下,马克思按如下顺序分别地阐明了:

A. 什么是成本价格(即所谓理论成本,而不是会计成本);

B. 什么是利润,以及它是如何掩盖剩余价值的真正来源的;

C. 什么是利润率,它与剩余价值率是什么关系,它是怎样进一步掩盖剩余价值的真正来源的;

D. 企业利润率(又称个别利润率)是由哪些因素决定的,个别利润率的变动规律是怎样的。

马克思的这部分论述既有理论意义又有实际意义。但其前提是假定利润完全归单个资本(产业资本)所有,也没有考虑不同部门之间竞争对企业利润和利润率的影响。可见,这样所得出来的结论只是在假定的条件下才是正确的。

(8)马克思接着分析平均利润问题。这是在前面研究个别利润的基础上,加进不同部门之间的竞争,再来看利润分配问题。但他又假定在各产业部门之间利润是怎样平均化的。马克思按如下顺序分别地阐明了:

A. 什么叫平均利润率,它是如何形成的?它又是如何进一步掩盖了剩余价值的真正来源的;

B. 平均利润率的决定因素有哪些,它的变动规律又是怎样的;

C. 什么叫平均利润,它是如何形成的,它又是如何进一步掩盖剩余价值的真正来源的;

D. 什么叫生产价格,它是如何形成的,它又是如何进一步掩盖商品价值和剩余价值的真正来源的;

E. 在部门之间竞争和商品供求不一致的条件下,商品价值量又是怎样决定的。马克思在此之前研究的商品价值决定,是以一种商品生产部门内部存在竞争但供求一致(平衡)为假定前提的。这个假定虽然是科学的,但与客观实际不完全吻合。实际情况是:存在不同生产部门之间的竞争,生产要素可以在不同生产部门之间自由转移(而且在今天,生产要素还可以在国际间自由转移),而且商品供求不平衡是正常情况。马克思研究了在这种条件下的商品价值量决定问题，提出两种涵义的社会必要劳动时间共同决定商品价值量问题。而且在《资本论》的其他一些地方还提出国际社会必要劳动时间决定商品的国际价值问题；

F. 平均利润率趋向下降的规律，这一规律发生作用的后果是什么。

马克思的这部分研究比前一部分研究要复杂和具体了，在逻辑上是进了一步。但是在这里，马克思只是考虑到各部门的工业资本参加利润平均化的问题，还没有考虑到商业资本参加利润平均化的过程。所以马克思在这部分研究中所得出的结论只是在他所假定的前提下才是正确的。

(9)马克思接着研究商业资本参加利润平均化的问题。按照等量资本获得等量利润的资本的社会平均权利，商业资本与工业资本一样，应当获得平均利润，否则，商业资本家就不会经商而去从事生产。马克思按如下顺序分别阐明了：

A. 什么叫商业资本，它是如何产生的；

B. 商业资本有什么作用；

C. 商业资本是如何参加利润平均化的过程的，这时，平均利润和平均利润率应当进行怎样的修改；

D. 什么是商业利润，它的来源是什么，它取决于哪些因素，它的变动规律是怎样的；

E. 商业利润又是如何进一步掩盖剩余价值的真正来源的。

马克思的这部分研究比前一部分研究更复杂和具体了，在逻辑上又进了一步，从而更接近实际了。但是在这里，马克思只考虑到工业资本和商业资本参加利润分配的问题，还没有考虑到借贷资本(或生息资本)参加利润分配的问题。所以马克思在这里所得出的结论也只是在他所假定的前提下才是正确的。

(10)马克思接着研究借贷资本参加利润分配的问题。有的学者认为借贷资本也参加利润平均化的过程，即借贷资本与工业资本及商业资本一样，也是等量资本应当获得等量利润，否则借贷资本家就不去开办银行，而把钱投到工业或商业中去。有人不同意上述看法，认为借贷资本这里是指银行资本，银行资本有两个组成部分，一部分是自有资本，一部分是别人存入银行的资本；自有资本应该是获得平均利润，非自有资本只能获得利息。马克思在《资本论》中实际上是上述的第二种意见，但在具体研究中主要是阐述借贷资本获得利息的问题。这样，利润就进一步被分割为职能资本家的企业主收入和生息资本家的利息。这部分内容十分庞大，马克思的研究更多地带有手稿的性质。马克思按如下顺序大致分别阐明了：

A. 什么叫生息资本，它是怎样形成的；

B. 生息资本是怎样运动的；

C. 利息的本质是什么，什么是利息率，它是怎样进一步真正掩盖剩余价值的真正来源的；

D. 利润是怎样分割为企业主收入和利息的；

E. 什么是资本主义信用？它的作用是什么；

F. 什么是虚拟资本，货币资本积累与现实资本积累之间是什么关系；

G. 什么是银行资本，它是怎样运动的，它由哪些部分组成，它有什么作用；

H. 什么是汇率，它是如何确定的；

I. 什么是股份公司，它是怎样产生的，它的性质和作用是什么等。

马克思的这部分研究是对利润分配问题研究的完成，也对前面研究的直接继承。即不仅考虑到工业资本和商业资本参加利润分配的问题，而且还考虑到生息资本参加利润分配的问题，不仅考虑到个别利润的问题，而且考虑到平均利润的问题。

马克思利润分配理论的研究思路无疑是清晰的和正确的，对于我们真正弄清利润分配提供了很好的方法论。从中我们看到，既不能孤立和片面的对待其中的各个个别结论，要理解这些结论产生的具体假定条件；也不能忽视每个具体结论的理论和实际价值。

147. 为什么说市场经济条件下的企业经营实质上就是经营资本？

马克思的《资本论》，也可以说“资本经营论”，它分别研究了资本的生产过程、包括生产过程在内的资本流通过程和包括资本的生产过程、流通过程与分配过程在内的资本运动的总过程。

在市场经济条件下，企业经营的客体就是资本，经营资本的目的是为了追求最大化的利润。为此，企业必须有适当的资本经营的组织、资本经营的规则、资本经营的具体方式和方法。

我们在前面已经详细地论证了资本主义有两层涵义：一是制度资本主义，它是一个社会经济形态或社会生产方式；二是经营资本主义，它是市场经济条件下的资本经营理念的总称，即包括资本经营目的、资本经营的组织、资本经营的规则、资本经营的具体方式和方法。经营资主义作为市场经济范畴，它本身是中性的，即这种经营理念，资本主义可以用，社会主义也可以用。

企业经营就是经营资本，就是要贯彻资本经营的理念，做到一要明确树立资本经营的目的为了获得最大化的利润；二要有适当的组织形式，从组织上保证经营目的的实现；三要遵循市场经济的运行规律，按规律办事；四要有正确的经营方式和方法，来具体贯彻经营规则，保证经营目标的实现。

不论什么社会经济制度，只要是在市场经济环境下，企业就必须按照资本经营理念去经营资本。否则，它就不叫企业，也不是搞市场经济。

企业资本经营理念中第一条是资本经营的目的问题即利润问题。这就是我们在研究本节范围内其他问题时首先必须明确肯定的问题。

148. 马克思认为制约企业利润率的因素有哪些？当今时代影响企业利润率的因素发生了哪些变化？

前面我们已经交代，马克思分析影响企业利润率的因素是假定利润未被分割时和供求平衡的条件下，企业利润率受到哪些因素的制约。仅就此而言，马克思的论点是正确的。他认为影响企业利润率的因素进而企业利润率的变化规律是：

(1)剩余价值率($m'=m/v$ 即剩余价值/可变资本)。利润率和剩余价值率成正比。因为 $m=m'v$，所以利润率(p') $=m/(c+v)=m'v/(c+v)$。可见，在 $v/(c+v)$ 不变时，m'越高，p'就越高；反之反是。因此，凡是能提高 m'的方法都能提高 p'。

(2)资本有机构成。利润率与资本有机构成反比。$p'=m'v/(c+v)$，$v/(c+v)$表示资本有机构成，在 m'不变时，资本有机构成高，利润率就低；反之反是。因此，资本有机构成低的企业利润率就可能高。或者说，轻工业企业的利润率一般较高。

在 $p'=m/(c+v)$(或$=m/c$)$=mv/(c+v)$的公式中，涉及 c、c、v、m、m'这些

因素，而这些因素又受其他一些相关因素的影响，从而 p′的变化出现了许多情况，这里不作介绍，具体可见《资本论》第 3 卷第 3 章。在那里，马克思进行了十分详细的说明。

(3)资本周转速度。资本周转速度是企业资本在一定时间内(通常指一年)的周转次数。资本周转速度快，在其他条件不变时，由于预付总资本中的闲置资本的减少，因而同量资本可以占有较大量的剩余价值，提高剩余价值与预付资本的比率即利润率。反之，资本周转速度慢，利润率就低。因此一切可以加快资本周转速度的方法，也是提高利润率的方法。在实际中，那些资本周转速度快的产业、行业和企业，利润率都比较高。

(4)不变资本使用上的节约。马克思特别强调了不变资本的节约对利润率的影响，指出不变资本使用上的节约与利润率成正相关关系。这是因为，$p'=m'v/(c+v)$，c 的减少，$v/(c+v)$的值就会增加，在 m′和 v 都不变时，p′就会提高。不变资本使用上的节约包括：一是不变资本本身使用上的节约；二是不变资本生产上的节约；三是生产排泄物的利用(或曰废物利用)。马克思深刻地指出："产业的向前发展所造成的不变资本的这种节约，具有这样的特征：在这里，一个产业部门利润率的提高，要归功于另一个产业部门劳动生产力的发展……生产力的这种发展，归根到底总是来源于发挥着作用的劳动的社会性质，来源于社会内部的分工，来源于智力劳动特别是自然科学的发展。"(《马克思恩格斯全集》第 25 卷，人民出版社 1974 年版，第 97 页)可见，凡是能节约不变资本的办法，都是提高利润率的办法。

(5)生产要素的价格。各种生产要素价格的变动特别是原材料价格的变动，都会对企业的利润率产生影响，两者之间呈反向关系。因为 $p'=m'v/(c+v)$，在 m′和 m 都不变时，原材料价格提高，c 的数值增加，分母值增加，分数值随之减少，利润率降低；反之反是。或者说，原材料价格的高低，使资本有机构成发生相反方向的变化，在 m′不变时，就会使 p′发生相反方向的变化。当然，原材料价格的变化，还会使企业的这类存量资本发生增值或贬值、束缚或游离，从而也会使利润率间接地发生相应的变化。可见，那些需要使用大量原材料特别是稀缺性原材料的企业，其利润率受到原材料价格变动的影响就比较明显和突出。

马克思关于影响企业资本利润率变化的因素及其变动规律的论述，对今

天企业如何提高利润率仍然有着指导意义的。但是在今天,要提高企业利润率,还要特别注重以下几个因素:

(1)企业产品必须更加强调适销对路。这是因为,第一,现在已不是卖方市场,而是买方市场,生产力的发展已使许多产品供大于求;第二,科学技术的迅速发展及其在生产中的及时应用,新产品不断涌现,老产品的销售遇到了很大的困难;第三,居民生活质量的提高,也要求有品种、花色更多,质量更好的产品。如果产品不适销对路,不但不能获得较多的利润,而且还可能亏损。

(2)新的科学技术的发展及其在生产中的及时应用,对企业的利润率的影响比以前更突出。因为哪个企业能运用新技术开发新产品,它就能最先高价出售,获得超额利润。

(3)企业管理水平对其利润中的影响也比以前更突出。因为企业间的竞争比以前更加激烈。如果企业经营管理水平低,既不能抓住机遇,又难以降低成本,这样就有可能在激烈的市场竞争中被淘汰,从而就谈不上提高利润率的问题。

149. 为什么必须按平均利润率规律办事?在我国,应当怎样才能使平均利润率规律更好地发挥作用,或者说应当创造哪些条件,才能使平均利润率规律真正发挥作用?

平均利润率,简单地说,就是多个不同生产部门的不同利润率的简单平均数,用公式表示,就是:

平均利润率($\overline{p}'$)= $(P_1'+P_2'+...P_n')/n$。

式中 p_1'、$p_2'...P_n'$,代表不同生产部门的个别利润率,n 代表生产部门的数量。

严格地说,平均利润率是不同生产部门利润率的加权平均数。用公式表示,就是:

$\overline{p}' = (p_1'K_1+P_2'K_2+...P_n'K_n)/(K_1+K_2+...+K_n)$ = 剩余价值总额/产业资本总额。

式中 K_1、$K_2...K_n$ 代表不同生产部门单位产品成本,K_1P_1'、$K_2P_2'...K_nP_n'$,代表不同生产部门的利润(这里指未被分割的 m)总量。

平均利润率规律是指等量资本获得等量利润，就是按平均利润率分配给不同生产部门每100资本的等量利润。“就利润来说，不同的资本家在这里彼此只是作为一个股份公司的股东发生关系，在这个公司中，按每100资本均衡地分配一份利润。因此，对不同的资本家来说，他们的利润之所以有差别，只是因为他们投在总企业中的资本量不等，因为他们在总企业中的入股比例不等，因为他们持有的股票数不等。”(《马克思恩格斯全集》第25卷，人民出版社1974年版，第177～178页)

上述关于个别利润率的量的变化规律也适用于平均利润率的量的变化规律，只不过平均利润率的变化比较缓慢，而且因为在各个生产部门的个别利润率的相反方向的变化可以相互抵消时，它们的变动就不会对平均利润率发生影响。平均利润率的变化主要受两个因素的影响：“1. 不同生产部门的资本的有机构成，从而各个部门的不同的利润率；2. 社会总资本在这些不同部门之间的分配，即投在每个特殊生产部门因而有特殊利润率的资本的相对量；也就是，每个特殊生产部门在社会总资本中所吸收的相应份额。”(《马克思恩格斯全集》第25卷，人民出版社1974年版，第182～183页)

平均利润或平均利润率形成的条件是，不同生产部门之间的竞争广泛存在，资本等生产要素可以在不同生产部门之间自由转移，或者说，资本等生产要素可以自由地从利润率低的部门转移到利润率高的部门。资本等生产要素要能在不同生产部门之间自由转移，就要求有一个统一的全国市场，或者说就是打破地区封锁和行业壁垒，就不能有“条块分割”，就不能有“诸侯经济”，总之一句话，就是要彻底打破一切封建割据。同时，生产的主观条件——劳动者(包括管理人员)必须有较高的素质，能够适应变化了的劳动岗位。恩格斯在《资本论》第3卷《增补》中详细地论述了利润平均化的历史过程和条件。

可见，平均利润率规律是市场经济高度发展条件下的一条重要的经济规律。它的作用是有利于整个社会生产的按比例发展，促进产业结构的优化；有利于资源的合理配置，减少资源的浪费；有利于促进各个生产部门不断提高技术水平和经营管理水平，有利于冲破地区封锁和行业壁垒。

但是目前在我国，首先，无论是理论界还是政府对利润平均化问题的研究和重视还不够。其次，我国真正的全国统一市场尚未完全形成，旧的经济政治体制所造成的地区封锁、条块分割、部门所有的格局还没有完全打破，生产要素和产品在全国范围的真正自由流通格局也未完全形成,地区、部门垄断受到保护。特别是资本、人口和紧俏商品的自由流通还被一些旧的法规、制度保护,许多落后的生产、比较严重的重复建设,仍然在保护地方和部门利益下存在;行业垄断扼杀自由竞争,严重制约资本等生产要素在不同生产部门之间的自由转换。这一切都人为地妨碍平均利润率的形成,不利于依靠市场合理、优化资源配置,造成很大浪费。再次,是国家的价格政策、财政税收政策也没有充分起到合理调节各个生产部门的比价关系,甚至在一些地方还保护落后。再次,交通、通讯比较落后和不平衡,信息的不对称,缺乏资本自由流动的外部条件,也在一定程度上影响平均利润率的形成。最后,劳动者的素质不高,还不能适应岗位不断变化的要求。

因此,要加快我国平均利润率的形成进程,在全国范围内更好地依靠市场机制来合理优化资源配置,第一,必须彻底打破地区封锁和条块分割、部门所有的各种体制性限制,从体制上为资本等生产要素的自由流动或转移创造条件。要让市场来发挥资源配置的基础性作用,再也不能依靠政府直接调控来发挥资源配置的基础性作用。鼓励竞争,防止和反对垄断。政府在这方面的职能就是利用价格、信贷、财政、税收等政策杠杆,来促进、引导资本等生产要素在不同部门、行业、地区之间的自由转移。第二,要全面运用各种方式,实现资本等生产要素在各个部门、行业和地区的自由转移。这些方式包括资本等生产要素的存量转移和增量转移相结合,以增量转移为主;货币资本转移和非货币资本转移相结合,以货币资本转移为主;依靠市场转移和依靠计划转移相结合,以依靠市场转换为主。第三,要大力发展交通通讯和信息产业,为资本等生产要素在全国范围内的自由转移提供更快捷、高效的外部条件。第四,要大力发展科技教育事业,不断提高劳动者的素质,使劳动者能够适应劳动岗位经常变换的要求。

恩格斯认为,只有"把一向阻碍资本从一个部门转移另一个部门的绝大部分障碍消除掉",利润平均化的过程才能"大致完成",它是市场经济充分发挥的"最后结果之一",也是现代市场经济发展的"历史出发点之一"(《马克思恩格斯全集》第 25 卷,人民出版社 1974 年版,第 1027、1021 ~ 1022 页)。可见,平均利润率是否真正形成,既是市场经济发展的结果,又是市场经济进一步发展的前提,是市场经济体制是否完善的基本标志。

150. 我国存不存在平均利润率趋向下降的规律？这个规律会发生什么样的作用后果？

首先，平均利润率趋向下降的规律是市场经济的一条规律，同时也是社会化大生产的一条规律。所以它必然存在于我国经济社会生活中。

我们知道，平均利润率趋向下降是资本有机构成不断提高的必然结果。因为$\overline{p}'=m'v/(c+v)$，在平均$\overline{m}'$不变时，或者在整个社会平均剩余价值率$\overline{m}'$提高小于整个社会资本的有机构成的提高时，由于资本积累，整个社会资本的平均构成必然不断提高，从使$v/(c+v)$的分数值不断下降，进而使平均利润率趋向下降。

资本的平均构成不断提高，是社会生产力不断发展的另一种表现，它表示单个劳动者平均推动的不变资本量的不断增加。例如，过去是几个人共同使用一台机器，现在是一个人使用几台机器。

但是，平均利润下降的规律是一个二重性的规律。这就是说，平均利润率的下降和利润量的绝对增加同时并存。这在当前的大型企业中表现十分突出。因为资本积累的增加，虽然一方面使社会资本的平均构成不断提高，平均利润率下降；但另一方面又使社会资本总量不断增加，这时可变资本的相对量（占社会总资本的比例）减少了，而绝对量却大大增加了，在剩余价值率不变时，它就可以带来更多的利润或剩余价值。例如：

阶段	社会总资本	c	v	c∶v	m′(%)	m	p′(%)
过去	100	70	30	7∶3	100	30	30
现在	200	160	40	8∶2	100	40	20

平均利润率下降这个二重性的规律，它表现为一方面是以资本的一定量（如100）为尺度计算，在资本有机构成提高的情况下（在上表中由7∶3提高为8∶2），这个一定量资本（100）的利润和利润率下降了（由原来的30和30%下降为20和20%）；另一方面从不断增长的整个社会资本或单个（企业）资本（上表为由100增加到200）来看，由于可变资本的绝对增加（上表为由30增加40），在剩余价值率不变时，它的利润总额就会增加（由30增至40）。

平均利润率的下降，会由于剩余价值率m′的提高、工资被压低到劳动力价值之下、不变资本各种要素的价格下降、相对人口过剩、对外贸易的发展以及股份资本的增加,而受到阻碍。所以平均利润率下降规律又被叫做平均利润率趋向下降的规律,并通过较长时间才能显现出来。尽管有许多因素阻碍平均利润率的下降,但由于社会资本的平均构成不断提高是不可阻挡的历史趋势,所以平均利润下降也是一个不可阻挡的趋势。

最后,既然我国不可避免也存在平均利润率下降的规律。例如,据我国经济统计年鉴,每百元资本利润率,已从"一五"时期的15%左右降低为现在的5%左右。它作为市场经济规律,必然也带来许多问题和矛盾:

一是平均利润率下降和资本积累之间的矛盾加深。资本积累增加,资本有机构成随之提高,从而引起平均利润率下降;平均利润率下降的同时,利润总量绝对增加,从而引起资本积累随之增加。这样不断循环下去,二者之间的矛盾越来越加深。这种情况在我国已经开始显现,在一些大型企业这个矛盾将越来越明显。大企业必须不断扩大投资才能获得与过去相等的利润。

二是剩余价值生产和剩余价值实现之间的矛盾加深。这二者之间本来就存在着矛盾,即二者之间不仅在时间上和空间上是分开的,在概念上也是分开的,剩余价值的实现越来越受到了社会生产各个部门之间的比例不协调、社会消费力特别是劳动者群众消费力的限制。这样二者之间的矛盾将会加深。这在当代我国市场已开始呈现出买方市场、广大低收入者消费力不足的情况下,这种矛盾有可能不断加深。

三是生产扩大和价值增值之间的矛盾加深。平均利润率下降和生产的不断扩大二者之间互为因果。生产扩大和价值增值之间矛盾的加深表现在:第一,一方面是生产扩大引起资本有机构成提高从而引起平均利润率的下降;另一方面,追求剩余价值的增加则会带来平均利润率的提高;第二,生产扩大引起平均利率的下降,但利润总量的增加又引起资本积累总量的增加,从而引起生产的再扩大和平均利润率的再下降,形成平均利润率下降的恶性循环;第三,社会生产力发展使资本总量增加的同时使原有资本贬值,使平均利润率提高,而平均利润率的提高使资本积累增加、资本有机构成提高,又使平均利润率下降;第四,原有资本贬值使同量资本的物质要素的使用价值量增加,从而成为增加价值增值的手段,引起利润量的增加,而这又会引起平均利润率的下降。总之,这种矛盾反映在我国当前,主要表现为生产扩大了,但利润并没有表现按以往的同比例增长，挣钱更难了。但是为了挣更多的钱，还得不断扩大生产。

四是人口过剩和资本过剩之间的矛盾加深。资本过剩实质上总是指那些因平均利润率的下降但又不能由利润量的增加而得到补偿的资本的过剩。从自由资本主义后期直到现在，发达国家表现出明显的这种资本过剩，所以形成了对外资本输出的局面。资本过剩引起两个相互对立但又互为因果的现象：一方面是失业的资本；另一方面是失业的人口。资本过剩实际是资本积累的过剩。资本积累过剩使新追加的等量资本只能获得与以前一样多甚至更少的利润；同时它又引起资本有机构成的提高，造成工人人口相对过剩。这种矛盾在我国现在已经开始明显地表现出来。如在一些发达地区，投入等量资本只能获得比以前要少得多的利润；资本积累的不断增加，资本有机构成不断提高，工人人口相对过剩，不仅中小型企业出现了工人下岗，而且大型企业也出现了工人下岗；特别是由于生产的不断扩大、资本积累的增加、资本有机构成的提高，我国本来就人口过多，这就更增加人口相对过剩的压力。许多人提出，我国经济增长速度那么快，为什么就业人口不能相应增加反而失业人口在不断增加，这是什么原因造成的。我们认为这主要是因为我国经济快速增长是以资本积累的不断增长所带来的资本有机构成不断提高的结果，特别是由大工业、大企业、高新技术产业的不断发展的结果。而这些发展对劳动人口的吸收相对较少，所以新增就业人口并没有按比例增加。同时，原有的中小企业，其中有相当数量的由于技术和设备落后从而资本有机构成低，已处于亏损或濒临破产的境地，从而出现工人下岗；要加强技术改造提高资本有机构成，又会出现工人过剩。如果经济发展主要依靠提高资本有机构成来实现，特别是新的重大经济增长点是靠提高资本有机构成来实现，人口相对过剩将是难以避免的。因此必须同时注重我国劳动人口数量特点，大力发展劳动密集型经济，否则很难改变我国劳动人口相对过剩的状况。

151. 什么叫第一种社会必要劳动时间和第二种社会必要劳动时间？在部门之间竞争和市场供求不一致的条件下，商品价值量是怎样由这两种社会必要劳动时间共同决定的？

在当代社会，在一个国家内部，在部门之间竞争已经广泛存在和商品供求不平衡的情况下，商品价值量的决定问题更加复杂。但是，我们研究商品价值量的决定问题时必须遵循从简单到复杂、由抽象到具体的逻辑与历史相一致的方法。而这种研究所得出的结论，意义又相当重大。

(1)所谓第一种涵义的社会必要劳动时间，是指生产某一种同质商品(如电视机)所花费的社会平均劳动时间。其前提条件是尽管有生产该种商品不同企业之间的竞争但假定这种商品的市场供求是平衡的。可见这是一种很抽象的研究，它只适用于商品经济的初期阶段。因此，抽象地说，一个商品价值量的确定，主要有两种方法。一是简要平均法：即计算生产该种商品的不同企业的个别价值的简单平均数。例如，生产某种商品的企业有3个，它们的个别价值量分别4、5、6个时间单位：

企业	个别价值	价值
1	4	5
2	5	5
3	6	5
合计	15	15

这样，这种商品的价值量就是5个时间单位。各个企业生产的商品所耗费的个别劳动时间之和与商品总量的总劳动时间相等，都等于15个时间单位。如果商品供求平衡，则全部劳动时间都得到了社会的承认。

但是简单平均法的计算没有考虑不同个别价值的企业在整个生产中所占的比例，因此这种计算是不准确的。它必须用加权平均法来计算该种商品的价值量。马克思说："严格地说，每一单个商品或商品总量的每一相应部分的平均价格或市场价值，在这里是由那些在不同条件下生产的商品的价值相加而成的这个总量的总价值，以及每一单个商品从这个总价值中所分摊到的部分决定的。"(《马克思恩格斯全集》第25卷，人民出版社1974年版，第205页)。例如：

企业	产量	个别价值	个别价值总和	价值(简单平均)及总和		价值(加权平均)及总和	
优等条件	65	4	260	5	325	4.45	289.25
中等条件	25	5	125	5	125	4.45	111.25
劣等条件	10	6	60	5	50	4.45	44.50
合计	100		445		500		445

在该种商品市场供求平衡的条件下，该种商品的价值只能是4.45个时间单位，而不应是5个时间单位。

可见，第一种社会必要劳动时间只是指生产某种商品的社会平均劳动时间。

（2）所谓第二种社会必要劳动时间是指全社会各个生产部门中所生产的每一种社会需要的商品总量所需要的社会必要劳动时间总量。这是在不仅有部门内部竞争而且有部门之间竞争（即资本可以不同部门之间自由转移）和商品的市场供求不一致的情况下研究单个商品价值量的确定问题。这种研究才与商品价值量决定所存在的实际情况相符，即不再是一种抽象的假定。马克思在《资本论》第3卷第10章等许多地方详细地研究了这种情况下的商品市场价值量的确定问题。

为了正确说明这种情况下的商品市场价值的确定问题，首先要把供求区分为社会供求和市场供求，看这两种供求在市场价值量确定中的不同作用。

所谓社会需求："本质上是由不同阶级的互相关系和它们各自的经济地位决定的。"（《马克思恩格斯全集》第25卷，人民出版社1974年版，第203页）在一定的生产力水平和分配关系下，社会需求量包括社会各阶层人口各自的中等生活水平所需要的生活资料量、简单再生产时所需要的生产资料量和扩大再生产所需要追加的生产资料量和生活资料量、人口增加时所需要的生活资料量。

社会需求要求社会供给来保障。所谓社会供给，就是社会必须将它所支配的劳动时间总量，根据社会需求按比例地分配给各个特殊生产部门，以满足社会对各种产品的需求。"事实上，因为商品生产是以分工为前提的，所以，社会购买这些物品的方法，就是把它所能利用的劳动时间的一部分用来生产这些物品，也就是说，用该社会所能支配的劳动时间的一定量来购买这些物品"。（《马克思恩格斯全集》第25卷，人民出版社1974年版，第208～209页）

因此，社会供给和社会需求之间存在着必然的联系，即"一方面，耗费在一种社会物品上的社会劳动的总量，即总劳动力中社会用来生产这种物品的部分，也就是这种物品的生产在总生产中所占的比重，和另一方面，社会要求用这种物品来满足的需要的规模之间"，建立起联系。（《马克思恩格斯全集》第25卷，人民出版社1974年版，第209页）也就是说，社会供给必须与社会需求相适应。各种商品的社会需求量,要求社会把社会劳动总量的相应部分分配给各个特殊生产部门。这个相应的社会必要劳动时间,就是第二种意义的社会必要劳动时间。因此,由社会需求量决定并由社会供应量来保障的、按一定比例分配给每一特殊生产部门的这种第二种意义的社会必要劳动时间,首先决定每一特殊生产部门的商品总量的市场价值总量。马克思对此进行了十分精辟的论述。他说:

"商品的个别价值应同它的社会价值相一致这一点,现在在下面这一点上得到了实现或进一步的规定:这个商品总量包含着为生产它所必需的社会劳动,并且这个总量的价值=它的市场价值。"(《马克思恩格斯全集》第25卷,人民出版社1974年版,第203页)

"要使一个商品按照它的市场价值来出售,也就是说,按照它包含的社会必要劳动来出售,耗费在这种商品总量上的社会劳动的总量,就必须同这种商品的社会需要的量相适应,即同有支付能力的社会需要的量相适应。竞争,同供求关系的变动相适应的市场价格的波动,总是力图把耗费在每一种商品上的劳动的总量化为这个标准。"(《马克思恩格斯全集》第25卷,人民出版社1974年版,第215页)

"事实上价值规律所影响的不是个别商品或物品,而总是各个特殊的因分工而互相独立的社会生产领域的总产品;因此,不仅在每个商品上只使用必要的劳动时间,而且在社会总劳动时间中,也只把必要的比例量使用在不同类的商品上。"(《马克思恩格斯全集》第25卷,人民出版社1974年版,第716页)

"社会劳动时间可分别用在各个特殊生产领域的份额的这个数量界限,不过是整个价值规律进一步发展的表现,虽然必要劳动时间在这里包含着另一种意义。为了满足社会需要,只有这样多的劳动时间才是必要的。"(《马克思恩格斯全集》第25卷,人民出版社1974年版,第717页)

"商品价值的性质——即价值不是由某个生产者个人生产一定量商品或某个商品所必要的劳动时间决定,而且由社会必要的劳动时间,由当时社会生产条件下生产市场上这种商品的社会必需总量所必要的劳动时间决定。"(《马克思恩格斯全集》第25卷,人民出版社1974年版,第722页)

"不同的生产领域经常力求保持平衡,一方面因为,每一个商品生产者都必须生产一种使用价值,即满足一种特殊的社会需要,而这种需要的范围在量上是不同的，一种内在联系把各种不同的需要量联结成一个自然的体系；另一方面因为，商品的价值规律决定社会在它所支配的全部劳动时间中能够用多少时间去生产每一种特殊商品”。(《马克思恩格斯全集》第 23 卷，人民出版社 1972 年版，第 394 页)

“某一特殊生产领域的每一个别商品的价值决定于这一特殊生产领域内的商品总量所需要的社会劳动时间总量，而不决定于个别商品的个别价值，换句话说，不决定于个别商品的特殊生产者和卖者为这一个别商品花费的劳动时间。”(《马克思恩格斯全集》第 26 卷Ⅱ，人民出版社 1973 年版，第 228 页)

马克思的这些论述十分清楚地说明，首先是第二种意义的社会必要劳动时间决定满足社会需求的某种商品总量的市场价值总量，进而也就决定这种商品总量的每一单个商品的市场价值，并且十分肯定地指出这是价值规律进一步发展的表现，是社会必要劳动的另一种意义。

(3)所谓市场供给，“就是处在市场上的产品，或者能提供给市场的产品。”(《马克思恩格斯全集》第 25 卷，人民出版社 1974 年版，第 208 页)商品是使用价值和价值的统一物，因而处在市场上的商品不仅是一定量的使用价值，而且也是一定量的个别价值(或价格)。“在市场上现有的物品量和这些物品的市场价值之间只有这样一种联系：在一定的劳动生产率的基础上，每个特殊生产部门制造一定量的物品，都需要一定量的社会劳动时间。”(《马克思恩格斯全集》第 25 卷，人民出版社 1974 年版，第 208 页)

(4)所谓市场需求，包括对生产资料和生活资料的需求，它表现为由商品的货币价格变动时对某种商品的需求量，即支付能力的需求。同样，市场上某种商品的需求量在劳动生产率一定时，它也包括已经耗费一定量的社会劳动时间。

(5)第一种意义和第二种意义的社会必要劳动时间共同决定每一种单个商品的市场价值量。这就是在部门内部和部门之间都存在竞争以及市场供求不一致的条件下的每一单个商品的市场价值量的决定问题。

在市场供求一致时，生产某种商品的第一种意义的社会必要劳动时间总和(用 $\sum \mathrm{I}a$ 表示)就同第二种意义的社会必要劳动时间(用 $\mathrm{II}a$ 表示)相等，即 $\sum \mathrm{I}a=\mathrm{II}a$。这样，该种商品的每个商品的市场价值就是 $\mathrm{II}a$(或 $\sum \mathrm{I}a$)除以该种商品总量。例如，社会总劳动时间按社会需求量分配给电视机生产部门为 20 个时间单位，社会需要该生产部门生产商品 100 台，每台电视机的价值量=20/100 个单位时间。

在市场供求不一致时，如果某种商品供大于求，即它的“产量超过了当时社会的需要，社会劳动时间的一部分就浪费了，这时，这个商品量在市场上代表的劳动社会量就比它实际包含的社会劳动量小得多。”（《马克思恩格斯全集》第 25 卷，人民出版社 1974 年版，第 209 页）因为如果物品没有用，那么它其中包含的劳动也就没有用，不能算做劳动，因此它不形成价值。在这种情况下，尽管这个部门生产的商品总量所花费的劳动时间是第一种意义的社会必要劳动时间即∑Ⅰa，但由于它超过了社会规模的需要，有一部分没有使用价值，因此就有一部分劳动时间不形成价值，即∑Ⅰa 尽管大于Ⅱa 但它只能等于Ⅱa，即社会只承认∑Ⅰa 等于Ⅱa 的部分。如前例，社会只需要 100 台电视机，每台电视机的价值=20/100 个单位时间；现在生产电视机 200 台，共花了 40 个时间单位，但社会只需要电视机 100 台，所以每台电视机的价值仍然是 20/100 个时间单位，这样，就有 20 个时间单位不形成电视机的价值。如果生产者要想把电视机全部卖掉，则只好按每台 20/200 个单位时间的价格出售。相反，在商品供不应求时，单个商品的价值量决定情况就相反。总之，在某种商品的市场供求不一致时，∑Ⅰa 与Ⅱa 就会不相等，或者是∑Ⅰa>Ⅱa，或者是∑Ⅰa<Ⅱa。但由于Ⅱa 对每种商品的单个商品的市场价值的决定作用，不管∑Ⅰa 大于或小于Ⅱa，商品只能按Ⅱa 确定的新的市场价值（如Ⅰa1）出售，这样，该商品的市场价格就会出现高于或低于其市场价值。在现实的市场上，某种商品的价格高于或低于其价值，就是说明它供不应求或供过于求，说明它的生产总量不足或过多，说明它按社会需求分配到社会劳动时间中的比例过小或过大。这正是第二种社会必要劳动时间决定商品的规律发挥作用的结果。

152. 马克思关于第二种社会必要劳动时间的原理对我国经济建设有什么重大指导意义？

马克思关于第二种社会必要劳动时间决定一种商品总量的市场价值总量的原理，对我国今天的经济建设特别是搞好国民经济的宏观调控，保证生产的按比例发展，具有直接的指导作用：

（1）Ⅱa 决定价值，是按比例分配社会劳动的必要性的这一原则在市场经济社会中的表现形式。为了满足人们的各种社会需要，社会必须将它所能支配的总劳动时间按比例地分配给各个特殊的生产部门。马克思认为，这种按比例分配社会劳动的必要性，绝不可能被社会生产的一定形式（即生产关系）所取消，而可能改变的只是它的实现形式。在商品经济或市场经济社会中，这种按一定比例把社会劳动总量分配给各个特殊的生产部门，是通过市场来实现的。在自然经济社会中，它是通过自给自足的形式实现的。这是Ⅱa 决定价值的规律的主要内容和要求。而Ⅰa 决定价值的规律只是在一个部门内部发挥合理配置劳动时间的作用。我们通常说价值规律调节社会总劳动在各个生产部门之间的分配，实际上是指Ⅱa 的直接作用，而不是Ⅰa 的直接作用；说价值规律促进生产者改进技术，提高劳动生产率，才是Ⅰa 的直接作用。社会主义社会还存在商品生产和商品交换，要大力发展市场经济，就必须按价值规律办事，既要根据社会需要将社会劳动总量按比例地分配给各个特殊的生产部门，保障国民经济的协调发展，又要按Ⅰa 办事，不断提高企业的劳动生产率，增加企业的经济效益。

（2）只有按Ⅱa 决定价值的规律办事，才能保证社会主义生产目的顺利实现。这是因为社会主义生产目的与Ⅱa 决定价值的规律的要求是完全一致的，即都是为了满足社会需要。Ⅱa 决定价值的规律，即为什么社会只把一定量的社会必要劳动时间分配给某一特殊生产部门，“在这里界限是通过使用价值表现出来的。”（《马克思恩格斯全集》第 25 卷，人民出版社 1974 年版，第 717 页）“在这里，社会需要，即社会规模的使用价值，对于社会总劳动时间分别用在各个特殊生产领域的份额来说，是有决定意义的。”（《马克思恩格斯全集》第 25 卷，人民出版社 1974 年版，第 716 页）社会主义生产目的是为了满足人民群众日益增长的物质和文化生活的需要，也是一定规模的各类使用价值。马克思明确地指出未来社会生产目的和达到目的的手段之间关系：“只有在生产受到社会实际的预定的控制的地方，社会才会在用来生产某种物品的社会劳动时间的数量，和要由这种物品来满足的社会需要的规模之间，建立起联系。”（《马克思恩格斯全集》第 25 卷，人民出版社 1974 年版，第 209 页）生产资料的社会主义公有制决定了社会主义生产目的是为了满足社会需要，也决定了社会能够自觉地按Ⅱa 决定价值的规律办事，把社会劳动时间总量按比例地分配给各个特殊生产部门。

(3)只有按Ⅱa决定价值的规律办事，才能真正保障国民经济的按比例发展。马克思关于社会生产两大部类（生产资料生产和消费资料生产）之间要保持比例平衡，关于Ⅱa决定价值的规律，都是讲国民经济按比例发展的问题。国民经济各部门之间存在着内在的比例关系，而这个比例的实现是通过Ⅱa决定价值的规律来达到的，正确的计划只是反映人们对这个规律的合理运用。市场和计划都是经济调节的手段。两者之间并不矛盾。经济计划试图在主观上实现国民经济的按比例发展，Ⅱa决定价值的规律在客观上自然实现国民经济按比例发展。因此，经济计划的制订和实现，必须自觉地遵循Ⅱa决定价值的规律。可见计划与市场二者之间不是相互排斥的，而是相互制约、相互促进、相互补充的。实行计划经济，其任务无非是以满足各种社会需要为前提来保障国民经济的各种重大比例关系协调起来，而Ⅱa决定价值规律，它的要求就是根据社会需要把社会总劳动时间按比例地分配给各个特殊生产部门。

我们以前讲国民经济按比例发展是社会主义经济发展的特有规律，这是不对的，它是一切社会经济发展的共有规律。因为按比例发展，如马克思所说它不可能被社会生产的特殊社会形式即不同社会生产方式所取消，而只是它的实现形式或实现手段不同，它既可以用市场手段来实现，也可以用计划手段来实现。用计划手段来实现，是社会化大生产发展的要求，又是克服完全的市场自由调节的弊端的需要，而完全的市场自由调节正是Ⅰa决定价值的规律的缺陷。计划的出现，既是社会化大生产发展的客观要求，也是克服完全的市场自由调节所带来的缺陷的要求。说社会主义公有制才要求国民经济有计划按比例是片面的，只能说社会主义公有制为国民经济有计划按比例提供了更有利的条件或可能。

我们以前讲国民经济按比例发展，常常强调生产资料和劳动力之间的比例或产成品与中间产品之间的比例，例如，一辆汽车和一位驾驶员之间的比例关系、生产一吨钢铁需要多少铁矿石、多少焦炭、多少电力等之间的关系。这种论证是必要的，但只强调生产的技术比例也是有缺陷的，后果往往是不好的。因为各个生产部门之间的这种技术比例，要受到各种产品特定的社会需要量制约的。如果各个生产部门之间的比例已经出现不平衡，某些部门生产已经不足或过剩，这样尽管一些部门之间生产的技术比例比较合理，但整个社会生产却会在全局上出现严重的比例失调现象。“以钢为纲”、“以粮为纲”，就是这种错误的典型。Ⅱa决定价值的规律要求的生产规模是以满足各种产品的特定的社会需要为前提来按比例分配社会劳动总量的，而不是以各个生产部门之间的技术比例为前提来分配社会劳动总量的。“这是因为条件仍然是使用价值。但是，如果说个别商品的使用价值取决于该商品是否满足一种需要，那末，社会产品总量的使用价值就取决于这个总量是否适合于社会对每种特殊产品的特定数量的需要，从而劳动是否根据这种特定数量的社会需要按比例地分配在不同生产领域。”(《马克思恩格斯全集》第25卷，人民出版社1974年版，第716页)也就是说，按比例发展，是以各种生活资料或最终产品之间的比例为根本标准的，然后才去计算和安排与之相对应的各种比例关系。

(4)在市场经济条件下，只有按Ⅱa决定价值规律办事，才能充分发挥市场机制对资源配置的基础性作用。如前所述，Ⅰa决定价值是以市场供求一致为前提的，是在某一特定生产部门内发挥作用的。某种商品市场供求一致时，价格等于价值，$\sum$Ⅰa=Ⅱa。这其实也是Ⅰa和Ⅱa共同决定该种商品的价值或价格。但是，在某种商品市场供求一致时，人们往往只看到Ⅰa对价值的决定作用，看不到Ⅱa对价值的决定作用，甚至认为只是Ⅰa决定价值的规律在起决定作用。这是一种直观上的错觉。这种情况说明这个商品生产部门符合社会对它的需要比例。马克思说，市场供求平衡是个别的和偶然的，供求不平衡是大量的和经常的。只是在市场供求不一致时，特别是市场供求差额很大时，人们才会痛苦地感觉到Ⅱa对价值的决定作用，才感觉到国民经济的比例严重失调。人们在没有违背经济规律时，往往感觉不到Ⅱa的存在并发生作用，只是在违反经济规律并受到它的惩罚时，才会感受到它的存在并发生作用。Ⅱa决定价值，是把市场供求不一致、价格和价值的背离、部门内部及部门之间的竞争等市场机制都考虑在内的。这样，按Ⅱa决定价值的规律办事，就是要充分依靠市场机制来按比例分配社会劳动时间总量或社会经济资源总量。这样，市场供求机制、市场价格机制、市场竞争机制等，就真正成为包括Ⅰa和Ⅱa共同决定商品价值的规律借以发挥作用的实现形式，经济资源的合理有效配置就通过市场机理得到了实现。

总之，Ⅱa决定价值的规律即根据社会需要按比例分配社会劳动总量的规律,如马克思所说是“更高程度的规律”,它对我国国民经济建设的重大经济决策,对于正确处理宏观经济中的重大比例关系,有着极其重要的指导作用。

153. 商业职工劳动是不是生产劳动?它创不创造商品价值和剩余价值(或商业利润)?他们是不是生产劳动者?

这是我国改革开放后,理论界和广大商业职工提出来的一个重要的理论和实际问题。特别是商业战线的广大职工认为,如果他们的劳动不是生产劳动,不创造价值和剩余价值,他们就与产业工人不同,似乎就不是生产劳动者,就不是我国工人阶级的一部分,就对国民生产总值生产没有贡献!看来这不仅是一个经济问题,而且也是一个政治问题。

我们认为,答案应该是肯定的。

但是,看来问题出在马克思的有关论述上。

马克思在《资本论》中认为,商业劳动不创造价值和剩余价值,只是实现商品中包含的价值和剩余价值,商品流通中的非生产性费用即纯粹流通费用(包括商业投资即 c+v),是由工业企业中工人创造的剩余价值补偿的。他的论据是,在最初的商品交换中,工业企业是后门开厂,前门开店,前门开店出售商品所花费的费用如店本身的建设费用(c)、店员的工资(v),都是工厂用剩余价值支付的,店员并未给工厂的商品创造出价值和剩余价值(这种情况也适用于小商品生产者的亲自出售商品)。后来,商业独立化了,即有一部分人、一部分资本,独立进行商品的买卖活动。马克思认为这也不会改变问题的实质,即商业资本(c+v)是从全社会的剩余价值转移来的,是由全社会的剩余价值即全社会的产业工人创造的剩余价值补偿的。进一步地说,从历史上看,重商主义者认为商业劳动也是生产劳动,是社会财富的创造主体。马克思不赞成重商主义者的这个观点,认为商业劳动不是生产性劳动。

看来,马克思的论点和论据都值得再研究。其实,理论界对马克思的论点一直有不同看法,一部分人认为商业劳动也是生产性劳动,商业职工也创造价值和剩余价值。

其实,商业职工的构成是很复杂的,哪些商业职工创造价值和剩余价值,哪些商业职工不创造价值和剩余价值,也很难分得十分清楚的。例如,商业职工中，有的人从事商品运输工作，有些人从事商品保管工作，有些人从事商品维修工作，有些人从事商品的直接出售工作（即包括站柜台出售、收款、商店的秩序维护、安全、卫生等工作）。承认商品运输、保管、修理劳动是生产劳动，他们创造价值和剩余价值，但单纯从事出售商品的劳动者也有运输、保管、修理等工作，只是工作量小些而已。笼统说商业劳动是不是生产劳动，是不创造价值和剩余价值，是不确切的。

再者，商业投资中不仅仅是纯粹流通费用（即簿记、结算等费用），大量的是生产性费用（包括商店建造、仓库建造、运输费用、保管费用等）。不能说这些费用都是由产业工人生产的剩余价值来补偿的。如果说是，那又是如何补偿的。如果说是，一切扩大再生产的费用都是由剩余价值补偿的。投在工业中的不变资本和可变资本，是生产性投资，投在商业中的可变资本和不变资本，就不是生产性投资，这在逻辑上是讲不通的。

更为重要的是，现代市场经济的高度发展，在商业领域的劳动者数量很大。在发达国家，商业等服务业的职工人数已经大大超过产业工人的人数。在我国，商业等服务业的职工人数已占产业工人人数的近50%。我们总不能认为整个国民生产总值或国民收入都是产业工人（含农业劳动者、交通运输职工）和建筑业工人等创造的吧。

在当代社会，生产劳动分工越来越细，产品的生产链越来越长，从而生产劳动和生产劳动者的外延在不断扩大。同时，在市场经济条件下，价值实现或流通也属于广义的生产，即如马克思所说，商品如果没有进入消费，生产过程就没有最终完成。

我们在前面已经说过，从不同的角度可以对生产劳动作出不同的定义。从人类生产一般来看，凡是生产产品和劳务的劳动都是生产劳动，从市场经济角度来看，凡是生产和实现商品价值的劳动都是商品生产劳动，从社会生产目的不同的角度来看，凡是能为资本家生产剩余价值的劳动都是资本主义生产劳动，凡是为社会生产目的直接服务的劳动都是社会主义生产劳动。

我们还必须看到，三次产业的划分与劳动价值论并不矛盾，第三产业的职工包括商业职工也创造价值和剩余价值，是社会生产劳动分工发展结果的新概括。

154. 什么叫资本家？雇八个工人就是资本家吗？

在《资本论》中，“资本家”一词是使用频率最高的概念，但直接给资本家这个概念下定义的地方却是很少。经典的定义是：“资本家即人格化的资本”。（《马克思恩格斯全集》第23卷，人民出版社1972年版，第342页）这个定义似乎带有人文主义的色彩。但是根据马克思的有关论述，我们可以把资本家定义为：单纯凭借自有资本剥削雇用工人剩余价值的人。一般辞书的定义也大致如此。这样，资本家就是资本主义特有的经济范畴。

但是，根据我们前面关于资本的三个不同涵义，资本家也应当有三个不同的涵义，即它还是商品经济范畴和一切社会经济的共有范畴。就它是商品经济范畴来说，资本家就是企业主，从而资本家是个中性范畴。下面所要研究和回答的问题仅指作为资本主义经济特有范畴的资本家。

马克思还根据资本所有权和使用权的分离，把资本家分为货币资本家和职能资本家。前者是凭借单纯资本所有权无偿占有他人剩余劳动，后者是凭借资本使用权无偿占有他人剩余劳动。

在马克思的这些概念之中或概念之外，受到了不少理论上和实践上的挑战。

挑战之一：对资本家的定性分析多，定量分析少。

雇工8人就是资本家的意见是站不住脚的。

由于对资本家问题的定量分析少，很难确定有多少资本或雇用多少工人才算是资本家。这大概是一个理论上的难题。但这个难题不解决，就很难把一些人定为资本家。马克思在《资本论》第1卷第9章中试图对什么人才可以称为资本家进行了量化分析。于是有人就根据马克思在那里的论述，把雇用8个工人就定为资本家。

我们认为，马克思在那里是举例分析，而不是定量分析。为真正搞清问题，我们不妨把马克思的原话引出：

“对剩余价值生产的考察中可以看出，不是任何一个货币额或价值额都可以转化为资本。相反地，这种转化的前提是单个货币所有者或商品所有者手中有一定的最低限额的货币或交换价值。可变资本的最低限额，就是为取得剩余价值全年逐日使用的一个劳动力的成本价格。假设这个工人自己占有生产资料，并且满足于工人的生活，那末只要有再生产他的生活资料的必要劳动时间，比如说每天 8 小时，对他来说就够了。因而他也只需要够 8 个劳动小时用的生产资料。但是，资本家除这 8 小时外还要工人再进行比如说 4 小时剩余劳动，这样，他就需要一个追加的货币额，来购置追加的生产资料。按照我们的假设，他必须使用两个工人，才能靠每天占有的剩余价值来过工人那样的生活，即满足他的必要的需求。在这种情况下，他的生产目的就只是维持生活，不是增加财富；而在资本主义生产下，增加财富是前提。为了使他的生活只比一个普通工人好一倍，并且把所生产的剩余价值的一半再转化为资本，他就必须把预付资本的最低限额和工人人数都增加为原来的 8 倍。诚然，他自己也可以和他的工人一样，直接参加生产过程，但这时他就不过成了介于资本家和工人之间的中间人物，成了'小业主'。资本主义生产发展到一定高度，就要求资本家能够把他充当资本家即人格化的资本的全部时间，都用来占有从而控制别人的劳动，用来出售这种劳动的产品。中世纪的行会力图用强制的办法防止手工业师傅变成资本家，限定每个师傅可以雇用的劳动者的人数不得超过一个极小的最高限额。货币或商品的所有者，只有当他在生产上预付的最低限额大大超过了中世纪的最高限额时，才真正成为资本家。在这里，也像在自然科学上一样，证明了黑格尔在他的《逻辑学》中所发现的下列规律的正确性，即单纯的量的变化到一定点时就转化为质的区别。"（《马克思恩格斯全集》第 25 卷，人民出版社 1974 年版，第 341～343 页）

马克思在这一大段话中，主题是为了说明"不是任何一个货币额或价值额都可以转化为资本"的，只有达到一定数量时，货币所有者才能成为资本家。

我们认为，马克思在这里说雇用 8 个工人的货币所有者就是资本家，不能认为是定量分析或成为资本家的定量标准，而只能理解为是举例分析。恩格斯在《反杜林论》一书中明确指出这是"举例"。其理是：

第一，假定的条件完全是一种"假设"：资本家本人生活水平比工人高一倍；工人一天工作 12 小时，其中剩余劳动为 4 小时；即剩余价值率为 50%；积累率为 50%，即剥削来的剩余价值一半用于扩大再生产。这样，正好需要雇用 8 个工人。这仅仅是为了计算的方便。

第二，资本家比工人生活好一倍，这个标准是很低的。进一步地说，比工人生活好一倍的人，就成了资本家标准的人了吗？况且马克思这里并没有把资本家的家属的生活考虑在内。

第三，工人要工作12小时，这是什么样的时代标准或行业标准。这能行得通吗？

第四，剩余价值率是50%，这又是什么样的时代标准？

第五，一个工人推动多少价值量的生产资料，马克思并没有说明。这在不同社会生产力水平下是不同的，即在不同时代，资本的平均构成是不同的。

第六，积累率是50%，这是什么时代、什么行业的标准或要求？

总之，这些假设不可能适用于不同生产发展阶段、不同行业、不同地区，也不能认为是资本主义开始时期的一般标准。如果把这些定为一个人成为资本家的资本数量标准，在实际中将肯定难以贯彻。而且，马克思还说，这个人如果还参加生产劳动，他就不是资本家，而是“小业主”。

把马克思的这种举例分析当做定量分析或定量标准，可以说是一种教条主义理解和运用马克思主义的典型。的确，对有多少资本才算资本家是一个很重要但又很困难的事情。它既要考虑到当时的社会生产力水平，又要考虑到不同行业和不同地区之间的生产力差别、社会资本的平均构成、社会平均剩余价值率和社会平均资本积累率、社会平均生活水平、家庭平均人口等许许多多因素，而且这些数据又是在不断变化着的。这需要有详细的、及时的、准确的统计数据来支撑。采取懒汉的办法、教条主义的办法，往往会把问题搞错、搞坏。在我国当今，把雇用8个工人定为资本家或资本家企业即所谓的“私营企业”，肯定不符合马克思的原意，是懒汉的做法和教条主义的做法，也是“左”的思想的流毒，必须公开加以废除。

155. 股东、银行存款人是不是货币资本家？

这又是一个挑战。股东、银行存款人是不是货币资本家？这是一个敏感的问题。在马克思那个时代，股东只是少数人，现在，股东人数很多，在发达国家，股民占全国人口的半数左右。在我国，股民也有两亿人左右。如果说股东是凭借单纯资本所有权无偿占有他人剩余劳动的货币资本家，那么，很多劳动者也是货币资本家了。而且，股东中还有法人股东，那么，这个法人所代表的企业也就成了集体资本家了。同样，如果说银行存款人也是货币资本家，那么,广大劳动者只要在银行有存款也就是货币资本家了,企业在银行存款就成了集体货币资本家了。股份分散化和银行存款大众化,要求对股东和银行存款人等资本所有者是不是货币资本家进行重新界定。我们认为,不仅一般的银行存款人不是货币资本家,而且一般的股东也不是货币资本家。因为股东并不是企业主。也不能认为大股东是大资本家,小股东是资本家。也不能认为,小股东不是资本家,大股东才是资本家。股份制企业和股份合作制企业一样,是社会所有制企业,是公有制企业,所以这类企业的股东不是资本家,相反是企业劳动者(如果他是企业工作人员的话)。按照马克思的意思,所有制主要表现为实际的占有。无论大股东或是小股东,他们都不是生产资料私有制的承担者。生产资料私有制的承担者或载体是企业或生产经营单位。股东只是财产的私有者,而不是生产资料的私有者。股东的资本在股东手中并不是生产资料,而只是货币资本。股份制企业才把它变成了职能资本,变成了生产资料。

这样,必然有人要问,现实经济生活中到底有没有货币资本家,马克思的货币资本家的概念还能不能成立?我们认为,单就个人来说,必须进行科学的定量分析,究竟个人有多少货币资本并且又不参加任何生产劳动,才能定为货币资本家。但是,股东,无论其股金有多少,都不是货币资本家。

156. 怎样全面正确理解马克思关于职能资本家的认定?社会主义国家还有没有资本家?

这又是一个挑战。职能资本家的概念值得再研究。在马克思看来,单纯凭借资本的使用权来无偿占有他人剩余劳动的人就是职能资本家(或经营资本家)。在马克思的著作中,用银行借款来从事资本经营的人就是职能资本家,股份公司的经营者也是职能资本家。但是,这些人一般都是企业的管理人员甚至是企业高层管理人员。作为管理人员,他又是劳动者(当然是熟练劳动者)。在当今社会,情况更是这样。既说他们是资本家,又说他们是劳动者,他们到底是资本家还是劳动者?我们认为,说他们是高级管理人员更合适,更能反映他们在企业生产经营活动中的地位和作用。或者用一个比较中性的概念——企业主,可能更为恰当。因为,资本家的准确含义是单纯凭借其资本所有权无偿占有他人剩余劳动的人(撇开资本量不说)。经营资本或使用资本也是一种劳动,不过是管理劳动,而且是一种熟练劳动和复杂劳动。资本家可以是资本经营者,但资本经营者不一定是资本家。

再一个问题是社会主义国家有没有资本家。马克思没有想到,在当代世界的社会主义国家,仍然存在市场经济并要大力发展市场经济,资本的概念仍然存在并发生作用,资本不仅有个人所有,也有集体或国家所有。这些资本所有者能不能叫资本家呢?显然除极少数人外都不能叫做资本家,甚至所有的这些人都不能叫做资本家。国家或集体资本的所有者肯定不能被称为资本家,其他各种社会所有制企业的资本所有者(法人)也不能叫做资本家,有股票和银行存款的劳动者不能叫做资本家,个体劳动者、小业主也不能叫做资本家。剩下的就是规模较大的私人企业主(请注意,我们这里用的是“私人”企业,而不是“私营”企业,这两个是不同的概念)能不能叫做资本家呢?这也要进行具体分析:是用借银行的钱来经营的呢还是用自己的钱来经营的呢?如果是前者,如前所述就不能叫做资本家或职能资本家,如果是后者,或许可以叫做资本家。但是,我国宪法规定,非公有制经济是社会主义市场经济的重要组成部分。既然这是社会主义经济,那么,这些人就不能叫做资本家,而应当称为社会主义建设者,或者用一个中性的商品经济范畴——企业主更恰当。这不能仅仅认为是个策略问题,而应当承认这是个战略问题和原则问题。这里人们可能会提出,既然私人企业主不能叫资本家,那么,我国现在到底还有没有资本家?有没有剥削?这个问题我们将在后面分别进行研究。

157. 什么是剥削?利润分配中的哪种收入才能真正叫做剥削收入?企业主收入是不是剥削收入?风险收入是什么性质的收入?

在我国当今,这变成了一个十分敏感的问题,也是人们忌讳和免谈的问题,而且似乎还是一个双重标准(国内和国外的)问题。

我们认为,经济学理论问题和政治问题是相互联系的,但也是有区别的。理论问题或真理问题强调的是它的彻底性,政治问题或政策问题,同时还要强调的是客观效果。理论应用于实际,首要是它的正效应,因此必须讲求策略的灵活性;否则就是教条主义。

剥削就是不劳而获,就是单纯依靠生产资料(或资本)的所有权无偿占有劳动者的剩余劳动果实。这个定义无疑是正确的,是不容否定的。

现在看来,关键是哪种收入才是剥削收入。

(1)银行利息。一般来说,劳动者的银行存款所获利息不是剥削收入。因为他是劳动者,所以他也是社会剩余劳动或社会剩余价值的创造者。利息可以说就是他向社会提供的剩余价值的一部分。不能说劳动者在这里是自己剥削自己。至于非劳动者的银行存款利息是不是剥削收入,这还看他的存款是从哪里来的。如果是他过去或他的亲属的劳动收入的结余,从政治上来看,那也不能认为他获得的利息是剥削收入。除此以外的非劳动者的银行利息,才具有包含剥削收入的可能。而且如前所述,还要计算他的利息量的大小,并根据严格的社会数量标准来确定他是不是货币资本家。

(2)债券利息。情况和道理,与银行利息一样。

(3)股票红利。职工(包括管理人员)购买本企业股票所获得的红利,不能认为是剥削收入。因为企业的股票红利,是他的剩余劳动直接创造的。这就像个体生产者的利润是由自己剩余劳动直接创造的一样。在这两种情况下都不能说劳动者自己剥削了自己。劳动者购买非本企业的其他企业的股票所分得的红利,也不能认为是剥削收入。因为他在本企业创造的利润可能被转移到其他企业中去。只有非劳动者的用非劳动收入购买股票的红利,才具有剥削收入的可能。而且如前所述,必须计算他的股息量的大小,并根据严格的社会数量标准,来确定他是不是货币资本家。而且必须注意,股票是不能还本的。所以股息还是一种风险收入。

(4)企业主收入。我们今天所说的企业主,与马克思那时所说的企业主有所不同。一是马克思假定那时的企业主是完全脱离企业的生产经营活动的,他把这个职能交给了他的经理。现在的企业主可以说基本上不是这样,他是企业的最主要的和最高的管理者。二是马克思所说的企业主,假定是指完全依靠借贷别人资本进行经营的人,是资本使用者。现实中的以及今天的企业主,还有一定数量的自有资本。那么,企业主收入制度是不是剥削收入呢?我们认为要进行具体剖析。他的收入分为两个部分。第一部分是他的工资收入。他是管理者,而且是企业的最高级的管理者,他的劳动是复杂劳动,而且责任重大,所以他的工资应当最高。在国外,许多国家企业高级管理人员工资平均是普通职工的十几倍、几百倍甚至上千倍。有的国家高级管理人员工资过高,一是由于他们的劳动是复杂劳动,二是由于劳动力市场上高级管理人员的竞争十分激烈,三是由于体制不够合理造成的。但是,企业高级管理人员包括企业主的工资很高,尽管在一些地方不够合理,但总不能说他们的工资是剥削收入。第二部分是他的工资外的经营收入。这部分收入我们假定与他的劳动的直接贡献无关,因为他的劳动的直接贡献已在他的工资收入中得到了体现。企业主的这部分收入我们可以把它叫做风险收入。就是企业主经营资本,有时可能赚了,有时候可能赔了。经营总是有风险的。我们认为风险收入不能等同于剥削收入。风险收入是中性的,是介于劳动收入和剥削收入之间的收入。风险收入不仅在企业主那里存在,而且也在从事股票、债券买卖的那些人那里存在。从事股票、债券买卖的人有风险,有赚也有赔。

(5)大股东或超大股东的收入。大股东特别超级大股东,他们收入有三个组成部分:一是作为管理者的工资收入。这肯定不能认为是剥削收入。二是他的股息收入。如果他购买的是本公司的股票,他的股息收入也不能认为是剥削收入。因为他也是企业劳动者,从而也是股息的创造者之一。这里往往出现这种情况,一些大股东或超级大股东,他不是一家企业的股东,也不是一家企业的高级管理人员,常常是几家公司的股东和高级管理人员,因此他们的工资和股息加起来数量就很大。但这都是他们劳动收入。就像职工购买本企业股票所得的股息是他的劳动收入一样。因为他们都是劳动者。三是他们从事股票、债券买卖的收入。如前所述,它属于风险收入。扣除以上三个部分收入外的其他非劳动收入,可能具有剥削收入的性质。

总之,剥削收入就是单纯依靠货币资本所有权所获的非劳动收入,它在现实经济生活中是存在的。不能笼统地认为银行利息、股息、企业主收入都是剥削收入。劳动者(包括管理人员)的上述收入一般不应视为剥削收入。要把企业主收入和风险收入严格地区分开来。企业主收入中绝大部分可能是风险收入。风险收入是中性的。

在当今社会,剥削是存在的,但它仍然有一定的积极意义,仍然在一定限度内有利于社会生产力的发展。彻底消灭一切剥削是有条件的,目前还远不具备这个条件。目前如果人为地强制地消灭一切剥削,反而不利于社会生产力的发展。对剥削问题,靠德义的谴责是无济于事的。正如恩格斯所说,德义只能出诗人,而不能出经济学家。

有的人有剥削行为,但并不就是剥削分子,就是资本家,因为如果他把其剥削收入的很大部分不是用于个人的铺张浪费，而是用于扩大再生产，用于社会救助、捐赠或赈灾，这种行为是值得提倡的。因此也就没有必要把他定为资本家。如果要说他们是资本家，那也是“红色资本家”。

三、深化对我国现代企业产权制度改革的认识

生产要素包括资本、劳动力、土地、技术等。对我国来说，劳动力是充裕的，土地是恒定的，所以它们对生产的影响不如资本和技术大。而技术的应用要有资本，所以资本在一定意义上可以说是最重要的生产要素。从而，企业产权特别是公有制企业产权问题，主要就是资本的产权。企业经营就是资本经营，就是通过经营资本来获取最大限度的利润，所以企业产权是企业经营的基础和出发点。由于产权也是一组权利的总和，而且产权的分离又是市场经济条件下社会化大生产的必然要求，所以合理界定企业产权就十分必要。由于我国公有制产权历来都不够清晰，它严重影响企业的经济活力，所以它成为企业深化改革的关键。党的十六届三中全会通过的《中共中央关于完善社会主义市场经济体制若干问题的决定》强调必须“建立健全现代产权制度。产权是所有制的核心和主要内容，包括物权、债权和知识产权等各类财产权。建立归属清晰、权责明确、保护严格、流转顺畅的现代产权制度，有利于维护公有财产权，巩固公有制经济的主体地位；有利于保护私有财产权，促进非公有制经济发展；有利于各类资本的流动和重组，推动混合所有制经济发展；有利于增强企业和公众创业创新的动力，形成良好的信用基础和市场秩序。这是完善基本经济制度的内在要求，是构建现代企业制度的重要基础。要依法保护各类产权，健全产权交易规则和监管制度，推动产权有序流转，保障所有市场主体的平等法律地位和发展权利”。

企业产权制度改革涉及的问题很多，尤其是在我国很多企业的产权不清晰、责权不明确、保护不严格、流转不顺畅的情况下，问题就更多。本节不是讨论企业产权制度本身问题以及改革中的各种具体法律、法规和政策问题，而只是研究企业产权制度改革中的一些重大理论和认识问题，特别是针对存在于人们认识中一些模糊问题，以马克思主义政治经济学的基本原理为指导，紧密结合我国实际，谈谈对一些重大问题的看法。

158. 什么是国有资本的产权清晰？国有资本管理需要有一个什么样的专司机构？

这里所说的国有资本是指国有经营性资产，不包括非经营性的国有资产。

从理论上讲，国有资本的产权清晰，就是指国有资本的所有权、占有权、使用权、支配权、索取权和不可侵犯权等一系列权利都在法律法规上有清楚的界定。

但是，这种界定是具体和复杂的，现实中国有资本的产权又是很不清晰的，所以有人主张：

第一，将统一的国家所有权分割为各级政府所有权。即主张将现有的国有企业存量资产按目前形成的隶属格局，从法律上明确分别划归中央、省（市）、地、县各级所有，把原来的一元化国有产权分解为多元化和多层次的国有产权。认为这样才算产权主体清晰。

我们认为，这种主张是不正确的。因为，从国有企业是全民所有制企业的性质来看，国有企业财产是全民的财产，不是某一地方的财产；从财产所有权的排他性来看，国家所有就意味着排除地方政府所有（地方政府不能代表国家），全民所有必然排除只归地区人民所有。从产权清晰的法律角度来看，断言地方政府所有就是产权清晰，而国家所有就是产权不清晰，没有什么法律根据。从已有的国有资本布局状况来看，变国有制为地方政府所有制，其结果必然人为地拉大地区间的差距，造成新的重大的苦乐不均，同时还可能为分散主义、地方主义提供经济基础。

第二，将国家所有权分割为企业所有权。这种主张是将目前国有企业资本的国家所有制变为企业所有制。认为这样才算是企业资本产权清晰，归国家所有就是产权不清晰。

我们认为这种主张也是不正确的。因为，一是这种主张首先是不了解市场经济条件下的企业产权的统一和分离问题。认为所有权和使用权统一才算是产权清晰，所有权和使用权分离就是产权不清晰。两权分离并不影响企业成为一个独立的商品生产经营者。二是这种主张也不了解市场经济条件下企业的法人财产权和企业法人所有权之间的关系。其实二者既有区别又有联系，把二者对立起来是错误的。三是这种主张也不了解国有资本所有权不能二重化的问题,国有资产所有权具有排他性,不能搞"企业享有法人所有权,国家享有最终所有权"。这样不是产权清晰,反而是产权模糊。四是这种主张按逻辑贯彻到底,产权清晰就是要用私有制代替国有制。这肯定是不可行的。

第三,将国家所有权细分为个人所有权。即国有资本通过股票形式量化并分给个人,实现马克思所说的"重建个人所有制"。

我们认为,这种主张在我国目前不仅宪法上不允许,而且在实际上也无法操作,结果只能引起新的矛盾和混乱,破坏经济发展。同时,这与马克思所说的"重建个人所有制"是两个根本不同的问题。马克思所说的"重新建立个人所有制",是以社会化大生产为基础的,即生产的高度社会化要求全社会占有一切生产资料;因而劳动者个人就成为生产资料的真正实际占有者;同时那时就根本不存在所有权问题,不存在依靠所有权来获得劳动产品;劳动者占有生产资料也是完全平等的;而且,那时也不存在国家,也没有现在的法律,因而没有生产资料所有权,而只是有生产资料的所有制,并且它又是通过劳动者个人的实际占有来体现的。这些与现在的股份制中劳动者个人股权都是不可比的。如果说它们之间有联系的话,那么股份制只是向着未来的公有制的一种"过渡形式",而且现在所有的公有制形式,也可以说是马克思所设想的公有制的"过渡形式",也都是"重新建立个人所有制"的"过渡形式"。

国有资本管理需要有一个什么样的专司机构,才能做到产权归属清晰,学术界也有几种不同的意见:

第一,隶属于全国人大。这种意见认为,因为全国人大是全国最高的民权民意机构,所以应该在全国人大中构建国有资产管理的专司机构,来行使国有资产的所有者权利。这种意见看来是顺理成章的。但是全国人大是立法机构,由立法机构来负责国有资产的经营,就等于是兼规则制定者和游戏参与者于一身,这将会带来很多负面效应。同时就我国目前人大代表的基本构成来看,绝大多数不是资产经营理论人员,不懂得经营管理,而且许多人又是兼职的。因此,将国有资产管理的专司机构设立在全国人大并不是最好的选择。

第二,隶属于中央政府。即国有资产管理的专司机构应当隶属于国务院,因为宪法规定国有资产的所有者代表是国务院,所以应该在国务院设立国有资产管理的专司机构。但是也有人不同意这种意见。首先,我国国有资产管理和企业管理中的一个很突出的问题，就是政企不分，政资不分，如果将国有资产管理的专司机构置于政府之下，实际上是承认和延续这种状况；其次，这个机构需要非常专业化的、高素质的人才，如果建在中央政府之下，其工作人员当然是公务员，而公务员的工资待遇很低，所以恐怕很难吸引这类人来为它工作，从而管理效果也就令人担心。最后，国有资产管理的专司机构放在中央政府，中央仍然摆脱不了将裁判员和运动员集于一身的格局，同时也会出现有的资产有中央政府的背景，有的资产没有中央政府的背景，从而会形成不平等的竞争格局。所以，将国有资产管理的专司机构设在中央政府也不是一个好的选择。

第三，作为非政府的法定机构。即国有资产管理的专司机构不属于政府序列，而是非政府机构，但法律可以赋予它专门管理国有资产的权力，代表全国人民管理国有资产。这样做非常有利于减少政府的行政干预。因为在市场经济条件下，政府不宜作为某种经济成分的代表，而是应当对各种经济成分实行充分的国民待遇原则。目前世界上的许多发达国家的国有资产管理的专司机构就是非政府的法定机构。但是我国目前还不具有这个条件。因为一是我国目前还没有非政府机构组织法，对于其合法地位、活动范围、职责和权利还没有法律依据；二是我国是单一制的中央集权的国家，政府的权力很大也很广泛，非政府法定机构很容易受到来自政府的压力和干预，因而其可能担当不起管理国有资产管理的重担。

我们认为，鉴于中国的国情，鉴于政府职能完全转变需要一个过程，鉴于设立非政府法定机构的条件还不具备，目前把国有资产管理的专司机构设立在国务院是正确的。将来，随着经济体制改革和政治体制改革的深化，我们应当将国有资产管理的专司机构从政府机构转到非政府的法定机构上来。

159. 国有企业产权制度改革应当遵循一些什么原则才能更适应社会主义市场经济发展的要求？

这是一个很重要和很现实的问题，其中有许多深刻的教训，改革开放以来也积累了不少成功的经验。归结起来，我们认为应当遵循以下主要原则：

（1）所有权和经营权相分离的原则。这既符合马克思的产权理论，也符合现代市场经济发展的客观要求，是总结改革前后正反两个方面的经验教训所得出的一条重要结论。这是国有企业产权制度改革的一项正确的选择。贯彻这一原则,要求除了极其少数的国有企业是国有国营外,其他国有企业都应当实行两权分离。

(2)一级所有和分级管理相结合的原则。一级所有就是国家所有。国有资产管理专司机构代表国家行使所有权。多级管理是指设立国有资产管理的层次:国有资产管理专司机构——国有资产经营公司——使用国有资产的企业。这三级管理机构的管理职责应当分明:

第一级——国有资产管理专司机构。其职责主要是贯彻执行国有资产管理方面的法律法规,制定具体导向性的政策,确定其下一级——国有资产经营公司的经营目标,并对其制定完善的考核和奖励制度,依法监督并确定国有资产经营公司的领导人选等。第一级和第二级关系是第一级仅与第二级直接联系,其主要手段是资产和人事的控制。

第二级——国有资产经营公司。国有资产管理专司机构依法将管理国有资产的权利委托给国有资产经营公司,后者接受前者的领导,完成与之签订的各项契约。国有资产经营公司依据其在各企业的国有股份,行使法人财产权利,对拥有的国有资产进行经营运作。必须指出的是,国有资产经营公司对于企业中国有资产的经营是通过资产这个纽带来进行的,而不是通过行政命令来实施的。这种经营直接受公司法和民法的约束。

第三级——使用国有资产的企业。它包括国有独资企业、国有控股公司和国有参股企业。使用国有资产的企业同国有资产经营公司之间存在着产权关系,它必须接受国有资产经营公司对自己行使股东的权利,但不接受其行政命令。国有资产经营公司对使用国有资产的企业的控制,主要是选派产权代表,对其战略进行判断,对其资产流向进行跟踪等。

针对我国目前国有资产规模巨大,分布极广、企业极多的情况,我们认为实行分级管理比较适合。管理的核心是股权管理。

(3)适度退出的原则。目前我国国有经营性资产有10万亿元左右,分布第一、第二、第三产业,遍布各个行业,有近20万户国有企业或国有控股企业,管理难度极大。按照社会主义市场经济发展的要求,国有资产的产权制度改革必须遵循适度退出的原则:

第一,要尽量退出一般竞争性的行业和企业。这有利于防止不必要的垄断，限制竞争，以充分发挥市场在资源配置中的基础性作用。

第二，搞好循环式的增值型退出。即对于那些能获得较多利润或利润率较高的行业或企业，可以实行增值型退出。这就是说那些利润率较高的国有企业，或者由于需要由国家投资建立的新的利润率较高的企业，国家可以以高出投资价值的价格在产权市场上出售。这一方面可以使国有资产增值，又可以使用原值和增值的钱来进行新的有很大增值预期的并且只有国家才能担当得起的巨大投资，或者补贴亏损国有企业，或者用来发展社会公益事业。特别是高收益企业的循环退出，最适合国有资产不断增值的要求，应当是今后国有资产经营发展的基本方向。

第三，有步骤地退出中小型国有企业。目前我国国有小型企业数占国有企业总数的84%，占净资产的15%；国有中型企业数占国有企业总数的13%，占净资产的19%，国有大型企业数占国有企业总数的3%，占净资产的66%。这说明中小型企业数量规模太大，但所占国有净资产的比例却较小，特别是小型企业总数更大，占净资产比重更小。但是，目前经济效益不好甚至亏损的又集中在大量中小型企业上。有步骤地退出中小型企业特别是其中的亏损及微利企业，不会影响国有经济的发展；相反通过转让还可以增值或减少亏损，使国有经济放下包袱，轻装前进。

(4)质量第一的原则。国有企业产权制度改革必须以提高国有资产质量为首要原则。因为国有资产经营没有质量或质量很低，就失去了它的生命力。提高国有资产的质量，核心是提高它的增值能力，获得较高的经济效益。这就是我们在前面所说的在退出一般性竞争领域的前提下，主要依靠做好循环式的增值型退出，使“雪球”越滚越大。同时要增强国有资产的控制力。要通过“抓大放小”，缩短战线，收紧拳头，在一些效益较好的大型或超大型企业中控股，或占有相对优势的股权，以较少的资本控制较多的社会资本，控制或相对控制国民经济命脉。

(5)政企分开和政资分开的原则。这是国有资本产权制度改革是否成功的基本标志。首先，要求完善国有资产管理体制和监督体制。坚持政府公共管理职能与国有资产出资人职能分开。国有资产管理专司机构对授权监督的国有资产依法履行出资人职责，维护所有者权益；同时维护企业作为市场主体和经营者的各种权利，督促企业实现国有资本保值增值，防止国有资产流失。

其次，要深化国有企业改革和国有控股、参股企业的改革，完善公司法人治理结构，充分发挥股东会、董事会、监事会和经营管理者在国有资本经营权上的作用，有效制止行政命令、行政干预对企业经营的影响。最后，要加快推进和深化垄断行业的改革。国家对垄断行业要加快放宽准入，大力引入竞争机制。要积极创造条件，使那些有较高效益的企业积极推行投资主体多元化。

160. 怎样正确划分我国所有制结构的调整和完善与私有化之间的界限？国有经营资本的适当退出是不是私有化？

党的十一届三中全会以来，我们党深刻地总结了过去在所有制问题上的经验教训，逐步克服了离开国情和客观经济条件盲目追求“一大二公”的“左”的倾向，制定了以公有制为主、多种经济成分共同发展的方针，正在有力地消除所有制结构不合理对生产力发展的羁绊，出现了公有制实现形式多样化和多种经济成分共同发展的良好局面。但是，在这方面存在不少理论和实践问题，其中之一就是所谓的私有化问题。这就要求我们必须正确划分我国所有制结构的调整和完善与私有化之间的界限，明确国有资本的适当退出是不是私有化？

(1)什么是“私有化”。目前国内外理论界对什么是私有化的理解五花八门，比较混乱。我们认为，理解“私有化”这个概念的内涵应当明确以下主要三点：

第一，私有化的基本涵义指生产资料所有制关系由公有制向私有制的彻底转变。根据马克思政治经济学原理，生产资料的所有制关系决定着社会经济形态的社会性质。“私有化”是指将生产资料公有制彻底改变为私有制（化，彻头彻尾、彻里彻外之意），因此，它意味着社会主义经济制度改变为资本主义经济制度。可见，私有化不是社会主义经济制度本身的完善和发展的问题，而是坚持社会主义制度所必须反对和避免的问题。

第二，必须把私有财产和私有化严格区别开来。劳动力（包含人力资本）归劳动者个人所有，消费资料也归劳动者个人所有。这两者属于私有财产范畴，国家法律予以承认和保护。私有化是指生产资料的私人所有。所以不能把私有财产和“私有化”等同起来。另外，劳动者有部分生产资料或资金，但他自己未直接使用，而是合作经营或入股经营。这部分生产资料或资金，对劳动者来说,是私有财产而不是生产资料私有制。因为生产资料所有制是以生产经营单位为载体的。在这种情况下,劳动者只是企业生产资料集体所有制的一个成员,而不能说是这个企业生产资料的私有者。关于这个问题,我们在后章将详细地加以研究和讨论。

第三,必须把公有制和公有制的实现形式严格地区分开来。公有制与公有制的实现形式是不同层次的两个问题,前者决定后者。公有制的实现形式是多种多样的,如股份制、股份合作制、承包制、租赁制、委托代理制等经营方式。它们并不改变公有制的性质。公有制和公有制的实现形式之间的区别,实际上是生产资料的所有权和经营权之间的区别。把公有制生产资料的经营权交给非所有者甚至个人或家庭经营即所谓"民营化"说成就是私有化,无论在理论上或实际上都是不成立的。

第四,必须把某个行业、某个企业的私有制同整个社会生产资料私有化严格区别开来。只要社会主义公有制在整个社会经济成分中占主体地位,特别是国有经济在国民经济中起主导作用,某个行业、某个企业的公有制变为私有制,就不能认为是"私有化"了。

(2)正确把握我国所有制结构的调整和完善与私有化的严格界限。改革开放以来,我们对我国所有制结构不断进行调整和完善,以适应社会生产力和市场经济发展的客观要求。这些调整和完善不属于"私有化"的范畴:

第一,实行公有制为主体、多种所有制经济共同发展的基本经济制度,不是私有化;

第二,建立有公有制企业参与的混合所有制经济,不是私有化;

第三,在公有制为主体的前提下大力发展和积极引导非公有制经济,不是私有化;

第四,公有制采取多种多样的实现形式,不是私有化。

也就是说,上述措施都是属于我国所有制结构的调整和完善问题。尽管私有制经济的比重有所增加,但这不是私有"化",它不改变社会主义初级阶段社会经济制度的性质,况且它符合"三个有利于"的标准。

(3)不能把国有资本的适当退出叫做"私有化"。当然,"私有化"概念中包括有国有制经济的"私有化",即国有经济完全转变为私有制经济。但是在我国,部分国有企业退出甚至转让给私人,并不是国有制经济的"私有化"。

这是因为：

第一，它只是部分或局部，不是全部，所以根本谈不上“化”；

第二，过去国有经济规模过大，战线太长，相当大部分的中小型国有企业由于旧体制的弊端现在处于亏损和停产的状态，遗留包袱很重，以前应该提留的职工住房、医疗、养老保险以及失业保险金等都没有提留，现在把一部分国有中小型企业出售掉，用得来的钱对职工进行相应的补偿，根本不能认为这是“私有化”。

第三，即使把一些国有企业卖给私人本身，也不能叫做私有化。我们假定在等价交换的条件下，私人一手交钱，国家一手交货（企业），私人失去了价值——货币的所有权，获得了企业设备等使用价值的所有权；相反，国家失去了企业设备等使用价值的所有权，获得了其价值——货币的所有权。这个价值所有权仍然是国家的，怎么说是“私有化”呢？有人说，私人在获得企业的使用价值所有权的同时也包含了其价值所有权，怎么不是“私有”了呢？那么，我们要问，国家在获得了货币后用来购买私人企业产品，私人产品是不是“公有”了呢？进一步地说，国家在很多地方用钱去买私人企业产品，这些私人产品是不是都“公有”化了呢？如果国家用这个钱去开办一个新的国有企业，并且是购买私人企业设备、原材料，私人企业的这些产品是不是被“公有”化了呢？所以从单纯的买卖活动本身不能说是私有化。因为卖或买本身，任何一方都没有丧失原有价值额的所有权；丧失的仅仅是使用价值的所有权。只有一方把价值无偿转让给另一方，才可以叫做所有制（或所有权）的改变。不能认为在这个交易活动中，说卖方——公有制一方是价值私有化了，说买方——私有制一方是价值公有化了；也不能认为，说卖方——公有制一方是使用价值（卖出的企业设备等等）私有化了，说买方——私有制者是使用价值（所卖产品）公有化了（被国家购买）。这种循环论证本身并不能说明私有化问题。在部分国有企业退出并卖给私人后，只能说国有经营性资产减少了，即经营性资产（使用价值）私有了，但并不是说国有经营性资产的原价值所有权被私有了。国家用得到的钱去偿还以前对职工的欠债不能认为是私有了，这是偿还欠职工的“债务”。国家用得到钱去投入到国家要保护和发展的重点企业，更不是私有化。

161. 国有企业深化改革是不是私有化?

国有企业最大的问题就是产权不清和主体虚置,它不仅导致政企不分和政资不分,也导致效益低下。因此,国有企业改革的最后攻坚任务就是国有企业建立和完善现代产权制度。正因为如此,所以党的十六届三中全会《中共中央关于完善社会主义市场经济法制的决定》强调要深化国有企业改革,关键是建立健全现代产权制度。

现代产权制度的核心是实行所有权和经营权的分离。对国有企业特别是大中型国有企业来说,实行两权分离的主要形式是实行股份制。《中共中央关于完善社会主义市场经济法制的决定》指出:"要适应经济市场化不断发展的趋势,进一步增强公有制经济的活力,大力发展国有资本、集体资本和非公有资本等参股的混合所有制经济,实现投资主体多元化,使股份制成为公有制的主要实现形式。需要由国有资本控股的企业,应区别不同情况实行绝对控股和相对控股。完善国有资产有进有退、合理流动的机制,进一步推动国有资本更多地投向关系国家安全和国民经济命脉的重要行业和关键领域,增强国有经济的控制力。其他行业和领域的国有企业,通过资产重组和结构调整,在市场公平竞争中优胜劣汰。"

《中共中央关于完善社会主义市场经济法制的决定》首先强调推行公有制的多种有效实现形式,指出股份制是公有制的主要实现形式。这应当是国有企业改革的主要方向和首要任务,也是国有企业产权制度改革的重要内容。其次,国有资本要有进有退;"退"也是国有企业产权制度改革的一个方式。最后,国有资本也要在市场公平竞争中优胜劣汰;"汰"是市场经济发展中不可避免的现象,它本身就是产权的变化。

国有资本实行两权分离,股份制是实行两权分离的主要形式。我们在前面已经指出,公有制的实现形式和公有制本身是两个不同层次的问题,公有制的实现形式不属于"私有化"的范畴。

国有资本有进有退,"退"是为了进,是为了"进一步推动国有资本更多地投向关系国家安全和国有经济命脉的重要行业和关键领域,增强国有经济的控制力"。这怎么能说是"私有化"呢?

国有资本在市场公平竞争中优胜劣汰。这是正常情况,也是市场经济规律发生作用的不以人的意志为转移的必然结果。国有企业和非国有企业一样,都是优胜劣汰。总不能说一些国有企业被淘汰了(如被私有制企业吞并了),就是私有化,如果私人企业被淘汰了(如被公有制吞并了),就可以称为公有化了。无论哪种所有制企业的优胜劣汰,都属于资本重组问题,属于整个社会的所有制结构的不断调整和完善问题。

162. 国有制企业“差的送、好的卖”是不是私有化?

有人提出,公有制企业特别是国有制企业,“差的送,好的卖”就是私有化。这个看法缺乏具体分析,结论是不正确的。

在国有企业的结构调整和优胜劣汰中,国有企业有进有退是很正常的,也是对过去国有企业数量过大,分布太广的一种纠正。差的甚至资不抵债的中小型国有企业,在正确核对资产价值和保证依法把职工包下来的前提下送给非国有企业(包括混合所有企业、集体企业、私人企业和中外合资企业),是国家过去对这些企业职工欠账采取另一种补偿的办法,即职工应得的报酬,由国家补偿改为由非国有企业补偿,国家并没有失去什么。所以不能说是国有资产私有化了。如果是这样,那么,现在国家给下岗、失业、退休工人发的各种补贴也是国有资产私有化了。这种情况只能说明这类国有企业的资本价值是虚的,它是企业职工以前应得收入的积累,只不过它被国家无偿占有了,并且被算做所谓国有资本。其实,这是职工的正当收入,只是国家暂时没有付给工人而已。因为职工的退休金、各种保险金属于工人的劳动报酬,是延期支付的工资收入。国家没有按时支付,并把它用于扩大再生产,形成了国有资产。现在工人老了,退休了,或者工人下岗了,或者工人要买住房,要看病,等等,这些属于工人工资的部分,当然由国家出。国家没有钱,钱哪里去了呢?用于积累和扩大再生产了,形成了国有资产了。现在,这些国有资产,国家排不上用场了,或者还要有新的投入才能派上用场,但这样划不来,也达不到国有资产重组和结构优化的目的。所以无论是“送”(差的)或“卖”(好的),都不能说是“私有化”。如上所说,“送”的那部分资本,本来就是职工的正当收入,不能真正叫做“国有”资本。现在是把“债务”转移,国家不再是职工的“债务人”,接受“送”的企业,代替国家成了职工的“债务人”。这怎么能叫“私有化”呢?如果讲这叫做“私有化”,就是不讲道理。

“好的卖”也是同样道理。“好的卖”，一般会价格高于其价值（现值）。这样，国家得到的钱，一方面用于补偿对企业职工的以上所说的“欠账”，另一方面，如果还有剩余，还可以用来扩大再生产。对于大多数国有中小型企业甚至相当数量的国有大型企业，“好”的为什么还要卖呢？理由主要有两个。一个是目前效益好并不等于将来效益好。如果将来一旦效益不好甚至亏损和破产，就卖不出好价钱。所以趁现在效益好卖掉是有利的。效益好时能够卖出好价钱，能使国有资产增值。好的卖了后再建一个好的再卖，如此循环，国有资产就盘活了，不断增值了。二是国家必须缩短战线，“抓大放小”，实行国有资本的战略重组和结构调整。这是对过去“左”的错误的有效纠正。总之，这也是我们在前面所说的实行“循环式增值型退出”的一个战略性措施。“好的卖”与整个国有资本私有化是两个根本不同的问题。

163. 为什么必须把个别公有制企业“私有化”和整个社会基本经济制度“私有化”区别开来？

在讨论什么是私有化问题时，很有必要把个别企业的私有化和整个社会基本经济制度的私有化这两个不同性质的问题严格地区分开来。否则的话，各自的口径、标准不同，各执其词，难免生出各种多余的争论。例如，政府将某个国有企业卖给甚至送给（条件是把其职工包下来）某个私人时，在这种场合，人们要作出所谓私有化的判断，就不能离开这样的区分：是个别企业私有化呢？还是整个社会基本经济制度的私有化呢？答案只能是前者而不能是后者。

我们进行个别企业私有化和整个社会经济制度私有化的区分，不仅在理论上有重大意义，而且在实践上也有重大现实意义。从理论上讲，以往各种社会经济形态中，都有不同所有制的存在，所有制形式都是多元的，结构都不是单一的和纯而又纯的，其中也包括一定数量的公有制经济。判断一种社会经济形态的社会性质，主要是看哪种性质的所有制占主体地位。因为矛盾的主要方面决定事物的性质。从实践上来讲，一个国家为了更好地适应市场经济发展的要求和趋势，常常需要对整个国家的所有制结构进行适度的调整，或者是由市场本身进行自然而然的结构调整，其中包括公有制变为私有制，也包括私有制变为公有制。但是，只要这种结构调整不会引起整个社会基本制度的根本改变，就不能叫做基本经济制度的“私有化”或“公有化”。

在社会主义国家，特别是在我们国家，把个别企业私有化和整个社会基本经济制度私有化这两者严格区分开来，其现实意义更大。它有利于坚持我国社会主义基本经济制度，有利于彻底纠正“一大二公”的“左”的错误，有利于深化国有企业改革，有利于建立健全现代产权制度，有利于贯彻“三个有利于”标准。

164. 什么叫所有制的实现形式？怎样全面、正确理解股份制是公有制的主要实现形式？

（1）什么是所有制的实现形式。我们在前面已经指出，邓小平早在20世纪60年代初第一次提出生产关系的实现形式问题，并且十分明确地指出，哪种生产关系实现形式能促进生产力发展，群众积极拥护，就采取那种生产关系的实现形式。邓小平当时讲生产关系的实现形式，具体是指农村的包产到户这种农业生产关系的实现形式。

邓小平的有关论述起码包括三层主要意思：一是生产关系的实现形式主要指所有制的实现形式；二是所有制的实现形式主要是指生产资料的所有权和经营权可以分开，所有权决定经营权，经营权是所有权的实现形式或途径；三是衡量所有制实现形式好坏的标准就看它能否促进社会生产力的发展，或者说它是不是能适应社会生产力进一步发展的要求。

邓小平的这些思想与马克思恩格斯关于生产资料或资本的所有权和经营权在一定条件可以分离的思想是完全一致的。但是，邓小平在马克思主义政治经济学基础上第一次把它提到生产关系或所有制实现形式的高度来认识。这的确是一个创新性概括。

在人类社会经济发展史上，开始时并没有发生所有制同所有制实现形式在权利主体上的分离，后来在几个不同社会中，在小生产者那里，也没有发生所有制同所有制实现形式在权利主体上的分离。我们研究发现，只有在商品经济或市场经济产生和不断发展的条件下，才发生了“两权”分离，并逐步普遍化。我们研究还进一步发现，我们在前面已经指出，在所有者那里，由于生产资料或资本的规模“最小”或“最大”，从而不便或不利于所有者直接经营时，特别是由于社会化大生产的迅速发展，才导致“两权”分离的普遍化。社会化大生产的高度发展，使一个企业投资规模的起点越来越高，以至于个人的资本规模远远达不到这个起点，而这样的大企业的建立和发展又是社会生产力进一步发展的客观要求，如马克思当时所说，建造铁路需要的资本是十分巨大，但它又是急需的，所以就出现许多个人集资，以股份制的形式来建造铁路。这样，生产资料的所有权和经营权分离了。大企业越多，在整个国民经济中所占地位越重要，"两权"分离就越普及。另一方面，大企业中"两权"分离的优越性也反作用中小企业，使许多中小企业也学习大企业搞"两权"分离，中小企业"两权"分离产生的客观条件是所有者有少量资本但却不足以开业，所以这些劳动者也把他们的资本集合起来，于是各种形式的股份合作制、合作制企业出现了，并且日益发展起来。这样，"两权"分离不仅在大企业中普遍存在，在中小企业也逐步扩展开来。这个简单的历史告诉我们，所谓生产关系或所有制的实现形式问题，首先是生产资料或资本的经营方式问题，即生产资料或资本的所有权要在经济上得以实现，就必须通过生产资料所有权的应用才能得以实现，或者说才能得以体现。这样，生产资料所有制的实现形式就是指生产资料所有权的经营（或使用）方式。进一步的研究发现，随着社会经济的发展，生产资料所有权作为财产权的一个最重要的组成部分，它是一种最活跃的财产权，是内涵越来越丰富的一种财产权，是唯一能够推动社会财富不断增长的一种财产权。于是，人们不再囿于单纯的所有权了，而越来越重视由它派生的占有权、使用权、支配权、索取权、继承权和不可侵犯权等一系列权利了，即单纯的所有权必须并且越来越需要通过这一系列权利来体现了，也就是说，单纯的所有权越来越要依靠通过获取这些权利来实现了。而由所有权派生的这些权利中，经营权又是最直接和最重要的。所以，生产资料所有制的实现形式，就集中到生产资料的经营权上了。

（2）马克思恩格斯对股份制的论述。马克思恩格斯对股份制问题有许多十分精辟的论述。概括起来，从马克思和恩格斯关于股份公司的论述中主要有：

股份公司的出现既是生产社会化进一步发展的产物，也是克服自由竞争所带来的经济危机的客观要求，它已逐步扩大到社会经济的各个行业；股份公司既是企业的组织形式，是资本所有权的实现形式，又是对私人资本主义或资本家私人企业的扬弃，是由资本主义生产方式转化为社会主义生产方式的

“过渡形式”；它同时也是管理职能由私人职能向社会职能的“过渡点”；股份公司的产生，使生产规模惊人地扩大了，个别资本不可能建立的大企业出现了，资本有机构成随着资本积累的迅速增加后大大提高了，平均利润率下降更厉害了；两权分离使职能资本家转化为单纯的经理，资本所有者则转化为单纯的货币所有者；资本经营的投机性大大增强了；货币资本积累与现实资本积累之间的矛盾更加突出了；银行资本和银行信用的地位与作用更加突出了；利润被分割为企业主收入和利息，企业主收入就是资本经营者的收入，利息就是货币所有者的收入；虚拟资本的大量存在，在一定条件下就会导致金融危机的爆发等。

马克思和恩格斯的这些结论在今天都得到了有力的验证。

与此同时，股份公司在当今世界各国都得到了更加普遍和迅速的发展，它的地位和作用比当年更加突出与重要。

(3)股份制的内涵是公有制的主要实现形式。党的十六届三中全会《中共中央关于完善社会主义市场经济法制的决定》指出要使股份制成为公有制的主要实现形式，完全符合马克思恩格斯关于股份制的论述。也就是说，股份制的产生是社会化大生产发展的客观要求，是“最大”化生产资料所有者或“最小”化生产资料所有者借以实现生产资料所有权的最适当的形式，是现代企业经营的普遍而最为有效的方式。

股份制的产生和发展近两百年的历史，也使它的内涵不断丰富。它一开始时表现为筹资方式，接着又表现为资本经营方式，现在它又是资本的组织方式，还被马克思恩格斯确认为是由资本家私有制向社会主义公有制转变的“过渡形式”和管理职能由私人职能转变为社会职能的“过渡形式”。这样，股份制的内涵可以归结为三个大的方面：一是经营权方面的内涵；二是所有权方面的内涵；三是管理职能方面的内涵。股份制作为经营权方面的内涵：筹资方式、资本组织方式和经营方式，它是中性的，既不姓“资”，也不姓“社”，既不姓“私”，也不姓“公”，资本主义可以用，社会主义也可以用。股份制作为所有权方面的内涵：企业资本是社会资本而不是私人资本，它也是中性的，不过它不是作为经济调节“方式”的中性而存在的，而是作为私有制和公有制（高级的）、资本主义生产关系和社会主义生产关系的中间环节或“过渡形式”而存在的，不是作为单纯的“手段”这种带“自然”属性的“中性”而存在的，而是作为“所有制”这种带“社会”属性的中间环节而存在的，它不是单纯的生产目的与手段之间的关系，而是社会经济制度的一种重大质变。股份制作为管理职能方面的内涵：它不再是与资本的私有制或私有权结合在一起了，而是与资本的社会所有制、与联合生产者结合在一起了，即也是管理职能性质的部分质变。

党的十六届三中全会《中共中央关于完善社会主义市场经济法制的决定》指出股份制是公有制的主要实现形式，显然只是把股份制看做是经济调节或经济管理的“方式”、“手段”，或“两权分离”上述第一种内涵来看待的。这种看法当然是正确的。仅就这一点来看，它的意义也是很大的：

第一，进一步明确了公有制企业特别是国有企业改革的基本任务就是股份制。也就是说，除了极少数的国有独资企业外，绝对多数的国有企业将会改变成股份制企业，甚至原来的集体所有制企业也将被改变为股份制（股份合作制）企业。这样，完全意义上的国有企业或集体企业将会很少了。

第二，可以筹集最大量的资本。由于股份制是企业筹集资本的主要方式，这有利于筹集社会的民间的绝大部分资本用于投资，推动经济的不断发展。

第三，有利于明确产权的归属关系。在股份制企业内部，产权的归属关系是相当清晰的。投资者的权利可以得到相应的法律保护。这就有利于大大增强股份投资者对所投公司或企业的关切度，从而进一步激发投资者的积极性。

第四，有利于实行企业产权的多元化。在股份制企业内，尽管股权可能有大小之分，控股与非控股之分，但产权是分散的和多元的。而且，资本的多样化即包括资金的、物质的、技术的、知识的、管理的和人力的等，这就有利于企业优化和提升资本结构，增强资本结构的合理性，提高企业资本运作的整体效率。

第五，有利于实现政企分开，政资分开，避免不必要的行政干预。股份制成为公有制的主要实现形式，企业产权多元化，产权的归属关系清晰，出资者的产权受到法律的有力保护，这样就在客观上要求政企分开和政资分开，政府就没有法律根据对企业进行不必要的行政干预。

第六，有利于我国企业在组织形式上与世界接轨。在目前国际上，各国的绝大多数大中型企业都是实行股份制，即企业在组织形式上都是公司化。我国公有制企业特别是国有制企业实行股份制，这样在企业的组织形式上就与国际接轨了。而与国际接轨,就便于开展国际交流、合作和竞争。

关于股份制的另一个内涵——生产关系或所有制方面的内涵,我们将在第十章中详细进行研究和讨论。近年来有的学者提出,公有制实现形式本身也是公有制,也有的学者提出,股份制不姓“私”而姓“公”。看来这是一个新的重大理论问题。

165. 什么叫国有资产流失？国有企业转让中发生的什么情况才能真正叫做国有资产流失？

通过偷税、漏税、走私、欺诈、贪污、受贿等各种非法手段使国有资产无偿流入私人或非国有单位,应叫做国有资产流失。

有人认为,国有企业在转让中低价卖出就是国有资产流失。我们认为,不能笼统地这么说。

国有企业在转让前要经过资产核算,经公证机构核定资产现值后才能在市场上出售。其出售价格可能低于现值也可能高于现值。国有企业出售像市场上其他商品出售一样,由于供求关系,其价格可能高于或低于价值。供不应求时价格高于价值,供过于求时价格低于价值。这是商品价格波动的一般规律。按这个规律办事,不能说价格低于价值就是国有资产流失。这种情况应当被视为正常的,按马克思的说法这应当被叫做资本的“增值”或“贬值”。它如马克思所说的是价值规律借以发挥作用的形式,而不是它的缺陷。

只有在有人以权谋私,故意压低国有资产价格而从中渔利时,才能叫做国有资产流失。同时,即使是国有资产价格高于价值,如果有人从中以权谋私,故意压价,也叫国有资产流失。例如,一个国有企业原值200万元,市场供不应求,可以卖到300万元,但有人从中捣鬼,使该企业只卖到250万元,这个人从买者那里得到20万元的好处费,那么国有资产流失就是50万元。尽管这个国有企业卖了250万元,比原值多50万元。

国有企业出售由于市场供求状况的影响而出现的价格高于或低于价值的现象,除了有人从中捣鬼外,都不能认为低价格出售就一定是国有资产流失。

国有资产流失还应当包括用国家的钱大吃大喝、请客送礼,包括国有资产通过不正当的甚至非法的手段流向集体企业。

国有资产流失不包括国有股票价格下跌所造成的损失(其中有人故意操

纵的除外)。当然,个人非法用国有股票炒作而亏本的应算做国有企业流失,但如果不是个人行为而是企业行为,就不能算做国有资产流失。

甚至如前所述,有的时候,一些中小型国有企业无偿送给集体企业、私人企业或外资企业,只要对方能保证企业职工就业和养老保险,即把企业职工包下来,也不能算做国有资产流失。因为这个国有企业本身就处于亏损或破产、停产的状态。如果国家继续保留这个企业,把职工包下来,肯定要一大笔钱。如果企业现值与职工被包下来所花的钱相等,那么送给别的企业,两者由于价值相等,也不应视为国有资产流失。

166. 为什么说集体所有制企业也存在产权不清晰的问题?集体所有制企业产权清晰的基本出路在哪里?

改革开放以来,集体所有制经济的理论研究几乎是一个被遗忘的角落。客观原因是体制改革对它冲击不大,主观原因是认为它不影响大局。其实这是完全错误的。

中国原有的集体经济约占国民经济的三分之一。改革开放以来,集体经济发生了不知不觉的分化,其中出现了家庭联产承包的集体经济、股份合作制经济、合作制经济、乡镇经济以及各种混合所有制经济和股份制经济。在激烈的市场竞争中,原来的集体所有制经济在整个国民经济中所占比重下降了,前述的其他形式的集体经济发展了。透过种种现象,我们发现,其中一个重要原因就是原来的集体所有制经济存在着明显的产权不清晰问题。集体所有制企业产权不清晰,严重地阻碍了它的发展。

集体所有制企业的产权不清晰,主要表现以下几个方面:

一是产权主体虚置。我国的集体所有制企业是在三大改造、大跃进和其后多次“大办”(如大办“五小工业”)中不断产生和壮大起来的,改革开放以来乡镇企业的迅速兴起,则是集体所有制企业发展的黄金时期。但是,集体所有制企业的产权主体是谁呢?它一直不明晰。在集体所有制企业刚刚成立时,根本就不谈产权归属问题,不存在法律上的产权归属问题,政府特别是各行业的主管部门可以随意对集体企业进行无偿划拨和调整。企业也不存在所谓法人财产权问题,最明显的是企业法人由政府主管部门任意安排调离和撤换。

二是产权更没有量化到集体企业中的个人。在改革开放前的集体所有制企业中，从资产来源来看，有的企业原来是私人企业经过所谓公私合营而来的，谈不上劳动者个人出资多少的问题；它经过多年的发展，职工的流出和流进，更说不清楚每个职工到底在其资产总体中占多少比重的问题。后来新建立的集体所有制企业，往往由国家贷款甚至其主管部门出资成立的，在还清贷款和政府出资后，企业资产归集体所有，也从不计算每个职工在企业资产中所占的比重或数量，每个职工在企业资产中到底占有多少份额，基本上不清楚，是人均分配呢还是非人均分配呢，谁也不提出这个问题，职工进退与他在企业资本中占有的数量问题毫无关系。职工吃企业大锅饭是十分典型的问题，干好干坏除了与其工资有关外，与他在企业资产中占有的比例毫无关联。

三是改革开放以来，一些国有企业为解决其职工家属子女以及其下岗职工就业问题而成立的集体所有制企业，其资产有相当大的部分是由国有资产转移过来的。这其中有很大数量是属于国有资产流失问题（其中部分资产如果是解决本国有企业职工下岗再就业的投资可以除外，但严格地讲，国有企业下岗职工由于需要再就业就可以瓜分一部分国有资产并被其带入新成立的集体企业，也是不合适的）。即使如此，也没有明确这类集体所有制企业产权的主体和职工产权量化问题。

四是改革开放以来，原来的集体所有制企业在招收新的职工时要收取一定数量的就业基金。但每个人缴纳这种带有入股性质的基金，在数量上并没有任何科学根据，即新进职工所缴纳的入股金与企业人均资产数量并无任何相关联系，有的企业还规定，新进职工所缴入股金在若干年后可以退回也缺乏任何产权归属上的根据。

集体所有制企业产权不清晰造成了越来越明显的消极后果，它与市场经济发展的要求越来越不相适应。

一是企业产权主体虚置导致无人对企业资产负责。企业资产名义上归企业职工共同所有，但实际上职工并没有享受所有权的真正收益。企业法人虽然行使法人财产权，但企业却是资本所有权和经营权的统一，法人并未享受到经营权的好处。企业的行政主管部门虽然不是企业资产的所有者，但却行使所有者的职责，如指派企业的法人，配备企业的主要管理人员。企业破产了，不仅企业的行政主管部门没有法律责任，企业法人也没有法律责任；但职工却要企业行政管理部门负责安排再就业、退休养老保险等，成为国家的一项社会保障负担。企业产权主体不明晰，造成企业管理缺乏民主机制和监督机制，职工不能真正参与企业的管理和对企业经营管理进行有效的监督，给少数企业领导人的不善经营甚至贪污、挪用以至非法经营提供了可能，也使少数企业演变成了企业领导人把持的家族式企业，成为他们家族牟取私利的单位，而企业亏损以致破产也无法追求其法律责任。

二是企业产权未量化到职工个人，导致职工既缺乏主人翁的精神，又导致职工进出或退休后的财产纠纷。由于企业资产只归名义上的集体所有，职工个人并没有他们相应的财产所有权。实际上，职工在企业工作年限不同，享受的财产所有权应当不同，因为工作年限不同，对企业的贡献不同。但这没有法律依据，职工享受不到这种企业财产所有权的收益。

职工离开这个企业，他没有享受到他在企业多年劳动创造的以积累形式存在的企业财产的相应的所有权的收益，从而实际上是对他的财产所有权的剥夺。

新进来的职工并没有为企业财产作出贡献，但却享受到其他职工创造的企业资产所有权的好处。

企业职工多年创造的企业资产，一年又一年的资本积累，都无偿地交给了下一批次或下一代的职工无偿占用。企业虽然理应负责给已退休职工发养老保险金，但并没有明确这是对其已往积累资本的一种补偿，相反在职人员认为这是企业的一种负担；同时，这两者之间并未建立起明确的数量对应关系，即职工在职时到底创造了多少资产，退休时应当享受多少与之相应的退休工资。

当企业亏损甚至破产时，退休职工以前创造的资产随之消失，进而也就领不到退休金，但企业亏损和破产与退休职工毫无关系，而现在却要他承担企业亏损、破产的责任是没有经济道理和根据的。

企业破产后，退休职工交由国家负担，在法律上是无根据的。企业以前虽然向政府主管上缴过一些利润，但在数量上根本不足以补偿退休人员的工资或养老金。

集体企业一般不负责给职工分配住房，工资中也无住房费用部分。绝大多数中小型集体企业也无力为职工修建住房。但是，住房费用作为职工工资的一个重要组成部分，应当在企业产权中得到相应的体现。

企业被兼并后，企业原职工以及退休职工应享受的企业财产权应当得到体现和落实。企业和外资企业合作或合并也有这个问题。

企业做大后，企业职工以及退休职工应享受的企业财产权收益应当随之升值。

总之这一切，它既不利于发挥现有职工的积极性，也不利于合理解决已退休职工养老保险问题，而且也增加了政府的社会保障负担。

解决现有集体所有制企业产权明晰问题的唯一出路是把企业财产量化到个人。这是集体所有制企业产权制度改革的基本目标。这符合社会主义市场经济发展的客观要求。前提是首先解决已退休职工的养老保险问题。在这个前提下，根据每个职工的贡献来划定或分配企业的产权数量。改革的模式可参照现在的股份合作制。

167. 什么叫虚拟资本和泡沫经济？两者之间是什么关系？我国存在不存在泡沫经济的危险？怎样才能防止泡沫经济的出现？

在《资本论》第 3 卷中，马克思对虚拟资本进行了详细的研究，所得出的结论对今天仍然有重要的现实意义。

以有价证券形式存在的、并能给持有者带来一定收入的资本，就叫做虚拟资本。由于生息资本的存在，人们往往把固定的、有规则的收入看做是一定数额的资本所带来的利息，这个资本不一定是真实存在的，而可能是想象的、虚拟的，因此把它叫做虚拟资本。在虚拟资本形式上，“和资本现实增殖过程的一切联系就彻底消灭干净了。资本是一个自行增殖的自动机的观念就牢固地树立起来了。”（《马克思恩格斯全集》第 25 卷，人民出版社 1972 年版，第 529 页）

虚拟资本的第一种存在形式是各种债券（主要是国债券）；第二种存在形式是股票，马克思把它们称为货币资本的“纸制复本”。银行资本大部分也是虚拟资本，“是由债权（汇票），国家证券（它代表过去的资本）和股票（对未来收益的支取凭证）构成的。”（《马克思恩格斯全集》第 25 卷，人民出版社 1972 年版，第 532 页）

虚拟资产虽然没有价值，但有价格，有自己的独立运动。有价证券价格的决定受利息率和股息率的影响。以股票为例，股票价格 = 股票票面值× $\frac{股息率}{利息率}$。虚拟资产的运动不像现实资产的运动是 G—W—G′，而是：G—W—G′—S...其中 S 表示证券。“当这些证券的积累表示铁路、矿山、汽船等等的积累时，它们也表示现实再生产过程的扩大，就像动产征税单的扩大表示这种动产的增加一样。但是，作为纸制复本，这些证券只是幻想的，它们的价值额的涨落，和它们有权代表的现实资本的价值变动完全无关，尽管它们可以作为商品来买卖，因而可以作为资本价值来流通。”（《马克思恩格斯全集》第 25 卷，人民出版社 1972 年版，第 540 ~ 541 页）虚拟资本的虚拟性质在危机中表现得最为清楚。

泡沫经济实质是高度投机的不良商业行为而造成的虚假繁荣。1987 年美国经济学会会长金德尔伯格把它定义为：“泡沫状态这个名词，随便一点说，就是一种或一系列资产在一个连续过程中陡然涨价，开始的价格上升会使人们产生还要涨的预期，于是吸引了新的买主——这些人一般只是想通过买卖牟取利润，而对这些资产本身的使用和产生赢利的能力是不感兴趣的。随着涨价与预期发生逆转，接着就是价格暴跌，最后以金融危机告终。通常‘繁荣’的时间要比泡沫状态长些，价格、生产和利润的上升也比较温和。以后也许接着就是以暴跌（或恐慌）形式出现的危机，或者以繁荣的逐渐消退告终而不发生危机。”（《新帕尔格雷夫经济学大词典》，法律出版社 2003 年版，第 306 页）这就是说，由于某一领域或某些领域的投资具有很高的回报率，于是人们对它竞相追捧，高投资使经济出现泡沫化的膨胀，在形成增长高峰后，最终因价值高估而导致经济景气崩溃，从而引发市场价格全面大幅下跌。泡沫破灭往往表现为金融危机和随之而来的经济衰退。

泡沫经济和虚拟资本是既有联系又有区别的。首先，两者在产生上既有联系又有区别。虚拟资本的出现，使货币资本积累与现实资本积累之间的关系变得复杂化了。货币资本特别是虚拟资本，在一定程度上可以脱离现实资本的运动而自我膨胀，但它归根到底还是受现实资本的制约的，不可能无限地发展。如果股票额的增加是由于新建企业发行股票引起的，那么，股票的增加额就反映着现实资本的扩大再生产的规模；如果股票额的增加是由于利息率和股息率的变动引起的，那么，由此而增加的股票额无论多少，都同现实资本的积累无关。可见,当股票价格的上涨不反映现实资本积累的增加时,它就是经济泡沫。当经济泡沫再扩张时,就是泡沫经济了。最后,从经济运行周期来看,两者既有联系又有区别。在正常情况下,经济增长速度上下波动,由经济复苏达到经济繁荣,然后由繁荣转入衰退、萧条,最后经过调整逐渐趋向繁荣。如此循环,经济周期的图形呈现出有规律的起伏(如下图):

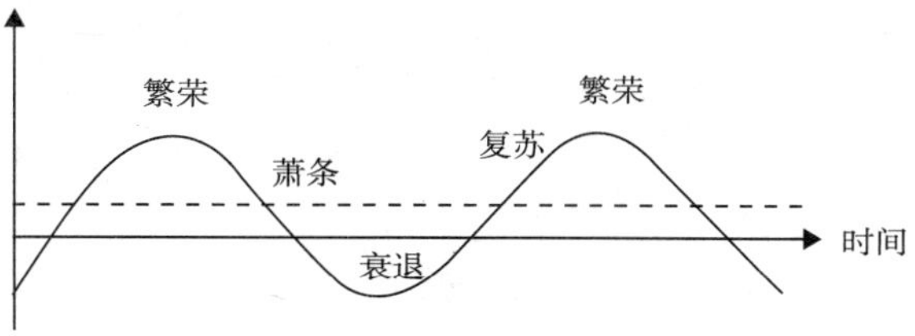

经济波动周期图

而泡沫经济会突然出现在增长高峰,然后又突然下跌,在较短的时间内就可以出现相当大的起伏(如下图):

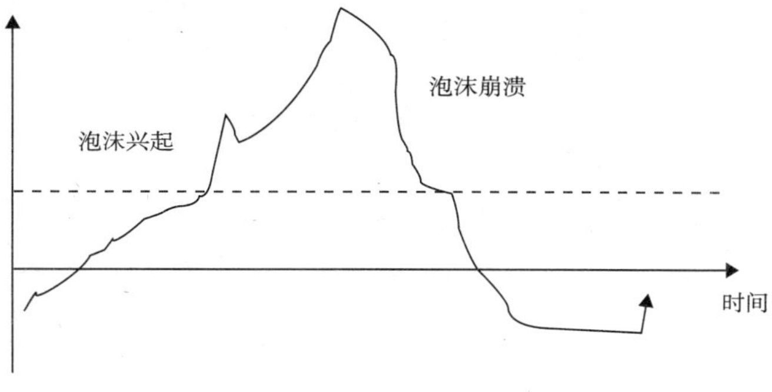

泡沫经济现象图

但是,两者又有共同之处:在繁荣时期,货币资本供应充分,股票价格迅速上涨,生产盲目增加,造成虚假繁荣;在危机时期,货币奇缺,银行信用严重动摇,股票价格大幅下跌,现实资本相对过剩。

泡沫经济实际上有很长的历史。泡沫经济是生息资本特别是虚拟资本大量涌现后的经济现象,是自由调节的市场经济下难以避免的产物。在当代世界经济中,由于股份制经济的普遍发展,银行业作用和地位的增强,市场经济的周期性波动往往蕴涵着泡沫经济的风险。

在我国，一方面是市场经济迅速发展，但另一方面是市场经济运行机制尚不健全和完善，强有力的国家宏观调控体系也有待建立和健全，因而在股份制经济和商业银行的迅速发展中，也蕴涵着泡沫经济的风险。目前，不少学者认为我国的房地产开发、以电子信息为代表的高新技术发展和汽车制造业中，都存在着泡沫经济的风险；银行业的内控机制和监督体制相对薄弱、呆坏账率上涨和资金效率过低，也蕴涵着经济泡沫的风险；证券市场交易不规范，上市公司业绩不佳，股票市场价格与实体经济脱节，泡沫经济和风险可能增大；与世界经济接轨，金融全球化过程的加快，原本外国的国际金融危机也很可能波及我国。因此，我们必须在大力发展社会主义市场经济的同时，为防范泡沫经济的出现，按十六届三中全会《中共中央关于完善社会主义市场经济体制的决定》要求，必须加快完善社会主义市场经济体制，特别是要深化金融企业改革，商业银行和证券公司、保险公司、信托投资公司等要成为资本充足、内控严格、运营安全、服务和效益良好的现代金融企业；要健全金融调控机制，建立健全货币市场、资本市场、保险市场有机结合、协调关系的机制，维护金融运行和金融市场的整体稳定，防范系统性风险；要完善金融监管体制，依法维护金融市场公开、公平、有序竞争，有效防范和化解金融风险，保护存款人、投资者和被保险者的合法权益；要建立健全银行、证券、保险监督机构之间以及同中央银行、财政部门的协调机制，提高金融监管水平。

第八章 土地所有权、地租与农业现代化

马克思在《资本论》第3卷中所详细阐述的资本主义地租理论包括着十分丰富的内容，特别是对资本主义地租的本质、资本主义地租的形式和资本主义地租产生的历史问题进行了十分精辟的论述，它对我国今天经济发展特别是农业生产发展仍然具有指导意义。但是，随着我国社会主义市场经济体制的不断完善，要求我国进一步深化农村、农业的经济体制改革，不断完善我国的土地制度，充分有效地利用土地资源，合理分配地租，不断提高农民收入，推动农业和农村的发展，加快农业现代化的进程。在这个大背景下，一方面我们要充分挖掘马克思关于地租理论对我国经济建设特别是农业生产的指导意义；另一方面又必须高度重视农业和农村经济发展中提出的许多新的重大问题，并从理论上加以说明。

一、重新认识农业的地位和地租理论的重要意义

在知识经济正在到来的当代世界，农业在整个国民经济中处于什么样地位，农业还是不是国民经济的基础，发达国家已经实现了农业现代化了，那里的农业还是不是国民经济的基础。我国的农产品特别是其中主要产品——粮食已开始过剩，农业还是不是我国国民经济的基础。在我国，农业、农村、农民问题，为什么依然那么重要。同时，马克思的地租理论在当今世界包括中国，遇到了哪些挑战，它的理论价值何在。所有这些方面，都是我们研究农业和地

租问题时不能回避的。

168. 为什么必须把农业是一个国家的国民经济基础与农业是整个人类社会的国民经济基础这两个问题区别开来？做这种区分有什么理论和实际意义？

我们通常讲农业是国民经济的基础，往往是针对一些落后大国来说的，例如，列宁曾经说过农业是俄国的国民经济基础，毛泽东曾说过农业是中国国民经济的基础。在这种情况下，农业是国民经济的基础，包括着更广泛的内容，例如，农业除能够满足全国人民的粮食、棉花等生存性需求外，还说农业能够提供大量的轻工业原料、解决大量劳动人口就业、增加积累和出口换汇等。

但是，马克思说农业是国民经济的基础却不是从某一个国家的角度论证的，而是从整个人类社会的角度来论证的。马克思从广义上论证农业是国民经济的基础，主要包括以下几个方面的内容：

(1)农业劳动的生产目的与人类社会生产的一般目的相同。马克思说："一般剩余劳动的自然基础，即剩余劳动必不可少的自然条件是：只要花费整个工作日的一部分劳动时间，自然就以土地的植物性产品或动物性产品的形式或以渔业等产品的形式，提供出必要的生活资料。农业劳动(这里包括单纯采集、狩猎、捕鱼、畜牧等劳动)的这种自然生产率，是一切剩余劳动的基础，因为一切劳动首先而且最初是以占有和生产食物为目的的。(动物同时还提供兽皮，供人在冷天保暖；此外，还有供人居住的洞穴等。)"(《马克思恩格斯全集》第25卷，人民出版社1974年版，第712～713页)这就是说，人类一切劳动的首要目的是为了生产能满足自身基本需要的生活资料。农业劳动的自然生产率越高，农业劳动就越能提供更多的农业剩余产品，就越能促进社会的全面发展。

(2)农业劳动不能理解为单纯的农民劳动，广义的农业还包括农业中的副业，即包括生产农业生产资料的工业劳动。马克思说："最初，农业劳动和工业劳动不是分开的；后者包含在前者中。农业民族、家庭公社或家庭的剩余劳动和剩余产品，既包含农业劳动，也包含工业劳动。二者是同时并行的。狩猎、捕鱼、耕种，没有相应的工具是不行的。织和纺等当初是农业中的副业。"(《马克思恩格斯全集》第25卷，人民出版社1974年版，第713页)这就是说，凡是直接为生产生活资料服务的劳动，都是农业劳动，或者说，直接为生活资料的生产提供生产资料的劳动（如生产农业生产工具、种子、肥料、农药等产品的劳动）也是广义的农业劳动。

（3）从整个社会观点来看，从特定角度可以说，农业劳动属于必要劳动，工业劳动基本属于剩余劳动。马克思说："和一个工人的劳动分为必要劳动和剩余劳动一样，工人阶级的全部劳动也可以这样划分：为工人阶级生产全部生活资料（包括为此所需的生产资料）的那部分，完成整个社会的必要劳动；工人阶级所有其余部门所完成的劳动，可以看做剩余劳动。但是，必要劳动绝不是只包括农业劳动，而且也包括生产其他一切必然进入工人平均消费的产品的劳动。并且，从社会的观点来看，一些人只从事必要劳动，因为其他的人只从事剩余劳动，反之亦然。这只是他们之间的分工。农业工人和工业工人之间的分工一般来说也是这样。和一方面劳动的纯工业性质相适应的，是另一方面劳动的纯农业性质。这种纯农业劳动，绝不是自然发生的；相反，它本身是社会发展的产物，并且是很现代的、绝不是到处都已达到的产物，它是和一个完全特定的生产阶段相适应的。正像一部分农业劳动会物化在只用作奢侈品，或只形成工业原料，但绝不会用作食物，更不会用作大众的食物的产品中一样；另一方面，一部分工业劳动也会物化在用作农业工人和非农业工人的必要消费资料的产品中。从社会的观点来看，把这种工业劳动看做是剩余劳动，是错误的。工业劳动的一部分和农业劳动的必要部分一样也是必要劳动。它只是以前和农业劳动自然结合在一起的一部分工业劳动的独立形式，是现在已经和它分离的纯农业劳动的必要的相互补充。"（《马克思恩格斯全集》第25卷，人民出版社1974年版，第713～714页）在这里，马克思清楚地告诉我们，不仅个人劳动时间可以划分为必要劳动时间和剩余劳动时间，而且整个社会劳动时间也可以划分为必要劳动时间和剩余劳动时间，从而社会总产品也可以划分为必要产品和剩余产品。这说明，必要劳动和剩余产品有两个涵义。从社会观点来看，必要劳动是由广义的农业劳动（包括为农业生产提供生产资料的一部分工业劳动）完成的。因为整个农业劳动的产品就是全社会规模的必要产品，就是满足全社会劳动者基本生活需要的消费资料，就是生产和再生产全社会劳动力所需要的消费资料。

马克思从全社会的高度说明农业劳动生产全社会需要的生活资料，说明农业在整个国民经济的重要地位,说明农业是国民经济的基础。这就告诉我们,无论过去、现在和将来,无论大国和小国,无论农产品能不能自给,不论农业是否实现了现代化,农业劳动作为全社会的必要劳动的地位、农产品作为社会必要产品的重要地位都是不会变的。农业是国民经济基础是一个永恒的定律。那种把农业是国民经济基础只看做是在农业没有现代化、农产品不能自给条件下的要求,肯定是不正确的或片面的。

169. 我国“三农”问题的严重性是因为我们不重视发展农业生产吗?是没有把农业作为国民经济基础来抓吗?

我们党和国家历来都十分重视农业、农民和农村问题。从民主革命到今天改革开放,都没有放松过抓农业、农民和农村问题。改革开放以来,几乎每年中央都发布1号文件,把农业当做大事来部署,措施、手段和方法可谓不少,虽然成就不少,但教训也很多。

为什么这样高度重视农业问题,至今农业问题还没有完全解决呢,“三农”问题还是那么严重呢?其中最典型的是城乡收入6∶1,两极分化严重。据报道,国家统计局原负责人2002年在一次会议上分析说,2001年全国城市居民收入为6800元,农民收入为2366元,表面差距是3∶1,但实际上,农民收入有40%是实物,把这部分扣掉,真正能跟城市居民一样购买商品、服务的货币只有1800多元。这其中,还有20%必须用于购买第二年生产资料的开支,如买种子、化肥、农药等。这样算来,2001年中国一个农民每月能用做商品消费的货币只有120元,只有城市居民的约1/5。城市居民中还有一部分收入没有纳入统计范围,比如各种各样的隐性福利、住房、教育、卫生,甚至用电都比农民优惠,这样一算,中国城乡居民收入差距可能达到6∶1!这意味着社会财富分配的不平衡,意味着越来越大的社会阶层鸿沟,意味着愈积愈重的社会压力。

像中国这样一个拥有十几亿人口的大国,出现几百个、几千个亿万富翁算不了什么,也不会严重影响整个社会的分配格局,也不可能造成多大的社会压力。但是,如果一个拥有几亿人口的群体与另一个拥有几亿人口的群体,其收入差距竟在五六倍以上,那就是一个相当严重的问题了,即如上所述,“这意味着社会财富分配的不平衡,意味着越来越大的社会阶层鸿沟,意味着愈积愈重的社会压力。”

城乡收入的这种巨大差距，正是来自城乡割裂的二元经济结构。所以党的十六届三中全会《中共中央关于完善社会主义市场经济法制的决定》第一次把“建立有利于逐步改变城乡二元经济结构的体制”作为完善社会主义市场经济体制的一个主要目标和任务。

170. 在我国，实行土地公有制后还存不存在地租？如果存在地租，它的经济意义是什么？

马克思曾经设想，当全社会占有一切生产资料包括土地时，或者说土地国有化时，地租将不复存在。至于当农业资本有机构成等于或高于社会平均的资本构成时，还存不存在地租（绝对地租），马克思给予了否定的回答。但是在今天，在我国还达不到马克思假设的上述条件，所以仍然存在地租。即使将来土地全部实行国有化（现在我国土地是两种所有制：农村土地实行集体所有制，城市土地实行国有制），地租将仍然存在。因为，“地租的占有是土地所有权借以实现的经济形式”（《马克思恩格斯全集》第25卷，人民出版社1974年版，第714页）所以，只要有土地的所有权，不管土地是私有或者公有，土地所有权只是土地所有制的法律表现，它都要求在经济利益上得到体现。否则就是对土地所有权的否定。

在我国，无论是土地集体所有制或国有制，使用土地的人都必须缴纳地租，这是符合马克思的地租理论。但是，土地的社会主义公有制的优越性就在于，地租不是归哪个私人所有，而是归集体或国家所有，是取之于民、用之于民。所以它不反映剥削和被剥削的关系。同时，地租是土地所有权借以实现的经济形式，与土地所有者是否一定向使用者收取地租，这是两个不同的问题。土地所有者——集体和国家，可以收租，也可以不收租，可以多收一些地租，也可以少收一些地租。不收或少收地租，也体现着土地社会主义公有制的优越性，特别是在我国农业土地人均面积小，集体对农民基本不收地租，行政村以前按农户承包耕地的面积适当收取费用（不包括各种名目繁多的摊派），可以看做是一种地租。把地方政府对农民的各种摊派看做是地租是没有任何理论根据的。因为地方政府不是农户土地的所有者，它们无权对农民收取地租。它们对农户收取地租也无任何法律依据。至于农业税，它不是地租，它与工商业税收一样，是超经济性强制，不属于地租这种经济范畴。

按照马克思关于资本主义地租的理论，在我国目前仍然存在着土地的两种不同所有制的条件下，需高度重视土地的有偿占用。土地是一种极其重要的资源，特别是随着非农产业的迅速发展和人口的不断增加，土地资源显得更加重要和稀缺，必须采取各种得力而有效的措施防止土地资源使用上的各种浪费。在社会主义市场经济条件下，土地是一种特殊商品和特殊生产要素。因此，必须高度重视土地作为自然生产力参与生产劳动，必须高度重视这种自然力特别是较好土地（肥沃土地和地理位置优越的土地）给经营者带来的超额利润。可见，无论从必要性上还是从可能性上，都必须实行土地有偿占有的政策或制度。我们以前不重视也基本上没有实行非农土地有偿占用的政策或制度，造成了土地资源使用的极大浪费，造成土地资源的使用效率不断下降，也造成土地资源因无偿占用而缺乏改良，使土地资源质量不断下降，造成土地资源的掠夺式经营，造成自然环境的严重破坏和污染，等等。这些教训要求我们必须坚决而果断地实施土地的有偿占用。在我国这样的人口大国而土地资源又十分有限的国度里，更加需要实施土地资源的有偿占用。

按照马克思关于资本主义地租的理论，在我国目前农业生产水平低的情况下，必须高度重视对农业的支持问题。马克思农业经济理论告诉我们，一个国家特别是一个大国，农业现代化是不可能依靠农业自身的积累来实现的，必须依靠国家和社会资本的大力支持。在我国，要加快农业和农村的经济发展，必须进一步加大农业投入，切实加强对农业的支撑和保障体系建设，尽快提高农业基础设施建设水平，降低农户的经营成本，减少农户的灾害损失。这是我国当前和今后相当长时间内加快农业发展，促进农民增收的一项重大战略举措，也是解决“三农”问题的重要支撑和保障。目前国家对农业生产的支持总水平大约只占农业总产值的3%左右，而美国2001年农业生产总值为1940亿美元，国内支持量为970亿美元，农业国内支持量相当于农业生产总值的50%。每年我国农业遭受各种自然灾害的损失，少则几百亿元，多则几千亿元。如果不加强对农业的支持和保障，不下大力气加大对农业和农村的投入，不尽快提高农业基础设施水平，就很难保障农户降低成本，减少灾害损失和增加收入。

按照马克思关于资本主义地租的理论，在我国工农业产品“剪刀差”过大的情况下，必须高度重视对农户的直接补贴和农产品的价格问题。马克思指出："在真正的工业中，每个生产部门都会迅速形成该部门所特有的最低限度的经营范围和与此相应的最低限度的资本，如果没有这个最低限度的资本，任何一种经营也不能顺利进行。同样地，在每个生产部门，又都会形成大多数生产者所必须拥有并且实际也拥有的、高于这个最低限度的标准平均资本量。大于平均资本量的资本会提供额外利润，而小于平均资本量的资本就得不到平均利润。资本主义生产方式只是缓慢地、不平衡地侵入农业，这是我们在英国这个农业的资本主义生产方式的典型国家中可以看到的。如果没有谷物的自由进口，或者因自由进口数量很小，影响有限，那末，市场价格就要由耕种较坏的土地的生产者来决定，就是说，要由在低于平均水平的不利的生产条件下从事工作的生产者来决定。用于农业的并且一般可以由农业支配的资本总量中的大部分，也是掌握在这些生产者手中。"（《马克思恩格斯全集》第 25 卷，人民出版社 1974 年版，第 762 ~ 763 页）在我国，一方面农户农业经营规模很小，必然得不到平均利润甚至亏本；另一方面，以前农产品进口量很大，即使现在农产品已能基本自给，但每年仍然需要进口相当数量的农产品特别是一些短缺的农产品，并且还要保持适量的战略储备，因此，必然要耕种自然条件差的土地，或者国家的大量农业基础设施建设费用的大部分也集中在生产条件差的地区。而工农业产品的"剪刀差"，必然造成大量农户的经营亏损。因此，要解决农产品价格由最差生产条件的土地决定的情况，一方面必须通过农业生产的直接补贴，使农户增收；另一方面，必须扩大农户经营规模，逐步做到农户的资本量达到或超额工业企业经营的最低限度，使农户经营（即经营资本或资本主义经营）能获得平均利润。目前我国农产品价格平均已不低于国际市场价格，再直接提高农产品市场价格的余地很小。但工农业产品"剪刀差"问题依然存在，目前解决的办法，一是要实行优质优价，二是增加对农户的直接补贴。目前世界上的发达国家，也是通过对农场主的直接补贴来解决农业生产经营者的增收问题的。

按照马克思关于资本主义地租的理论，在我国目前仍然存在土地两种公有制的条件下，必须高度重视非农产业用地的地租分配问题。按照马克思的地租理论，无论是绝对地租还是级差地租，它们都应当归土地所有者所有。目前我国土地实行集体所有制和国有制两种形式。我国农业用地是集体所有制,地租应当归集体所有。但是,一方面,由于集体土地本来就来自各农户,土地改革后,实行农村土地个人(家庭)所有制,只是合作化才将个人土地所有制无偿地变为集体所有制。这样,土地实行家庭承包经营制后集体再向农户征收地租就无任何法律依据。另一方面,由于农户人均用地数量很小,再加上农业生产本身规模又小,经营农业本身很容易亏损,农业落后,农民收入很低,再向农户征收地租,农民的负担就更重,从而“三农”问题就更加严重。所以农户用地,集体一般不应再向农民收取地租(包括绝对地租和级差地租):

但是,非农产业用地,包括征用工业用地、建筑用地、矿山用地和旅游用地等,都应当向土地所有者缴纳地租(包括绝对地租和级差地租)。

一是使用集体所有制的土地。其中包括租用和购买土地所有权。购买土地所有权,则改变了农村集体土地所有制的性质,当然要经政府有关部门批准。按马克思的地租理论,地价 $=\frac{\text{地租}}{\text{利息率}}$。首先是计算土地面积是以平方米为单位的(当然也可以换算为亩),并且要以非农业用地的城镇地价作为参照系。地租不仅包括绝对地租,而且包括级差地租,还要包括“租金”即农户在土地上的投资原值或现值,以及土地的地理位置优越程度等。如果是出售土地,马上遇到的是农户无权出售土地问题。目前中国农民依《农村土地承包法》只有土地的经营权和依法的土地转包权、出租权、互换权(均在农用前提下),并无土地的所有权,更无土地的出售权。土地是行政村和自然村所有。这样,农户土地出售只能在政府批准后由土地所有者单位签约履行,农户不能获得全部地价。农户失去土地后需从集体分得另一份承包土地。农户在被集体卖掉他承包的土地后,在地价上能得到多大补偿呢?首先应当获得属于一部分级差地租和“租金”的那部分地价。同时,由于集体卖掉一部分土地后,耕地总量减少了,重新分配承包土地按现行《农村土地承包法》30年不变地规定,从法律上是不允许再从其他农户承包土地中拨出一部分分给无地农户的。但为了使这个农户仍然有一份承包土地,又必须给他另分土地承包。这样,其他农户平均承包土地数量必然减少。为此,地价的一部分应当分给其他农户。所以出售集体土地的收入分配必须在集体范围内分配:被出售的承包土地农户应当得到因连续投资的级差地租决定的那部分和“租金”的地价,其他农户平均分配由其他情况决定的级差地租和绝对地租决定的那部分地价。这样做才既符合马克思的地租理论又符合我国的《农村土地承包法》。

如果农户是依照《农村土地承包法》以转让、出租、转包、互换等形式获得的地租和租金,则应归承包农户所有,集体或其他农户不得参与该农户的这种收入的分配。

二是使用国有土地。按我国现行法律规定,国有土地是不出卖的,即只出让使用权,不出让所有权。现在的城镇国有企业、集体企业、合资企业,以及各种事业单位、行政单位以及军队单位土地都是国有土地,各单位只有使用权没有所有权。在计划经济条件下,各单位使用国有土地是不缴纳地租的。这一方面导致各单位大量占用土地,造成土地资源的极大浪费,土地利用效率极其低下。改革开放以来,国家逐步改变以前的做法,经营企业和单位占用国有土地要缴纳税金(即相当于地租)。但是,这里面遇到了许多问题:

如,经营企业和单位占用了优质土地(如位置优越或交通便利、土地上的矿产资源丰富,或者有独特的自然和人文优势如旅游资源等),向国家缴纳的地租应当高些。因为优质土地经营收入高于平均收入,这高出的部分不是经营企业和单位付出了更多的劳动带来的,其无权获得高于平均利润的超额利润,这部分超额利润应当归土地所有者——国家所有。目前我国的国有土地税收政策并没有解决这个问题。

又如,由于种种原因,原来的城镇国有或集体企业经营单位占用了大量的国有土地,并且有相当的部分是闲置的或浪费的。如果对它征收土地税,它根本负担不起。怎么办?这个问题也没有得到解决。

又如,城镇的企业经营单位,甚至行政单位和事业单位以及军队(包括军工企业),它们把多占用的国有土地拿出去租,包括出租房地产,获得了一笔或大或小的收入。按法律来讲,这些单位出租土地所获得的地租应当归国家所有,但实际上这个地租却归了单位所有。在这些单位,土地的使用权(者)实际上变成了土地的所有权(者)。特别是国有事业单位、行政部门、军队和军工企业占用了国有土地一般又不向国家缴纳土地税。这样,那些占用了国家过多、过好土地的单位,比占用国有土地少的单位就获得了更多的收益,造成了新的苦乐不均。这也可以说是国有资产的一种流失。

随着建筑业、房地产业、矿业和旅游业的迅速发展,它们都成了国家的一个个支柱产业,从地租理论来看,这些部门、行业和企业使用国有土地,是属于租用国有土地，应当向国家缴纳地租(绝对地租和级差地租)。其他事业和行政单位也是占用国有土地，如果它们再出租具有使用权的土地，所获收入起码有一部分(绝对地租部分、级差地租中的地理位置优越部分和自然资源或旅游资源优越部分)应归国家所有。但是，这些问题都没有解决：一是理论上界定不清楚；二是实际政策或制度上没有明确规定。

171. 我国地租应当主要用在哪里？它与资本主义地租在使用上有什么根本区别？为什么必须实行地租收入取之于地、用之于地？

按照马克思的资本主义地租理论，地租归土地所有者——地主所有，地租被他们主要用于个人消费。正因为如此，资本主义地租反映着最腐朽的生产关系，它对社会生产没有任何积极意义，从而他主张土地国有化。

但在我国，土地归集体或国家所有，从而地租应归集体或国家所有，但地租却不是主要用于土地所有者的个人消费，因为国家工作人员自己有工资，农业集体经济的领导人(如行政村的领导人)也是劳动者，也承包一份土地，对他们的误工也另有补贴。那么地租主要用于哪里呢？人们忽视了这个问题的研究。

农户承包(实际上是租用)土地，如前所述基本上不向集体缴纳地租，所以在理论和实际上基本上不存在农业地租应用到哪里去的问题。

问题主要是国有土地的地租应用到哪里的问题。实际上，我国城镇国有土地，以及矿山、河流、湖泊、森林等的土地面积很大，占国土面积的三分之一左右，所以它的地租总额应当很大。但是，国家的财政收入中有哪一部分属于国有土地地租收入，它到底有多大数额，人们从来没有进行过研究更不用说精确的计算。同时，更没有研究这个地租收入应当用在哪里才符合自然再生产和经济再生产及其统一的理论。我们认为，首先应当重视研究或测算国有土地地租收入到底有多大。这应当作为国家的一个重大课题来研究。其次，国有土地的地租，从自然再生产和经济再生产相统一的原理出发，应当主要用于已有土地(含耕地、牧场、林地等)的改良、优等土地的再造、劣等土地的升级、农业基础设施建设、生态环境的保护和防治等。不能把国有土地的地租收入用于其他部门的再生产。要取之于地、用之于地。只有这样，才能保证土地资源的良性循环利用。我国生态环境之所以受到那样严重的破坏，其原因是多方面的，但是从地租理论角度来看，一是没有建立国有土地地租收入理论，二是国有土地地租没有做到取之于地、用之于地。

社会主义市场经济条件下的我国地租理论是一个未引起人们重视的极为薄弱的环节。我国土地资源稀缺而又宝贵，迫切要求我们加强我国的地租理论研究。这不仅有重大的理论价值，更重要的是有更大的实际意义。它不仅关系到农业的发展问题，关系到"三农"的问题，还关系国土资源的充分利用和经济的可持续发展问题，也关系到对外开放和加入 WTO 后国家间的土地资源开发和利用问题。

二、重视和加强对农村土地制度的进一步研究

马克思主义地租理论的核心内容是土地所有权问题或土地制度问题。马克思认为按照社会化大生产发展的客观要求，不仅工业生产资料要实行社会所有制，而且农业生产资料——土地也应当实行社会所有制，即由社会占有一切生产资料。所以马克思赞成无产阶级革命胜利后实行土地国有化。列宁领导的十月革命成功后，就立即实行了土地的国有化。我国革命胜利后，先在农村实行了土地改革，土地归个人（家庭）所有，然后不过几年就实行了农业合作化，就废除了农村土地个人所有制，实行了农村土地集体所有制。解放后，城镇土地以及河流、湖泊、矿山、森林等土地一直实行国有制。从而到目前为止，我国土地是两种公有制并存。我们应当怎样正确评价我国现行的土地制度呢？特别是应当怎样正确评价我国农村的土地制度呢？它有什么利弊呢？这是一个无法回避的问题。

172. 马克思关于土地所有权的论述包括哪些主要内容？它对我国今天有什么现实意义？

同其他财产权一样，土地财产权也是土地所有制的法律形态。土地财产权也包括所有权、占有权、使用权、支配权、索取权、继承权、不可侵犯权等一系列权利。同样，土地财产权作为复数，在某些情况下所有权和使用权是统一的，在某些情况下，所有权和使用权是分离的。这种分离，不仅在理论上是可能的，而且在历史上也是事实：既是经济方面的事实，又是法律方面的事实。

在小农那里，土地所有权和使用权是统一的。这如马克思针对小农经济说："在我们所考察的场合，生产者——劳动者——是自己的生产资料的占有者、所有者。"(《马克思恩格斯全集》第26卷Ⅰ，人民出版社1972年版，第440页)他们拥有"劳动条件的所有权或占有权。"(《马克思恩格斯全集》第25卷，人民出版社1974年版，第674页)在奴隶制经济中，由于奴隶主不仅是土地所有者和占有者，而且也是奴隶的所有者和占有者，所以土地所有权和使用权也是统一的。在农奴主(也叫领主)经济中，由于领主不仅是土地的所有者和占有者，也不完全地所有和占有农奴，所以领主制经济也是土地所有权和使用权的统一。在资本主义社会中，土地所有者——地主使用自有资本经营土地，即土地所有者兼农业资本家使用自有土地经营农场，也是土地所有权和使用权的统一。

马克思考察土地所有权和使用权相统一的这些历史形式，实际上分为两种情况：一是以自己劳动为基础的私有制下的土地所有权和使用权的统一；二是以无偿占有他人劳动为基础的私有制的土地所有权和使用者的统一。这是两种社会性质不同的土地的两权统一。

马克思还考察了土地所有权和使用权的分离问题。在研究亚细亚的所有制形式时，马克思发现所有者和占有者不是同一主体。在公社内，公社是所有者，个人是占有者。马克思说："在亚细亚的(至少是占优势的)形式中，不存在个人所有，只有个人占有；公社是真正的实际所有者；所以，财产只是作为公共的土地财产而存在。"(《马克思恩格斯全集》第46卷，人民出版社1979年版，第481页)这是一种情况。另一种情况是，大共同体是所有者，而大共同体所属的小共同体则是占有者。对此，马克思则说："在大多数亚细亚的基本形式中，凌驾于所有这一切小的共同体之上的总合的统一体表现为更高的所有者或唯一的所有者，实际的公社却只不过表现为世袭的占有者。"(《马克思恩格斯全集》第46卷，人民出版社1979年版，第473页)地主制经济则是土地所有权和使用权分离的典型。地主是土地的所有者和出租者，他在租期内没有土地的占有权或使用权，直接生产者即租地农民在租期内是土地的占有者或使用者，即他在租期内拥有土地的占有权或使用权，但没有土地的所有权，因此他必须向土地所有者——地主支付地租。马克思说："在劳动地租、产品地租、货币地租(只是产品地租的转化形式)这一切地租形式上，支付地租的人都被假定是土地的实际耕作者和占有者,他们的无酬剩余劳动直接落入土地所有者手里。”(《马克思恩格斯全集》第25卷,人民出版社1974年版,第904页)马克思在分析资本主义地租时,则是以土地所有权和使用权的分离为前提的。土地所有者不是土地的经营者,土地经营者则不是土地的所有者。土地所有者占有土地,土地经营者即租地农场主占有资本。马克思把资本主义社会中土地所有权和经营权的分离归结为“资本和土地的分离、租地农场主和土地所有者的分离”。(《马克思恩格斯全集》第25卷,人民出版社1974年版,第847页)马克思还考察了土地国有情况下所有权和经营权的分离问题。当土地归国家所有时,只存在对土地的私人占有权或共同占有权,不存在私人所有权。马克思说道:“如果不是私有土地的所有者,而像在亚洲那样,国家既作为土地所有者,同时又作为主权者而同直接生产者相对立,那末,地租和赋税就会合为一体,或者不如说,不会再有什么同这个地租形式不同的赋税。在这种情况下,依附关系在政治方面和经济方面,除了所有臣民对这个国家都有的臣属关系以外,不需要更严酷的形式。在这里,国家就是最高的地主。在这里,主权就是在全国范围内集中的土地所有权。但因此那时也就没有私有土地的所有权,虽然存在着对土地的私人的和共同的占有权和使用权。”(《马克思恩格斯全集》第25卷,人民出版社1974年版,第891页)

马克思考察土地所有权和使用权分离的这些历史形式,实际也分为两种情况:一是土地私有制下的两权分离;二是土地公有制(或国有制)下的两权分离。在前者,土地使用者要向土地所有者支付地租;在后者,土地使用者可以不向土地所有者支付地租,如在土地国有制下,土地使用者只向国家纳税,地租和赋税是统一的。

从马克思上述关于土地所有权问题的论述中,我们受到哪些启示呢?或者说对我国今天有什么意义呢?我们认为,起码有以下主要三点:

一是土地财产权是土地所有制关系的法律形态。有什么样的土地所有制关系,就有什么样的土地产权关系。这对我国今天是完全适用的。

二是土地财产权也是一系列权利的集合。它包括土地的所有权、占有权、使用权、支配权、索取权、继承权、不可侵犯权等。这对我国今天也是完全适用的。

三是土地的所有权和经营权在一些情况下可以统一,在一些情况下可以分离。例如，在我国土地改革后，土地在个人（家庭）所有制下实行所有权和经营权的统一；在合作化之后，土地在集体所有制下实行所有权和经营权的统一；改革开放后实行土地家庭承包，实行了所有权和经营权的分离。我国的城镇国有土地以及国有河流、湖泊、矿山、森林等土地，改革开放前基本上两权统一，改革开放后基本上是实行两权分离。

马克思虽然没有直接说明，在什么样的条件下，土地适合两权统一，又在什么条件下，土地适合两权分离的问题，但是，我们可以从中体会到以下有意义的几点：

一是土地所有者的土地数量或规模。如果土地所有者拥有的土地数量或规模过大或过小，则可能产生两权分离。因为土地数量过大，所有者无法直接经营，于是土地所有者就可能把土地出租或承包给非所有者经营。土地所有者的土地数量过小，自己经营不划算，也可能把土地出租给别人经营。大地主或国有土地，都由于所有者土地数量过大，所以都出现了两权分离。土地所有者土地数量大而又直接经营即两权统一，只是一种非典型形式。

二是能否促进农业生产力的发展。在自然经济或小商品经济条件下，土地的个人所有制及由此产生的两权统一还能在一定时期内促进农业生产力的发展。但是，在社会化大生产和市场经济条件下，特别是在土地所有者的土地数量规模较大或过大时，两权统一就不经济了，就要实行两权分离了，小土地私有制下的两权统一也难以生存了。正因为如此，马克思主义经典作家反复证明，小生产（包括小农生产和小手工业生产）必然将随着大工业和社会化大生产的发展而被淘汰。邓小平早在1962年就说，农业生产关系特别是其中的所有制关系的实现形式的选择，要以能否促进农业生产的发展为前提。

三是能否做到农业生产的自然再生产和经济再生产的有机统一。农业再生产和工业再生产的一个天然不同的特点是自然再生产和经济再生产的有机统一，而工业再生产只表现为经济再生产。自然生产力对农业生产和再生产影响最大、最直接，土壤、水分、季节、气候、地理位置、河流以及病虫害等，都直接影响农作物的生长，各种自然灾害对农业生产的破坏最直接，农作物的生长要求农民必须进行最精细、最勤快的耕作与管理，如果失误就会造成无法挽回的损失。因此，在土地所有者的土地数量规模很大时，或者在消灭了土地小私有制时，土地的所有权和经营权必须分开，才能适应农业生产的自然再生产的要求，“大呼隆”、“瞎指挥”，违背了农业的自然再生产的客观要求，不利于农业生产的进一步发展。规模不太大的家庭农场是农业生产的适当的组织形式。如马克思所说，实行两权分离的家庭农场是资本主义农业的典型经营方式。

四是土地的两权统一或两权分离的利弊分析。这种利弊分析要以土地所有制的形式为前提，即要看是土地是公有制还是私有制。在土地私有制下，土地的两权分离，可以解决既要投资购买土地又要投资经营土地的矛盾。实行两权分离，土地所有者无须投资经营土地，土地经营者无须投资购买土地。土地所有权和经营权的分离，促进了租地者改进农业技术和经营管理，从而促进了农业生产力的提高。但是，土地所有权和经营权分离，也产生了一些消极影响，即土地所有者不愿为农田水利等基础设施投资，土地经营者也不愿意从事可以在长期中发挥效益的农田基本建设，而且在承租期内进行掠夺式经营。马克思说：“资本主义农业的任何进步，都不仅是掠夺劳动者的技巧的进步，而且是掠夺土地的技巧的进步，在一定时期内提高土地肥力的任何进步，同时也是破坏土地肥力持久源泉的进步。”（《马克思恩格斯全集》第23卷，人民出版社1972年版，第552～553页）但是，资本主义农业生产的这个矛盾或弊端，可以而且应当在土地公有制的社会主义社会中得到解决或克服。在社会主义土地公有制下，由于土地所有者和经营者的根本利益是一致的，从而或者以法律形式给予经营者有永续的占有权、使用权，或者以法律形式给经营者一个很长时间的使用权、占有权。

五是在当代，土地国有化下的两权分离是一个最好的土地产权形式。即土地收归国有，但土地的占有权、使用权归经营者，使用权、占有权可以继承和不可侵犯，并且还可以转让、流转。这些法定的权利，有利于使用者把土地作为资本来经营。社会化大生产的高度发展和土地资源的日益稀缺，要求实行土地国有化。但农业生产的自然再生产的特点，农业生产本身效率的有限性，又要求土地所有权和经营权的分离。所以实行土地国有化条件下的两权分离，既可以解决小生产条件下两权统一的矛盾或弊端，又可以克服集体所有制下两权分离的弊端。

173. 怎样正确看待“土地改革”？现在要不要恢复农村土地私有制？

新中国成立后，在广大农村实行了土地改革，废除了封建地主土地私有制，实行了农村土地个人(家庭)所有制，第一次在历史真正实现了“耕者有其田”的伟大夙愿，被誉为农民的“第一次解放”。

根据马列主义政治经济学原理，遵照社会生产发展的一般规律，无产阶级革命胜利后，消灭封建地主阶级土地私有制后，农村土地应该实行国有制。但是，由于各国的历史不同，社会生产力发展水平的差别，以及广大农民的愿望，各国无产阶级革命胜利后，实行的农村土地制度则不同。俄罗斯实行的是土地国有制，我国实行的是土地农民个人所有制。俄罗斯是在列宁领导下，经过苏维埃的认真讨论，才决定实行土地国有制，但土地却交给农民使用，农民具有使用权。我国实行土地农民个人所有制，其主要原因：一是它是广大农民的长期而迫切的要求；二是中国革命是在广大农民积极、直接的参加下取得胜利的，人民政府应当满足农民的要求。

土地改革，农民获得了土地所有权，的确大大调动了亿万农民的积极性，我国农业生产很快地得到恢复和发展。这是人所共知的历史事实。

但是，很快就实行农业合作化。自实行了高级农业合作社后，农村土地私有制就自然地被取消了，农村土地自此以后就归了集体所有。农村土地集体所有制就这样通过“改变”被建立起来了。这么大的事应当有法律依据。但宪法的追认是以后的事。

由于农村土地集体所有制有很多弊端，于是有的学者提出要恢复农村土地个人(家庭)所有制，实行第二次土地改革。

那么，我们应当怎样看待这种建议呢？

我们认为，这种建议从进一步解决我国“三农”问题的角度来看是有一定道理的。农业问题的根本解决，还是要靠农民自己。但农民拿什么来解决农业生产现代化呢？农业现代化所需资金从哪里来呢？看来全靠国家是不行的，国家没有那么大的力量，靠农民，农民也没有这样多的资本。农业积累本身既很小，也很慢，要实现农业现代化，其过程必然是很长的。如果农民能用自己的土地换来资本，并把这个资本投入非农产业，这样就可以加快农民的分化，使广大农民中的绝大部分劳动者逐步转到非农产业，使留下来的农民进行规模化经营，或者社会资本进入农业进行农业的规模化经营，这样就可能加快农业现代化的进程。

但是，恢复农村土地个人所有制也有一定的困难。首先，是整个社会目前还接受不了这种建议,土地私有化可能给社会带来极大的震荡。其次,进行第二次土地改革,社会成本也很高,操作起来也十分复杂,搞得不好还会影响农业生产和社会稳定。例如,土改时分给各户的土地经过整地改造,已分不清哪块土地是哪家的了;按当时农户人口平均分配,必然要涉及与土改后的各家土地数量的多少的矛盾,有的农户家人都没有了,或者当时有的农户现在已在城市落户并工作了,这些农户土地归谁所有;按现在人口平均分配,必然是对一部分家庭土改后分得土地的剥夺;一部分自然村的撤、并,带来了土地的重新占有,这也会影响土地的再平均分配的顺利进行;一部分已在城镇有固定工作的农民要不要分配土地,等等。

所以,相对地说,解决的最好办法是,农村土地实行国有化,永久交给农户使用。即国家拥有农村土地的最终所有权,农户拥有除土地所有权以外的一切权利。

174. 怎样正确看待我国农村土地的集体所有制?要不要改变我国现行的农村土地制度?

在我国,1956年农业合作化完成后,农村土地已由个人所有制自动地变成了集体所有制。我国农村土地制度的这一变化是通过政治运动完成的。它从根本上来说,或者从总体来说,并没有充分考虑到农村生产力的发展状况和要求,也没有真正考虑到不同农户在经过土地改革后的几年(甚至更长时间——因为有的地方在全国解放前几年就完成了土地改革)的土地数量或土地投资的产权状况,所以从经济上和法律上都是不妥的。同时,更重要的还是土地集体所有后,又实行所有权和经营权的统一,搞"大呼隆"、"瞎指挥",既违背农业生产的自然再生产的特点和要求,又脱离了农村生产的管理水平,所以合作化特别是公社化后,整个农业生产并没有得到什么发展,农民的生产积极性并没有因此而被进一步调动起来。所以,农业合作化和农村土地集体所有制的教训是十分深刻和惨重的。

除了这些不说,单就目前农村土地所有制本身来看,土地所有权或土地财产权本身也是不清晰的,从而它需要改革。这主要表现在:

一是农村土地集体所有制的范围不清晰。农村土地到底是归行政村所有,还是归自然村所有,也即是归原来公社制的大队所有,还是归后来的生产小队所有？或者说，在哪些农村，在哪个县、乡的农村，土地归自然村所有，或归行政村所有，都没有明确的法律界定或规定。宪法和中央的文件只是笼统地说农村土地归集体所有，过于原则，难以操作。

另外，还有一个很重要的情况就是，不仅在合作化和公社化过程中，而且在现今的撤乡、并村进程中，自然村、行政村也在撤、并，这也直接关系农村土地集体所有制的产权主体的变化，这样也使土地的归属权发生变化。

二是在农村与城镇的交接处，或者在农村耕地的包围圈内，存在一些非农土地，例如，小山地、小林地、小河流等，这些土地是农村集体所有还是国有，也没有明确的法律规定。还有，一些郊区农村被合并到城镇或城市了，土地就由原来的集体所有制变成了国有制，这也缺乏法律的根据。

三是农村土地集体所有制的产权主体，并没有像非农产业的生产经营单位那样进行登记，没有法人和法人财产权。这在整个法律上是个空白。

四是既然土地是集体所有，集体就应当有权处理土地的一切产权问题，但实际上土地集体所有者又无这些权利。行政村既不是一级经济组织，又不是一级政府组织。农村土地的处置权特别是出租、转让权在县一级政府，数量较大的土地的出租、转让权还在省一级政府。这与农村土地集体所有制的涵义是矛盾的。农户与行政村签订的土地承包合同，由于行政村的法律地位不明确和不固定，就会使承包合同的法律地位受到影响。

如前所述，恢复农村土地个人所有制是不可行的，所以如果要废除农村土地集体所有制，应当实行农村土地国有制。

175. 怎样正确看待农村土地家庭承包制？要不要变农户土地承包制为农户土地永久使用权制？

党的十一届三中全会后，农村开始实行家庭联产承包制。土地农户承包制是土地集体所有制的一种实现形式，它适合我国农村生产力的发展状况和管理水平，也符合农业生产的自然再生产的特点和要求，是对合作化以来农业生产上的两权统一所造成的“大呼隆”、“瞎指挥”的彻底否定，被誉称农民的“第二次解放”。所以它大大地调动了农民的生产积极性，有力地推动了农业生产的恢复和发展。这是人所共知的事实。

但是，随着农村经济特别是整个社会经济的发展，它的天然不足越来越显现出来了。

一是农户承包的土地数量极为有限，根本达不到规模经营的数量，增产特别是增收的潜力已基本上达到了极限。

二是大量农村劳动力在人均面积极小的土地上耕作，实际上处于过剩状态。即使按照现在的农业生产条件，农村劳动力有二分之一甚至三分之二是过剩的。

三是农户只有土地的承包权，但承包权在财产权上属于什么样的权利呢？并不很明确。目前，农村土地集体所有制与现行的农村土地政策的冲突正在不断加大，以集体所有权侵犯农户土地承包权的现象屡有发生；土地集体所有制与农户土地权利的物权化相矛盾；由于“一个农户增加一个人口就会给一份土地”是土地集体所有制的应有之义，从而使“增人不增地、减人不减地”的政策落空。

四是公平与效率的矛盾正在加深。毋庸置疑，农村土地家庭承包制是平均主义与效率之间妥协的产物。承包土地按农户人口平均分配，但它必然带来低效率。这已经充分显露出来。20 世纪 80 年代是我国农业生产和农民增收的“高涨期”，90 年代以来则进入了一个“缓慢期”，这说明农户土地承包制的效应已差不多“释放”殆尽。公平与效率之间的矛盾正在逐渐加深。在现行的农村土地制度下，土地所有权的主体是社区（即形式上的行政村或自然村，但如我们前面所说的产权主体在法律上并不清晰），取得土地承包权的分配依据不是某户（或某人）对土地的使用效率，而是他在该社区中的户口（本村户口还是外来户口）和身份（劳动力还是非劳动力）。由于地权主体是社区，而土地承包权的分配又是基于整个社区人口的相对变化，因而土地承包权的调整不是像在私有制下那样在不用涉及社区内其他成员对土地的使用权的前提下，在个别家庭内部或家庭之间进行，而必须在整个社区范围内进行。于是，单个家庭内部的人口变化成了影响整个社区承包土地分配公开与否的牵一发而动全局的问题，使得土地承包权流转的交易费用特别高。人口的变动是经常在进行的，甚至在总人口不变的情况下，由于年龄的变化，年幼的非劳动力变为劳动力，劳动力因年老了或残疾了变为非劳动力，有的青年入学了或参军了，女儿出嫁了，也都会引起社区内各户实际承包土地份额的消长。这一切都依赖于社区干部对土地承包权是否公平作出的解释，甚至由他们说了算。土地承包权于是便会经常随着社区人口的相对或绝对的变化而不是基于效率的理由而变化。因此，农民想方设法以最低的投入获得最大限度的产出，保持土地肥力，投资兴修水利设施都已变得毫无意义，因为眼下属于自己的土地可能过几年之后就属于他人的了。在沿海地区和一些大城市郊区还实行了"两田制"甚至"三田制"，即按当地人口平均分配没有定购任务和税赋的口粮田和饲料田，剩下的土地再按劳动力平均分配（承包）有定购任务和税赋的责任田，可见平均主义十分明显。在不少农村，由于大多数青壮年外出打工，加之种粮亏本，出现了不少撂荒土地，在乡的老年农民，无力精耕细作，所以效率不高。

五是对社区外剩余资本和劳动力的排斥。现行的以社区所有权为主要特征的农村土地制度使土地使用权的流转社区化、本地化，因而使社区农民对土地的使用权具有明显的垄断性，农民和社区领导都有权名正言顺地排斥外来农民承包本社区的土地。在沿海地区和大城市郊区，乡镇企业比较发达。为了稳住农民承包土地，以便为乡镇企业职工提供口粮和替乡镇企业职工缴纳定购粮和国家及地方的各种税赋，都采取了以工补农的政策或以工养农的政策。如果把本社区的土地转包给非本地农民承包，就会使当地农民失去相当数量的乡镇企业补农津贴。当地农民离开农业，并没有为非本地的收入水平低下、缺乏非农就业机会的其他社区公民提供就业机会。有的社区的以工补农款是按承包土地面积发放的，它导致一些不必要承包土地的农户反以承包土地作为领取补贴的手段，从而增加了乡镇企业的负担。

基于以上主要原因，所以有不少专家提出必须改变目前的农村土地承包制度。至于改变成什么样的农村土地制度呢？专家们的意见不很一致。有的主张实行农村土地农民个人所有制；有的主张农村土地实行国有制，农民拥有土地的永久使用权。

176. 怎样正确看待《农村土地承包法》？中国农村土地制度改革的最终出路在哪里？

近些年来，农村土地问题日益突出，已成为农民反映最强烈的问题。完善农村土地制度，切实保护好耕地，不仅关系到农民的生产生活和农村社会稳定、更关系到国家经济安全和社会稳定、关系到我们党的执政地位。完善农村土地制度，是解决好"三农"问题的一项根本性措施。

原中央农村政策研究室主任杜润生曾提议制定《农村土地承包法》，并提出了六条建议：一、现行家庭承包土地政策30年不变，必须坚持贯彻执行，做到30年内生不增死不减，不论大调整小调整应一律禁止；二、承包界定为物权而非债权，已取得法学界的共识。作为物权，应尊重农民拥有的权利，包括占有权、收益权以及转让权、抵押权、入股权等处置权，不受侵犯；三、由政府制定统一的标准合同文本，作为农户和政府司法部门处理争议的依据；四、目前，土地集体所有制所有者缺位，成为由政府代管的无主财产，因而受到多方的侵蚀，应经过准备，本着耕者有其田的精神明确集体产权涵义；五、鼓励农民发展合作组织，并建立农民协会，以利在参与市场竞争和社会活动中，保护自身权利；六、由法律界定，既防止土地被垄断，又防止土地继续分割。在长期稳定的前提下，应按中发(2001)18号文件指示，土地流动要有偿、要自愿，不能无偿收地，不能单方面废止合同。

2002年8月29日，全国人大常委会通过了《农村土地承包法》。该法的主要内容可以归纳为“五权”：

(1)赋予农民承包土地的长期使用权。《农村土地承包法》明确规定，家庭承包经营的耕地承包期为30年，草地承包期为30～50年，林地承包期为30～70年。落实这些规定的关键是把土地作为财产交给农民长期使用，禁止随意缩短承包期或随意调整收回承包地。这是稳定和完善农村土地承包关系的基本前提。

(2)保护农民对承包土地的经营自主权。该法规定，任何单位和个人不得干涉农民正常生产经营活动，不得强迫农民种植指定作物，不得强迫农民购买特定厂商的生产资料或其他产品，不得强迫农民把产品销售给指定企业。这是巩固农户家庭承包经营市场主体地位的重要保证。

(3)尊重农民对土地的流转选择权。农民依法取得土地承包经营权后，是否流转、流转给谁、流转价格，均应由农民与受让方平等、自愿、协商确定，任何单位和个人不得强迫农民接受指定的流转对象和价格。这是农户依法享有土地承包权的具体表现。

(4)保证农民对承包土地的收益获得权。承包农村土地的收益、流转土地承包经营的收益，应全部归农民所有，承包土地被征用或占用，农民有权获得补偿。这是保证农民合法权益的重要内容。

(5)保护农民对承包土地的法定处分权。《农村土地承包法》规定，农村土地归农民群众集体所有，不得买卖。但农民依法取得土地承包经营权后，可以依法采取转包、出租、转让、互换等多种形式流转土地。这是农民拥有承包土地使用权不可分割的组成部分。

可见《农村土地承包法》明确的“五权”，既解决了稳定的问题，可以鼓励农民放心地向土地投资，改良土地，又解决了土地流转问题，可以缓解有地无力和有力无地的矛盾。我们应当相信，《农村土地承包法》的颁布，将会促进农民提高土地生产率，使农村面貌发生进一步的变化。

但是，一些学者认为，虽然《农村土地承包法》对保护农民承包土地的各种权利有重要的积极意义，但是，这部法律似缺乏前瞻性，仍然有不少不足之处，仅仅是一种“次优选择”。原因是：

（1）从效率的角度来看，特别是从促进要素的充分流动性和自由组合性来看，它与市场经济发展的要求还有较大的距离。因为这部法律仍然坚持农村土地集体所有制，这就隐含着对农村劳动力在社区之间流转的限制，也隐含着土地向非社区成员流转的限制。这些非经济性限制，与市场经济所要求的要素充分流动和自由结合的原则，从而实现资源优化配置，显然有很大的差距。平均分配土地只是局限在极小的地域范围。这种主要基于公平原则而不是效率原则的土地制度，将面临市经济发展进一步严峻的考验。

（2）土地的可交易性受到了明显的限制。按照《农村土地承包法》，土地归集体所有，农民无权买卖。该法也没有解决农民的土地抵押权问题。这样，农民对土地的处分权就是不完全的。从一般意义上来看，集体所有制（不含合作制或股份合作制以至股份制等）限制了内部成员对其有“份额”的权利，即不允许将其应有的“份额”完全自由处置，这就不利于产权流动、重组和治理结构的健全，不利于土地的有效利用，甚至不利于农民利益的保障。

（3）片面引导农民进入小城镇也是不妥的。农民进城，不仅要进入小城镇，也要进入大中城市，不能人为地设置障碍阻止农民进入大中城市。中国即将发生深刻而全面的城乡变迁。《农村土地承包法》片面引导农民进入小城镇，同样将会扭曲中国城市体系的正常发育（过去限制农民进城已经扭曲了中国城市体系的正常发育），降低中国的城市化进程中减少现代化成本的能力，从而提高中国现代化的成本。城市化和现代化是并行不悖的。在城市化成为一个不可逆转的历史发展趋势的时刻，它同时是推动经济包括工业经济和农业经济发展的强大动力。对城市化是早认识早主动,晚认识则被动。我国目前40%左右的城市化水平已经严重地滞后于工业化和现代化。农村土地集体所有制,是阻碍中国城市化过程的一个重要制约因素。只有彻底改革农村土地集体所有制,让农民手中的土地资源的完全流转,才能有助于农民进城,从而减少农民,增加农民收入。

我们认为,上述对《农村土地承包法》的利弊分析都是有道理的。进一步的研究就是中国农村土地制度的最终出路究竟在哪里?是土地国有化还是土地私有化?

177. 中国农村土地到底是实行国有化好还是私有化好?

虽然《农村土地承包法》颁布了,但关于中国农村土地制度改革的最终目标问题的讨论仍在继续。一部分人认为农村土地制度改革的最终目标应当是实行土地私有化,即土地归农民个人(家庭)所有,另一部分人则认为最终目标是实行农村土地国有化,同时使土地使用权永久地属于农民。

赞成农村土地私有化的人认为,只有土地私有化,土地才可以自由交易,城市资本就会自然流向农村。如果土地所有权完全私有化了,农民将成为自由民。农民若要进城,或从事其他工作,他可以卖掉土地,这不但有一笔收入,而且有一笔资本。因此他们进城时是有钱人而不是"盲流"。特别是可自由买卖的土地比不可自由买卖的同样土地市价高得多。土地私有化只会使现在相对贫困的农民变得富起来。农民有土地的私有权,还可以把土地租给别人耕种,自己可以收租,再可以去打工再挣一份收入。土地的买卖和出租,就可以真正促进土地按市场经济规律进行优化配置,提高土地的利用效率。而且,土地的私有化也有利于保护生态环境和城市绿化。因为只要土地属于私有财产,土地所有者自然会加倍呵护土地。

他们还引用马克思的有关论述,说把农民束缚在土地上的土地制度,是阻碍城市化和工业化的制度,它不但是反效率的,也是不公平的。持这种主张的人还认为,担心实行土地私有制会造成豪强兼并土地和出现破产农民涌向城市从而造成社会动荡,是多余的和不太可能的。因为,第一,把土地分给农民,农民未必都会把土地卖掉,他们可以自己种,还可以租给别人种,卖地只是可选择的做法之一。第二,即使其中一部分农民要卖掉土地,也是他根据自己和市场的实际情况作出的选择，只有农民觉得划算的时候才会卖掉。第三，农民卖掉了土地，得到了一笔资金，就可以用这笔钱在城镇成家立业。第四，即使卖地后在城市创业失败了，钱花光了，还有社会保障体系保护他，即他可以申请领取政府的救济金。因为土地的自由买卖或出租，可以增加政府的税收或财政收入，并用一部分来建立社会保障基金，同时农民也将向政府缴纳一定的养老保险金。土地分给了农民，政府是要向他们征收土地税的，如果农民不缴税，政府就有权依法收回土地。而农民缴了税，政府就有了钱来为他们建立社会保障。农民分到了土地，是会自愿纳税的，因为他们不会因此而重新失去土地。进一步说，农民有土地时，他是有产者，他不需要政府救济，也缺乏得到政府救济的法律依据。即使是个别农民卖了地、进了城又破了产，那只会是极少数人。城市人也有破了产的少数人。政府征了那么多的税，难道还不够给破产的一小部分农民发救济金吗？所以担心失去土地的破产农民会引发社会动荡是多余的。

至于是否会出现大规模的土地兼并，“大农排挤小农”，从而出现大规模的严重的社会就业问题，也必须进行具体分析。第一，中国历史上很多朝代的没落是由地方豪强兼并土地引起的，但它正是由于土地所有权没有法律保障造成的，是土地不能自由买卖造成的，是封建特权造成的。在社会主义国家，在市场经济条件下，在法制健全的条件下，这种情况是不允许的，也是可以防止的。第二，只要土地法对土地进入市场进行必要的法律限制，也就完全可以避免土地的大量兼并和大资本排斥小农问题的出现。

总之，这种主张认为，解决我国“三农”问题的思路是：解放农民→转移农民→减少农民→富裕农民。而实行农村土地私有制是“解放农民”的前提。所以实行农村土地制度的进一步改革，实行农村土地私有化，是农民的“第三次解放”。

不赞成农村土地私有化的人认为，第一，这不符合社会主义本身的要求；第二，它会造成新的社会动荡；第三，它会造成豪强兼并土地从而带来社会就业的严重问题；第四，会出现破产农民形成的“盲流”，带来新的社会不安定。

同时，持这种主张的人还认为，目前从总体上来看，我国绝大多数地区的农村尚不具备大规模土地流转或土地自由交易的条件。只有到第二、三产业比较发达，大多数农民转到非农产业并有了稳定的工作和收入来源时，才有可能出现大规模、大范围土地流转或土地自由交易。但这将是一个相当长的历史过程。

但是也有人不完全同意这一看法。这种意见认为，虽然上述判断是符合当前实际的,从而也可以说是正确的。但是我们应当有“前瞻性”,“绸缪于未雨”,不能不创造条件去尽快促进土地的大规模和大范围流转,或土地的自由交易,再也不能老是等待了。而且也不是非法流转,它必须是在合法条件下的土地自由交易。从市场经济发展的一般要求看,现代市场经济的产权制度,恰恰要求的是一种“永久性”产权明晰,从而形成真正彻底的、明确的、稳定的预期。现在的《农村土地承包法》虽然已经将土地承包权延长30年,但毕竟还只是“临时性”。农村土地制度改革不应把农户家庭承包与发展现代农业对立起来,而应在家庭承包的基础上再进一步,把土地财产权彻底地、法定地、永久地交到农民手中。不错,农村土地制度改革应该“慎行”,但也不可“缓行”。否则,将有碍于提高农村土地的使用效益、增加农民收入、减少农民进城的阻力,影响加快城市化、工业化和农业现代化的进程,促进中国经济长期、稳定、快速发展和全面小康等一系列目标的实现。

关于农村土地私有化问题,也有两种不同的看法:一是农村土地所有权私有化;二是土地国有化下的使用权私有化。

但是,土地使用权的私有化与土地所有制的私有化,也是两个不同的问题,而且是两个不同层次的问题。

首先,所有制是所有权的经济基础,所有权则是所有制的法律表现。所有制的性质决定所有权的性质,但不能反过来说所有权的性质决定所有制的性质。从这个关系看,只有把握所有制的性质,才能说清楚所有权的性质。尽管在理论上看所有权和所有制存在着这种辩证统一关系,但一般来说,从法律上界定所有权仍在于确定财产的所有权主体,即“谁”对特定财产行使所有权及其权能,但不是界定所有权的性质。这样,不考察所有制关系,就不能说明所有权的性质。同样,土地所有制性质决定土地所有权的性质。由此可以推导,土地所有制的私有化,必然导致土地所有权的私有化,但不能反过来说,土地使用权私有化必然导致土地所有制的私有化。为什么呢? 这是因为所有权是各种权能的总和,而决定所有权的所有制的实现形式是多种多样的,从而所有权的权能是可以分解的。所以,土地所有权某种权能的私有化并不等于土地所有制的私有化。

最后,所有制及其性质,与所有制的实现形式、所有制的法律表现即所有权或产权,是不同性质和不同层次的问题。所有制及其性质是决定性的东西,实现形式和产权关系是从属性的东西。而且,所有制的实现形式本身并不构成某种独立的完整的所有制范畴，所有制内部的权利关系也可以是多层次的。从所有权上看的私有化是从财产的法律关系上考察的私有化，从所有制上看的私有化是从财产运用过程中的经济关系上考察的私有化。在前者是指财产权利总体或财产权利总体中某些权能的私有化，在后者则是生产资料所有制的私有化。我们知道，随着社会经济关系的变化和发展，所有权关系也在发展，其表现之一就是所有权权能的分解。完整的、充分的所有权是所有权的各项具体权能的总和。通常把占有权、使用权、收益权、处分权这四种权利看做是所有权的权能。所有权的各项权能都是所有权的具体实现形式，所有权的每一项具体权能的转移，都或多或少地构成对所有者权利的限制。所有权权能转移得越多，所有者的权利就越少；如果所有权权能全部转移出去了，所有者留下的只是一个没有实际意义的所有权的名义了。把财产的所有权的一部分转给私人，如占有权，或使用权，或收益权，或处分权，转给私人，在西方学者看来也属于私有化，并被他们叫做"管理私有化"。但是，它与公有财产权利的全部私有化还是有差别的。同时，在公有制未变的前提下，公有制仍然决定着所有权整体或其中的每项权能。由此可见，土地使用权的"私有化"，并不等于土地所有权的私有化，而只是其中的个别权能的"私有化"。

土地国有化，既包括土地所有制的国有化，也包括土地所有权总体性的国有化。农户拥有土地的永久使用权，只是表明土地所有权的部分私有化，并不表示土地所有权的所有权能的私有化。

国家把土地使用权永久地交给农户，正是为了克服土地集体所有制的不足，从根本上促进"三农"问题的解决。

三、农业现代化是一项复杂的系统工程

对于什么叫做农业现代化，以及如何实现农业现代化，许多教科书就农业谈农业的多，从而给人们的印象是：农业可以不依赖于各种外部条件也能实现现代化了。例如，许涤新主编的《政治经济学辞典》说，农业现代化就是"用现代科学技术和先进的生产手段装备农业，用先进的科学方法管理农业，提高农业劳动者的文化和科学技术水平，把传统的低水平的农业转变为现代的高水平的农业"。（《政治经济学辞典》下册，人民出版社 1984 年版，第 319 页）农业现代化

始于20世纪之初,大发展于第二次世界大战后,现在,发达国家早已实现了农业现代化。从表面上看,发达国家实现农业现代化的主要措施有:发展和推广以现代自然科学为基础的农业科学技术;建立和发展现代化的农业生产资料工业;发展农业教育,大量培养农业科技人才和管理人才;建立农产品和工业品之间的交换;运用价格、信贷等经济手段和经济立法,协调农业生产单位之间以及农业和国民经济其他部门之间关系等。

我们认为,这些看法在一定范围内是正确的。但是,它忽略了农业现代化是一项复杂的系统工程,忽略了发达国家在实现农业现代化之前的所有铺垫工作,也忽略了农业现代化的标准测量体系。由此,这可能引导人们只是就农业抓农业,欲速则不达。

178. 农业现代化是怎样一种复杂的系统工程?它的制约因素到底主要有哪些?为什么发达国家的农业现代化大大落后于工业现代化?

首先,我们必须明确农业现代化是怎样一种复杂的系统工程。为此,我们可以用以下简单图示来表达:

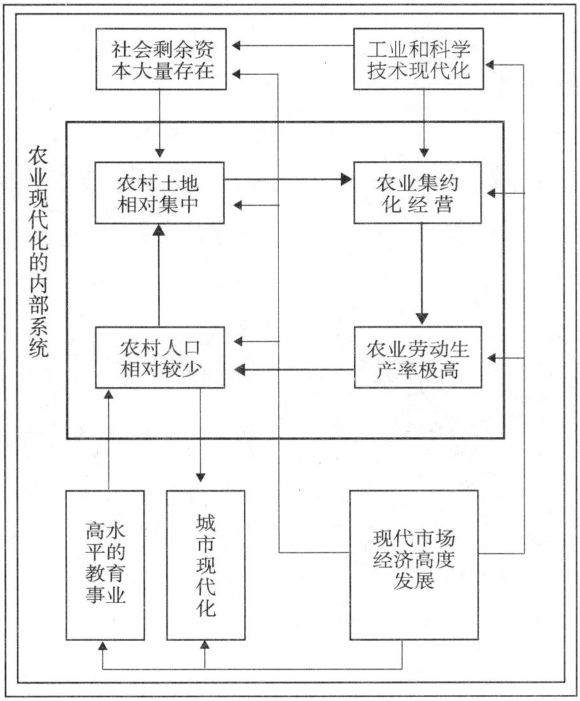

农业现代化分为内部系统工程和外部系统工程两大部分。离开农业现代化的外部系统工程是根本实现不了农业现代化的。这正是农业现代化进程落后于工业现代化和科学技术现代化的根本原因。

农业现代化内部系统工程是一个内循环系统：农村土地相对集中⇌农业集约化经营⇌农业劳动生产率较高⇌农村人口相对较少。这四环节或四项指标都是相互作用的；每一项都可以说既是这个循环的起点，又是这个循环的终点。当然，从过程的结果来看，当然是农业劳动生产率的水平问题；从过程的起点来看则是农村土地的相对集中。具体地说，只有农村土地相对集中，农业才有可能进行集约化经营；而农业的集约化经营，必然带来农业劳动生产率的大大提高；而农业劳动生产率的提高则表示在土地单位面积产量不变时农业劳动人口的减少；正因为农业劳动人口的减少，才表明和导致农村土地的相对集中。

农业现代化的外部系统工程是实现农业现代化的必备条件和充分前提，也是农业现代化的制约因素：

(1)农村土地的相对集中必须有大量社会剩余资本，即有大量资本来进行土地集中，并向农业投入大量资本。单靠农业生产本身的资本积累，是难以较快地完成农村土地的相对集中的。而大量社会剩余资本的存在，又是工业经济等高度发展的直接结果。

(2)农业的集约化经营是以土地的相对集中为前提的，但它必须依靠工业现代化和科学技术现代化为其提供大量先进高效的农业生产资料，特别是农业生产工具、农业生产技术和生产方法。所以，没有工业和科学技术的现代化，就根本谈不上农业生产本身的现代化。

(3)农业劳动生产率的提高，应归功于为农业生产服务的其他部门的劳动生产力的发展。马克思曾深刻地指出："产业的向前发展所造成的不变资本的这种节约，具有这样的特征：在这里，一个产业部门利润率的提高，要归功于另一个产业部门劳动生产力的发展……生产力的这种发展，归根到底总是来源于发挥着作用的劳动的社会性质，来源于社会内部的分工，来源于智力劳动特别是自然科学的发展。"(《马克思恩格斯全集》第25卷，人民出版社1974年版，第97页)马克思的这一论断对农业劳动生产率的提高、农业生产利润率的提高，农业现代化的实现，也是完全适用的。

(4)农村人口的相对减少,它既是农业劳动生产率提高的表现和结果,是农村土地相对集中的表现和结果,但是,它更主要的是农村人口素质提高的表现和结果。而要提高农村人口素质,首先的和直接的是依靠国民教育事业的高度发展。国民教育事业的高度发展,农民子女也受到了良好的国民教育,他们才能有本领在非农产业就业。大多数农村人口到非农产业就业了,农村人口自然而然就减少了。农民子女都能受到良好的国民教育,只依靠农民的劳动积累,其过程是很长的。这样,就要依靠国家大力推广中等普及教育,同时资助他们的高等教育。当然,农民子女上学,也要靠农民自己想办法。办法之一就是盘活农民手中的资源。农民手中的主要资源是什么呢,当然是归他们永久使用的土地。

(5)多余的农村人口到哪里去就业呢?当然是到非农产业发展的城市去就业。所以城市化程度高,就表明城市人口占社会总人口的比例高,表明剩余的农村劳动力大量进入城市。农民要能进城,首先要有本领;然后要有一定量的资本投入,这就要靠农民盘活手中的土地资源。城市要能大量吸收农村剩余劳动力,一是靠城市非农产业即第二、三产业的高度发展,二是要靠解决农民进城的户籍制度的彻底改革。同时还要看到,农民进城也是推动城市经济发展的强大动力。

(6)整个社会市场经济的高度发展,是农业现代化的不可缺少的经济体制条件。无论是农业现代化的内部系统,还是农业现代化的外部系统,都离不开市场经济的高度发展。

179. 为什么必须建立农业现代化衡量指标体系?这个体系应当包括哪些主要指标?

对农业现代化不仅要有定性分析,而且还应当有定量分析,为此就应当建立农业现代化的衡量指标体系。这样,工作才有目标可以遵循。这正是我们目前对农业现代化研究所缺少的东西。

我们应根据世界上发达国家农业现代化的实现情况和经验,结合我国的具体实际,按照前面所说的农业现代化的工程体系,来构建我国农业现代化的衡量指标及其体系。我们认为应有以下主要指标:

(1)农户平均耕地规模。根据我国耕地面积和所需农村劳动力情况,农户耕地，平均规模应为10公顷左右。目前我国农村户均耕地大约还不到0.5公顷，与这一指标还差甚远。

(2)农业劳动力总量。根据以上每户平均耕地面积为10公顷计算，全国大约只需要1千万农户。以每户3~4个农业劳动力计算，大约需要农业劳动力3000~4000万个。目前全国约有2.3亿农户，农业劳动力共约4.5亿个。可见，这与农业现代化的要求还有很大距离。目前发达国家的农业劳动力只占社会总劳动力的5%左右，而我国农业劳动力占全社会劳动力的70%以上。

(3)农业机械化程度。这可以用主要农业机械和农产品加工机械的人均拥有量来表示，也可以用农业已消灭了手工劳动和畜力耕作来表示。同时还应包括农村电气化。

(4)农业资本(扣除土地本身的价值)有机构成水平。由于工业资本年周转速度比农业资本年周转速度快，所以，在工业已经现代化条件下，农业资本有机构成的比率高于工业资本有机构成的倍数应等于工业资本年平均周转速度高于农业资本年周转速度的倍数。

(5)农业劳动生产率。这主要是指农业劳动者年人均农作物产量，或者每个农业劳动者产品的平均商品率，或者每个农业劳动者平均可供养多少个非农产业的人口对农产品的需求(农产品进口除外)。

(6)农民人均收入水平。实现农业现代化，农民人均收入起码应能达到中等发达国家人均收入的水平。

(7)城市化程度。根据世界上已实现农业现代化的国家的情况，农业现代化起码要求城市化水平达到80%左右。目前我国城市化水平只有40%左右，与此要求还有很大的距离。

(8)农村人口占全国总人口的比重。根据发达国家农业现代化的情况和我国实际，农业现代化起码要求我国农村人口只能占全国总人口的20%以下。目前我国农村人口占全国总人口的比重高达70%，可见与农业现代化的要求还相差很远。

(9)教育水平。根据发达国家实现农业现代化的情况，我国要实现农业现代化，起码要做到在农村基本普及高中教育。

(10)社会保障水平。根据发达国家实现农业现代化的情况，我国实现农业现代化，农民都应当纳入整个社会保障序列，享受与城市居民相同的社会保障福利。

以上 10 项指标当然还是动态的和相对的。并且每项指标还应设相应的子指标来使之具体化,从而变成可以操作或衡量的具体尺度。而且还应当科学计算各项指标在总指标中的权数,从而确定我国农业现代化的实施进程,以作为实际工作的规划依据。

180. 什么是城乡二元经济结构?城乡二元经济结构与社会稳定及农业现代化之间是什么关系?

第二次世界大战后至今,绝大部分发展中国家的经济结构都是属于城乡二元经济类型,即整个经济总体上是由两个部分组成的:一部分只是传统的、落后的农村经济;另一部分是现代的、先进的城市经济。我国也是一个城乡二元经济结构的国家。

经济是基础。二元经济结构必须带来二元社会结构。二元社会结构是指一个社会中传统与现代两种社会体系并存的状态。它被人们称为社会转型期。

二元社会结构时期,新旧社会成分交织存在。社会结构二元性导致的矛盾和冲突在社会转型期随处可见。例如,新旧经济体制之间、新旧政治体制之间、新旧产业体系之间、城市和农村之间、发达地区和落后地区之间、贫富群体之间、新旧观念之间等,甚至在法律政策体系上都存在着不同程度的矛盾和摩擦。

转型期社会的多数社会问题在深层次上均不同程度地与二元经济结构相关联。在二元经济结构严重和二元经济结构持续时间过长的国家,上述的对立和摩擦是构成社会动荡和政治不稳定的诱因和土壤。在当代世界,所有动荡不安的国家,几乎都是二元经济结构从而二元社会结构占主导地位的国家。亚非拉的少数国家,长期动荡不安、社会冲突此起彼伏,甚至内战不止,均是因为长期陷入严重的二元经济社会结构的泥坑而又难以自拔。

二元经济结构从而二元社会结构,是经济和社会发展的巨大瓶颈。二元经济社会结构造成规划和秩序的多重性,特别是体制化或制度化了的二元结构,更会造成肢解社会资源体系,人为地制造社会壁垒,阻碍社会的统一认同,从而引发社会秩序混乱、利益分配不公、商品交易无序、地区差别和贫富差别扩大以致腐败盛行等现象。而这些方面的恶化又与二元经济社会结构形成恶性循环。

世界各国的发展历程充分证明,能否跨越二元经济社会结构,已成为能否成功地走出传统社会,能否建立现代社会稳定机制的标志,也是全面实现现代化的重要标志。

尽管二元经济社会结构会引发很多社会问题,但近代以来现代化建设的规律表明,二元经济社会结构是走向现代化的必经阶段,也是新旧社会交替的必然过程。

改造二元经济社会结构的关键点是在尽快实现农业现代化。只有实现农业现代化,才能较好地解决产业体系之间、城乡之间、地区之间、贫富群体之间以及新旧经济体制之间和新旧政治体制之间的矛盾和摩擦,才能较好地消除社会不稳定和政治动荡的诱因或土壤。

但是,加快实现农业现代化,又不能仅仅局限在抓农业的发展上。

181. 为什么必须高度重视抓农业现代化建设的前瞻性工作?前瞻性工作主要包括哪些方面?

早在新中国成立后不久,我们党和国家就提出了四个现代化的建设目标。四个现代化其中包括农业现代化。我国历来重视农业,历来强调农业是国民经济的基础,历来十分强调要解决"三农"问题,采取了许许多多的措施,也投入了大量的资金,虽然也取得了很大的成就,但是至今距农业现代化还有很大的距离。这是为什么呢?原因肯定多方面的,但其中一个十分重要的问题,就是忽视了抓农业现代化的前瞻性工作。

何谓农业现代化的前瞻性工作呢?就我国来说,就是为实现现代化做好必要的前期工作,或者说为实现现代化提供强大的内在动力和外部条件。

实现农业现代化,首先要有农业、农村、农民的发展动力。仅靠国家对农业发展的支持是难以较快实现农业现代化的。发达国家实现农业现代化并不是主要依靠国家来达成的,而是主要依靠农业、农村、农民的内在动力。农业、农村、农民要有加快农业现代化进程的内在动力,首先是要有货币资本这个第一推动力。但是农民手中从哪里能获得货币资本呢?唯一的出路是用土地换资本。农民可以用土地换资本。这个资本或者用来扩大农业生产,或者用来从事非农产业。土地成为可流转的资本，也可以吸收社会剩余资本投入农业。土地自由流转，还可以导致土地的相对集中，从而可以实行农业的集约经营。农民用土地换来的资本从事非农产业，可以减少农村人口，从而有利于缩小城乡差别。农业的集约化经营，可以大大提高农业劳动生产率。因此，土地所有权或使用权归农民所有，就是加快实现农业现代化的首要的前瞻性工作。这是实现农业现代化的内在动力。在我国，要加快实现农业现代化，也必须解决发展动力问题，必须尽快实现在土地国有化的前提下用法律明确农民具有土地的永久使用权，让土地真正的自由流转起来。

实现农业现代化还必须具有比较充足的外部条件。农业本身资本积累速度就较慢，土地流转本身由于土地是地球的固定的片断而受到限制，如果不给予农业发展的充足的外部条件，农业现代化进程必然要经历更长的时间。促进农业现代化较快实现的外部条件主要有两项：一项是市场经济体制；另一项是民主政治体制。这就是说，不能因为农业土地、粮食等农产品的特殊性，就在农业、农村实行计划经济体制，不准土地、粮食等进入市场，特别是不允许土地这种特殊商品进入市场，妨碍它们自由流转起来，也不能因为粮食的特殊重要性就实行统购统销。同时，更为重要的是政治体制，不能在政策、制度、文化上歧视农业、农村和农民，人为地制造工农差别和城乡差别，更不能扩大工农差别和城乡差别。全国解放后，工作重点转到了城市，从战略上来看是正确的。但是，没有农业和农村的现代化，也就不可能真正有工业和城市的现代化。如果给予了工业、城市发展的各种体制、制度、政策上的许多优惠，而对农业、农村都实行法律、制度、政策上的种种限制，人为地加大工农之间、城乡之间的鸿沟，那么，农村、农业和农民这个本身就处于弱势的地区、产业和群体，就更难很快地发展起来。

所以国家给予农业、农村、农民发展的充足的外部条件是农业现代化不可或缺的保障。

182. 为什么必须高度重视抓农业现代化的基础性工作？基础性工作主要包括哪些方面？

抓农业现代化建设，当然要抓农业生产资料工业的发展，为农业提供优质、效率、廉价的农业生产资料，要抓农业科技工作，为农业发展提供强有力的

技术支持。但是,相比之下,还有一些更重要、更长远的带根本性的战略工作。这就是:

(1)农村人口工作。过去,我国各项工作的失误中最大的是人口工作失误,而人口工作失误主要又是农村人口工作失误。现在,农村人口是全国总人口的80%左右,10亿多人。如果不坚持不懈地抓好农村计划生育工作,不大力限制农村人口的增长速度和规模,就根本谈不上农业现代化。农村人口越多,农业劳动生产率就越低,人均收入就越低,就业就更加困难。要毫不犹豫地通过加快建立农村社会保障制度来解决农民的后顾之忧,从而影响和改变其生育观念,控制农村人口增长。从长远的观点来看,国家在这方面舍得花钱是造福于子孙后代。要通过全民大讨论来解决这个问题。

(2)农村义务教育工作。即使农民分了田,卖(租)了地,有了钱,进了城,如果没有知识和文化,没有本领,在城市是找不到工作的。十年树木,百年树人。提高农民文化素质,基础靠教育。农业本身的现代化也离不开教育。目前,我国农村教育远远落后于城市,一是还没有全面普及九年制义务教育,二是教育质量也远远落后于城市。现在许多大城市已经提出要普及高中教育,并在不长的时间内(如10年左右)就可以实现。在农村,再有10年恐怕也难以真正全面普及初中教育,更不说质量达到城市水平。而在城市,义务教育投入100%靠政府。县级以下政府难以解决农村义务教育投入问题。所以要做到能保证农民脱离农村能在城市找到一份工作,就必须依靠国家财政大力支持农村义务教育的发展。这是促进农业现代化到来的一项最基础性的工作。

(3)农业基础设施建设工作。农业基础设施建设是一个国家基础设施建设的重点和重要组成部分,也实现农业现代化的重要标志。国家对交通、能源、通讯等基础设施很重视,投入力度很大,但对农业基础设施建设的投入力度却相对很弱。全国每年仅旱涝自然灾害的损失就多达两三千亿元,遭遇大的旱涝灾害损失更大。为什么不可以多投入一些农业基础设施建设呢?这样就可以大大减少受灾损失。这是很划得来的。小的农田基本建设可以靠农村和农民,大的农业基础设施建设必须依靠国家和社会。

(4)防治农业生态污染工作。在我国,农业生态环境受到很严重的污染,草原、土地沙漠化,森林覆盖率很低,河流、湖泊严重污染,地下水位严重下降。其原因是不讲农业生态环境的防治工作造成的。乱开荒、乱砍伐、乱建各种污染严重的小工厂等，受害最严重的还是农业、农村和农民。由于农业生态环境污染所带来的严重损失要大于每年旱涝灾害的损失。所以，防治农业生态环境污染也是农业现代化的一项重要内容。治理好大江、大湖，防止森林破坏和草原破坏，防止河流等水资源被工业和城市垃圾污染。做好这些工作，就是为农业现代化做贡献。

183. 为什么必须高度重视抓农业现代化的经常性的连带性工作？这类工作主要包括哪些方面？

我国的专家们都一致认为，重视农业不能仅仅靠抓农业，增加农民收入必须减少农民。我们认为，抓农业现代化，除抓好农业本身的各项工作外，还必须抓好那些经常性的连带性的工作。

所谓连带性工作，它不是指农业发展本身的工作，但没有它们，农业也发展不起来，农业现代化的进程也很难加快。这些必须作为经常性的工作，不能时断时续，不是有问题就抓无问题就不抓，不是农业歉收时抓丰收时就不抓，更不是可抓可不抓，即使已实现了农业现代化还应坚持抓下去。

我们以为抓好与农业现代化有关的连带性工作，是由农业生产和再生产的特点决定的，也是世界各国实施农业现代化的重要经验。

这些工作主要包括：

(1)农业补贴政策。它包括明补和暗补、短补和长补。明补主要是按耕地面积或农作物产量进行补赔，暗补主要是农业生产资料低价卖给农民的补贴。短补主要是农业受了自然灾害就补，没有灾害就不补，长补是每年都给的补贴。另外还有出口或进口补贴等。这是因为农业劳动生产率和农业投资的利润率都较低。国家必须用多种补贴的办法来鼓励社会资本投入农业。必须健全和完善农业补贴政策，健全和完善农业的财政转移支付制度。这也是世界发达国家长期坚持的政策和制度，即使实现了农业现代化也不放弃这一政策和制度。

(2)轻徭薄赋政策。农业税收要低甚至免除。这不仅是因为农业劳动生产率低，农业生产利润率低，还因为农业生产的自然特点决定的。农业生产环境条件破坏容易恢复难，农业生产良性发展不仅能为城市和非农业提供大量农产品，而且还能为整个国家提供良好的生态环境。农业、农民对社会的贡献，不仅表现在有形的产品上，还表现在良好的生态环境这个有巨大经济社会效益的无形产品上。现代化农业国家的农业税都比较低。国家主要不是直接依靠农业税收来维持国家的社会职能的，农业税主要用于农村社会保障、农业生态环境建设以及一些小型农业基础设施建设的。在现代化建设的历史上，凡是用重税或剪刀差办法进行资本原始积累的，最终都拖垮了农业，反过头来再抓农业现代化，成本更高，得不偿失。

（3）休养生息政策。在现代化的进程中，农业、农村和农民往往受到歧视、轻视甚至掠夺。在清醒过来后，后悔不已。我国更是这样。所以我们看到，专家们和政府领导，都主张对农业、农村和农民实行休养政策。农民收入大大低于城市居民收入是一个长期存在的问题。农业和农村的发展总是落后于工业和城乡的发展。所以对农村、农业和农民实行休养生息，不是一项暂时和短期的政策，而是一项长期的政策。所以必须坚持让农民休养生息，即使实现了农业现代化，也不能放弃这个政策。因为我国人多地少，即使实现了农业现代化，也还是一个低水平的农业现代化。

第九章　国民经济协调发展与国家宏观调控

工业革命特别是第二次世界科技革命以来，国民经济的协调发展越来越离不开国家的宏观调控。从马克思主义政治经济学到当代西方经济学，关于国民经济的协调发展及其宏观调控问题，涉及的内容相当广泛。其中主要有：

一是国民经济宏观调控的对象，其构成要素及历史发展顺序是：国民经济的按比例发展——社会总需求和社会总供给的平衡——财政收入和财政支出的平衡——国际收支的平衡；或国民经济协调发展——经济与社会的全面发展——经济社会的可持续发展。

二是国民经济宏观调控的手段，其构要素及历史发展顺序是：法律手段——经济手段——行政（计划）手段。

三是国民经济宏观调控的组织体系，其构成要素及历史发展顺序是：决策机构——执行机构——反馈机构——监督机构。

上述三个方面的各构成要素是发展过程中的相加关系，说明为保障国民经济协调发展的宏观调控体系越来越健全和完善。

第二次世界大战后特别是在第三次科技革命以来，在正在到来的知识经济时代和信息社会中，为保障国民经济的协调发展，更需要加强国家的宏观调控。

从一般意义上讲，宏观调控通常是指在市场经济条件下，以中央政府为主的国家各级政府，为了保证整个国民经济的持续、快速、健康发展并取得良好的宏观经济社会效益，主要通过间接方式和手段对一定范围内的经济总体的运行进行引导和调节的过程。这一概念告诉我们，以中央政府为主的国家各级政府是宏观调控的主体；一定范围内的经济总体运行是宏观调控的客体；保证整个国民经济持续、快速、健康发展并取得良好的经济社会效益是宏观调控的目的；主要通过间接方式和手段进行引导和调节是宏观调控所采取的基本方法。

国民经济的宏观调控的主要特点：

一是经济体制的特定性。它是特指市场经济条件下，也即是在市场对资源配置起基础性作用条件下的政府行为，而不是一切体制条件下和一切资源配置方式下的政府行为。在我国过去的计划经济体制下，政府以计划手段直接配置资源、直接经营企业、直接指挥生产、直接调拨物资、直接分配收支等所有这些行为，都不能称为真正意义上的宏观调控。我国经济体制改革的目标是建立社会主义市场经济体制，因此目前仍然存在的上述政府行为，都将在不断完善的社会主义市场经济体制条件下逐渐削弱、取消和规范。

二是调控方式的间接性。调控方式以间接手段为主，即主要运用经济政策和法律规范，来对整个国民经济运行进行引导和调节。在我国过去的计划经济体制下，政府主要运用行政命令、行政会议、行政审批、指令性计划等直接手段进行调控。而在社会主义市场经济体制下，这些直接调控方式必须从根本上加以改变，只是在必要时才可以采取直接的行政手段。因此，在社会主义市场经济条件下，国民经济的宏观调控应以间接手段为主，尽量减少采取直接的行政手段。

三是调控对象的宏观性。即宏观调控的对象及任务要以总量平衡（包括国民经济各部门之间的比例平衡、社会总供给与社会总需求之间的平衡、财政收支的平衡、国际收支的平衡等）为主，以长远的规划与战略部署为主，而不能以直接管理微观经济为主、以短期计划和项目审批为主。在计划经济体制下，政府实际上做了许多不应做、也做不好的事情。这种情况至今仍然存在，它必须随着社会主义市场经济体制的不断完善而逐渐削弱、取消和规范。

四是调控目的全局性。即宏观调控强调的是国家的整体利益和国民经济发展的总体效益。在市场经济条件下，无论哪个国家内，国家的全局利益和国民经济发展的总体效益，与各个微观经济单位的局部利益和局部效益都是既统一又矛盾的。宏观调控的目的就是要不断协调整体利益与局部利益、宏观效益与微观效益之间的关系。实行市场经济体制的社会主义国家宏观调控的目的也是如此。

在我国,社会主义市场经济体制还未真正建立起来,整个国家还处于体制转轨的过程中。因此,为了保证国民经济的持续、快速、健康发展,在不断完善社会主义市场经济体制的同时,必须注重宏观调控体系的健全和完善。我们要以马克思主义政治经济学关于国民经济协调发展的原理为指导,充分借鉴当代西方经济学的宏观经济学的科学研究成果,紧密结合我国的实际,搞好国民经济的宏观调控工作。

一、国家宏观调控职能定位的再认识

广义地说,国家宏观调控职能定位问题,也包括前面所说的宏观调控的对象、方法和组织机构问题,但我们这里则是指宏观调控必要性、宏观调控职能的社会性质问题、宏观调控机构——政府的权力问题。我们认为,这是首先要搞清楚的重大理论和实际问题。

184. 怎样全面看待西方经济学关于要不要国家干预的争论?它在现今特别是在我国有什么现实意义?

对于要不要国家干预,西方经济学经历了漫长的争论。最早的重商主义提倡国家干预,主张由国家控制国民经济活动,从而加速了资本的原始积累,加快了资本主义生产方式的建立和市场经济的发展。经济自由主义理论的主要代表人物英国古典经济学创造人亚当·斯密,主张在市场经济条件下要用"看不见的手"进行调节,反对政府干预。其理由是:第一,在自然秩序的框架内,人有追求幸福和自由选择的权利;第二,自由市场机制能够把个人私利同他人利益和社会利益协调起来;第三,在总体知识和信息背景一样的条件下,作为君主的个人并比不普通人高明。以此理由,他提出了界定政府职能的两条原则:第一,凡是利润能够偿其费用的活动,都应交给市场,政府没有必要插手;凡是利润不能偿其费用又为社会所必需的事业,才由政府出面办理。第二,政府干预亦有成本,而且其各种花费都是非生产性的。因此应当提倡建立"廉价政府",尽量减少干预成本。根据上述原则,他认为,在市场经济条件下，政府只应当好一个“守夜人”，具体行使以下三条职责：第一，保证社会，使其不受其他独立社会的侵犯；第二，尽量保护社会上每一个人，使其不受社会上任何其他人的侵害或压迫。要制定合理的规则，使人们能够自由交易、平等竞争；第三，建设并维护某些公共事业和公共设施。他认为，超出上述范围内的政府干预是有害的：一是使资源配置恶化；二是滋生腐败。继斯密之后，法国经济学家巴蒂斯特·萨伊，特别是英国经济学家约翰图亚特·穆勒，发展了斯密的经济自由主义思想和反对政府干预的理论。关于反对政府过多干预的理由，穆勒认为：一是政府的干预都有强制性，“不带强制性的政府活动是很少的”；二是“要谨慎防止政府扩大干预范围，行使不必要的权力的倾向”。因为即使是大多数选民选举出来的当权者，也容易滥用权力和非法侵犯个人自由；第三，政府干预过多，使行政官员脑子里一团糟地塞满了琐碎小事，“其结果必然是大多数事情都办得很糟”；第四，“尽管政府消息灵通，资金雄厚，能在市场上雇用到最有才干的人，但所有这些都不足以抵消它的一个巨大弱点，即都不那么关心经营的成果”。因此，他主张政府应做好以下几件事：第一，保护公民的人身和财产安全；第二，制定规则，其中包括交易规则、契约规则、公共资源使用规则等；第三，铸造货币和规定标准度量单位；第四，建设公共设施，包括铺设道路、安装路灯、打扫街道、修建港口、地质勘探等；第五，主办初等教育；第六，保护儿童、青年和没有劳动能力的人。经济自由定义思想成为自17世纪中期至20世纪初期资本主义国家发展市场经济的基本指导思想。

19世纪末20世纪初，自由竞争的市场经济进入到垄断竞争的市场经济，“市场缺陷”不断暴露，加之1929～1933年资本主义国家经济大危机的爆发，使“市场万能”的神话被打破，于是产生了凯恩斯主义，在理论观点、研究方法和政策主张上都突破了占统治地位近二百年历史的经济自由主义的局限，建立了一套崭新的、适应于现代市场经济发展要求的理论体系。在理论观点上，他批判了经济自由主义的“自由放任”和“供给自由创造需求”的信条，提出了以“有效需求不足”为核心的理论体系；在研究方法上，他突破了以经济个体和经济个量分析为主的微观经济学的局限，创立了以经济总体和经济总量分析为主的宏观经济学；在政策主张上，他否定了反对国家干预、只用“一只手”调节的主张，提出了以需求管理为主的宏观调控措施，从而主张发挥“两只手”的调节作用，“让国家之权威与私人之策动力量互相合作”。凯恩斯以后，西方经济学在新的经济形势下，又围绕着要不要国家干预、干预什么以及如何干预的问题争论不休。其中一派即后凯恩主义即新古典综合派，继承和发展了凯恩斯主义，提出以“混合经济”为核心的理论观点和政策主张，即既要发挥市场机制的作用，又要有国家对经济生活的干预，微观经济学与宏观经济学要相互结合；要改变过去国家干预的单一政策说，主张用灵活多样的经济政策解决不同的经济问题。一派是新经济自由主义，反对凯恩斯主义及其追随者的理论和政策主张，提出了现代市场经济条件下的自由放任的理论和政策主张。

通过上面的简要介绍，我们可以看到，西方经济学理论对于国家干预必要性问题的认识，大致是这样一个认识过程及其思路：在资本主义和市场经济体制产生的初期，当新兴资产阶级需要通过国家力量进行贸易保护并用强制手段进行资本原始积累时，主张国家干预的思想占了主要地位；接着，在资本主义生产方式和市场经济体制已经初步建立起来时，过度的国家干预特别是带有封建色彩的过度的国家干预，必然阻碍市场经济的发展和制约市场经济主体的积极性，从而就使反对国家干预的经济自由主义思想占了主导地位；再接着，当市场经济有了更大的发展，“市场缺陷”充分暴露出来以致带来经济危机的周期性爆发时，肯定国家干预的凯恩斯主义就占了主导地位。现在国家干预过多，由国家干预的某些政策所引发的经济问题成为突出矛盾，“政府缺陷”暴露，说明国家干预失灵时，反对国家干预的新经济自由主义又开始占据了上风。

在市场经济体制下，不能笼统地和抽象地肯定或否定国家干预。我们必须根据市场经济的发展阶段和经济发展过程中存在的突出矛盾或问题，来决定国家干预的程度、范围和手段。

综观西方经济学各派理论，不管他们对国家干预的程度、范围、手段有多大的分歧，但有以下两点是可以肯定的：一是凡是市场能做的事情应尽量由市场去做，政府只是要做好那些市场做不到和做不好事情；二是国家干预要力求正确有效，要建立“廉价政府”和“廉洁政府”。

在我国，在建立社会主义市场经济体制时，是跳过了自由调节的市场经济发展阶段而一下子就进入了国家宏观调控下的市场经济发展阶段，而且，又是在要破除计划经济体制的环境下建立市场经济体制，这样，我们就必须特别注重国家干预的正确和高效问题，特别注重减少国家干预的成本问题，特别注重建立"廉价政府"和"廉洁政府"问题。

185. 如何理解我国处于转型期的全面涵义？怎样正确看待我国转型期的国家宏观调控职能的定位问题？

我国正处于经济转型期。但是对转型期的涵义的理解却有一个比较明显的片面性，即许多人只把它理解为由计划经济体制向市场经济体制的转变，而没有同时看到包括由自由调节的市场经济体制一下子转到国家宏观调控的市场经济体制这一层涵义。须知，在西方国家，市场经济体制从自由调节的市场经济转变到国家宏观调控的市场经济，经历了大约二百年的历史。我国还没有经过自由调节的市场经济发展阶段。我们通常说，市场经济是人类社会经济发展的一个不可逾越的历史发展阶段。但是，我们也必须明确，自由调节的市场经济也是市场经济发展的一个难以完全逾越的历史发展阶段。

我国没有经过真正的自由调节的市场经济发展阶段，这意味着什么呢？它起码表明：

一是我国还没有真正实现过"一只看不见的手"的调节功能。这就是说，市场机制在我国历史进程中还没有起到过充分扫除封建色彩的各种干预的作用。

二是我国政府还没有做过只应当做好一个"守夜人"的角色。这就是说，政府从一开始就是国家宏观调控的主要角色。

三是我们政府还没有经过一个"廉价政府"的发展阶段。这就是说，我国政府一开始就由于过多的干预而承担着巨大的干预成本。国家一开始就背负着沉重的包袱。

这样，"一只手"的作用没有历史地得到过充分的发挥，政府没有在市场经济条件下历史地经历过"守夜人"阶段，没有在市场经济条件下历史地经历过"廉价政府"的阶段。

这是一种天然的不足！但是我们却不可能回过头来重走这段历史。

我们只要经济自由主义吗？我们只要"一只手"在发挥作用吗？那么，"另一只手"就得砍掉。不行！那么多历史的和现实的问题，"一只手"怎么能解决得了呢！

我们要政府只做“守夜人”吗？那么庞大的政府机构如何处理掉！政府又能“守”得住吗？不行！

我们要建立“廉价政府”吗？那么多的遗留问题，处理起来也不“廉价”。要减少干预“成本”吗？须知，那个“成本”也能给“守夜人”带来“利润”的。他们不会轻意放弃既得的利益的！

我们要建立“廉洁政府”吗？不那么容易。好容易逮着双轨制的这一“机会”，怎么能舍得放弃呢？改革是利益再分配的大调整。

但是，我们的国家宏观调控职能定位不能不在自由调节的市场经济与国家宏观调控的市场经济之间进行痛苦的、艰难的和慎重的选择，又不能不在解决计划经济体制后遗症和国家宏观调控的市场经济之间进行痛苦的、艰难的和慎重的选择。不能退得太多、太快，那样会“阵痛”很大，搞得不好还会“翻车”。也不能不退，那样等于是慢性“自杀”。

186. 什么是自由主义的“有限政府论”？它在今天特别是在我国政府宏观调控职能定位上有什么意义？

古典自由主义在传统上对国家权力多持怀疑和贬抑态度。到了19世纪的自由主义理论中，有限政府论居于核心地位。其基本主张是：严格限制政府权力，以法治规范政府的职能，以公民自由的力量监督政府权力，以防止公权对私权的侵犯。自由主义思想家们毫不留情地指出了政府权力不受约束对自由民主的危险性。如英国自由党人、历史学家阿克顿1887年在致克莱顿主教的信中写道：权力易于腐败，绝对的权力绝对腐败。这句话揭示了一个客观规律：不受制约的权力容易腐败，而其直接后果是公民的自由遭受损害。正是基于控制政府权力的思考，多数自由主义思想家赞成代议政治，并且同时强调代议政治中国家机关的权力是有限的。如果代议政府的权力是无限的，则代议政治就失去它本来的涵义。因为国家权力的形成是基于人民的委托，政府并非权力的最终拥有者。人民没有出让全部的权力。政府只能根据人民的意志——宪法和法律并按照既定的程序行使权力。超出法律规定的范围就是越权，而政府越权不产生合法效力，因而人民就没有义务服从。

事实上，早在1776年亚当·斯密的《国富论》就为有限政府论的必要性作出了经济学的论证。在斯密看来，依靠市场规律这只看不见的手调节社会经济秩序,比国家管制的效率高许多,也符合人性和道义。这种推荐自发秩序的学说,中心就是承认和保护私人的主体地位,国家最好的经济政策是自由主义,政府应摒弃对于商业的束缚,开放市场机会,放任竞争,给私人以充分的竞争和选择的自由。在斯密等自由主义经济学家看来,国家的存在是必要的,但其功能范围必须予以严格的限制,管得最少的政府是最好的政府。政府谨守"守夜人"的职责,才能真正给自由竞争留出巨大的空间。

后来,英国19世纪的另一位自由主义代表人物约翰·密尔提出"小政府"体制的主张。他认为,政府职能的不必要的增加会引发很大祸患。政府不必要的干预不仅无益于社会活力的增加,而且压抑人的创造力和探索精神。给政府这只看得见的手以有力束缚,以便于最大限度地发挥社会自治力量的作用。

撇开有限政府论的其他特质不说,它为自由市场经济下的政府体制的确立和政府干预经济职能的界定,提供了有力的理论支撑。在市场经济发展的早期阶段,不仅代议政治得到了更大的发展,"小政府"体制也得以建立了起来。直到今天,市场经济有了更大的发展,一些国家政治体制已经形成了"大议会"、"中政府"和"小总统"的格局。

在我国,按照历史进程首先应当发展自由调节的市场经济,从而政府应当谨守"守夜人"的职责,应当建立"小政府"体制,应当严格限制政府的权力,以法制规范政府的职责范围,以公民自由的力量监督政府权力,以防范公权对私权的侵犯。但是,我国没有这个经历。按照历史的逻辑,这个课应当补。这就是自由主义的"有限政府论"对当前我国宏观调控职能定位的首要意义。

历史本来不该随意跳跃的,但我们毕竟做了这种跳跃。因此,"补课"只能在新的历史架构内进行。我们不能回到"一只手"的体制上来,但"两只手"同舞,起码不能是"看不见的手"过短,"看得见的手"过长,而应尽量做"看不见的手"长一些,"看得见的手"短一些。我们不能回到"守夜人"的体制上来,但也不应当忘记要严格限制政府权力,以法制规范政府的职能,以公民自由的力量监督政府权力,以防止公权对私权的侵犯。我们不能回到"廉价政府"或"小政府"的体制上来,但也不能忘记管得最少的政府是最好的政府,以最大限度地降低干预"成本"。这些恐怕也是我们从自由主义的"有限政府论"应当汲取的营养。

我们不能以计划经济体制时期的“廉洁政府”而自豪，因为那时暗中存留的巨大成本，还要我们今天来偿还。用自由主义思想家的话：权力易于腐败，绝对的权力绝对腐败，不受制约的权力容易腐败。这些掷地有声的警语，难道不值得我们牢牢的汲取吗？在我国今天，政府的权力极大，不受制约的权力俯地可拾，腐败屡禁不止。创建社会主义市场经济体制下的“廉洁政府”可以说是一个刻不容缓的艰巨任务。这应该说也是自由主义思想的“有限政府论”中一个十分重要的现实意义。

187. 什么是“企业家政府理念”？它对提高政府办事的效率和效益有什么意义？

20 世纪 70 年代以来，为了迎接市场化、国际化和信息化的严峻挑战，解决越来越复杂的国内社会问题，减轻日益沉重的财政压力和债务负担，西方各国纷纷开展了大规模的政府再造运动。这轮新的行政改革的主导理论是企业家政府理念。所谓企业家政府理念，就是主张政府机构要向企业学习，将企业经营上重视成本、效益、质量、顾客满意的策略引入“政府文化”，运用企业管理的成功机制来改造传统的官僚体系，使政府的运行更有效率、更具品质，创造一种花钱少、效率高的政府，一个“具有企业家精神的政府”。所谓企业家政府，就是政府部门由一群富有企业家精神的公共管理者组成，他们能够运用各种创新的策略，使原本僵化的官僚体制恢复活力，并有效运作资源，实现高绩效。企业家政府并不是将政府变为企业，而是政府要像企业一样重视成本效益关系，强调顾客导向，强调市场选择和竞争，主张授权、创新和变革。

可见，“企业家政府”与“廉价政府”相比是一个历史性的创新，对再造政府宏观调控职能具有十分重要的现实意义。

(1)革新政府理念，塑造政府文化。顾客至上，质量第一，追求效益和效率是企业文化的核心，也是企业经营理念的精髓。以民为本，这是中国特色社会主义的根本出发点和落脚点。市场经济，这是中国特色社会主义经济的运行基础。在政府管理中引入企业文化，就是要使政府公共管理树立以民为本、质量第一、效果为准的政府文化。

政府必须树立以民为本、顾客至上的观点。民主政府的根本法则是人民主权，政府的顾客是公民，公民是国家的主人；政府是在人民授权下代表人民从事公共事务的管理的;政府公共财政来源于税收,公众和企业是纳税人。因此,公民是政府的顾客。政府施政目标应以公民的需求为目标,必须对顾客负责,并以顾客的满意程度作为衡量政府施政质量或公共服务质量的标准。

政府必须树立质量第一的观念。公民的“顾客满意度”是检验公共部门质量的唯一标准。为此,政府应当在了解公众需求的基础上,为公众提供充分优质的公共服务。顾客满意度的测量主要通过以下方式进行:一是通过民意调查方式了解公民对特定公共部门和特定公共服务的主观感受和评价,包括顾客抱怨和投诉率;二是通过相应的方式衡量公共服务的量和类型与公众多样化需求的吻合程度,公众对服务内容的知晓程度,公众获取和享受公共服务的方便程度等。

政府必须树立以结果为本的观念。政府应如同企业一样,讲求投入产出比,获得更多的施政效益。也就是说政府应当把取之于民的财政收入在用之于民的财政支出中获得更多的效益(包括社会效益和经济效益)。

(2)改造传统的僵化的官僚体制,创造更具活力的政府运作机制。政府公共管理应当借鉴企业管理中行之有效的运作机制,来重塑政府的运行机制,使政府更有活力和创造力。

在政府治理方式上建立多元治理结构。运用企业家精神改造传统的僵化的官僚体制,首先必须建立政府与社会的合作伙伴关系,强调政府与非政府组织、企业部门之间的合作,形成多元治理结构。政府的职能是“掌舵”而不是“划桨”,公共服务并不一定或完全通过政府组织手段来提供,可更多地通过“民营化”和其他形式的市场契约和合同手段提供而减少政府职能,实现公共服务的市场化和社会化,应集中公共、社会和私人资源,利用民间部门组织公共商品和劳务的生产,并大量依靠非政府组织的力量来进行公共服务;应将社会服务和管理的一些权力下放给社区、家庭、基层和非政府组织,使人民自我管理和自我服务。

在政府管理体制上建立等级组织结构。传统行政模式过分集中和死板的规章制度,压抑人的积极性和首创精神,最终导致效率低下。公共管理的新模式要求分权,鼓励下级参与和协作。因此在政府管理体制上,要建立一种授权和参与的体制,按照职、权、利配套原则,使具体分管某一方面的行政事务的基础机构及行政主管,对主管的行政工作有决定权,由此也直接承担相应的行政职责。

在行政管理方式上简化履行公务的规章制度及行政程序。在公共事务种类繁多而又情势瞬息万变的当今社会,政府应当简化过多过细的规章制度,废除或修改过时的规章制度,简化办事的行政程序,以便政府机构和公务员放开手脚为公众提供便捷的优质服务。

在公共服务的提供方式上引入竞争机制。各种公共服务项目尽量鼓励竞争,提高公共服务部门的活力,将选择、招标、合同、激励等因素引进公共部门,提高公共服务质量,降低公共服务成本。

在公务员管理中实施以绩效评估为基础的激励措施。其中主要有借鉴企业人力资源管理与开发中重视绩效评价与奖励激励的有效做法,严格依据考核公务员的成绩或工作成果实施奖励;借鉴企业灵活的人事管理制度,根据绩效支付报酬和确定职位升降;注重公共部门的业绩评估,按业绩付酬、按业绩进行管理、按效果做预算。

树立企业家政府理念,建立"企业家政府",把国家宏观干预的职能定位提高到一个新的高度上来,使政府越过"廉价政府"和"廉洁政府"的被动局面,走向"高效政府"的轨道,从而使政府真正与市场经济接轨。

188. 什么叫无缝隙政府的组织设计？它对今天政府宏观调控职能定位有什么意义？

无缝隙政府(Seamless Government),又称"无界限的政府"(Boundaries less Government),指的是政府打破传统的部门界限和功能分割的局面,整合政府所有的部门、人员和其他资源,以单一的界面为公众提供优质高效的信息和服务。

无缝隙政府概念的产生,是基于人们对传统政府组织模式的弊端所进行的反思和批判。传统的政府组织,以德国社会学家马克斯·韦伯的科层制理论为基础,我们可以称为"科层制政府"。其核心特征之一,就是遵从机器大生产的组织原则,极端强调组织内部的分工,包括横向部门分工、纵向层级分工、权力分工、职能分工、岗位分工、程序分工等。分工的好处,就是能将复杂的事务分解化、小型化,从而使其简单化。但是,分工超过了一定界限,就会出现条块分割、部门主义、职能交叉或不清、权力冲突、职责模糊、程序复杂、机构臃肿、人员膨胀等消极现象，反而会影响政府的工作效率和服务质量。无缝隙政府的组织设计，主要是通过一些组织技术，以社会问题或公众需求（而非以内部管理的方便）为中心，将四分五裂的政府权力和职能重新整合起来，提高政府工作和服务的整体效能。

当然，这种整合不是简单地将政府进行部门和功能上的合并，也不是在原有的分割式部门之上建立更多的大型协调组织（那样只能会造成更多的职能重叠和政府部门）。无缝隙政府所依据的，是一种与科层制组织完全不同的组织模式。这种组织模式具有三个特征：一是全息性。组织的各个部分拥有整个组织的全部信息，可以利用部分再造或再现整个组织；二是信息的分权化和分散化；三是功能的全方位性。虽然各个组成部分存在着高度分工，但每个部分又都拥有其他部分乃至整个组织的功能。

按这种模式建立的政府组织，比机械的科层制政府组织具有更强的自我调节能力和信息处理能力。我们可以打个比方，传统的科层制政府组织就像一条生产流水线，每个部门、岗位就像是流水线的一个部件，分别负责一项功能、一个环节。群众要办事，就必须按照严格的先后次序，进出每一个部门，经历每一个环节，才能得到最终结果。而大脑式政府组织则更像一支足球队，各球员虽有大致的分工，但绝不能拘泥于固定的位置，而要根据球场的变化，随机应变，必要时承担带球、突破、传球、掩护、接球、进攻得分等整个球队的全部功能。

无缝隙政府的组织设计对于政府宏观调控职能定位提供了许多新的设计思路：

一是将整体植入所有部分。这主要是指：利用行政组织文化的作用，将整个行政组织的发展前景、使命、价值与目标内化于每一位行政人员，使其成为行政人员精神的一部分；利用电子化技术，建立全方位的行政信息网络系统，实现所有组织部门和人员的信息共享；通过自组织的自我复制的方式，由下而上建立弹性的组织结构，保持组织单元功能的完整性；以任务为中心，建立自我管理的工作团队等。

二是保持部门的功能重叠。功能重叠并不是在原有的职能部门之外再建立一套承担相同职能的后备组织，以应付偶然和意外；而是让每个部门在履行自己的职能外，额外承担一些职能（即“工作丰富化”），以适应变化与危机。

三是在政府组织内部保持必要的多样性。要运用多元化的标准设计和运行政府组织机构,保持政府组织应付复杂需求的能力。

四是建立原则性的制度规范。制度规范是维持政府组织的必要工具。但制度规范制定得过于严格和细化,就会束缚行政人员的手脚,使其失去应变的能力。因而,无缝隙政府要求制度规范停留在原则性的层次。至于操作性,则留给各基层部门和行政人员,使其有足够的创造空间。

五是学会如何学习。即强化政府组织和人员的学习能力,建立具有广泛适应性、能不断创新和发展的学习型政府组织。

在西方,无缝隙政府似乎正成为一种目标性的政府组织模式。美国行政学家 R. M. 林登曾经指出,20 世纪 90 年代以后,美国的政府管理正在经历一场"静悄悄的革命",而革命的标志,就是无缝隙政府组织的出现。当然,作为一种新的政府组织模式,无缝隙政府在许多方面的内涵还比较模糊。同时,由于与传统的科层制政府组织模式之间的差异过大,不难预料,要实现从科层制政府向无缝隙政府的转变,还需要经历一个漫长的困难过程。

但是,毫无疑问,这种政府组织设计更加适应市场化、信息化、国际化条件下政府宏观调控职能定位的要求,是更加科学的政府组织体制的新构想。

189. 我国政府职能转变遇到了哪些障碍?扫除这些障碍对国家宏观调控职能定位有什么重要意义?

社会主义市场经济的发展,迫切要求实现政府职能的转变。当前,妨碍政府职能向适应社会主义市场经济发展要求转变的因素很多。必须扫除政府职能转变的各种障碍,才能真正使政府职能转到适应社会主义市场发展的轨道上来。

(1)政府服务变成有偿服务是转变政府职能的根本障碍;只有防止政府服务变成有偿服务,才能避免政府职能的扭曲。在体制转轨过程中,由于公共财政体制的缺陷,没有严格执行用税收保证政府公职人员待遇和部门办公开支的原则,往往对部门"给政策不给钱",实质就是鼓励部门创收。在这种条件下,部门利益恶性膨胀起来,他们在提供公共服务过程中往往以部门利益为导向,把正常的政府服务变成有偿服务。一些部门巧立名目收取各种费用,还有一些部门把社会公共事务管理变成了收费。结果出现了凡是可以收费的职能被大大强化、凡是难以收费的职能被大大弱化的现象，甚至有的部门必须依靠收费才能维持运转，政府职能被严重扭曲。由于利益的驱动，政府部门会寻找各种理由保留收费职权，政府职能转变以是否可以收费为转移。因此，只有切断部门利益与履行职能之间的纽带，坚持政府服务无偿原则，变“部门行政”为“公共行政”，才能促进政府职能转变顺利进行。

（2）行政审批变成谋利手段是转变政府职能的突击障碍；只有防止行政审批变成谋利手段，才能避免阻碍政府职能转变。由计划经济时期延续至今的政府审批制度，日益暴露出与社会主义市场经济不相适应的弊端。行政审批过多过滥，用行政审批代替公共管理和公共服务，而且审批还伴随着乱收费乱罚款，严重制约着社会活力的发挥，加重了社会和企业的负担。由于行政审批权力与部门利益的密切联系，少数政府部门甚至把行政审批当成了谋利的手段。不少人借此以权谋私，贪污受贿，严重败坏了政府的形象。审批经济不仅使经济效率低下，影响企业和群众的创新，而且导致体制性腐败。正在进行的行政审批制度改革，遇到了政府部门利益的顽强抵制，有些政府部门对清理和减少行政审批项目态度不积极，采取避实就虚、搞数字游戏的办法，千方百计保留行政审批项目，扩大审批项目的自由裁量权，进而保留因审批带来的部门利益。政府权力部门化，部门权力利益化，获利途径审批化的现象大量存在，从而阻碍了政府职能的转变。显然，能否真正改革行政审批制度，减少行政审批项目，已经成为政府职能能否顺利地向适应社会主义市场经济发展要求的方向转变的关键问题。

（3）行政执法变成部门争利是政府职能转变的严重阻碍；只有防止行政执法变成部门争利，才能避免政府职能的错位、越位、缺位。由于执法意味着权力和利益，部门之间相互争夺执法权的现象有了惊人的发展。在社会管理中有好处的事大家争着干，因而多头执法、重复处罚等现象相当普遍；而无利的事相互推诿，管理不到位。环保、规划、园林、市政、工商、质量技术、药品监督、公安、交通等部门都有行政处罚权，却往往重处罚轻管理，甚至用处罚代替管理。这样，一方面是执法机构之间依法争夺和重复执法现象严重；另一方面是一些仅有责任而无利可图的执法工作无人负责。因此，只有在取消部门利益的基础上合理划清部门之间的职责权限，才能杜绝利用行政执法牟取部门利益的现象，解决政府职能错位、越位、缺位的问题，为政府职能转变创造条件。

(4)法规不统一是政府职能转变的重要障碍;只有统一法规的制定才能防止扩张政府部门职能。长期以来,我国采用部门牵头或部门主导的形式来制定各类法规。随着计划经济体制向市场经济体制的转轨,这种惯用的做法依然没有太大的改观。各部门在起草有关法律、法规草案,以及制定规章、条例时,都要千方百计地强化本部门的职能,竞相设置部门许可权,借行使国家权力之机,突出部门利益和扩张部门职权。因此,只有统一法规的制定,把法规的制定权交给与部门利益无关的机构,把决策权、执行权、监督权适当分离,才可能真正实现法规的公共利益目标,防止法规的部门化,防止扩张部门职能职权。

(5)行政执法不统一是政府职能转变的又一重要障碍;只有统一行政执法,才能防止政府部门依"法"打架。受部门利益和部门法规的影响,行政执法也必然出现一系列错位、打架现象。多头执法,依"法"打架,争权夺利,既影响了行政执法,也损害了政府形象。因此,应建立健全统一的执法机构,明确划定执法权限和责任范围,以强化责任为中心,做到责、权、利的统一,以确保执法的顺利开展。同时,必须用公共财政保证行政执法机构的充足经费,并严格执行罚没"收支两条线"管理,切断行政执法与部门利益联系,以消除政府职能转变的利益障碍。

190. 以经济建设为中心与国家宏观调控之间是什么关系?以经济建设为中心是不是就要求各级政府始终坚持直接抓经济建设不放?

1978 年党的十一届三中全会作出了党和国家工作中心由阶级斗争为纲转到社会主义经济建设上来的伟大战略决策。这是完全正确的。它不仅是对以往"左"的路线的彻底纠正,反映了中国国情和实际要求,而且也符合社会主义社会的根本任务是发展生产力这一马克思主义的基本原理,同时这也是人类社会经济发展的一般规律。30 年来经济建设所取得的辉煌成就也充分证明了它的真理性。

但是,在贯彻以经济建设为中心这条路线时,在实施由阶级斗争为纲向经济建设为中心转变这个战略决策时,却发生了当时难以预料的许多重大问题。当时提出以经济建设为中心时,却没有考虑到两个重大问题:一是当时没有考虑到随着1984年党的十二届三中全会特别是1992年以后社会主义市场经济体制改革的实施，即没有考虑到市场经济条件下国家如何实施这个战略决策。须知，在计划经济体制下和在市场经济体制下，国家实施这个战略决策的职能和方式是大不相同的；二是当时也没有考虑到国家实施这个战略决策的政府干预与以前的政府干预有什么不同的问题。

今天看起来它实质上是以经济建设为中心与市场经济下政府宏观调控之间的关系如何摆正的问题。能不能认为，以经济建设为中心，就是意味着各级政府始终要直接抓经济建设，即还要像计划经济时期那样直接抓经济建设？否则的话，政府工作就不是以经济建设为中心了，就是偏离了党的基本路线了。

实践证明，一个国家除在战争状态下外，以经济建设为中心是正确的，但同时也证明，特别是市场经济条件下的实践证明，国家包括它的各级政府直接抓经济建设也是不可取的。

不仅如此，在当今时代，在市场经济条件下，国家对宏观经济的干预，并不等于国家直接从事经济建设本身的工作。它包括不能过多地直接干预社会经济活动，不能过多地进行经济建设投资，不能过多地进入竞争性经济领域，不能过多地垄断许多经济领域。

实践证明，计划经济体制的做法是不成功的，它的弊端越来越显现了出来。

国家不直接干预经济社会活动，并不是说国家的工作就不是以经济建设为中心。国家通过各种间接方式干预经济社会活动，并不等于国家工作不以经济为中心，相反是为了更好地保证整个国家或社会高效地进行经济建设。

市场经济条件下国家宏观调控工作，必须以间接方式为主。发达的市场经济要求加强国家宏观调控，也只是要求完善以间接调控为主的调控体系，而不是要求国家对经济社会生活的直接控制和参与。

实践证明，把以经济建设为中心直接等同于国家直接干预经济社会生活甚至直接大规模从事经济建设，越来越不适应社会主义经济发展的要求。

因此，在市场经济条件下，以经济建设为中心，国家宏观调控职能的定位，不应当是国家直接干预经济社会生活，而只能是以间接形式干预经济社会生活。

有的学者提出,党和国家工作中心的第一次转型是以经济建设为中心,第二次转型是以制度建设为中心,认为进入21世纪,经济建设已经不是党和国家的工作中心了,党和政府的角色发生了重大变化,由对宏观经济的“控制者”、“计划者”转向为“指导者”和“引导者”了。这个看法,从一个方面来说是很正确的,即在市场经济条件下,党和政府不是宏观经济的“控制者”和“计划者”,而应是宏观经济的“指导者”和“引导者”。但是,不能说党和政府不是宏观经济的“控制者”和“计划者”,党和政府工作中心就不是经济建设;或者党和政府是宏观经济的“指导者”和“引导者”,党和政府工作就不是以经济建设为中心;或者说,党和政府工作以经济建设为中心就只能是指党和政府是宏观经济的“控制者”和“计划者”,把二者画等号;更不能说进入21世纪,党和政府的工作中心就不是经济建设了,这会造成政治上的误解和混乱。我们十分理解学者的上述意见,即随着经济的快速发展,经济体制改革的深化,经济活动的主体如企业、国内外投资者、居民户和广大消费者成为经济建设的主体。由于计划经济机制不断被市场经济机制所代替,政府逐步从竞争性领域撤离出来,国有经济比重下降,非国有经济比重上升。在这种情况和形势下,党和政府如果对经济活动仍然坚持以往实行全面直接控制和过度参与的做法,已经远远不能适应变化了的经济体制背景,妨碍各种经济主体作用的充分发挥,难以避免甚至会制造出各种各样的经济租金和政府租金,成为日益严重的腐败的重要来源。但是,党和政府成为宏观经济的合格的“指导者”和“引导者”,不直接干预和过多参与国家经济建设,并不等于我们党和国家的工作中心发生了根本性的转变,并不是说我们党和国家不要以经济建设为中心。以经济建设为中心,以发展社会生产力为根本任务,是整个社会主义阶段必须长期坚持的。全党、全国、全社会以经济建设为中心,工作者只有前台和后台的区分,只有战斗员和指挥员的区分,只有运动员和教练员的区分,而没有离不离开这个中心的区分。

因此,归根结底是,政府对宏观经济的调控,角色要转换,要从计划经济下的角色——“控制者”和“计划者”,转换成市场经济下的角色——“指导者”和“引导者”。这种角色的转换本身并不说明整个党和国家的工作中心发生了根本性的转变,而只是说明党和国家对宏观经济活动的调控方式的根本性转变,从而有利于更好贯彻落实以经济建设为中心的基本路线。

191. 行业垄断属于国家宏观调控的职能吗？行政垄断的损失是什么？应当怎样看待行业垄断的“政治考量”？

既然市场经济条件下的国家宏观调控不应当是国家对经济社会生活的全面控制和过多参与，那么，在市场经济条件下的宏观调控就不应当有过多的行政垄断。

所谓行政垄断，是指政府或主管的政府部门为保护其特定行业的企业及其经济利益而实施的排斥、限制或妨碍其他主体参与竞争的行为。行政垄断既是有形资源的垄断，又是无形资源的垄断。有形资源的垄断，主要表现为行业垄断，集中地表现为金融行业、电力行业、电信行业、民航行业和铁路行业的垄断，同时，许多公用事业部门，如高等教育、医疗卫生、体育、文化、娱乐、旅游、大众媒体等行业以及中介机构等行政垄断。无形资源的垄断，主要表现为审批权的垄断和政府信息的垄断。

行政垄断造成了极大的经济损失。首先是造成腐败的经济损失，以及由政府官员贪污受贿所造成的经济损失。其次是这些垄断行业的低效运营和维持比较高的工资水平，主要来自这些垄断行业的巨额租金。塔洛克的研究表明，这些租金最终将被全部耗散。有资料统计结果表明，中国垄断行业企业的利润率在不断下降，这恰好证明了塔洛克的关于租金最终将被耗散的判断。这里我们还必须清楚地知道，垄断行业上缴给国家的利润中还应当包括政府从国有资本投资中应当取得的回报和固定资产折旧；如果再考虑到政府多年来给予国有企业的大量补贴，以及所得税返还、减免税、低息贷款等优惠政策，垄断行业企业不仅耗散了巨额租金，而且还耗散了大量的国家应得的财政收入。

那么，为什么会出现这许许多多的行业行政垄断呢？人们想得出的理由大概只是这些行业的地位实在太重要了，因此必须由政府来控制。但是这样一来，就造成了垄断行业和其他更多的非垄断行业在市场化程度上的严重脱节，造成了一个国家一些垄断行业的计划经济体制与其他许多非垄断行业的市场经济体制的明显不对称，形成两种体制并存的局面。这种不对称给我国经济发展所带来的损失几十年来已为人们有目共睹。

人们自然要问：政府为什么宁可以如此重大的代价来保证对许多行业的

行政垄断呢？唯一合理的解释就是出于“政治考量”。

“政治考量”的涵义和意义大概有两个方面：

一是设立“防火墙”。一个个行政垄断的行业，就是一道道“防火墙”，一旦出事，它们就会形成“隔离带”。因为这些行业，特别是例如金融行业在国家经济生活中占有非同一般的重要地位。政府控制了金融，就等于控制了整个国民经济的“命脉”，在遇到经济波动时就不会“出乱子”。人们甚至这样认为，中国之所以在 1997 年亚洲金融危机爆发时能“幸免于难”，根本的原因就在于我们的金融机构是由政府控制的，这就等于在市场机制之外构筑了一道钢铁“防火墙”。但是，市场是一把双刃剑。市道好的时候，会使场中人普遍得益，而市道不妙时又会使场中人均受其害。现在我们用政府垄断的办法把一个个重要行业与市场割离开来，当市场爆发危机时就能使其免遭其害。但是，这同时也因此而使我们不能享受到市道好所带来的“普惠”。而且，我们还必须同时付出垄断所产生的巨大代价。对政府来说，对政治的考量似乎永远居于经济的考量之上。但是经济毕竟是基础。如果永远是进行行政垄断，国民经济的一系列重要行业得不到市场经济之光的“照耀”，经济得不到持续、快速、健康的发展，政治考量就是失去了依据和基础。

二是经济基础论。这就是说，无产阶级的国家机器，社会主义的上层建筑，必须有强大的国有经济作为其存在和巩固的经济基础。按照经济基础决定上层建筑的理论，无产阶级专政或人民民主专政要越强大，就越有强大的国有经济。因此，政府必须对各个重要行业实行行政垄断。其实，如前所述，政体的经济基础是税收。国体的经济基础是公有制经济而不是国有制经济。

192. 怎样全面理解国家宏观调控职能的社会属性？它对国家宏观调控职能定位有什么重要意义或要求？

我们以前对国家职能的性质的理解有片面性，即只讲国家是阶级统治的工具，很少讲甚至不讲国家同时还是维持社会公共秩序和社会稳定的工具。国家职能具有二重社会属性：阶级统治属性和社会公共管理属性。在国家的行政生活中，国家更多的是行使公共管理的职能，只是在动乱时期、战争时期以及重大政治经济危机时期，才更多地行使阶级统治的职能。

政府对经济的宏观调控是国家的一个职能，在社会化大生产和市场经济条件下，这个职能更重要、更突出。

政府对经济的宏观调控职能也是阶级性和社会性的统一。不能只强调它的阶级性而忽视它的社会性，也不能只强调它的社会性而忽视它的阶级性。同时也必须看到，在非动乱时期、非战争时期、非重大政治经济危机时期，它的社会属性居于主导地位。社会主义国家的宏观调控如此，资本主义国家的宏观调控也是如此。也就是说，在和平时期，国家宏观调控职能主要是为整个国民经济的稳定、快速、健康发展提供有力的外部环境支持，用各种间接手段去指导、引导整个国民经济向着稳定、健康和协调的方向发展。一个国家在既定的社会经济基础的条件下，直接地说，在既定的以某种所有制经济为主体的条件下，国家宏观调控就是从外部来为这种经济基础的发展和壮大提供充足的外部条件。

国家的经济管理职能，或者说国家的宏观经济调控职能，管理或调控的主要对象或客体，是全社会的经济，是多种经济成分，而不仅仅是国有经济。国有经济只是整个国民经济的一个组成部分。政府对整个国民经济的管理或宏观调控，只能是采取间接的方式。即使是计划管理，计划也是指导性的，而不是指令性的。

政府对国有经济的管理，在市场经济条件下，政府直接经营的部分也是非主要的，即国有国营的企业比较少，大部分是国有民营，通过股份制、租赁制、承包制、委托代理制等各种“两权分离”的形式，来实现其国有制。

国家宏观调控职能的二重社会性质说明，一个国家在和平时期其社会公共属性居于主导地位。这就要求国家在既定的经济基础下对经济生活的宏观调控应当是一视同仁，把各种经济成分作为整个国民经济的一个平等的组成部分来对待，不能厚此薄彼。国家是多种经济成分的公共代表（政治上的），而不仅仅是某一种经济成分（如国有经济）的代表；它要为整个国民经济服务，而不是仅仅为国有经济服务；它要促进各种所有制经济的共同协调、稳定、快速、健康发展，而不是仅仅促进国有经济的发展。这是国家宏观调控职能定位必须注意的第一个问题。

国家的宏观调控对象是国家的各种所有制经济，国家宏观调控的形式只能并且必须是间接的，是指导型的或引导型的，而不能是控制型的或计划型的。对不属于国有的经济成分，无论如何也不能进行直接管制。这是国家宏观调控职能定位所必须注意的第二个问题。

即使是国有经济部分，在市场经济条件下，国有国营部分只保持在最必要的领域，另外大多数应当实行国有民营，即通过各种形式的“两权分离”，来保障国有经济的健康发展，避免国有国营所难以避免的多种弊端。这是国家宏观调控职能定位必须注意的第三个问题。

在市场经济条件下，国家宏观调控的针对性是弥补市场调节的缺位和不足，是从更大范围、更高程度和更长时间促使资源的合理、优化配置。市场经济是国家宏观调控及其职能产生的时代性的环境和依据。在以往的非市场经济条件下，或在自由调节的市场经济条件下，宏观上并不要求或不明显要求加强国家的宏观调控。因此，现代国家宏观调控必须更加讲求质量，讲求经济效益和社会效益，否则还不如不要宏观调控，还不如只当“守夜人”。这也是国家宏观职能的社会公共管理属性的一个内在要求和题中应有之义。管理的目的是什么？管理不仅是为了秩序。秩序是浅层次的目的，深层次的目的是效益。这是国家宏观调控职能定位必须注意的第四个问题。

193. 为什么说“放开竞争、放松管制”是转型期国家宏观调控职能转变的首要任务和迫切要求？

我们在前面说明的国家宏观调控职能定位的各种问题，实质就是转型期政府职能转变问题，而“放开竞争，放松管制”则是其中的首要任务和迫切要求。

由计划经济到市场经济的转变，存在一个转型期。经济自由是此转轨的核心。“两放”——“放开竞争，放松管制”是经济自由的基本标志。

“放开竞争”，要求政府尽可能退出竞争性领域；要求适度压缩国有经济规模；要求最大限度地消除各种行政性行业垄断；要求让民间资本和民间经济自由地加入多种部门、企业的竞争；要求提升非国经济在整个国民经济中所占的比重。

自由竞争是市场经济的基本特征之一。竞争既是经济发展的重要动力，也是经济发展的强大压力。没有竞争，就没有效率和效益。没有竞争，就难以最大限度地调动生产经营者的积极性、主动性和创造性。对当前政府而言，唯一要做的事情可以说是鼓励和支持人们的自由竞争，至于如何提高竞争能力，如何提高科学技术水平,如何提高管理水平,如何提高劳动生产率,如何生产适销对路的产品,等等,都可以通过自由竞争得以实现。这些都是企业自己的事业,政府无须操心。

"放松管制",要求政府最大限度地拆除自由进入的各种壁垒;要求最大限度地减少政府的官僚控制;要求减少政府机构和垄断部门的权力而让民间资本和百姓自由创业、自由进入和自由竞争;要求分散财产所有权,形成多元化的财产结构和产权结构;要求用法律保护私有财产的安全。

放松管制与放开竞争是一个事物的两面。要放开竞争就必须放松管制;要放松管制,就必须放开竞争。这是市场经济的本质特征和内在要求。

只有放松管制,才能最大限度地调动多种经济主体的积极性、主动性和创造性,才能让市场机制在最大范围和最高程度上发挥资源配置的基础性作用,促进经济的快速增长。

放开竞争和放松管制,在当前最紧迫的问题是最大限度地取消"审批经济"。"审批经济"是放开竞争和放松管制的最大障碍。政府要放权。但放权主要不是指中央政府把权下放给地方政府。这会造成一收即死、一放即乱的恶性循环。要把权放给企业,放给民间资本和民间经济实体,放给公民个人。因为市场经济主体主要是企业和公民个人。虽然政府也是市场经济的主体,但它主要是消费主体或需求主体,而不是生产主体或供给主体。从市场经济学意义上看,宏观调控意味着政府退出竞争性市场,成为真正的市场规则的制定者和管理者。从现代政治学意义上看,宏观调控意味着政府管理职能从积极权威性管理转变为消极的义务性管理。从现代法学意义上看,宏观管理意味着政府在管理经济时,不再依赖权力者的臆断,而是遵循公民所同意的法律规则来作出调整。具体地说,宏观调控的立法应注意以下三个方面的内容:(1)立法应对宏观调控的权力范围作出明确的规范和限制,不允许政府越出法律规定的范围;(2)宏观调控主体应当对宏观调控行为的后果承担责任,否则就应受到法律的惩处;(3)宏观调控权的行使应当遵循法律规定的程序及公正、公平、公开的原则。可见,政府的"审批经济",无论从经济学、政治学和法学上讲,都是与宏观调控的本意相背离的。最大限度地取消"审批经济",首先是政企、政资"两分开"的内在要求,同时也是建立适应社会主义市场经济发展要求的宏观调控体系的要求。

二、国家宏观调控手段的评判

国民经济宏观调控的手段主要有三个:经济手段、法律手段和行政手段。在一般情况下,以经济手段为主,附之以法律手段和行政手段。我们对宏观调控手段的评判侧重于对经济手段的评判。经济手段主要是指国家制定的各种经济政策。因此我们在这里主要结合我国实际,谈谈对若干主要经济政策问题的看法。在下面,我们主要对十个方面的经济政策进行分析。十个方面的经济政策,也可以说是我国经济发展面临的十大问题。长期的问题需要长期的思路去解决。这是我们在本节讨论这十大问题的总体思考。每项政策所涉及的内容很多,我们只捡其中主要的和大家最关注的问题加以评述。

194. 需求政策——怎样正确评估我国当前和今后一个较长时期内的社会总需求和社会总供给的趋势?国内有效需求不足的主要原因是什么?根本的出路在哪里?

社会总供给和社会总需求是宏观经济运行和调控中最为重要的总量指标,宏观经济运行状况最终都是通过社会总供给和社会总需求反映出来。宏观经济调控实质上也是对社会总供给和社会总需求的调节、控制与监督。马克思对未来社会的总供给与总需求之间关系做了这样的表述和预计:"只有在生产受到社会实际的预定的控制的地方,社会才会在用来生产某种物品的社会劳动时间的数量,和要由这种物品来满足的社会需要的规模之间,建立起联系。"(《马克思恩格斯全集》第 25 卷,人民出版社 1974 年版,第 209 页)马克思还通过社会总资本再生产两大部类的分析,具体地揭示了社会总供给与社会总需求实现平衡的条件和规律,从而为国家宏观经济调控提供了科学的理论依据。

社会总供给是指一定时期内社会各部门提供的可供市场购买的全部最终产品与劳务的价值总量,它包括国内生产提供的部分与进口的商品和劳务总值。社会总需求是指一定时期内社会通过多种渠道形成的对产品和劳务的有货币支付能力的购买力,它包括个人和社会对消费品和劳务的需求、扩大再生产和固定资产更新改造对投资品和劳务的需求、对商品和劳务的出口需求。

影响社会总供给的因素主要有:既有的国民经济总量及其增长速度、资源的配置方式或资源的利用效率、价格的变动、产业结构、社会总需求的拉动以及对外贸易等。影响社会总需求的因素主要有:社会总供给水平、货币供应量、财政收支状况、价格水平、人均收入水平以及对未来经济发展和价格水平的预期等。

从上述简要原理出发,对我国当前以及今后一个较长时期内的社会总供给与社会总需求的状况和变动趋势,可以这样来判断:

一是社会总供给与社会总需求都将会有较快的增长;

二是我国已经进入并将长期处于买方市场,社会总供给已经并将长期处于大于社会总需求的状态;

三是社会总需求特别是国内总需求相对不足将是一个长期的问题。

根据影响社会总需求的一般因素,结合我国实际,我国国内有效需求不足的主要表现和原因有以下几个方面:

一是消费需求不足。这主要表现为占全国人口80%的广大农村人口消费需求不足;特别是还有几千万农村贫困人口和城镇下岗和失业职工的消费需求不足;教育需求严重不足,特别是农村教育需求不足;用于研究和开发的经费严重不足。

消费需求不足的根本原因是多数人的收入较低。另外,对于城镇居民来说,虽然其中多数居民户有相当数量的存款,但由于对未来收入水平的预期值不乐观而严重影响他们的消费需求。

二是投资需求不足。这主要表现为民间投资需求不足,特别是中小企业投资严重不足;第一产业和第三产业中除运输通邮电信业以外其他行业的投资需求不足。

投资需求不足从体制上来看,主要是民间企业或民间经济的投资需求受到了严重的限制。另外,居民手中的大量金融资产由于受到旧的经济体制的束缚和收入预期的影响,也没有形成强大的投资需求。

我们知道,社会总需求包括国内需求和国际需求两个方面,其中国内需求是最主要的,国内需要又包括消费需求和投资需求两个方面,其中消费需求又是最根本和最重要的。现在,我们说国内需求不足,归根到底还是指国内消费需求不足。国民收入最终要分解为积累和消费。目前我国的消费率只有

40%左右,不仅低于世界平均70%左右的水平,而且也低于我国历史上65%的平均水平。

自从1997年东亚金融危机后,我们就发现了国内需求不足的极端严重性。人们看到,东南亚、日本、韩国等国家,之所以遭到危机的袭击,原因很多也很复杂,但其中重要原因是这些国家的国内需求不足,出口比例高,经济发展的对外依存度大。这一点对我国触动很大,因为我国也有很类似的情况。大家看到,这几年来,经济发展虽然仍较快,投资需求和出口拉动比例较大,消费需求拉动比例不尽如人意,各方都认为,依靠投资拉动内需是不可能长久的,我国出口值占国内生产值的比重已经很高,再增加比重的余地已经不大。因此,从今后一个较长的时期来看,增加内需的重点在哪里?根本出路在哪里?学者们纷纷提出建议。笔者认为:

第一,必须坚持不懈地以增加消费需求为主。这是根本出路。因为消费是生产的目的、生产的动力。这是马克思主义政治经济学的基本原理。"文革"前,我们不按这个原理办事,已经有了十分惨重的教训。现在,仍然有许多人不重视这个基本原理,反对提高工资,不积极采取具体有力措施增加城镇居民收入,也不注重增加农民收入。城乡居民收入不增加,怎么能增加消费需求。所以我们认为,在未来的20年内,要全面实现小康,就必须大幅度增加居民收入。居民收入增加了,一方面他们可以增加支出,另一方面国家也可以增加个人所得税收入、增加个人养老保险金上缴收入,还可以带动第三产业的大发展。为什么只看到增加工资的所谓"负面"影响,为什么看不到它的正面影响、长远影响和全局作用。不增加城乡劳动者的收入,就不可能增加内需。改革开放30多年的经济发展也证明了这一点。我们认为,要真正做到增加内需就必须以增加消费需求为主,并能长期坚持下去,目标应定在中国真正出现以中产阶级为主的两头小中间大的收入结构,否则就是不现实的。我们可以大致测算一下,今后20年,GDP假定年均增加7%,其中依靠增加消费需求拉动经济增长占60%,即占GDP增长率4.2%,那么,城乡居民收入的年增长率则不得低于6%。城乡居民对未来收入水平有良好的预期,他们才可能放心地去增加消费支出。

第二,必须把增加投资需求转到以民间投资为主的轨道上来。从长期来看,投资和出口拉动需求从而拉动GDP增长各占20%之内比较适宜和可靠,也就是说，拉动GDP增长，消费需求、投资需求和出口所占比例为6∶2∶2。现在，我国投资和出口增长拉动GDP增长占到60%，这不很正常，也难以长期坚持下去。而投资需求的增长又主要依靠政府投资。国有投资占很大的比重，它不仅不利于国有企业的深化改革，不利于政府机构改革，而且它严重排斥了民间投资。所以今后依靠投资增长来拉动内需从而拉动GDP增长，应主要依靠增加民间投资。民间资本本身数量就很大。民营经济是未来经济增长的最大亮点。所以不仅从可能而且从需要来看，民间投资在未来长时期内都可能有很大的增加，它对拉动内需从而拉动GDP增长的贡献将会不断增加。

总之，无论是增加消费需求还是增加民间投资需求，"钥匙"在政府手中，关键在政府放松管制。

195. 财政政策——怎样正确分析和评估我国当前和今后一个较长时期内的财政收支趋势？能否长期坚持积极的财政政策？财政体制改革的根本出路何在？

财政是国家为执行各种社会职能，凭借政权力量而参与社会产品和国民收入分配的活动。它具有集中国家资金、合理分配国家财力、进行财政监督和加强宏观调控等重要作用。财政收入是指国家通过财政分配渠道集中于国家预算的资金，它归根到底来源于一个国家的社会总产品或国民生产总值或国民收入，具体地讲，它来源于税收、国有企业上缴利润和债务收入。财政支出是指国家预算支出的资金。我国财政支出主要包括经济建设支出、社会文教支出、国防支出、行政管理支出、社会保障支出、债务支出和其他支出等方面。

从上述简要原理出发，结合我国实际，在未来相当长的时期内，国家财政收支基本平衡的状况不容乐观，支出大于收入的局面难以在短时期得到根本扭转。这是因为，第一，国家财政收入占国内生产总值的比重不高，发达国家的财政收入，大多数占到GDP的40%左右，我国只占30%左右。第二，财政支出中经济建设支出比重过大；国有经济由于计划经济体制的遗留问题多，改革成本很高，大量下岗职工需要有很大数量的财政支出来保障他们的失业和养老保障；社会文教支出将处于扩大趋势；政府机构庞大，行政管理支出增长难以在短期内降下来；债务还本付息的支出将不断增长。

如果从体制上来看，政府职能中直接经济建设职能过多过重，国有经济比重过大，或国家投资规模和比重过大。它与政府的基本职能不相吻合，是计划经济体制的严重后遗症。这仍然是我们在前面着重提到的，似乎党和国家工作中心是经济建设，就是意味着政府的职能就是应直接和大规模地从事经济建设，而不是在市场经济条件下进行间接调控，这不仅是一个重大的理论认识上的误区，也是重大的实践偏离。

前面我们曾多次指出，政府为防止经济滑坡，为增加内需，自 1998 年开始实施积极的财政政策，大举国债，大增国有投资于基础设施建设。有学者甚至认为中国经济得了“凯恩斯依赖症”。凯恩斯政策就是用政府投资来拉动需求，这个政策在当今中国实行的时候，被称为积极的财政政策。这个政策实行之初，政府曾明确表示这是一项短期的政策，是一种应急的办法，不会长期实行。但时至今日，事实上积极财政政策难以“淡出”。凯恩斯政策是与市场经济配置资源的方向相悖的。越是依赖“凯恩斯”，配置资源的效率就越低，经济就越难以自主增长，就越要依赖“凯恩斯”。凯恩斯政策用的时间越长，对它的依赖性就越强。

积极财政政策的初衷是制止经济下降，但现在却变成了中长期政策。不尽快医治“凯恩斯依赖症”，会带来极大的危险、财政赤字不断扩大，中央政府不得不靠举债度日，金融呆坏账也势必增加。

从中长期来看，解决中国财政收支平衡的根本出路当然主要是经济的发展，GDP 的不断增长。但是，仅就财政收入本身的角度来看，出路在于：一是要不断提高财政收入占整个 GDP 的比重，逐步达到 30% ~40% 比例；二是要尽快完善税收体制，增加税收收入。从财政支出本身的角度来看，就是尽快转变政府职能，大力减轻经济建设的财政支出。积极财政政策本来是可以用的，但长期使用就变成了“凯恩斯依赖症”。“凯恩斯依赖症”的病根是“以民补国”，即将民间财富为国家所用，从而抑制了民间经济，抑制了国民经济内在的自主增长力。举债是要还本付息的。解决内需不振，最主要的是要依靠民间资本和民间经济。所以，医治“凯恩斯依赖症”必须反其道而行之：“以国扶民”，即政府要“放开竞争、放松管制”，大力扶持民间经济的发展，使民间经济能迅速填补国债撤走后的空间，真正成为国民经济快速增长的主力军。

196. 税收政策——怎样正确看待我国近期及未来一段时期的税收形势？为什么会出现大面积的偷漏税现象？我国税制改革的重点是什么？

税收是国家凭借政治权利，按照预定标准，无偿地集中一部分社会产品所形成的特定分配关系。税收体现了在一定社会制度下国家与纳税人在征税、纳税的利益分配方面的关系，是政府机器运转的经济基础，也是国家存在的经济体现，它具有组织财政收入、调节经济和监督管理的职能，对于维护国家主权、调节经济发展和监督经济运行具有十分重要的作用。

近些年来，税收增幅连年大幅超过 GDP 增幅。对此，学者们有不同的看法。

一些人认为，作为财政收入主要来源的税收，目前流失仍相当严重，增收的潜力很大。所以税收增长说明是严格税法，加强征管力度的结果，是一种“政绩”，对于增加财政收入，减少财政赤字有很重要的作用。

另一些人认为，这些年来税收快速增加固然有其特定背景和一定积极意义，但是，长此下去则是“竭泽而渔”，它同“放水养鱼”是悖理的。

国家税收收入增加，日子就好过，就可以办好许多事情，这固然是好的。但是，税收的另一方即征收过度会影响经济的发展。税收与经济发展之间肯定有一个均衡点。偏离这个均衡点，要么是国家财政不足，削弱政府职能从而导致社会经济生活秩序的不稳定而影响经济发展；要么就是打击了企业和个人从事经济活动的积极性而降低了社会生产力发展速度。因此，我们必须看到，对国家和全民利益来说，税收绝不是“越多越好”，政府的财政收入也不是越多越好，而是应该恰到好处。只有在此认识的基础上，才能研究如何制定和实施恰当的税收政策。

目前我国纳税“问题户”十分惊人。纳税“问题户”的原因，除了企业老总、会计素质低以外，企业主观上的偷税漏税是造成企业少缴税的覆盖面广、金额大的主要根源。另外，对有“问题户”企业无法形成有威慑力的处罚，也造成了很多企业在缴税中存在侥幸心理。我们认为，第一，依法纳税教育不够，公民和企业单位纳税意识不强也是一个重要原因；第二，少数税收征管人员以权谋私，接收纳税人的贿赂，也是一个不可忽视的原因；第三，制度不完善，征管力量不足，监管跟不上也是一个客观原因。

加强税收征管,打击偷税、漏税,增加财政收入,这是不错的。针对目前我国实际,这一工作还必须继续坚持下去。我国的税收制度改革,完善税收政策,重点恐怕不在这里。我们认为,从长期看,改革税收制度,完善税收政策的重点在于:

第一,减税问题。有不少学者建议中国应当减税,认为这是"放水养鱼","前人栽树,后人乘凉"。在各种经济政策手段刺激经济发展中,减税是最有效的、副作用最小的,也是被各国政府普遍采取的政策手段。在我国,为刺激经济发展,积极的财政政策、稳健的货币政策、多次降低利息,都难以长期坚持下去,唯有减税才可以补救上述政策的不足,以维护较高的的经济增长率。我们认为,减税是一个好政策,但目前还不具备主客观条件,而且还要开辟新的税源,在条件具备时开征财产税、遗产税、赠与税等。一个国家税收是否"正常",是无法用它自身的征收水平来验证的,最终还主要看这个国家的经济增长率,即税收的增减是否促进了经济的增长。我们必须看到,中国近些年来税收的高速增长是非正常的,是以前应收而未收、主要通过打击偷漏税而增长的,而且这一工作还要坚持,同时,还有一些新的税源在等待开辟。要减税,也要等到国家财力有了好转、特别是等到国家不再直接承担过多的经济建设任务从而政府职能有了真正的转变之后;而且,减税也是主要把企业的税赋降下来,个人所得税却反而要加强。这也是市场经济发达国家的成功经验。

第二,体制问题。把企业的税赋降下来,说到底还是一个法制问题。例如,一是关于"个人收入同公司收入混在一起",是现行税收法制没有照顾到的。一个国有企业的领导,按现行制度规定,国家或公司规定给他配专用车,其费用都算是企业的营运成本。那么为什么私人企业家因工作需要给自己配一辆专车却不能算企业的营运成本呢?为什么把这个算成是个人收入而要征所得税呢?这是不是一种"歧视"?二是现行税收体制没有把明星类"高收入群体"与私人企业家严格区分开来。私人企业家是经营者,不同于其他多种"星级"高收入阶层,因为他们同时是社会财富的创造者。但对他们把自己的收入用于投资,扩大再生产,为社会创造更多的财富,在税收体制上就没有进行区分,而是将企业行为与个人行为等同对待。三是实行双重税收,税率过高。作为企业家,根据现行体制,他有责任缴纳公司的所得税;但他同时还是个自然人,因此为划清个人收入和公司收入的关系还将缴纳个人所得税。两者加在一起是什么样子呢？粗算起来，在企业的毛收入中，企业所得税要缴出去一半，而个人所得税率最高是45%。如此之高的双重税率，又哪里有更多的资金去扩大再生产呢？可见，减轻企业税赋，特别是减轻私人企业税赋，包括减轻企业家尤其是私人企业家税赋，必须从税收体制改革入手，必须采取措施修补税收制度上的各种缺陷和漏洞，努力使税收的设置和征管体现出社会再分配和执法的公平性和合理性。由此可见，税收体制的改革，不完全是税收体制本身的问题，它还涉及许多相关体制或制度的改革，如涉及产权制度、所有制结构调整、分配制度、私有财产保护制度等方面的改革，涉及法律包括税收法律的公平性、正义性、科学性问题。

第三，所得税中央与地方分享问题。所得税的中央与地方分享按什么样的比例才算合适，事关一个国家中央政府权力的集中问题，是市场经济国家与非市场经济国家都十分重视的重大问题。所得税的中央与地方分享，不仅涉及一个国家的财政体制问题，而且涉及中央和地方的财权与事权的划分问题以及这种划分是否符合该国的政体问题及是否符合市场经济运行规律的问题。在计划经济体制国家如改革前的我国，中央财权大于地方财权，改革后，财权下放，地方财权（加总）与中央财权几乎相等；后来，为了加强中央财力，防止分散主义，又加强了中央财权。市场经济国家特别是西方发达国家，中央财权都大于地方财权。为什么西方发达国家的中央财权比重与实行计划经济体制时社会主义国家大致相等呢？为什么改革开放后我国地方政府的财权一直在扩大并要求扩大呢？另外，在那些发展中国家，绝大多数也是中央财权大于地方财权。这种种现象之间有什么共同的东西呢？我们认为：

一是从现代法治国家的经验来看，中央与地方的财权关系，应该实行"法定化"，即一方面要保证中央政府有稳定的收入，另一方面也要赋予地方政府在调节本地区税收方面的自主权。也就是说，财权的这种"分配"应当通过法律的形式加以确立，明确中央和地方的权限，彼此不能越权，这样才能保证国家和地方的均衡发展。

二是事权决定财权。这就是说，首先要以法律形式确立中央和地方的事权，然后通过对各自事权所需支出的具体计算，明确中央和地方各自的财权，事权决定财权，财权服务于事权。一般地说，中央集权制国家，中央事权大，所以财权也就大。另外，发展中国家，不仅一般都是中央集权制国家，而且财政收入规模本身就有限,所以财权大部分集中在中央。

三是政府是否直接参加国家经济建设。从一般意义说,国家的行政管理开支、国防开支、社会安全、社会保障等方面的开支,都由中央统一负担,所以中央财权就大,这在西方发达国家表现最明显。但是在我国,甚至在一些实行计划经济体制的其他一些发展中国家,由于中央政府还承担着国家经济建设的重大职责,所以,中央政府的财权必然要大些。可见,发达市场经济国家,中央财权大,地方财权小,是因为地方政府不承担经济建设的责任;中国地方政府要求有较大的财权,是因为地方政府也承担着地方经济建设的责任。虽然目前市场经济发达国家的中央政府财权大和中国的中央政府也要求有比重较大的财权,但两者原因则有所不同:前者主要是因为中央政府的公共开支大,后者是因为不仅公共开支大,而且还承担着经济建设的重任。由此可见,如何"摆平"中国中央和地方的所得税分享问题,按照市场经济发展的要求,首先应当让国有经济退出竞争性市场,即各级政府都应当尽量少地承担经济建设的责任,在这个基础上进行事权的划分,然后再由事权决定财权。要"摆平"中国中央与地方的所得税分享问题,还要进行政治体制改革,真正转变政府职能,使各级政府特别是中央政府除了采取间接方式调控宏观经济外,其主要职能是管理非经营性的社会公共事务。把大量经济建设的任务交给民间,交给老百姓,是所得税中央与地方分享问题解决的前提。有学者认为,我国现行财税体制中,财权和事权的界定,对区域经济发展产生了某些抑制作用。现在是越往上一级政府财权越大,越是下一级政府事权越大。但解决的根本办法不是增加地方财权,而是各级政府特别是地方政府尽量少承担经济建设的任务,主要管公共事业。

197. 投资政策——怎样全面、正确地看待我国目前和今后一个相当长时期内的投资状况和趋势?如何进一步完善我国的投资体制?

我们所讲的投资是指基本建设投资,即新建、改建、扩建和更新各种生产性和非生产性固定资产所用的资金,其目的是增加我国的固定资产,扩大生产能力(或效益),或对原有固定资产和生产能力进行改造,以促使国民经济迅速而有效地发展,增加国民收入,巩固国防,不断提高人民群众的物质文化生活水平。因此确立正确的投资政策,完善投资体制,具有十分重要的意义。

近些年来，我国的投资规模不断扩大，投资效果不断提高，对于扩大内需，拉动国民经济增长发挥了很重要的作用。但是也存在着不少问题。其中主要有：一是投资速度增长过快，每年都保持在15%～20%的增幅；二是投资结构不尽合理，用于新建扩建与用于更新改造的比例不合理（前大后小），用于基础设施特别是交通运输邮电和房地产开发的过大，地方项目上马过多过快，用于教育科技方面的投资不足；三是资金来源上国有投资规模过大，民间投资规模过小；四是地区分布不平衡，东部地区规模大大高于中西部地区；五是投资的效益问题特别是国有投资效益令人担忧，重复建设问题仍然比较突出，部门间、行业间、地区间的竞争有些过度；六是中国吸收外资从世界范围来看，只有“量”的优势而没有“质”的优势。

由于担忧无法控制的、不顾一切和过分活跃的投资可能会造成投资泡沫，许多专家开始担心我国经济会不会也遭受类似美国“硅谷”20世纪90年代末所经历的那样经济挫折。这是中国经济未来所面临的一个大考验。

在当前的投资增长中，由积极财政政策带动起来的国有经济投资增长势头强劲，而民间投资增长力量不足。一些人认为，减少政府投资和开支而让民间企业来投资，说起来容易做起来难。因为如果项目前景不明，看不到销路，民间企业是不会轻易投资的。这样就只有依靠政府来投资，再发挥投资的乘数效应，才能把经济拉动起来。虽然乘数效应会有所滞后，但是它迟早要到来的。

根据以往的经验，在每一次经济增长周期中，都是由国有经济投资首先启动，然后民间投资跟着增长并快速超过国有经济投资。但这次却不同，民间经济投资始终启而不动。

这是为什么呢？我们认为这归根到底还是体制问题其中包括投资体制问题。积极的财政政策，说到底是三个意思：增加财政支出、增加国债发行和增加国家固定资产投资。前两者是为后者服务的，目的是为了拉动内需。应该说，积极财政政策自1998年实行以来对我国拉动内需从而经济发展起了积极作用。但是，这个政策还是有一个度的问题。经过几年，我国财政赤字已经比较高，它已经加大了今后的财政压力。国家投资加大并且还看不到减缓的势头，必然会延缓投资体制的改革，因为其计划性、指令性和行政性的特点与市场经济改革的方向不一致。所以，改革的方向不是长期实行以积极财政政策为主轴的国有投资为主导，重点应当放在启动和发展民间投资上，真正做到投资主体多元化，做到十六届三中全会《中共中央关于加强社会主义市场经济体制改革的决定》指出的那样："进一步确立企业的投资主体地位，实行谁投资、谁决策、谁收益、谁承担风险。"这需要政府放开竞争，放松管制，更需要政府逐步尽快退出竞争性的投资领域。如果这个问题抓迟了或抓不紧，今后体制改革就更困难，老的国有经济包袱过重未放下，新的国有经济包袱又背起来了。

财政政策只是一种反周期的政策，其目的为了减少经济的波动，稳定经济的增长。它在一定时间内能起作用，但它不能解决带根本性的制度问题。我国要解决的投资体制问题，恰恰是要调动民间投资积极性，抑制国有投资规模过大所带来的各种弊端。

由实行积极财政政策所带来的扩大的投资需求，只是一种中间需求而不是最终需求。投资需求所形成的是经济增长能力，可能加大经济增长的后劲，但它没有进入最终消费。如果投资需求增长过快、过猛和时间过长，甚至搞低水平重复建设，挤占了社会消费基金，最终将会因消费需求不足而造成供给能力过剩，妨碍经济的稳定增长。这正是目前人们所担心的问题。

198. 货币政策——我国货币政策的目标应当是什么？怎样正确看待稳健的货币政策？我国银行金融业改革的预期是什么？

在市场经济条件下，由于货币不仅是社会财富的一般代表，而且货币还具有价值尺度、流通手段、支付手段、储藏手段和世界货币五种职能，又是生产经营的第一推动力，所以货币政策作为中央银行实现其特定的宏观调控目标而采用的各种控制和调节货币供应量及利率，进而影响宏观经济的方针和措施的总和，它的目标几乎与国家宏观目标相同，主要包括稳定物价、充分就业、经济增长和国际收支平衡等内容。

货币政策的内容包括货币政策目标、货币政策中介指标、货币政策工具、货币政策的作用传导机制、货币政策的效果以及与相关宏观调控政策如财政政策的配合等。

但是，由于国家各种经济政策目标之间是存在矛盾的，所以对一个国家来说，货币政策一般不可能同时达到上述四个目标，而是各国根据自身所处的经济发展阶段和条件的不同,选择货币政策目标的优先次序和侧重点。不仅不同国家货币政策的目标不同,而且同一国家不同时期的货币政策目标也不同。

对我国货币政策的目标,历来存在着不同的看法。第一种主张是“单一目标论”。其中一种意见是:货币政策的目标是稳定物价;另一种意见是:货币政策的目标是经济稳定增长。第二种主张是“双重目标论”,即兼顾经济增长和物价稳定。第三种主张是“多重目标论”,即包括经济增长、物价稳定、充分就业和国际收支平衡等。目前我国的《中国人民银行法》规定,货币政策的目标是保证货币币值的稳定,并以此促进经济的发展。党的十四届三中全会通过的《关于建立社会主义市场经济体制若干问题的决定》指出,货币政策以稳定币值为首要目标,或者,最终目标是保持货币的稳定并以此促进经济增长。我国货币政策目标把稳定币值放在首位,这是对我国长期实践经验的总结。通过保持币值稳定来促进经济增长,也是为经济发展提供稳定的经济环境的长期需要,它符合我国的国情。

货币政策的中介指标是联结货币政策工具与政策之间的金融变量。它有两类:一是近中介指标,这主要有基础货币(处于流通中为公众所持有的通货及商业银行所持有的准备金总和)和存款储备(由商业银行的库存现金和在中央银行的准备金存款两部分组成);二是远中介指标,这主要有利息和货币供应量,少数国家还包括汇率。货币政策工具包括:一般性货币政策工具如存款准备金政策、再贴现政策和公开市场业务;选择性货币政策工具如消费者信用控制、不动产信用控制和证券市场信用控制;直接信用控制如信用配额、直接干预、流动性比率、利率最高限额;间接信用指导如道义劝告、窗口指导。货币政策的传导机制,即中央银行实施货币政策的目的是通过货币政策工具的运用达成货币政策目标,而从手段的实施到最终目标的实现还有一个过程,因此,货币政策的实现就需要有一个传导机制。目前主要有凯恩斯学派的传导机制理论和货币学派的传导机制理论。凯恩斯学派的货币政策传导机制理论是,货币政策的作用首先是通过改变货币供应量来改变货币市场的均衡,然后影响利息率,利息率的变化则通过资本边际效率的影响使投资以乘数方式增减,而投资的增减就会进而影响国民经济的总支出和总收入。这个传导机制中主要环节是利息率,货币供应量的调整首先影响利息率的升降,然后才能使投资和总支出发生变化。货币学派的货币政策传导机制与凯恩斯学派不同,认为利息率在货币传导中不起重要作用,起重要作用的是货币供应量。因为增加货币供应量在开始时会降低利息率,但不久会因为货币收入增加和物价上涨而使名义利息率上涨,至于实际利息率则有可能回到并稳定在原来的目标上。因此,货币政策的传导机制主要不是通过利息率间接地影响投资和收入,而是通过货币量实际余额的变动直接影响支出和收入。在货币政策的运用上,发达国家由于市场经济相对成熟,所以更多地偏重于使用间接调控工具,如公开市场业务、再贴现、利息率等,发展中国家则较多地利用信贷限额等直接调控工具。

在市场经济体制下,货币政策和财政政策是国家对国民经济进行宏观调控的主要手段。两大政策手段只有协调配合,才能有效地调节利息率、投资、国民收入、储蓄、货币需求、货币供给,从而使国民经济保持均衡发展。因为财政政策和货币政策各有优势和局限。货币政策和财政政策相互配合一般有四种组合形式:

(1)松的货币政策和松的财政政策。松的财政政策主要是通过减少税收和扩大财政支出规模来增加社会总需求;松的货币政策主要通过降低法定准备金率、利息率等来扩大信用规模,增加货币供应量。在社会总需求严重不足,生产能力和生产资源大量闲置的情况下,宜于选择这种政策组合,从而刺激经济增长,扩大就业。但同时也应注意,如果政策力度过大、过猛,也可能带来严重的通货膨胀。

(2)紧的货币政策和紧的财政政策。紧的财政政策主要通过增加税收和削减财政支出规模来减少消费和投资,抑制社会总需求;紧的货币政策主要通过提高法定准备金率、利息率等来增加储蓄,减少货币供应量,抑制社会投资和消费需求。这种政策组合可以用来治理需求膨胀和通货膨胀,但如果政策力度过大、过猛,也可能造成通货紧缩、经济停滞甚至滑坡。

(3)松的货币政策和紧的财政政策。紧的财政政策可以抑制社会总需求,防止经济过热,控制通货膨胀;而松的货币政策可以保持经济的适度增长。这种政策组合应是在控制通货膨胀的同时,保持适度的经济增长。

(4)紧的货币政策和松的财政政策。松的财政政策可以刺激需求,对克服经济萧条较为有利;紧的货币政策可以避免过高的通货膨胀。但如果长期运用这种政策组合,会积累起大量的财政赤字。

我国政府自1996年实行稳健的货币政策,1998年实行积极的财政政策。有学者指出,我国目前实行的是松的财政政策和紧的货币政策的组合。但是有的学者认为,积极的财政政策是松的财政政策,但稳健的货币政策不是紧的货币政策。特别是中央银行认为,稳健的货币政策同时包括防止通货紧缩和防止通货膨胀两个方面的要求,绝不要把稳健的货币政策简单地理解成保守的、偏紧的,那完全曲解了中国货币政策的真正涵义,并且还说,这几年的货币信贷非但不紧,反而一直是适量增长的。

一般来说,由于货币政策对经济的影响实在太大,所以各国的中央银行通常都偏于"保守"。对于中国来说,由于金融业基本上由政府垄断,货币政策传导机制还不通畅,货币政策更加需要慎之又慎。

为了维持和促进经济发展,与其在货币政策上打主意,还不如把注意力放在银行金融业的体制改革和创新上。松的货币政策或紧的货币政策,或者紧的财政政策或扩张的财政政策,进而增加需求或减少供给,如果单从方法上来看,无非都是国际上通行的那些做法。但问题在于,以增加投资来扩大需求的所谓"凯恩斯主义",动用的是政府资金,这样,很有可能使得供给盲目地进一步增加,而需求却没有被相应地激发出来,从而使得原来的供过于求的情况进一步加剧。另外,减少供给特别是那些无效或低效供给,能不能同样也由政府去做呢?看来目前似乎也离不开我国的政府行为。因为在一个以民间经济为主体的市场经济国家,供求关系的变化和优胜劣汰的规则会导致市场自然地在供过于求的情况下减少供给。但现在中国经济还不是一个充分市场化国家,国有经济还占有着相当大的比重,甚至占据了大部分的社会经济资源包括金融贷款。在这样的背景下来"减少供给",文章似乎也只能由政府来做。可是,要政府下手让自己的企业关闭、破产,首先遇到的是职工失业这一关就很难过得去。但是没有真正的"劣汰",光靠兼并重组那是远远不够的,起不到真正能够"减少供给"的作用。因此,仅靠政府来减少供给同靠政府来增加需求一样,都是不牢靠的,进而,仅靠政府来增加或减财政支出、光靠政府来增加或减少货币供应量,也都是不牢靠的。

为今之计,或者更重要是的从长远来看,在尽快"淡出"积极的财政政策和带放松性的货币政策的同时,与其用于生产性投资来增加供给,还不如:第一,首先是把扩张性的财政政策主要用于建立社会保障制度,或者把国有股

"减持"得来的钱首先用于建立社会保障制度(这是合理的,是对过去"欠账"的补偿),以保证企业下岗职工生活使社会不至于因失业而失去稳定。第二,要全面地解除市场管制,允许国内民资享受与外资一样的准入待遇,把扩大内需的"任务"最大限度地交给它们去做。第三,银行金融行业应尽快加紧改革。其中首先是银行业的改革;其次是股市改革。

市场经济规律告诉我们,越是投机性大和风险性大的产业或企业,越要实行股份制。因为股份制既可以分散风险,又有利于真正实行公司的公开、公平、公正治理。银行金融业或融资市场就是投机性和风险性最大的资本经营业,它们必须实行股份制。

199. 产业政策——为什么必须高度重视产业政策的选择?怎样选择符合我国国情的产业政策?

宏观经济政策是国家宏观调控的主要手段和工具。在实际中,宏观经济政策是一个相互联系、相互配合的政策体系。产业政策是宏观经济政策的重要组成部分,是政府通过对资源在多个产业间配置过程的干预,弥补和修正市场机制的缺陷和不足。它是对资源合理配置和加速产业结构优化和高级化并获得经济增长收益的宏观经济政策。

产业政策的内容主要由产业结构政策、产业组织政策、产业技术政策和产业布局政策等组成。产业结构是根据经济发展的内在联系而揭示一定时期内产业结构变化趋势及其过程。而产业结构政策则要求按照产业结构的发展规律,规定各产业部门社会经济发展中的地位和作用,同时提出协调产业结构内部比例关系及保证产业结构顺利演进的政策措施。产业结构政策的目标是使产业结构高级化。产业结构政策是产业政策的核心。产业结构政策本身也是一个系统,它包括:(1)产业结构的长期构想,即根据现阶段发展水平和进一步发展的要求,根据产业发展演变的规律,提出在较长时期产业发展的目标和方向。(2)对战略产业的保护和扶植。这是产业结构政策的重点。战略产业是具有较高需求弹性和收入弹性、能够带动国民经济其他部门发展的产业。(3)对衰退产业的调整、援助。对衰退产业及时进行援助和调整,有利于减少经济损失和社会动荡。

产业组织政策是国家对同一产业内部企业间关系的指导方针和一系列政

策措施的总和。其目标是实现产业组织的合理化。产业组织政策主要包括:(1)市场秩序政策。其目的是鼓励竞争、限制垄断;(2)产业合理化政策。其目的主要是确保规模经济的充分利用,防止过度竞争;(3)产业保护政策。其目的是减少国外企业对本国幼稚企业的冲击。

产业技术政策是产业政策的重要组成部分。它主要包括:(1)产业技术结构的选择和技术发展政策。它主要是制定具体的技术标准、规定各产业的技术发展方向,鼓励采用先进技术等;(2)促进资源向技术开发领域投入的政策。它主要包括技术引进政策、促进技术开发政策和基础技术研究的资助与组织政策等。

产业布局政策是指促进国家实现产业布局合理化的多种政策措施的总称。产业布局政策的原则和要求主要有:(1)经济性。即保证那些投资效率较高、经济效益较好、发展速度较快的地区优先发展;(2)合理性。即鼓励各地区根据自身资源、经济技术条件,发展具有相对优势的产业;(3)协调性。即促进地区间的经济技术交流,形成合理的分工协作体系;(4)平衡性。即在加快先进地区发展的同时,逐步缩小先进地区与落后地区的差距。

可见,产业政策作为宏观经济政策的重要组成部分,具有很大的宏观经济调控功能:

(1)资源配置结构的导向功能。资源配置的市场导向机制是有缺陷的。产业政策的意义就在于弥补“市场失灵”。即通过超市场规则的资源配置结构导向和调控措施,加快产业结构优化和经济的健康发展。政府实行合理的产业政策,不仅可以弥补市场机制的不足,还可以指导和开拓未来。市场机制的导向不可能对未来的产业结构作出主动的引导,同时依靠市场机制来进行产业结构调整时间过长,会导致经济运行的较大波动。产业结构政策的功能就是根据产业演进的客观规律,对产业不等速增长的动态产业结构变化作出准确、及时、适度的超前导向,既防止不均衡于事前,又进一步主动争取结构升级的层次效益。产业组织政策的功能就是根据经济发展不同阶段的要求,对不同产业的内部资源配置结构,即对产业市场规模结构和产业市场竞争结构作出战略性的导向。对后发国家来说,从走向国际市场的角度来看,没有以规模经济为依托的工业产品是无法立足于世界市场的;同时在必要时还不惜限制国内行业内部的竞争,以增强在国际市场上的竞争力。产业布局政策的功能是根据经济发展和综合国力的发展水平和阶段，对地区间的资源相对不均衡配置的经济效益和资源在地区间相对均衡配置的社会效益之间，作出动态的组合安排和导向，逐步缩小地区之间的差别，推动地区经济的平衡发展。

（2）经济运行态势的协调功能。产业政策的实践告诉我们，产业政策不仅是一个发展政策，而且还是调整经济运行态势的有效工具。在国民经济的实际运行中，经常存在着均衡和不均衡、协调和不协调的矛盾；经济增长速度不可避免地有快有慢。这种波动的负效应往往突出地表现在激化了的产业结构矛盾上，即表现为经济发展的“瓶颈”。此时，经济降温的措施不仅体现在紧缩总量上，还必须同时加强结构调整的力度，把有效需求与适当紧缩同增加有效供给与调整供给结构紧密地结合起来，做到促短抑长相结合才能熨平波动。我们知道，经济发展的速度要受到产业结构的承受力的制约。因此，经济总量政策必须考虑到产业结构的承受力。产业政策的一个重要功能就是提高产业结构对经济增长的承受力。以资源配置结构为对象的产业政策不仅是中、长期的发展政策，而且它同经济总量政策相配合，还可以不断调整国民经济的运行态势。

（3）经济运行机制的组合功能。计划和市场是进行资源配置的两种手段或机制。产业政策具有计划与市场两种运行机制的组合功能。就产业结构的调控来说，不同产业对市场导向的灵敏度有相当的差异，有的反应较快，有的反应较慢。这就决定了实施产业振兴和产业政策调整时，市场调节和政府调控这两种手段的组合方式有相当的差别。属于基础结构、基础设施的产业部门，它具有较高的社会公益性质，对市场导向的敏感性较差，而且它们的资源配置主体多为政府，因而计划手段多一些，市场手段少一些；相反，属于非基础结构和非基础设施的产业部门，对市场导向的敏感性较强，它们的资源配置主体是企业和个人，因而市场手段多一些，计划手段少一些。产业政策的实施就在于根据不同产业的属性，把市场和计划这两种机制正确有效地结合起来，以达到它的目标。就产业组织政策来说，由于它是产业振兴的重要杠杆，它或者在竞争中找动力，或者在规模经济中找效益，这都要求将市场调节与政府调控高度统一和结合起来。就产业布局政策来说，一方面它以市场导向来实现资源在地区间的移动；另一方面，对经济比较落后的地区，也必须有以国家为主体的财政资金注入，特别是基础结构、基础设施的产业部门的财政注入。

我国产业政策的选择，首先必须根据上述基本原理，同时必须紧密结合我国实际。具体地说，我国产业政策的选择必须注意以下几点：

（1）产业政策的根本目标。目前我国经济已进入到买方市场阶段。在这个背景下，产业政策的结构导向应转向产业振兴（支柱产业的振兴）与产业调整（衰退产业的压缩）并举，产业结构的优化导向应向国民经济各行各业的“深加工化”，也就是经济增长方式的集约化。主要任务于在于提高所有产品的质量和技术含量，丰富产品的品种、款式，降低成本、提高产品的附加值。这样，产业政策的根本目标就在于促进产业竞争力的提高，技术创新能力的提高，特别是企业创新能力的提高，以促进现有企业结构的重组。

（2）产业结构的高级化（或优化）必须适合我国国情。特别是资金密集型产业、知识密集型或技术密集型产业的发展，既要考虑到未来市场的有效需求，又要考虑到中国目前的资金状况和知识、技术及有效供给水平。产业结构的优化或调整，要考虑到能否更多地吸收目前和今后一个相当长的时期内大量存在的剩余劳动力。因此，我国在今后一个相当长的时期内，保持适当的劳动密集型产业，大力发展中小型企业，是产业结构调整中必须十分重视的一个尖锐问题。大力优化产业结构，对提高我国在国际市场上竞争力，对满足不断优化的消费需求，是很必要的。但是必须同时看到，产业结构的优化和调整，其目标面对的主要是国内需求，尤其是国内的消费需求，是占人口大多数的农民需求和低收入者的需求。因此，产业结构的优化和调整，必须从国内的社会总供给与社会总需求的基本平衡这一基点出发，来促进资源的合理而有效的配置。

（3）对“瓶颈”产业加大促进力度。我国目前及今后相当长时期的“瓶颈”产业主要是农业、第三产业、高新技术产业以及基础设施产业部门。农业是我国最需要重点关注的产业，需要有相应的扶持政策。第三产业中，首先要大力扶持科教产业，这是最基础性的产业，也是我国长期发展的最严重的制约因素。其他服务性行业如信息、金融、旅游业等，也应给予政策扶持。高新技术产业对带动整个国民经济有重大作用，当然应作为产业结构升级的重点之一。我国总的来说基础设施仍然相对落后，生态环境污染和破坏严重，加强这些产业部门的扶持力度，是我国经济协调和可持续发展所必需的。

（4）区域倾斜政策要转换思路。我国产业政策中的区域倾斜政策过去采取的是特区经济政策,今后在一个相当长的时期内应逐步加重对中、西部和东北地区的倾斜。加快这些地区的开发,既要加强这些地区的基础结构和基础设施等产业部门,又要促进这些地区的产业结构的调整和升级。

200. 就业政策——为什么说当前及今后一个较长时期内我国就业形势仍然十分严峻?为什么说就业是“硬道理中最硬道理”?如何在更大范围或视野上真正解决我国的就业问题?

劳动就业是当代社会不可回避的重大经济问题和社会问题,也是国家宏观经济政策的一个重要组成部分。任何国家,不管它实行何种社会制度,都不能不高度重视劳动就业问题。

劳动就业政策是指国家为维护和组织该国正常社会生产劳动而制定和实施的各项劳动就业制度及政策措施的总称。它包括劳动制度及政策与就业制度及政策两大方面。就业政策的目标是合理就业,即在允许存在公开失业的条件下,对失业进行严格的控制。具体地讲,合理的就业政策,大致包括三个方面的内容:(1)允许一部分相对过剩的劳动力游离于生产过程之外,处于失业、半失业状态,但失业队伍的数量应受到严格控制;(2)企业在提高经济效益的前提下,必须尽可能地挖掘就业机会,使劳动者能够人尽其才;(3)政府可以利用行政和经济手段,调整产业结构,引导就业方向,使我国就业结构得以合理化。

当前特别是今后一个较长的时期内,我国就业形势仍然十分严峻。其主要表现是:(1)由于计划经济体制的弊端,各类公有制企业特别是国有企业的职工下岗、失业数量若干年内仍将很大;(2)目前已有 13 亿人口,未来若干年(有专家统计在 21 世纪中叶)将达到 16 亿人口,每年增加就业人口约 2000 万;(3)农村现在存在大约两亿左右的剩余劳动力,未来将有近 4 亿左右剩余劳动力流向城镇并寻找就业。人口多、资源少是一个无法在短期改变的“中国国情”,就业问题的解决也只能在承认这一基本国情的前提下来加以经济的和政治的考量。

我国就业方面的主要矛盾是,劳动者充分就业与劳动力总量过大、素质不相适应之间的矛盾。这将是一个长期存在的矛盾。

当前我国就业问题主要表现为,劳动力供大于求的矛盾与就业的结构性矛盾同时并存,城镇就业压力大和农村富余劳动力向非农领域转移速度加快同时出现,新成长劳动力就业和失业人员再就业问题相互交织。

有的学者把我国的就业问题作一触目惊心的比喻:"世界上最大的就业战争正在中国打响。"有的学者认为,中国经济存在的深层次问题之一就是就业形势严峻。有的学者说:"发展是硬道理,就业是硬道理中最硬的道理。"这后者的意见是要厘清政府的工作重点。假如问"经济增长"和"就业"哪一个"在先"?也许大部分政府官员会立刻回答经济增长"在先"?理由是:经济不增长,如何解决就业?"发展才是硬道理"!不错,发展是硬道理。但是经济发展是政府要直接抓的吗?因为在市场经济条件下,政府的职能或政府的主要职能不是直接抓经济建设,不是直接参与经济建设,而是进行间接的调控,经济增长的事情应该主要交给市场去做,交给民间去做。还是我们在前面多次说到的,不要把党和国家工作以经济建设为中心同政府直接抓经济建设这两个问题混同起来。但就业问题却是政府无论如何不能不管的。要知道,世界上许多国家出乱子,几乎都是由于就业问题没有解决好引起的。

从长远来看,或者从更宏观的角度来看,解决当前和今后一个相当长时间内的就业问题,我们认为还需要更多的配套政策措施。既要治标,更要治本。其中主要有:

一是必须提高经济的自由度,大力发展民间经济。世界经验告诉我们,仅靠政府想办法用行政措施来为人们提供就业和再就业岗位是远远不够的。我们应该也必须相信多依靠市场的力量。对政府来说,更具有纲领性即治本意义的举措,是进一步放松对经济的管制,拆除市场准入和进入市场后的种种障碍,更大程度地提高经济的自由度,从而为人们创造更多的创业和就业的机会。须知,一个社会的就业问题是与创业问题紧紧地联系在一起的。让更多的人有机会创业,就能带动更多的人有就业机会。

二是在更大的空间上解决就业问题。从长远的眼光来看,中国在走向城市化和现代化的历史进程中,如何解决几亿农村劳动力向城镇转移和他们的就业生存,比目前城镇职工下岗失业是一个更大的问题。我们不能闭着眼睛无视这个更大的问题,不能说这留给后面的人、下一届政府去解决。我们要"未雨绸缪"。解决这个更大的问题,必须有更宏大的谋略。这同样有赖于政府在更多的方面放开管制,在更深的层次上推进经济的自由发展。有关专家认为，目前我国经济发展的自由度只有50%，可见推进经济自由发展的空间还很大。那么，它包括哪些空间呢？其中主要有：实行土地国有制，农民具有土地的永久使用权，真正彻底"解放农民"；彻底废除现在的限制农民进城的户籍制度，给农民以自由迁徙的权利；全面实行社会保障制度，让农民也能享受到城镇居民同样的社会保障权利；在城市由政府多建"廉租房"，让进城工作的农民有"栖身之地"，不再让打工农民处于年初出门、年末回家的"漂流"或"候鸟"状态。

三是推迟就业，减少就业压力。在广大城市和农村普遍提高基础教育水平，首先在城市普及高中教育，在农村，有条件的也要普及高中教育，同时大力发展中等职业教育和高等教育，使在校的高中、职高和大学的学生人数大大增加。这不仅是实施"科教兴国"战略的应有之义，同时也可以使几千万甚至上亿青年推迟就业。政府应当想尽办法增加教育投入，必须通过减少其他可以减少的行政开支，必须在政策、体制以至信贷、土地等方面，鼓励、支持民间资本、外国资本进入教育行业。在将来，如果每年可以推迟几千万青年就业，就可以减少多大的就业压力呀！

201. 人口政策——人口政策为什么必须纳入国家宏观经济政策？人口数量问题和人口质量问题究竟哪个最重要？怎样才能在未来几十年后使中国人口真正逐渐减少？

在中国的宏观经济政策中没有把人口政策作为一项十分重要的政策，不能说不是一个极大的遗憾。中国的人口问题是世界上任何一个国家都无法比拟的最重要的问题。中国是世界上人口负担最重的国家。人口政策可以说中国独特的宏观经济政策。

虽然说计划生育是一项基本国策，但它首先是一项宏观经济政策，即首先要从宏观经济上考量计划生育问题。把人口与宏观经济问题分开是一个认识误区。单靠政府的计划生育部门抓人口政策的制定和实施，是存有缺陷和缺位的。

在人口政策中，人口数量和人口质量究竟哪个更重要，似乎是不成问题的问题。但是在实际工作中却不完全是这样。在中国这样世界人口数量第一的国家，现在就有13亿人口，到21世纪中叶，人口将达到16亿。我们不把抓人口数量增长问题,放在理所当然的第一位,一切谈提高人口质量到头来都要落空,或者说将被人口数量增长逼迫得不能实现人口质量的要求。

如果不控制人口的增长,要想达到人均 GDP 与发达国家相同的水平,恐怕是一个梦想!一切放松甚至不加强人口数量大力控制的理由,在巨大的人口增长基数面前都不值得一驳,都是危害中国人民长远利益的严重错误的理由!中华民族的复兴,中国要立于世界民族之林,第一位的工作是控制人口的增长。

要坚决地、果断地控制人口的大规模增长,要通过全民大讨论的形式解决认识问题。要通过尽快建立完善各种社会保障制度,把广大农民全部纳入社会保障的范围,要让养儿防老这种落后的人口文化再也没有经济社会基础。

要讲大局,控制人口增长是最大的大局;要讲长远利益,控制人口增长是最大的长远利益;要讲经济效益,控制人口增长是最大的经济利益;要讲社会效益,控制人口增长是最大的社会效益。

202. 收入分配政策——在宏观经济领域怎样正确认识理解效率与公平之间的关系?为什么说在微观经济中要坚持"效率优先、兼顾公平"的原则,而在宏观经济中则要坚持"效率与公平兼顾"的原则?

收入分配是社会生产和再生产的一个重环节。生产决定分配,分配及其决定的消费又反作用于生产。收入分配政策是否合理直接影响宏观经济运行乃至全社会的稳定。因此,收入分配政策是宏观经济政策的重要组成部分。从宏观经济领域来看,收入分配政策的目标就是在全社会范围内正确处理效率与公平之间的关系,促进宏观经济的正常运行和保障社会的稳定。

为此,首先要正确认识宏观经济领域的效率和公平之间的关系。目前在我国,从宏观经济来看,一是宏观经济效率不是很理想,二是收入差距在扩大,作为反映收入差距衡量尺度的基尼系数已达 0.45 ~ 0.47,不但突破了"中等程度的不平等"(基尼系数为 0.3 ~ 0.4),远高于发达国家,而且由于贫富差距扩大而引致的消费需求不足,明显地损害了供给或"效率"。

"效率"分为宏观经济效率和微观经济效率。微观经济效率是宏观经济效率的基础,但宏观经济效率又制约着微观经济效率。宏观经济效率与微观经济效率并不总是一致的。例如,一个国家的企业微观经济效率基本良好,但可能同时在全社会范围却存在严重的资源闲置。由于我们在这里讨论的是宏观经济效率,所以必须正确认识宏观经济效率与公平之间的关系。

从宏观经济领域来看,必须兼顾效率与公平,而不是效率优先,兼顾公平。因为效率和公平是整个社会的两大基本目标,我们不能只要其中的一个而无视另一个。忽视了效率,经济就不能更快更好地发展,忽视了公平,宏观经济就不能正常运行并影响社会稳定。作为政府,要两手抓,两手都要硬,不能一手硬,一手软,也不能先抓效率,后抓公平。在宏观经济领域内处理效率与公平之间关系采取"效率优先,兼顾公平"的做法,事实上是仅仅注重效率与公平之间相互矛盾的一面,而没有同时注重效率与公平之间统一的一面或相辅相成的一面,尤其没有注重公平失衡会损害效率的问题。适度的公平是保障效率的必要条件。因此现代市场经济国家普遍把效率与公平看做是并行不悖的两大目标,并且把维护适度公平作为宏观调控的最基本任务,而把效率包括宏观经济效率的任务交给微观经济主体去做,政府主要是进行间接调控。如果把提高宏观经济效率的任务直接交给政府去做,并且优先,那就不叫市场经济体制而是计划经济体制。

在实际中,在宏观经济领域实施效率"优先说"的负面效果是很明显的。我国目前之所以市场机制尚不完善,还存在种种非市场因素甚至反市场因素,其中原因很复杂。既有渐进式改革的进度问题,又有既得利益集团的阻力过大问题,更有改革不配套问题。当然,这个责任主要不在"优先说"。但是,在整个社会新的社会公平调节机制建立滞后方面,"优先说"则是难辞其咎的。因为它把公平放在"顾兼"或"次之"的位置上,在执行中就难免重视不够。其主要现状是:(1)仅仅从结局上即收入上抓公平,而没有同时从"起点"、"过程"上抓公平,即没有全方位抓公平。突出的是教育投入一直不公平,尤其是农村和落后地区,教育设施陈旧破败,教育质量难以保证。法制还不完善和健全,"过程"中的规则漏洞很多,弱者的应有权益往往难以保障。(2)收入政策本身十分单薄乏力。目前,受到重视的主要是"低保",而整个社会保障体系还很不完备。个人所得税的调节力度有限,并且几乎成了"工薪税",富人的偷税漏税率相当高;其他财产税则尚未开征。

在宏观经济领域,要正确处理好效率与公平之间的关系,政府要抓效率如前所述是责无旁贷。而抓公平,一是从抓"起点"公平开始。由于人们出生的家庭文化及财产状况、地域、社会环境及个人天赋（智力、体力甚至容貌）等，都存在着差异，因而起点是不可能完全公平的。政府的职能就是尽量通过举办公共事业使那些在起点上就处于弱势的群体获得更多的支持和帮助。起点不公平必然影响结果的公平。在我国目前，主要是大力办好农村的基础教育事业，提高广大农民子女的文化水平，以缩小他们与城市子女的差别。二是抓好“过程”公平。过程是否公平就要看经济运行规则是否公平。过程不公平也直接影响结果的公平。目前在我国主要是市场运行规则以及法律制度体现的公平问题。这方面政府做得很不够。一方面是市场运行规则还不够健全完善，法律制度也不够规范；另一方面是特权、行政垄断及由此造成的寻租、腐败等。另外，在法律中还应有保护弱者的条款，并严格执行。因此抓过程公平，政府必须解决这些问题。三是抓好“结果”公平。结果公平表现为财产占有、收入分配、实际消费等三个层次，其中收入分配居于核心地位。政府抓好“结果”公平工作，就是要通过国民收入的再分配来直接调节公平。这主要是依靠完善的税收制度和相对健全的社会保障体系。

在国民收入的初次分配中强调效率优先，兼顾公平的原则，主要是从微观经济运行的角度考虑的，这既符合生产决定分配的原则，也符合市场经济规律的要求，让市场机制在资源配置中发挥基础性作用。在国民收入的再分配中强调“效率与公平兼顾”的原则，主要是从宏观经济运行的角度考虑的，这符合宏观经济正常运行和社会稳定的要求，也是运用宏观经济政策来弥补市场机制的缺陷和不足。

203. 对外经济政策——进出口贸易对我国宏观经济运行有什么影响？我国经济对外依存度过大及加入WTO会不会对国家经济安全产生负面影响？

对外经济政策包括对外贸易政策、利用外资与对外投资政策、国际收支平衡政策。对外贸易政策是指国家政府为了保证对外开放条件下宏观经济的正常运行，在对外贸易活动范围内所制定的各项政策措施的总称。我国入世后，按照世界贸易组织有关规则的要求进行对外贸易活动，所采取的政策措施主要有：进一步深化外经贸体制政策，着手建立既符合世贸组织规则、又符合中国国情的外经贸体制；实施进出口许可证管理；继续推行进出口的配额管理制;提供优惠的出口信贷、信用、保险等服务;逐步放开外贸经营权;调整关税;有选择地提高部分产品的出口退税率;加强反倾销、反补贴手段的运用;建立必要的绿色壁垒;增大政府机构运行的透明度;通过双边磋商和争端解决机制,维护我国经贸利益等。利用外资政策是指国家政府为了更好地发挥对外经济贸易在宏观经济总量平衡中的作用而在利用外资范围所制定的各项政策措施的总称。其内容主要包括调节利用外资的规模、利用外资的结构、利用外资的投向及应对外部形势变化应采取的对策。对外投资政策的内容主要包括对外投资的鼓励和促进政策、对外投资的限制性政策、控制有效的对外投资管理政策等。国际收支平衡政策包括国际收支顺差时的政策措施和国际收支逆差时的政策措施。

在对外开放的条件下,在我国加入 WTO 后,对外经济贸易对我国宏观经济运行有着相当重大的影响。

首先,进出口贸易对我国宏观经济中的社会总供给和社会总需求的总量平衡有着重大影响。在对外贸易时,社会总需求=消费需求+投资需求+来自国外对消费品和生产资料的需求=消费+投资+出口;社会总供给=消费品供给+投资品供给+进口(含消费品和生产资料)。这样,社会总需求与社会总供给的平衡式就为:消费+投资+出口=消费品供给+投资品供给+进口。这个平衡式告诉我们,假定其他各项不变,出口和进口这两个变量的发展变化状况就将直接影响社会总需求与社会总供给的平衡。也就是说,无论是出口大于进口或进口大于出口,都将对社会总需求与社会总供给的平衡带来影响。在我国当前,整个国家的外汇收入 80% 来自外贸收入,发展对外贸易,对调节我国宏观经济总量平衡特别是社会总需求与社会总供给的平衡有着至关重要的作用。近些年来,出口对于拉动需求从而拉动国民经济的增长起着十分明显的作用,出口减少时,国民经济发展速度就会放慢;出口增加时,国民经济发展速度就会加快。同时,进出口贸易结构也影响着我国宏观经济的正常运行。一般情况是,生产力发展水平低的发展中国家,出口商品中初级产品所占比重较大,工业制成品所占比重较小;相反,进口工业制成品比重较大,进口初级产品所占比重较小。在我国,过去相当长时间内基本属于这种状况,只是近些年来,情况才有所改变,但技术含量和附加值都较高的出口商品所占比重仍然不高。我国进口商品结构基本合理,生产资料进口一直占 80% 左右。这种状况说明,我们要注重发展高新技术产品,提高技术含量大和附加值高的产品的出口比重,多创外汇,同时带动国民经济的产业结构的升级。

其次,利用外资对我国整个国民经济的发展有着重要的作用。它加快了我国开放型经济的形成,促进了国民经济持续稳定增长,推动了我国经济结构特别是产业结构的调整和优化,增加了财政收入,扩大了就业,拉动了我国对外贸易的不断增长,也推动了我国多边和双边经贸关系的发展。目前我国在总体上仍然属于资本缺乏的国家,仍然需要大力引进外资,同时也是处于大力引进外资的良好时机,是世界上利用外资最多的国家之一。从宏观经济调控的角度来看,运用利用外资政策,既要注重规模,又要注重结构。应对当前及今后国际形势的变化,利用外资一要保持利用外资政策的稳定,减少外资进入中国的不确定因素;二要抓住时机,及时合理地出台新的《外商投资产业指导目录》,使外资能够更有效地为我国产业结构的优化升级和国民经济发展服务;三要抓紧研究并及时出台有关外资进行企业购并的政策,并尽早出台相关操作办法,从而完善我国吸收外资的手段,为扩大利用外资规模创造条件;四要继续优化利用外资的环境,其中关键是深化涉外经济体制改革,进一步转变政府职能;提高政府服务的水平和效率,加强知识产权保护,优化创新环境。

再次,对外投资对发挥对外经济在宏观总量平衡中也有一定的作用:有助于利用国外资源;有助于利用海外市场筹措资金;同国内利用外资相结合,有助于资金和技术的双向循环;有助于获得国外的先进技术和管理经验;有助于带动国内产业结构调整和升级,促进出口;有助于增加外汇收入,调节国际收支平衡;有助于我国在世界各地建立对外经济贸易窗口,在国际竞争中取胜。

最后,国际收支规模及其平衡状况决定着一个国家对外的经济实力和地位。一个国家一定时期内国际收支规模大且处于顺差,其货币的对外汇率常常表现为坚挺;国际收支规模小且处于逆差,其货币的对外汇率则表现疲软。长期而大量的国际收支逆差说明该国出现了国际收支危机。

多年来我国进出口贸易总额占国民生产总值的比例已高达40%左右。国民经济的对外依存度有这么高的比例,只有极少数的国家。不少专家和学者也都认为,这在发展中国家几乎是见不到的。对国民经济的这么高的对外依存度,专家们曾不止一次地表示过担心。当然,国民经济对外依存度高,说明我国经济的对外开放程度高,说明不仅世界发展离不开中国,而且中国的发展也离不开世界。中国已成为世界上的出口大国和进口大国。中国每年需要进口大量先进技术、关键设备,国家重点建设所需的物资以及工农业生产所需的原材料特别是石油等战略资源,以此来推动中国经济的稳定增长。但是,中国经济的对外依存度过高毕竟暗藏着一定的危险。

从出口方面来看,假定如美国、日本、东南亚地区、欧洲地区等一些国家经济疲软,进口减少,就必然就会影响我国出口贸易的规模。2008 年金融危机以来全球经济疲软时,我国对这些国家出口的增长就受到了明显的影响,并进而影响我国经济的增长。因为出口拉动我国经济增长率已高达 2 ~ 3 个百分点。我们知道,经济周期的存在,使一些国家特别是一些进口大国必然会出现经济波动。当那些进口大国特别对我国来说又是出口大国或地区出现经济下滑时,必然减少对我国的进口,这样我国出口就会明显下降,从而明显影响我国的经济增长率。反过来我们也看到,那些出现经济下滑的国家,其中一个重要原因是国内需求占社会总需求的比率都不是很高,即经济的对外依存度较高。可见,一个国家的对外依存度过高,特别是经济不发达国家的经济对外依存度过高,对本国家的经济安全是一个不利的因素。就我国来看,在今后一个相当长的时间内,经济的对外依存度仍然将保持在很高水平。因此,我们就应当重视它对我国经济安全构成的潜在威胁。首先应当坚持不懈地努力扩大内需,依靠不断快速增加的内需来拉动国民经济的持续增长。同时,在出口贸易上应当开辟新的出口对象,降低对少数国家出口比例过高的状况,以减少出口风险,防止因集中出口的大幅减少给我国经济发展带来的冲击。

从进口来看,进口比例过大或进口的国家或地区过于集中,一旦那些国家或地区出现经济波动甚至出现社会动荡或改变对我国的出口政策,也会对我国依靠进口来维系国民经济正常运行带来明显制约,特别由于在关键技术、关键设备和战略资源上的进口受阻,将会严重制约我国经济的持续发展。

在利用外资上同样也存在着一定的风险。国外投资占我国整个投资很高的比重,我国工业产品出口有约二分之一是多种外资企业。所以一旦出现出现针对我国的国际政治军事风波,就很有可能对我国利用外资产生重大影响,从而严重制约我国经济的持续发展。所以,维护我国的社会政治稳定,对利用外资有着直接的关键性作用。同时我们应当坚持和平外交政策,为我国经济建设创造和平的外部环境。外交政策既要坚持原则,更要为国家经济建设大局服务。

我国加入 WTO 后,说明我国对外开放已进入了一个新阶段即全面对外开放的阶段。加入 WTO 利大于弊这已为人们所认同,但对我国经济发展也是一个严峻的挑战。这个挑战是多方面的甚至是立体的。其中一是对我国的一些幼稚产业和落后产业的生存和发展是一个严峻的考验;二是对我国涉外经济体制改革提出了更高的要求;三是对政府职能转变以及相关经济法律、制度和政策提出了应符合世贸组织游戏规则的迫切要求;四是对现有的行业垄断是一个重大而系列性的冲击。这些挑战或冲击,将要求打破原有的计划经济体制的种种弊端,将使我国在转型期的经济社会生活的变革增添了新的外部因素。如果不能采取具体有力的应对措施,就很可能波及国家的经济安全。

对中国经济安全来说,加入 WTO 的确是一把“双刃剑”。要想这把剑为我所用,就要练就一身硬功夫。关键是我们首先必须大力发展经济,同时也必须把挑战变成压力和动力,加快体制改革。

第十章　消灭私有制与社会基本经济制度

马克思主义政治经济学的核心问题就是消灭资本主义私有制，建立社会主义公有制。共产党人的最终目的是同私有制彻底决裂。从人类社会发展的一般规律来看，这是完全正确的。但是，在当代，随着社会生产力的不断发展，生产社会化程度的不断提高，我们发现，在生产资料所有制上，有许多重要理论和现实问题需要重新加以研究。我们必须与时俱进，才能一方面深化对马克思主义经典作家关于上述论断的理解，另一方面，也才能回答所出现的新情况和新问题。

我们知道，生产资料所有制是政治经济学研究的主要问题，是经济生活中的根本性问题。我们对现实时代生产资料所有制状况，包括它的形式和结构，它的发展变化趋势，对生产资料所有制的政策态度，是事关经济发展的头等重要的问题。对一个国家社会经济形态的判断，对一个国家基本经济制度的确定，集中地表现在对生产资料所有制的形式、结构的认定上。这种认定如果符合客观实际，它就会有利于一个国家的经济发展，否则，它就会阻碍经济的发展。

在当代世界，特别是我国，在社会主义市场经济体制不断发展完善的今天，对于生产资料私有制问题的认识更为重要。

一、必须重新认识和科学界定生产资料私有制的涵义

对于什么叫生产资料私有制，理论界并没有完全搞清楚。在现实中，我们

看到许多对生产资料私有制的涵义的不正确的甚至是错误的理解的例子，把一些似是而非的提法当做政府的文件、政策的毋庸置疑的权威规范，从而造成了不应有的混乱以致有害的社会后果。

204. 到底什么叫做生产资料私有制？为什么必须以生产经营单位或企业作为生产资料所有制的“平台”？它的准确、科学的涵义应包括哪些方面内容？

目前，国内学者对生产资料私有制涵义问题的研究相当不够，似乎这个问题是人尽皆知的，也不需要再研究了。其实大不然。

关于什么叫生产资料私有制，许涤新主编的《政治经济学辞典》说它是“生产资料为私人占有的形式”。于光远主编的《经济学大辞典》说它是“生产资料归私人所有、占有、支配和使用的所有制形式”。这两个定义中，后者与前者不同的地方是把生产资料的所有、占有、支配和使用区别开来，并寓意生产资料的所有权决定生产资料的占有权、支配权和使用权，同时生产资料的占有权、支配权和使用权是所有权的实现形式；而前者则没有生产资料的所有权、占有权、支配权和使用权的区分，也似乎是占有权就是所有权。

我国政治经济学理论界的前辈和权威，对生产资料私有制的定义，看来都是以马克思主义经典作家的有关论述为依据的。但是，这两个定义有两个明显的缺陷：一是缺乏对马克思主义经典作家有关生产资料私有制涵义的完整准确的界定；二是不能全面反映生产资料私有制在当代世界经济发展变化的实践。

我们认为，对生产资料私有制定义的界定，从完整准确地把握马克思主义经典作家的有关论述以及实践的发展出发，它应当包括或注意以下几点：

(1)生产资料的外延在扩大。生产资料通常包括劳动资料和劳动对象这两个组成部分，它们的价值形态就是不变资本。但是在当今世界，生产资料的外延扩大了，知识、技术和信息也包括在生产资料的范围之内。一切生产要素，除了劳动力之外，都可以看做是生产资料。

(2)必须是指在一个生产经营单位或企业里的生产资料归私人所有。这个空间(企业)和数量(私人)的界定十分重要。这个限定的意义在于：

第一，必须以企业或生产经营单位作为考察生产资料所有制的“平台”。

生产经营单位或企业是社会生产的基本单位，是社会经济组织的细胞，是社会生产力的基础性承担者，也是一定社会生产关系的基础性体现者。社会经济生活的状况，即生产、分配、交换、消费的状况，在很大程度上取决于生产经营单位或企业的状况，生产经营单位或企业的经济效益状况决定着社会经济效益的状况。离开了生产经营单位或企业，就没有社会经济生活，就谈不上生产、分配、交换和消费。生产经营单位或企业的社会性质，就是生产经营单位或企业的生产关系性质，首先是它的生产资料所有制性质。因此，当我们讲生产资料所有制性质时，都是指某个生产经营单位或企业的生产资料所有制性质；当我们讲生产资料私有制时，总是指某个生产经营单位或企业的生产资料归某个私人所有。

第二，在一个生产经营单位或企业中其全部生产资料必须归私人（家庭或家族）所有。古人云，一人为私，二人为公。《辞海》把“私”定义为：“个人的，自己的。”《现代汉语词典》把“私”定义为：“属于个人的或为了个人的。”如果一个生产经营单位或企业的全部生产资料属于两个人以上所有，这个生产经营单位或企业就不能定性为生产资料私有制，而应当定性为生产资料社会所有制或公有制。随着社会化大生产和市场经济的不断发展，特别是随着合作制和股份制企业的出现和普遍化，一个生产经营单位或企业的生产资料所有制，越来越从原来个人所有制或私有制，逐步过渡到社会所有制，即马克思所说的社会资本对私人资本的“扬弃”。

考察生产资料私有制的空间范围（生产经营单位或企业）和数量（私人）的界定是自然的前提，也是马克思主义经典作家论证生产资料私有制的题中应有之义。这两个限定是缺一不可的。这个空间范围不能扩大，即不能把未加入生产经营单位或企业活动的生产资料也包括在生产资料私有制之内；也不能扩大它的数量范围，即把两个人以上所有的企业的生产资料说成是生产资料私有制。

（3）必须把生产资料的所有权与占有权、支配权、使用权有机地统一起来。这四种权利，人们也可以把它再简单地归结为所有权和经营权。在小生产的条件下，生产资料的所有权和经营权是统一的，很少发生所有权和经营权的分离。但是，当生产资料在私人手中的数量或规模很大时，特别是随着生产社会化和市场经济的不断发展，开办企业的投资的最低限额越来越大时，两权分离的情况就越来越多和越来越普遍。在这种情况下，仅仅强调单纯的所有权已经不能囊括所有制的全部问题。虽然生产资料的所有权决定生产资料的经营权，但经营权已越来越独立化了，它成了单纯所有权必不可少的实现形式。生产资料私有制这时也随之发生了变化，即也出现了单纯的所有权和经营权的分离。那么，在生产资料私有制的两权分离后的企业里，它的生产资料所有制性质是什么样的呢？这里有两种情况：

一是生产资料的所有者不参加企业生产经营。例如，所有者把生产资料租给或承包给经营者经营。这样，生产资料私有制或公有制仍然存在。例如，在我国，土地由农户承包经营，但不排除土地集体所有制的存在。又如在资本主义社会或封建社会中，土地出租给农场主或农民耕种，它不排除土地的地主私有制的存在。但在实行承包或租赁的企业或生产经营单位的当事人那里就不存在生产资料私有制的问题。不能认为同一生产资料存在两个私有制即发包人的私有制加承包人的私有制。这样，在生产经营单位和企业，它们的生产资料是什么所有制呢？如果由个人承包和租赁，那可以叫生产资料经营权私有化。这是一种生产资料不完全的私有权，或者说是一种经营层次的私有权。当我们讲生产资料私有制时，不是指这种承包、租赁企业的生产资料所有制问题。在典型的或传统的私有制中不包括这种经营层次的私有权。

二是生产资料的所有者参加企业的生产经营活动。例如，生产资料所有者以自己的生产资料入股加入股份合作社或股份公司。如果说前一种情况的两权分离是一种彻底分离，是外部分离，那么这种情况则是一种不彻底的分离，是内部分离。在股份合作制或股份制企业中，股东是企业生产资料所有者之一，但企业的生产资料又是法人所有。在企业经营中，法人所有权决定个人（股东）所有权，而不是相反，因为法人所有权是企业整体所有权，是企业章程赋予的所有权。但是，企业法人所有权实际上又是股民个人所有权的实现形式，所以也是一种两权分离。那么，在股份合作制企业和股份制企业中，生产资料所有制到底是什么性质的呢？这的确值得研究。这里有几种不同的意见：

一种意见认为，股份制或股份合作制企业，生产资料仍然是私有制；一种意见认为股份制或股份合作制企业，生产资料是公有制（或社会所有制）；一种意见认为股份制或股份合作制企业，生产资料是私有制向公有制的“过渡形式”。另外还有一种意见认为，不能笼统地认为股份制或股份合作制企业的生产资料是私有制或公有制,它们只是生产资料所有制的实现形式。

那么,到底哪种意见对呢?或者说到底哪种意见更符合实际呢?我们认为,股份制或股份合作制企业的生产资料是一种社会所有制,同时又是生产资料所有制的实现形式。说它们是生产资料的社会所有制,是指企业的生产资料归大家共同所有,而不是归哪个个人所有,不是私有制。就像集体所有制企业的生产资料是企业劳动者共同所有一样,虽然每个劳动者都是企业生产资料所有者之一。集体所有制也是一种社会所有制,只不过它的"社会"范围很有限。国有制也是一种社会所有制,只不过它的范围很大,包括了全体国民。国有制也承认每个国民都是国有企业生产资料的一个所有者,只不过由国家来代表而已。说股份制企业或股份合作制企业又是生产资料所有制的实现形式,只是指它同时又是两权分离的,企业法人所有权同时又是股东所有权的实现形式。因此,只把股份制或股份合作制企业的生产资料看成是社会所有制是不完全的,只把它看成是生产资料所有制的实现形式也是不完全的。它是两者兼而有之。把它说成是私有制更是不对的。不能认为企业生产资料人人(本企业劳动者)有份,人人都是所有者之一,就认为企业生产资料是私有制性质的。如果这样看,那么集体企业、合作制企业也是私有制企业了。

(4)生产资料私有制的定性要有法律或社会契约特别是要以法律为依据。在阶级、国家和法存在的条件下,所有制既是个经济学范畴,又是个法学范畴。所有制作为经济学范畴,有两层意思:一是指生产资料所有制或实际占有是生产的一个前提,也是生产的一个条件;没有没有生产资料所有制的生产。这是马克思在《〈政治经济学批判〉导言》一书中反复强调和说明的问题。二是生产资料所有制贯穿和体现在生产的每一个环节(包括生产、分配、交换和分配)。正因为如此,马克思反对蒲鲁东把生产资料所有制只孤立地和简单地归结为生产资料的归属问题,认为这是犯了形而上学的错误,而应当把它看成是全部生产关系的总和。马克思说:"给资产阶级的所有权下定义不外是把资产阶级生产的全部社会关系描述一番。"(《马克思恩格斯选集》第1卷,人民出版社1995年版,第177页)

所有制作为法学范畴讲的是所有权,指的是以国家法律形式明确示明生产资料的归属问题并以国家法律加以保护。它不涉及具体的生产经营活动。

所有权和所有制一样,也是经济学范畴和法学范畴的统一,不过所有权侧重强调的是法律权利意义，所有制则侧重强调的是经济活动意义。

同样，生产资料私有制也既是经济学范畴又是法学范畴。我们在给生产资料私有制下定义时，往往忽视它的法律涵义和意义。这极容易造成混乱和危害。生产资料私有制作为法学范畴，强调的是生产资料私有制不能没有法律依据，不能不以法律为依据随便地说哪个生产经营单位或企业的生产资料是私有制，否则就是违法。当然，在法制还不完善的前资本主义社会里，私有制的确定还不能完全做到以法律为依据。但是，在古罗马法中，对私有制就有法律的界定。到了现代社会特别是当今法制社会，私有制的确定必须有法律依据，并由一个国家的工商管理部门出具资产法律文书来证明。

（5）必须把法人所有制与自然人所有制严格地区分开来。既然生产资料私有制也是一个法律范畴，那么，在当今法制社会中，企业就是一个法人实体。法人的产权的社会性质并不一定就是企业生产资料的私有制。企业法人是企业产权的代表。如果他所代表的企业的全部资产完全是他个人所有，法人和自然人是统一的，那么这个企业的生产资料所有制就是私有制。如果法人所代表的全部资产是众多的企业成员或其他社会成员和其他法人共同所有，法人和自然人就是不统一的，那么，这个企业生产资料所有制就不能叫做私有制，而只能视为社会所有制。

以上我们对生产资料私有制涵义所涉及的问题的说明，要求我们必须完整准确地定义它。这样，生产资料私有制在当今时代就是指一个生产经营单位或企业的一切生产资料由法律确认归某个私人（含家族）所有的一种所有制形式。仅仅具有生产资料的经营权的私人，其企业不能叫做生产资料私有制的企业。必须把生产资料的所有权和经营权严格地区分开来，把生产资料私有制严格地限制在企业生产资料全部归私人所有上，它不涉及生产资料经营权的分离问题。我们认为这个定义比较严格，它可以排除任何随意性、主观性，可以排除那些流行的混乱，也回答了当代现实中提出的主要问题，也更符合马克思主义经典作家的系统论述。

205. 私人金融资产属不属于生产资料私有制的范畴？拥有金融资产的个人可不可以叫做生产资料私有者？生产资料私有制有没有层次的划分？

私人金融资产主要指私人拥有的股票、银行存款和购买的国债等资产。

据有关抽样调查资料显示,我国城镇户2002年户均金融资产7.98万元,其中银行存款5.12万元,占69.4%;股票0.74万元,占10%,国债0.32万元,占4.4%。共涉及的城镇家庭户均有1.5亿户,城镇人口近4亿。如果说凡是有金融资产的个人或家庭都是属于生产资料私有制,这是令人难以想象和接受的。

不能把私人拥有金融资产与生产资料私有制混为一谈。首先,金融资产和生产资料是两个不同的范畴。这是人所共知的。其次,生产资料私有制的载体是生产经营单位或企业,离开生产经营单位或企业谈生产资料私有制是毫无经济意义的。而私人金融资产首先不是一般的生产资料,它只有转到生产经营单位和企业手中,才可能变为生产资料。因为金融资产是货币形态的资本或由货币转化而来的。最后,私人金融资产属于一般的私有财产,私人生产资料属于特殊的私有财产。不能把非生产资料的一般私人财产就直接等同于生产资料私有制。虽然私人金融资产也是为了赢利,它也可以被转化为生产资料,但当它被转化为生产资料时,它已不直接为原来的主体所有而已转化为企业所有。我们必须始终记住,生产资料私有制是企业或生产经营单位的生产资料归私人所有的制度。尽管私人拥有金融资产,但它并不是生产资料,他也不是企业主,不能把私人的金融资产作为其私人企业的资产。所以仅有私人金融资产,仍然不属于生产资料私有制的范畴。

这里可能有人提出,有少量私人金融资产可以不叫生产资料私有制,如果私人拥有百万、千万、亿万金融资产,难道也不属于生产资料私有制的范畴?我们认为,这首先违背了同一标准。如果私人拥有金融资产就属于生产资料私有制的范畴,那么就不能以拥有私人金融资产的多少为界限,多的人就是,少的人就不是,即不应当以私人金融资产的多少来划分他是不是生产资料私有制者,而只能区别为大、小私人财产所有者。

这里还可能有人提出,有的人拥有企业的股票(而不是银行存款或债券),按照作者对生产资料私有制要以企业为载体的定义,他应当不是生产资料私有制者。这样,盖茨也不是生产资料私有制者了?微软公司也不是私有制企业了?我们认为,按照提问者的意见,盖茨是生产资料的大私有制者,其他小股民则是生产资料的小私有制者了。这样,我们在逻辑上就遇到了一个问题,一个股份制企业本身就有生产资料的两种所有制形式:企业本身是生产资料的社会所有制(马克思的意思),企业股民则是生产资料的私有制者。同时,按照提问者的意思,股份合作制企业、合作制企业、集体所有制企业,就既是公有制(社会所有制),又是私有制,因为这些企业的劳动者也是企业生产资料的一个所有者。生产资料私有制仅指企业的生产资料归私人(家族)所有,而不是指企业的生产资料再划分为哪些私人公共所有。如果按提问者的意见,企业生产资料就根本不存在公有制,因为公有制企业财产都可以计算出其每个成员所有或私人各占多少并归他们所有。虽然各种社会所有制企业是归其成员共同所有,即每个成员都是企业生产资料的所有权(数量有所不同),但是成员所有的那份生产资料并不能独立发挥作用,所以他只是有私人财产权,而不是生产资料私有权。发挥作用的企业生产资料整体不是私人的,而是集体的、社会的、公共的生产资料。

我们必须明确,生产资料私有制本身也是在发展着的特殊的私人财产权权利。在它开始时,在生产经营单位或企业中,生产资料完全归私人所有,即私人既是生产资料的所有者,又是生产资料的占有者、支配者和使用者。这是完全意义上的生产资料私有制,是典型意义上的生产资料私有制。后来,随着生产的发展特别是生产的社会化,私人拥有的少量生产资料或资本不足以开展独立经营,或不利于独立经营,或独立经营获利较少,于是出现了合作制企业、股份合作制企业、集体所有制企业、股份制企业等。作为这种企业,生产资料是劳动者共同所有,但从每个劳动者又是企业生产资料的所有者来说他只是私人财产的一个所有者。这样,生产资料私有制在企业的层面上都消灭了,但是企业又是每个成员的生产资料这种私人财产权权利的实现形式。我们现在都在讲股份制是生产资料所有制(包括公有制或私有制)的实现形式,其实是指股份制企业是股民的生产资料这种财产权(包括公有权或私有权)的实现形式。

我们在这里要纠正两个错误的说法。一个错误是说股份制是生产资料所有制的实现形式。这种说法是不很准确的。准确的说法应当是股份制是生产资料所有权的实现形式。因为在股份制企业中,股民拥有的仅仅是生产资料这种财产的所有权,而不是生产资料所有制;股份所有权是股民的生产资料这种财产权的实现形式。在股份制企业中,股民是股权的拥有者,而不是生产资料所有者,生产资料所有者是企业及其法人。虽然所有权要以所有制为基础,所有权仅仅是所有制的法律用语，但是所有制和所有权是两个独立的范畴。在股份制企业中，股民拥有的仅仅是他那部分财产的所有权，而不是企业生产资料的所有者。因为企业生产资料为股民共同所有，生产资料是社会所有制。如前所述，股份制企业生产资料不能说既是公有制（社会所有制）又是股民的私有制或者还是股民——国家、其他法人集体——公有制。

另一个错误是说股份制仅仅是生产资料公有制的实现形式。其实，股份制本身既是生产资料公有权（如前所说不能叫公有制而只能叫公有权）的实现形式，同时它本身也是一种公有制——社会所有制。股份制企业的生产资料所有制性质，同合作制企业、股份合作制企业、集体所有制企业的生产资料所有制性质一样，不是私有制，而是公有制，或者说是社会所有制。说股份制企业是生产资料所有权（公有权或私有权）的实现形式，仅指生产资料的所有权和经营权的两权分离来说的，别无它义。说股份制企业生产资料是公有制，仅指企业全部生产资料是归全体股民共同所有，而不是归哪个个人所有。因此，仅讲股份制是生产资料公有制的实现形式，似乎股份制企业的生产资料仍然是私有制，这不符合事实，也不符合法律。

股份制企业是生产资料所有权的实现形式，同时也包括有的股东的生产资料这种财产的所有权是私人。这样，在私人股东那里，生产资料的这种财产私有就是不完全的，残缺的，即他只有生产资料的这种财产的单纯所有权，而没有生产资料这种财产的占有权、支配权和使用权。可见，生产资料私有制本身这种财产私有权，其发展到一定阶段，如股份制阶段、合作制阶段、股份合作制阶段、集体所有制阶段等，就成了不完全的私有权。从而也可以说，生产资料私有制在其发展的历史进程中，由开始阶段的完全私有制，发展到后来的不完全的私有制（仅指生产资料这种财产的单纯私有权）。正因为如此，马克思把股份制、合作制说成是私有制（完全意义上的）向公有制（完全意义上的）的“过渡形式”。

二、传统意义上的生产资料资本家私有制正在逐步消亡之中

传统意义的生产资料私有制，即我们在前面定义的私有制，在当代，特别是在发达国家以及社会主义国家，是处于什么样的社会地位呢？它还是占主

体地位吗？关于这个问题，马克思恩格斯在《资本论》第3卷中已经有了相当精确的分析甚至预测，它可以作为我们分析当代发达国家以至社会主义国家私有制状况的重要理论工具。在那里，马克思和恩格斯分别从股份公司、工人的合作工厂、信用制度以及国家干预四个方面，说明了原来意义的资本家生产资料私有制为什么以及怎样被“扬弃”的。而在当代，这种“扬弃”更普遍、更深刻。

206. 马克思和恩格斯是怎样论述股份公司的生产资料所有制性质的？

这里我们引用几处马克思和恩格斯的有关典型的论述：

“股份公司的成立”，使“那种本身建立在社会生产方式的基础上并以生产资料和劳动力的社会集中为前提的资本，在这里直接取得了社会资本（即那些直接联合起来的个人的资本）的形式，而与私人资本相对立，并且它的企业也表现为社会企业，而与私人企业相对立。这是作为私人财产的资本在资本主义生产方式本身范围内的扬弃。”（《马克思恩格斯全集》第25卷，人民出版社1974年版，第493页）

“资本主义生产极度发展的这个结果，是资本再转化为生产者的财产所必需的过渡点，不过这种财产不再是各个互相分离的生产者的私有财产，而是联合起来的生产者的财产，即直接的社会财产。”（《马克思恩格斯全集》第25卷，人民出版社1974年版，第494页）

“股份制度——它是在资本主义体系本身的基础上对资本主义的私人产业的扬弃；它越是扩大，越是侵入新的生产部门，它就越会消灭私人产业。”（《马克思恩格斯全集》第25卷，人民出版社1974年版，第496页）

马克思和恩格斯在这里十分明确地告诉我们，随着股份公司的出现和不断扩展，社会资本越来越多地取代和“消灭”私人资本，“私人企业”现在则变成了“社会企业”，企业财产也由过去的“私人财产”变成了现在的“社会财产”。这说明，在股份公司那里，原来意义上的资本家生产资料私有制已不复存在了。当然，马克思和恩格斯也十分明确地指出，股份制只是向真正完全意义的生产资料社会所有制的过渡点（或过渡形式）。

在当代，在发达国家，股份制已相当普遍化了，它也是马克思恩格斯那个时代所无法比拟的。社会主义国家经济体制改革的具体目标之一也是大力发展股份制企业。可见,传统意义上的典型的生产资料私有制,在生产社会化和市场经济大发展的当代,越来越趋向消亡。

207. 马克思和恩格斯是怎样论述工人合作工厂的生产资料所有制性质的?

马克思和恩格斯指出:"工人自己的合作工厂,是在旧形式内对旧形式打开的第一个缺口,虽然它在自己的实际组织中,当然到处都再生产出并且必然会再生产出现存制度的一切缺点。但是,资本和劳动者之间的对立在这种工厂内已经被扬弃,虽然起初只是在下述形式上被扬弃,即工人作为联合体是他们自己的资本家,也就是说,他们利用生产资料来使自己的劳动增值。这种工厂表明,在物质生产力和与之相适应的社会生产形式的一定的发展阶段上,一种新的生产方式会怎样自然而然地从一种生产方式中发展并形成起来。"(《马克思恩格斯全集》第25卷,人民出版社1974年版,第497~498页)

"资本主义的股份企业,也和合作工厂一样,应当被看做是由资本主义生产方式转化为联合的生产方式的过渡形式,只不过在前者那里,对立是消极地扬弃的,而在后者那里,对立是积极地扬弃的。"(《马克思恩格斯全集》第25卷,人民出版社1974年版,第498页)

恩格斯在《反杜林论》一书中说,"扬弃"就是"'既被克服又被保存';按其形式来说是被克服了,按其现实的内容来说是被保存了。"(《马克思恩格斯选集》第3卷,人民出版社1995年版,第481页)在股份制或工人合作工厂的生产那里,生产的形式或生产关系(主要指私有制)被克服了,生产的内容——生产力(主要指社会化生产)被保存了。

马克思恩格斯在这里也十分明确地告诉我们:第一,当时的资本主义国家中的工人合作工厂,生产资料更不是私有制了,可以说是一种新的"社会生产形式"或新的"生产方式",是劳动者的联合所有制;第二,这种新的生产资料所有制形式可以在资本主义社会中"自然而然地"、"发展并形成起来";第三,工人为摆脱资本家私有制的剥削是这种生产资料联合所有制产生的主观要求,而工人自己财产的一定积累,为这种生产资料公有制的出现提供了客观条件。第四,这种"扬弃"是一种"积极扬弃",即消灭了劳资对立的扬弃。

据有关资料显示,在当代发达国家,各种形式的合作经济已相当普遍,突破原来意义上的资本家生产资料私有制硬壳的新的劳动者生产资料合作所有制企业正在不断发展和壮大。合作经济与股份制经济、国家经济、私人经济已在发达国家已成为同样重要的国民经济力量。

——合作社运动经过200多年的发展,已成为势不可当的世界潮流。1895年,国际合作社联盟在伦敦成立,现已有成员国近百个,成员组织212个,社员7.6亿人(户),合作社工作者1亿人。

——合作社的定义、基本价值和原则体现了市场经济和社会化生产的要求,是市场经济和社会化生产发展的必然产物。1995年9月,曼彻斯特"国际合作社联盟100周年代表大会"通过了《关于合作社特征的宣言》,对合作社的定义、基本价值和原则均做了修改。其中定义为:合作社是人们自愿联合,通过共同所有和民主管理的企业,来满足共同的经济和社会需求的自治组织。其基本价值是:自动、民主、平等、公平和团结,合作社社员信奉诚实、公开、社会责任和关心他人的道德价值观。合作社原则有7项:自愿和开放的社员制,社员民主管理,社员经济参与,自主和自立,教育、培训和信息,合作社间的合作,关心社区。这些年的实践表明,修改后的合作社价值和原则能够适应更加严峻的市场竞争,尤其是与大型跨国公司的竞争;能够更加有效地提高全社会的文明程度,缓解社会矛盾,缩小贫富差别,维护低收入群体利益。

——合作社有效维护了城乡弱势群体利益,受到了城乡亿万成员的积极拥护。首先,农业合作社有效地维护了农村弱势群体的利益。欧美发达国家的农业合作社基本分为两类:专业合作社和综合合作社。专业社围绕某项专业生产提供系列化服务,或围绕农业生产产业链中某个环节进行服务;综合社围绕农业生产和农民生活,从农资供应到农产品销售,从信贷、保险到医疗、培训,提供系列化或系统性服务。发达国家几乎所有的农民都参加不同类型的合作社,有的农户同时参加几个专业合作社。其次,城市消费合作社有效地维护了城市低收入群体的利益。城市消费合作社通过按购买额返利、购买商品打折等形式将商业流通环节的利润返还社员。一些发达国家,半数以上城市居民都参加了消费合作社。最后,信用合作社为弱势群体提供金融服务便利。农村信用合作社吸纳的资金主要用于农村,满足农民社会的生产和生活需要。城市信用合作社或合作银行,则主要为城市低收入阶层提供服务,有利于他们的生产和生活条件的改善。目前世界上已有125个国家建有信用合作社或合作银行,拥有3亿社员,5万亿美元资产。有的国家在生产和生活的诸多方面都建有相应的服务合作或合作社的服务项目。

——合作社还在开拓国际市场中发挥重要作用。例如,丹麦是世界第一大猪肉出口国,其中合作社所占份额为96.3%。在农产品出口位列前10名的美国、法国、荷兰、加拿大等国,合作社在其中都占有50%以上的市场份额。

——政府对合作社的支持和优惠。正因为合作社的重要地位和作用,今天,许多国家政府都将扶持合作社经济发展作为一项基本国策。首先,在合作社立法上给予支持。现在全世界已有150多个国家和地区制定了合作社法或合作社示范章程。其次,在财税政策上给予优惠。许多发达国家和发展中国家都采取减税、低税、免税和补贴政策支持合作社的发展。韩国一般企业法人适用税率为20%,合作社法人仅为5%,合作社加工企业、商店免税。美国的农业合作社纳税只有工商业企业的三分之一左右。加拿大所得税法规定,合作社社员的惠顾返还金不纳税,新成立的合作社3年内免税。日本政府对农协兴办的农产品加工项目,给予厂房、设备投资的50%补贴,并减免税费10%左右。法国规定,农业合作社免缴生产净值35%~38%的营业税。最后,在信贷上给予扶持。许多发达国家和发展中国家政府制定相关的金融政策,鼓励合作金融组织的发展,通过合作金融组织与其他类型的合作经济组织的相互融合,开辟为城乡社员提供金融服务的稳定渠道。(以上均参见《求是》2003年第20期国际合作社联盟副主席、中华全国供销合作总社监事会主任穆励文章《兴办合作社事业是世界潮流》)

恩格斯于1886年1月在写给倍倍尔的信中并十分明确地指出:“至于在向完全的共产主义经济过渡时,我们必须大规模地采用合作生产作为中间环节,这一点马克思和我从来没有怀疑过。”(《马克思恩格斯全集》第36卷,人民出版社1974年版,第416页)当今世界合作经济的发展,有力地证明了马克思恩格斯的论断。

208. 马克思和恩格斯是怎样论述国有经济的产生及其性质的?

“猛烈增长着的生产力对它的资本属性的这种反抗要求承认它的社会本性的这种日益增长的必要性,迫使资本家阶级在资本关系内部一切可能的限度内,愈来愈把生产力当做社会生产力看待。无论信用无限膨胀的工业高潮时期,还是由大资本主义企业的破产造成的崩溃本身,都把大量生产资料推向如我们在各种股份公司中所遇见的那种社会的形式。某些生产资料和交通手段，例如铁路一开始规模就很大，它们排斥了任何其他的资本主义经营形式。在一定的发展阶段上，这种形式也嫌不够了：资本主义社会的正式代表——国家不得不承担起对生产的领导。这种转化为国家财产的必然性首先表现在大规模的交通机构，即邮政、电报和铁路方面。”

恩格斯对“不得不”一语是这样解释的：“我说‘不得不’，因为只有在生产资料或交通手段真正发展到不适于由股份公司来管理，因而国有化在经济上已成为不可避免的情况下，国有化——即使是由目前的国家实行的——才意味着经济上的进步，才意味着在由社会本身占有一切生产方面达到了一个新的准备阶段。”

“资本家本身不得不部分地承认生产力的社会性。大规模的生产机构和交通机构由股份公司占用，后来由托拉斯占有，然后又由国家占有。”（以上见《马克思恩格斯全集》第19卷，人民出版社1963年版，第247页）

国家干预社会经济，首先是社会化大生产迅速发展的客观要求，同时也是为了缓解因自由调节的市场经济所造成的经济危机而带来的矛盾。

国家干预经济包括从外部和内部两个方面进行。外部干预主要指制定有关法律、制度、政策、以及规划和计划，来协调各个市场经济利益主体之间的利益关系，保障社会生产的协调、健康发展。内部干预主要是指国有化，即把一些不仅是私人资本而且是股份资本也无力经营的、规模很大的生产机构和交通机构收归国有，并由国家直接经营，或由国家委托非国有公司、企业和个人经营。这样，实行国有化或国家资本主义的企业生产资料的所有制性质就发生了根本性的转变，就不能说仍然是生产资料私有制，也如马克思恩格斯所说的，它是由资本家私有制向真正的社会所有制的过渡形式，它“意味着经济上的进步”，“意味着在由社会本身占有一切生产力方面达到了一个新的准备阶段”。

209. 马克思和恩格斯是怎样论述信用制度在消灭生产资料资本家私有制中的作用及其性质的？

“信用为单个资本家或被当作资本家的人，提供在一定界限内绝对支配别人的资本，别人的财产，从而别人的劳动的权利。”（《马克思恩格斯全集》第

25卷,人民出版社1974年版,第496页)

"信用制度是资本主义的私人企业逐渐转化为资本主义的股份公司的主要基础,同样,它又是按或大或小的国家规模逐渐扩大合作企业的手段。"

信用制度及其发展,包含着对原来意义上的私人"资本所有权的潜在的扬弃","是因为很大一部分社会资本为社会资本的非所有者所使用",所以它"又是转到一种新生产方式的过渡形式"。(《马克思恩格斯全集》第25卷,人民出版社1974年版,第498~499页)

马克思恩格斯在这里也相当明确地告诉我们,信用制度由于促成了资本所有权和经营权的分离,成了股份制企业或合作企业形成与发展的基础和手段,所以,在股份制企业或合作企业那里,生产资料(或资本)已经不是原来意义上的资本家私有制,而是一种社会所有制了。信用制度在促进生产资料所有制的这种转变中发挥了重要的中介作用,它包含对"资本所有权的潜在的扬弃",也是新生产方式的过渡形式。

210. 怎样全面理解资本主义私有制消灭的原因、过程和形式?怎样正确看待马克思在《资本论》和《哥达纲领批判》中分别讲到的经济上的"过渡形式"和政治上的"过渡时期"这样两个重大的"过渡点"问题?它对我们今天来说有什么特别的重大意义?

马克思在《哥达纲领批判》中说:"在资本主义社会和共产主义社会之间,有一个从前者变为后者的革命转变时期。同这个时期相适应的也有一个政治上的过渡时期,这个时期的国家只能是无产阶级的革命专政。"(《马克思恩格斯选集》第3卷,人民出版社1995年版,第314页)前面曾多次引述的马克思和恩格斯的那些论述中我们可以看到,经济上的过渡时期只能是股份制、合作制、国有制等多种形式的社会所有制,而政治上的过渡时期就是无产阶级专政的国家。

我们认为,这就是马克思恩格斯的两种"过渡形式"的伟大理论!

本书是研究政治经济学的,所以这里不去研究政治上的过渡形式问题,而专门研究经济上的过渡形式问题。

马克思关于经济上的过渡时期的理论,为我们勾画了公有制代替私有制的途径,也揭示了资本主义私有制消亡的历史进程。

前面的几个问题说明，资本主义的“神圣的东西”——生产资料资本家私有制，自马克思的时代就已经发生了某些变化，多种过渡形式的生产资料社会所有制已经开始产生。据有关资料显示，国际上每年一度的“马克思主义论坛年会”2002 年在伦敦召开。会议资料透露，在发达国家，劳动群众集体所有制的社会经济成分，目前已占整个国民经济总量的 10%，国有制形式，各种联合所有制，约占国民经济总量的 30% ~60%。（参见《中国改革报》2002 年 9 月 29 日吴云锋的文章）

在当代世界各国，特别是在发达国家，根据马克思恩格斯的论述，劳动群众社会所有制经济已经不是私有制经济，各种形式的合作制经济、股份合作制经济、股份制经济、联合或混合所有制经济，以及国有制经济，也都不是原来意义上的资本家私有制经济了。上述资料也告诉我们，可以说原来意义上的大一统的生产资料资本家私有制的格局已经崩溃了，它正在走向被逐步“消灭”的境地。这是生产高度社会化发展的必然要求和结果。在现代社会生产条件下，以企业为活动平台的，即一个企业特别是一个大中型企业的生产资料完全归一个人所有的私有制已经越来越少见了，家族式的大中型企业越来越少见了。生产的社会化越来越要求生产资料由社会所有、占有、支配和使用。

生产社会性（化），就生产过程本身来看，其涵义包括：一是生产资料特别是生产工具的社会化，即某一生产工具或生产工具系列，构造极其复杂，功能多种多样，它要求多个劳动者才能共同使用或操作；二是劳动过程社会化，即要求许多劳动者在一起（车间、工厂）共同进行劳动；三是劳动产品的社会化，即一种产品甚至一个零部件，不再是哪一个人的劳动的结晶，而是许多劳动者共同劳动的结晶。因此，生产越社会化，越要求生产资料的社会所有、占有、支配和使用，越排斥生产资料的私人所有、占有、支配和使用。这是不以任何人的意志为转移的，也是任何力量也阻止不了的。

公有制代替私有制是一个自然历史的过程，它与生产社会化程度不断提高的自然历史过程是完全一致的，前者是后者的必然要求和结果。社会革命顶多只能加快这个过程，但它却不能代替这个过程。当代那些发达国家并没有发生社会革命，但生产社会化程度越来越高，所以原来意义上的资本家私有制正在被多种形式的社会所有制所代替。多种形式的社会所有制所占比重越来越大，反映着生产社会化要求有与之相适应的生产资料的社会所有的历史自然进程及其渐进性质。马克思和恩格斯在《共产党宣言》所说的与私有制“彻底决裂”的伟大理想正在实现之中，原来意义上的资本家私有制的“丧钟”正在悄悄地敲响。

19世纪40年代末，恩格斯在回答“能不能一下子就把私有制废除”的问题时指出：“不，不能，正像不能一下子就把现有的生产力扩大到为实行财产公有所必要的程度一样。因此，很可能就要来临的无产阶级革命，只能逐步改造现社会，只有创造了所必需的大量生产资料之后，才能废除私有制。”（《马克思恩格斯选集》第1卷，人民出版社1995年版，第239页）

对原来意义上的生产资料资本家私有制的社会改造，归根到底只能依靠生产社会化程度的不断提高来逐步实现。不进行无产阶级暴力革命，只要是生产社会化程度在不断提高，生产资料公有制或社会所有制（包括它的各种具体形式）逐步替代资本家私有制的过程也照样在进行着。这是一个自然的历史过程，当然如马克思和恩格斯曾经说过的，这可能是一个漫长的过程（指资本主义代替封建主义）。符合这个要求、反映这个要求的，有着正确路线指导的无产阶级革命的作用，只是加快这个过程，但却不能替代这个历史过程。

在传统的资本主义社会中，公有制逐步代替私有制的事实，说明了斯大林的公有制不能在私有制社会内部自动产生的论点不能成立；相反，马克思以工人合作工厂为例说明，由于生产社会化程度的不断提高，即“在物质生产力和与之相适应的社会生产形式的一定发展阶段上，一种新的生产方式怎样会自然而然地从一种生产方式中发展并形成起来”。

对生产资料资本家私有制的“剥夺”，同私有制的“决裂”，在生产社会化程度不断提高这种社会生产力发展的必然性中，可以有不同的途径或形式。可以是突变的，也可以是渐进的；可以是“自我扬弃”，也可以“彻底打碎”；可以是“消极扬弃”，也可以“积极扬弃”；可以采取“过渡形式”，也可以采取“成熟形式”。那种认为可以一下子彻底废除一切私有制或认为只有一种办法去消灭私有制的主张，是片面的和错误的。因为只要生产社会化程度在不断提高（须知这是人类社会生产力发展的必然趋势和规律），生产资料私有制逐步被公有制所代替将是必然的，形式和途径也将是多样化的，它不是以哪个个人、哪个阶级和哪个政治集团的意志为转移的。

我们这样来提出问题和分析问题，这样来判断当今世界各国特别是发达国家生产资料所有制的变动状况有什么重要的理论和实际意义呢?

第一,我们认为这是对人类社会生产关系发展的正确说明,它并不是什么"粉饰"或"辩护"。例如,是不是资本主义私有制已不存在了?目前世界上已不存在两种根本对立的基本经济制度了?且慢。我们应不应该承认,原来意义上的只有少数资本家个人占有企业全部生产资料的基本经济制度在当今发达国家是不是仍然丝毫未变。若此,我们又如何看待这些国家以及那些后发国家大量存在的股份制、股份合作制、合伙制、联合制以及国有制企业的存在呢?难道它们还是原来意义上的单个资本家私有制吗?!正如马克思恩格斯所说的,它们"意味着经济上的进步"!它固然是马克思恩格斯在当时就给予了正确的说明、预见和肯定,但它归根到底是社会生产力突飞猛进发展的必然要求和自然结果。我们在这里并不是想在主观理论上去模糊所有制问题上"公"与"私"、姓"社"与姓"资"的界限,而只是为了说明原来意义上的生产资料资本家私有制在当今发达国家正在为各种形式的社会所有制所代替的事实,尽管如马克思和恩格斯所说,它们还只是种种"过渡形式"。古典形式的资本家私有制越来越少了,社会所有制越来越多了,这是一个基本事实。

第二,从私有制到公有制,或生产资料在一个企业中由一个人(或家庭、家族)私有到完全意义上的社会所有,这中间应不应该,或者会不会有一个"中间环节"或"过渡形式"?这也是一个哲学范畴,不能否定。股份制、合作制、股份合作制、合伙制、混合所有制,甚至国有制,它们当然不是私有制,但也不是由全社会占有一切生产资料的完全意义的或成熟形式的公有制,所以它们则是由私有制向公有制转化的"中间环节"或"过渡形式"。之所以会出现各种各样的中间环节或过渡形式,人们之所以进行这种种选择,它归根到底既是社会生产力发展程度提高的要求,又是社会生产力发展程度还不是很高的表现。既然它们都是"中间环节"或"过渡形式",那么它们就不是原来的"私",也不是将来的"公",既不是原来的"资",也不是将来的"社"。说股份制、合作制、股份合作制、合伙制、混合所有制等企业,在一部分国家是生产资料私有制,在另一部分国家是生产资料公有制,这是一种纯粹的主观判断,它没有任何说服力。把与企业的生产资料所有制性质毫无必然联系的东西——意识形态,说成是决定其性质的东西,在历史面前显得苍白无力。有的文章指出,在重新认识生产资料公有制的涵义时,公有制的实现形式本身也是公有制，这是有道理的。因为生产资料的所有权决定它的使用权或经营权；不过我们还要补充说，股份制、合作制、股份合作制、合伙制等本身也是公有制，虽然它们只是一种不完全的、低级形式的公有制。它们与承包制、租赁制、委托代理制等经营方式不同也就在这里。

第三，由私有制到公有制的转变，不仅要经历一个"中间环节"或"过渡形式"，而且会存在一个由局部到整体的转变过程。它首先在极少数的产业部门进行这种转变，例如，股份公司首先出现在铁道、邮政、电报等部门，接着它在大型开采业和制造业中出现，再接着是各种高新技术产业部门，以及由这些产业部门决定并为之服务的金融业和贸易业，最后则带动了一些中小企业也出现了股份合作制、合伙制。这个过程说明了什么呢？它说明，哪个产业或行业的投资的最低限额越大从而风险越大，就越是私人资本无法开业和经营的，就越要求有社会资本来开创和经营。或者换一个角度来看，哪个产业或行业的生产社会化程度越高，就越会出现生产资料的社会所有制。当生产社会性普遍化了，生产资料社会所有制也就随之普遍化了。在这个阶段还未到来之前，就只有那些中小企业、投资少的企业、生产社会化程度低的企业、风险小的企业，才可能保留原来意义的生产资料的单个资本家私有制。这是目前世界各国特别是发达国家原来意义上的生产资料资本家私有制的基本态势。在发达国家，家族式的资本家私有制企业时代已经过去了。当然不排除一些中小企业可以或已经实行股份合作制或合作制。

总之，当今世界的实际说明，不仅存在着由资本主义到共产主义转变的政治上的过渡时期，也存在着与之相适应的经济上的过渡时期，这个时期的经济就是各种形式的不完全的不成熟的社会所有制经济。在发达国家，这种过渡形式的经济已经较成熟了，它"意味着在由社会本身占有一切生产力方面达到了一个新的准备阶段"。

三、基本经济制度的再认识

经济制度是人类社会发展一定阶段的生产关系总和。例如，资本主义社会的生产关系总和构成资本主义社会的经济制度，社会主义社会的生产关系总和构成社会主义社会的经济制度。而一定社会的经济制度则构成该社会的经济基础,并规定该社会的政治制度和决定人们的社会意识。政治制度是经济基础的上层建筑。列宁说:马克思认为经济制度是上层建筑借以树立起来的基础,所以马克思特别注意研究这个经济制度。马克思的主要著作《资本论》就是专门研究现代社会即资本主义社会的经济制度的。

一定社会中的生产关系总和与一定社会性质的生产关系总和是有区别的,例如,资本主义社会的生产关系总和与资本主义生产关系总和是不同的,社会主义社会的生产关系总和与社会主义生产关系总和是不同的,因而,资本主义社会的经济制度与资本主义经济制度是不同的,社会主义社会的经济制度与社会主义经济制度是不同的。

一定社会经济形态在其发展过程中往往经历着不同的发展阶段。而在不同发展阶段上的生产关系会有所不同,从而不同发展阶段上的经济制度也会有所不同。例如,自由资本主义阶段的经济制度与垄断资本主义阶段的经济制度就有所不同,社会主义初级阶段的经济制度与社会主义高级阶段的经济制度就有不同。

经济制度又可以分为基本经济制度和具体经济制度。上面所讲的经济制度实际上指的是基本经济制度。具体经济制度通常是指各个具体生产部门和社会生产过程的各个环节或方面的具体制度,如工业经济制度、农业经济制度、物价制度、工资制度,等等。具体经济制度虽然从属于基本经济制度,但它同时具有相对独立性,并且更多地反映和体现某个生产部门或环节的经济运行特点和规律,从而具有中立性,通用于不同社会经济形态中的同一生产部门和环节,是经济体制的一个重要组成部分。

作为理论经济学,它主要研究的是基本经济制度,作为应用经济学,它主要研究的是具体经济制度。但是,具体经济制度又是生产力与生产关系之间相互作用的中介环节的制度安排,所以政治经济学的研究不能忽视具体经济制度的研究,尤其是在把政治经济学基本原理运用到具体经济生活中去的时候,具体经济制度的研究就显得更为重要和迫切。

我们在本节中则主要侧重于基本经济制度问题的研究。

我们在进行这个研究中发现,仍然有许多理论和实际问题值得我们重视,特别是结合我国实际,有许多新情况、新问题需要我们重新研究和探讨。

211. 为什么在当今世界各国中生产资料所有制形式不是纯而又纯的？

在当今世界各国，无论是发达国家还是发展中国家，无论是资本主义国家还是社会主义国家，生产资料所有制形式都是多元的。马克思对此早有过明确的结论："在英国，现代社会的经济结构无疑已经有了最高度的、最典型的发展。但甚至在这里，这种阶级结构也还没有以纯粹的形式表现出来。在这里，也还有若干中间的和过渡的阶段到处使界限规定模糊起来（虽然这种情况在农村比城市少得多）。"（《马克思恩格斯全集》第 25 卷，人民出版社 1974 年版，第 1000 页）

马克思这里指英国的社会经济结构——主要指生产资料所有制结构，不是纯而又纯的，即不仅只有生产资料的资本家私有制和土地的地主私有制，从而阶级结构不仅只有资本家阶级、地主阶级和工人阶级，而且还有若干中间性的和过渡性的生产资料所有制形式，如个体所有制经济、小企业主经济，以及前面多次提到的股份制经济、合作制经济等所谓"中间的和过渡的阶段"。马克思说，这会使得我们对所有制性质的界限规定变得模糊起来。他还说，这种情况在城市比在农村要多得多。

马克思的这个思想也适于用当今世界各国，即不仅适用发展中国家和发达国家，也适用于社会主义国家和资本主义国家。

各国的生产资料所有制形式之所以不那么纯，归根到底是由于各国生产力发展不平衡造成的。生产力发展层次的不同是产生不同所有制形式的决定性原因。具体地说，各个地区、行业、企业的生产技术不同，有的高有的低，生产工具不同，有的先进有的落后，生产投资的起点规模不同，有的大些有的小些，劳动者的劳动技能以至文化水平不同，有的强些有的弱些，等等。

各国生产资料所有制形式的不纯粹性并不是靠哪种政治力量、哪些政治运动就可以消除的，要求把所有制形式搞得纯而又纯的想法是天真的，做法是愚蠢的。

212. 要不要把例如社会主义的基本经济制度与社会主义社会的基本经济制度分开？要不要把同一社会经济形态的不同发展阶段的基本经济制度区别开来？

在客观上，一种社会性质的基本经济制度和该社会的基本经济制度是不同的。因为根据(基本)经济制度的定义,一种社会性质的经济制度,是指该种社会形态的生产关系总和,即如资本主义生产关系总和或社会主义生产关系总和,从而例如资本主义经济制度或社会主义经济制度。一种社会中的经济制度则是指这种社会中的生产关系总和,这个总和不仅包括这种社会性质的生产关系总和,还包括不属于这种社会性质的生产关系总和。例如,在资本主义社会中,既有资本主义性质的生产关系,也有非资本主义性质的生产关系,从而在资本主义社会中,经济制度就是各种性质的生产关系总和。又如在社会主义社会中,既有社会主义性质的生产关系,也有非社会主义性质的生产关系,从而在社会主义社会中,经济制度就是各种性质的生产关系总和。

但是,无论在资本主义社会中还是在社会主义社会中,无论在哪个国家,它都是资本主义性质的生产关系或社会主义性质的生产关系占主导地位。它决定着该社会的性质。正因为如此,马克思说,尽管存在着"若干中间的和过渡的阶段"并"到处使界限规定模糊起来",但"这种情况对我们的研究来说是无关紧要的。"(《马克思恩格斯全集》第25卷,人民出版社1974年版,第1000页)也就是说,它不会改变该社会的性质,也不影响我们对它研究所得出的基本结论。

在我们对一种社会经济制度的基本内容、特征、发展趋势的研究中,我们可以也应当注重一定社会性质的经济制度的研究。但是,当我们在确立经济制度从而尽量做到确保整个国民经济的协调、健康、持续发展时,我们则应当注重该社会中的各种类型的生产关系,在保证占主导地位的生产关系巩固和发展的同时,还必须注意其他生产关系的巩固和发展,做到调动一切积极因素,为整个社会经济的发展提供可靠的制度保证。

我们知道,同一社会经济形态都有不同的发展阶段。例如,在封建社会中,就区分为劳动地租发展阶段、实物地租发阶段和货币地租发展阶段。在资本主义社会中,就区分为自由资本主义阶段和垄断资本主义阶段。在社会主义社会中,则可以区分为社会主义初级阶段和社会主义高级阶段。

显然,同一社会经济形态的不同发展阶段,其生产关系是有不同的,其中会发生部分质变,从而其经济制度也应不同,即要进行及时而适当的调整。经济制度的内容作为客观的东西,是生产关系的内在本质;作为主观的东西,则是国家制定的法律、法规和制度。因此必须对它进行及时和适当的调整,做到既反映不断变化的生产关系的本质,又能促进社会生产力的不断发展。可见,经济制度一成不变是不可取的。所谓经济体制的改革,一方面就是对不适应生产力发展的生产关系或基本经济制度进行局部的调整;另一方面,对那些不适应生产力发展要求的具体经济制度更要进行大胆的革新。

由此,我们可以从我国的实践中得到两条十分重要的经验教训。一是在基本经济制度上不能不区分社会主义的初级阶段和高级阶段,不能在社会主义社会的初级阶段就实行社会主义高级阶段的基本经济制度。具体地说,就不能在社会主义初级阶段就追求社会主义生产关系的纯而又纯,就搞所有制的盲目升级,追求"一大二公"。这个教训十分深刻,它所带来的严重后果至今还难以真正消除。二是在各种具体经济制度上,也不能越过社会主义社会初级阶段的生产力发展水平较低的现实,也不能越过市场经济这个人类社会经济发展不可逾越的历史阶段,不能实行计划经济制度或计划经济体制,而只能实行市场经济制度或市场经济体制。

如果把这两个教训综合在一起,那就是社会主义社会初级阶段的基本经济制度,既要体现目前社会发展阶段的我国各种类型的生产关系的本质要求,又要体现市场经济发展的内在要求。当前我国实行的以公有制为主体、多种所有制经济共同发展的基本经济制度,就较充分地体现了这两个要求,是汲取了以往的深刻教训所得出的正确结论。

213. 当前我国企业按生产资料所有制不同应当进行怎样正确的分类?

在市场经济条件下,企业分类是一门很重要的学问。如果企业分类不科学,则不利于进行科学的合理的指导,甚至可能产生副作用,影响甚至挫伤企业发展的积极性。

按企业生产资料所有制不同进行分类,是企业分类的一个重要方面。目前我们缺乏这方面的分类研究,造成不少混乱。目前我国政府文件中,按所有制不同把企业分为国有企业、集体企业、民营企业、私营企业、个体企业、联营企业、股份制企业和中外合资企业,是不科学的,也缺乏充分的理论依据。其中一个非常重要的混乱,就是把所有制形式和经营方式混同甚至等同起来,并且在政府文件中被广泛使用。须知,在人们还没有完全摆脱姓"公"与姓"私",姓"社"与姓"资"的那种种不必要的束缚时,这种混乱、混淆、等同的企业分类做法是十分有害的。

产生这种混乱、混淆、等同的企业分类做法的原因是多方面的。其中，一是没有专门学者或政府机构来认真研究按所有制形式不同的企业的分类工作，而只是随着民间的通俗叫法，不考究民间叫法的科学与否。二是在一些人那里，仍然十分忌讳姓“公”与姓“私”、姓“社”与姓“资”的问题，以至于在决策部门也采取某种模糊的做法，避免挑起这方面的争论。人们或者回避它，或者忌讳它，不敢正面接触事物的本质。在心里深处，仍然可能是认为“私”、“资”是要不得的东西，是要消灭的东西，是被人们诅咒的东西，不肯承认它在现阶段存在的必然性、合理性和历史进步性。

按经营方式不同对企业进行分类，首先要把生产资料的所有权和经营权是否分离区别开来。在两权统一时，一般就叫自我经营，在两权分离时，就可以分为股份制经营、承包经营、租赁经营和委托代理经营等，从而相关企业就可以进行这样的分类。按经营方式不同对企业进行分类，目的在于考察企业的经营方式是否反映市场经济发展的要求，两权分离是否有利于发挥双方的积极性，从而有利于企业经营管理水平的提高。

按所有制形式或性质的不同对企业进行分类，它不像按经营方式不同进行分类那样只考虑到“两权”是否分离问题。我们认为，按生产资料所有制形式的不同，可以把企业分为国有制企业、集体所有制企业、股份制企业、股份合作制企业、合作制企业、混合（联合）所有制企业、私人企业（包括大中型私人企业和个体企业）。中外合资企业可以包括在前面的有关类型企业中；外国独资企业也可以包括在前面的有关类型企业中。尽管它们中的资本或生产资料部分来自国外，但按国民待遇原则，这种划分也是可以的。

按所有制形式不同对企业进行分类，它不排除姓“公”与姓“私”的区别，或姓“社”与姓“资”的区别。这又有什么大惊小怪的呢？如我们在前面反复证明和论证的，在当代资本主义国家的企业，也有姓“公”与姓“私”的区别或姓“社”与姓“资”的区别。这是事物的真相。就是资本主义国家政府都不歧视本国的各种社会所有制的企业，不害怕这种种“公”有制企业，相反却支持它，发展它，我们又为什么要歧视、害怕那少数姓“私”的企业呢？那些私有制企业的业主们，心地也要坦然，只要坚信自己的存在是有利于“三个有利于”的，就应当理直气壮地干。

214.“民营企业”或“民营经济”的叫法为什么是不妥的?

已故的著名经济学家孙冶方先生曾经说过,政治经济学从概念出发是不对的,但概念的涵义不科学也是不行的。

研究生产资料所有制的涵义,研究我国现行的基本经济制度,不得不涉及目前在我国广为流行的民营企业(含民营经济)、私营企业(含私营经济)的概念问题。这里我们首先剖析民营企业(或民营经济)这一概念的内涵问题。

“经营”泛指“经度营造”之意,用于企业管理方面,一般是指营运筹划的意思,或广义的管理。在我国,对“经营”一词内涵的界定还不完全统一。例如,徐伟立主编的《经济管理学辞典》一书介绍,经营的内涵有两个。一是指与企业生产管理、技术管理并列的,涉及企业外部关系较多的职能,主要是供销职能,有时还加上财务职能。这种内涵,在解放前就用“经营”一词来表示。另一个是指管理类型、管理方式,是指执行营运筹划综合职能的全部管理工作。这是我国经济管理体制改革后出现的新情况。第一个涵义告诉我们,对一个企业来说,管理主“内”,经营主“外”。这也可以叫做狭义的“经营”。第二个涵义告诉我们,经营对一个企业来说,既管“内”又管“外”。这也可以叫做广义的“经营”。

从我们已知的研究成果来看,改革开放前的企业管理一般被称为生产型管理或单纯生产型管理,把改革开放后的企业管理称为经营型管理或生产经营型管理。这前后的区别在于是否把企业的运营筹划的综合性管理职能提到第一位的高度。可见,当前所说的“经营”性质只属于企业管理的类型和方式问题,它本身并不涉及企业生产资料所有制性质的问题。不管由哪个单位或哪个个人来经营,要么是这种经营类型,要么是那种经营类型,即前述的经营的两个涵义。或者说,要么是这种经营方式,要么是那种经营方式;或者,要么是所有权与使用权相统一的经营方式,要么是两权分离的种种经营方式(包括股份制经营、承包制经营、租赁制经营、委托代理制经营等)。可见,经营、经营类型、经营方式,都不等于生产资料的所有制形式,不等于公有制或私有制,而只能认为它们是生产资料所有权的不同实现形式。

进一步地说,仅以经营类型或经营方式的不同,并不能判定企业生产资料所有制性质的不同。公有制企业可以是生产型管理,也可以是生产经营型管理，可以是两权统一的经营方式，也可以是两权分离的经营方式。同样，私有制企业可以是生产型管理，也可以是生产经营型管理，可以是两权统一的经营方式，也可以是两权分离的经营方式。

那么“民营企业”的内涵到底是指的什么呢？是指它的经营方式呢，还是指它的所有制性质呢？还要两者兼而有之呢？如果是指它的所有制性质，这个“民”是单数还是复数呢？

如果“民营”被理解为是与“国营”、“官营”相对应的，由于原来的集体企业不被列在“民营”企业范围内，那么就一定会把“民营企业”认定为私有制企业。但是现实中的民营企业绝大多数并不是私有制企业。所以这样来理解民营企业的内涵是不符合实际的，也是有害的。

如果仅以“民营”和“国营”或“官营”来对应，那么，一切非“国营”的企业或“官营”的企业，都可以叫做民营企业，即集体所有制企业、合作制企业、股份合作制企业、混合所有制企业、股份所有制企业，都是“民营”企业。这与前一个假定是矛盾的。

如果“民”被理解为单数，当然就是私有制企业，如果“民”被理解复数，那则是公有制企业或社会所有制企业。

如果强调的民营企业中的“营”字，好像强调的是这类企业在经营方式上与国“营”或官“营”不同。

总之，到底“民营企业”这一概念内涵指的是什么，我们不得而知。

在现实中，以及在现在人们的印象中，民营企业或民营经济，它被强调的、被重视的是经营方式，落脚在“营”字上。

但是，“民营”，从经营方式或经营类型来看，它不能说是一个科学的经济学概念。首先，民营本身既不是一种经营类型，也不是一种经营方式。其次，“民营”和“官营”，只能说明经营主体的变化，但它不能说明经营企业的生产资料所有制性质。不能说“官营”企业是公有制。那么与它相对应的“民营”企业就一定是私有制企业。因为与“官营”或“国营”的企业主体不同的“民营”企业，就包括许多类型的企业，如集体所有制企业、合作制企业、股份合作制企业、股份制企业，以及混合所有制企业甚至中外合资企业等，这些企业经营者都是“民”而不是“官”。私人企业、个体企业的经营主体也是“民”。如果认为集体企业、合作制企业、股份合作制企业、混合所有制企业都不在“民营企业”之列，那么民营企业就是私人企业和个体企业。若是这样来理解“民营企业”的涵义，那么“营”字就没有什么意思了，就是多余的了。何必躲躲闪闪，干脆叫它私人企业或个体企业好了。但是，这与民营企业强调的是“营”字是文不对题。最后，如果把民营企业领导是民不是官，企业领导不再是“官”本位联系起来，即因此而叫“民”营企业，更是言不及义。

总之，现在所用的“民营企业”的概念有很多不确定的涵义，极易引起误解，造成许多混乱，应当废止使用，或由官方对其涵义进行权威而科学的界定。

现在被广泛使用的民营企业或民营经济的概念，既有褒义，也有贬义。有褒义，是指改革开放以来特别是从确立我国经济体制改革的目标是建立社会主义市场经济体制以来，一方面是企业的经营方式特别是国有企业的经营方式发生了很大的变化，很多原来国有国营企业改为国有“民”营了。另一方面，股份制企业、股份合作制企业、合作制企业、混合所有制企业等如雨后春笋般地冒了出来，再一方面是私人企业包括个体企业也大量涌现。于是人们把这种经济现象概括为“民营化”，把这些新诞生的经济实体称为“民营企业”或“民营经济”。有贬义，是指在一些人心目中，有意和无意地把“民营企业”当做“私人企业”，从而在许多方面有所歧视。甚至在一些人心目中，“民营化”就是“私有化”。将“民营”与“私有”画等号，在企业分类学上是不科学的，对“民营企业”的发展是极为不利的。

如果仍然要坚持使用“民营企业”的概念，建议应当由政府部门以法律形式给它下一个科学的权威定义。建议定义可以这样，民营企业是指由民众所有和民众经营的企业。这个定义，一是把它与国有国营企业区分开来；二是把它与私人企业区分开来；三是它就泛指非国有国营企业以外的各种公有制或社会所有制企业。这样，就可以避免许多误解，也不会伤害民营企业。本书中使用“民营企业”概念，就是按这个定义来理解的。

215. “私营企业”或“私营经济”的传统叫法为什么必须废除？

“私营企业”在历史上已被叫了许多年，解放前，把资本家叫做私营企业，解放后把民族工商业资本家的企业同样叫做私营企业。由此，私营企业的涵义就是私人所有并由私人经营的企业。

现在看起来，私营企业这一概念的确有许多含混和不正确的地方，也不能适应发展了的情况。

第一,“私营企业”的内涵容易被人理解为它强调的是“经营”,即私人“经营”,而不是私人“所有”。而且在事实上确实存在着公有“私营”的企业。例如,国有企业和集体企业,被私人承包经营了、租赁经营了、委托代理经营了,这些企业经营“私有化”了。但这并等于这些企业所有制“私有化”了。那么,这些企业能不能仍然叫做“私营企业”呢?显然不能。因为这些只是经营方式发生了变化,所有制并没有发生根本变化。从概念的原来涵义上讲,“私营企业”既包括私有又包括私营,但在实际中,所有者与经营者是可以分开的;当所有者和经营者分开时,而所有制为“公”,经营者为“私”时,这个企业是公有制企业还是私营企业呢?似乎这两种叫法都是对的。但把它叫做“私营企业”肯定会造成许多误解,甚至会为反对改革的人提供口实。

第二,“私营企业”的内涵在被强调是指“私有”时,它又混淆了小私有与大私有的区别,甚至至今仍然如此。在过去,私营企业被理解为资本家私有制企业,以至在“三大改造”前给私营企业主定阶级成分时,他们都被划为资本家(其中有大小资本家之分)。这个错误或混乱的观点至今仍然没有什么改变,以至很多人认为今天的私营企业仍然是资本家私有制企业,并且如我们在前面说过的,主观片面地以马克思在《资本论》第1卷第9章中所说的雇用8个工人就是资本家作为“根据”,即在今天,哪个企业雇用了8个工人,这个企业就是私营企业。前面我们说过,乱用马克思的例子是不对的。我们知道,私人经营的企业,从所有制的角度来看,并不全是资本家私有制企业,其中有的是个体所有制企业,有的是介于个体所有制和资本家所有制之间的企业,即“小企业”所有制性质的企业。至于私有制企业中,雇用多少工人才能叫做资本家所有制企业,到目前为止,也还没有这个方面的科学的、权威的界定。而单纯是以是否雇用工人来确定所有制性质,更是行不通的。

第三,企业性质按生产资料所有制形式不同来分类,就不应当同时把经营类型、经济方式和经营主体不同作为一条标准。这样会造成很大混乱,它会把“两权”分离误认为是所有制性质的改变。所有权和经营权虽然是紧密相连的,但所有权决定经营权,经营权只是所有权的实现形式。所以,把经营权看成是所有权的标志,说经营权改变了,所有权就一定改变了是不对的。因此,私营企业的用法,容易把经营者的“私有”变成了企业所有制的“私有”。经营者的“私有”与否,不能成为确定企业所有制性质的标准。按所有制性质或形式不同来划分企业类型和按经营主体不同来划分企业类型,两者不能混用,更不能通约。

目前,由于传统观念影响的存在,有的文章、书籍中,还把合伙经营(包括合作经营、联合或混合经营,股份制经营)都看做是“私营”,这更是错误的。这种观点认为,只要不是“官营”或“国营”,或者只要不是传统意义上的“集体”经营,就都是“私营”,从而都是“私有”,私营经济就是私有制经济。这是把企业组织形式或经营方式同所有制形式混同了。民营就是私营,私营就是私有,就是这些人的逻辑,也是一些人不赞成改革的结论。这不仅不符合马克思所说的关于社会所有制企业在不断扩展的结论,也不符合社会主义市场经济发展的事实和要求。因为对私营企业或私营经济的偏见,就造成了在实际经济工作中对它的歧视,不能一视同仁,限制了私营企业和民营企业的发展。

所以,我们建议废除私营企业或私营经济的叫法,把它改为私人企业或私人经济,以避免各种不必要的误解甚至偏见。

216. 为什么必须把公民的物私权与生产资料私有制严格地区别开来?依法保护公民的私有财产对于维护基本经济制度有什么重大意义?

这种区分是现实的和发展的,理论的和实际的,改革的和创新的。在本章讨论私有制问题和基本经济制度问题时不能予以忽视。

公民的物私权或财产所有权与生产资料财产私有权,两者之间联系紧密,有许多共通之处,例如,公民的物私权或私有财产权的范畴的外延大于生产资料私有权范畴的外延,后者是前者的一个组成部分;它们都是公民的私权利;在现今世界,都受到各国法律的保护,是世界各国民法典的通则,等等。但是,两者之间也确有许多不同之处。

第一,公民的物私权是永恒的范畴,生产资料私有权是历史的范畴。公民的物私权是从来就有的;而生产资料私有权则是生产力发展到一定阶段的产物,它将随着社会生产力的高度发展而走向消亡。到了共产主义社会,如马克思所说将“重建”生产资料“个人所有制”,即建立真正意义的社会所有制,实现每个公民“在协作和共同劳动的基础上”对生产资料的“共同占有”,那时,公民的这部分“私权”和“公权”就实现了真正意义上的统一、合一。但生活资料的物权仍然是私有的。

第二，公民手中的生产资料如生产工具、生产设备，以及货币、技术、知识、信息等生产要素，只要不是投入到归自己所有的企业而是“入股”，就只能认定为“物私权”，而不是认定为生产资料私有权或生产资料私有制。不能把公民的这些“物私权”说成是生产资料私有制。公民的这些权利只是所有权，而不是所有制，因为所有制是以生产经营单位或企业为平台或载体的；而这些物在所有者那里是处在生产领域之外的个人而不是企业单位。在这种情况下，把生产资料私有制和公民的物私权等同起来，就是扩大了生产资料私有制概念的外延，侵蚀了公民的“物私权”。法律保护公民的“物私权”，也包括保护公民的生产资料这种特殊财产的所有权。举例来说，公民作为出资者——入股，他不是企业法人，企业法人是董事长——企业生产资料社会所有制的代表，而股民包括董事长这个自然人，并不是生产资料的私有制者。离开生产经营单位或企业这个经济活动的平台来谈生产资料的私有制或公有制，是悖理的，它违背了我们前述的生产资料所有制的涵义。在这种情况下，公民具有的仅仅是生产资料这种物私权。这种物私权只是同时被他本人所开办的企业用来经营时，才能被视为生产资料私有制。至于他入股而分到了红利，只是他物私权的实现，但这并不是生产资料私有制的产物。因为他入股的企业并不是生产资料私有制，而是生产资料的社会所有制。这里人们肯定会提出这样一个问题：在一个股份公司里就没有资本家了，或者说那些大股东也不是资本家了，他们也不是生产资料私有制的人格化了。是的，如果硬要说是，也如马克思所说的合作工厂的工人是他们“自己的资本家”。董事长只能叫做企业主。在股份公司、股份合作制企业、各种联合制企业，甚至像我国目前存在的产权不十分清晰的集体企业，它们的所有制性质是社会所有制，而不是私有制。企业出资者不是生产资料私有者，而只是拥有生产资料或者资本的所有权或私有权。

第三，民法典保护公民的物私权和保护生产资料所有权，目的是不同的。民法典保护公民合法的物私权或财产私有权，目的是为了有效地培养公民的权利意识和平等观念，奠定依法治国的基础，促进市民社会的真正缔造。民法典保护公民合法的生产资料私有权，目的是鼓励公民积极创造社会财富；只有每个公民都富裕了，整个国家才能强大。这对我国这样发展中国家更为重要。

因此，不仅要讲保护公民的生活消费品的物私权，也要讲保护公民的生产资料私有权，两者缺一不可。

以上是对世界各国特别是发达国家公民物私权与生产资料私有权之间的关系及其意义的一般说明。这里仅从经济学的角度提出，民法典不仅应当对公民的物私权的内涵和外延有一个十分明确、具体和可操作的科学界定，而且应当对生产资料私有制的内涵和外延也要有一个十分明确、具体和可操作的科学界定。目前，政府的许多文件没有这方面的界定，许多文章、书籍甚至辞典虽然有这方面的解释，但也是仁者见仁、智者见智，更无法律效力。根据马克思主义政治经济学关于生产资料私有制的科学涵义，目前在我国，真正符合这种涵义的生产资料私有制的企业可能不太多，特别是其中大的企业更少，有的只是大量的小企业，它们在整个社会生产资料价值总额中所占的比重不会很大。目前我国城乡居民家庭户的均资产（含住房等高档消费品和现金、银行存款、股票等）估计约有近百万亿元。这是城乡居民的私有物权总值。我们不能说城乡居民生产资料私有权价值是近百万亿元。我们只有在民法典中真正科学界定公民的物私权和生产资料私有制的内涵和外延，才能真正保护公民的私有财产权和包括在其中的生产资料私有权，才能真正有效地培养公民的权利意识和平等观念，才能真正塑造中国的市民社会，才能为依法治国奠定坚实的基础，也才能真正调动公民创造财富的积极性，从而也只有这样，才能真正从法律上保护公民的私有财产不受侵犯，维护社会主义社会基本经济制度的神圣尊严。

217. 为什么要压缩国有经济规模？这会不会削弱社会主义的经济基础和损害基本经济制度？

由于盲目追求“一大二公”，由于实行计划经济体制，我国国有经济规模十分巨大，在改革开放前，在资产总值、投资规模和国内生产总值方面都是有绝对优势，到目前为止，也都超过了社会资产总额的50%。

之所以要压缩国有经济的规模，一是国有经济过大，超过了政府管理能力和承受能力，二是束缚了其他各种经济主体的积极性，三是部分国有经济效益不高，有相当部分的大中型企业亏损，大量的中小企业面临破产的境地；四是不符合市场经济条件下政府的职能；五是不符社会主义市场经济发展的客观要求。目前它已成为经济体制改革的重点和难点。

压缩国有经济的规模,应坚决贯彻中央确立的抓大放小的方针,最大限度地把小型企业转出,也要做到退出各种竞争性的行业,集中主要力量最大限度地抓好重要行业和关键领域,提高国有经济的质量,增强国有经济的控制力。

适当压缩国有经济规模,不会削弱社会主义社会的经济基础和基本经济制度。这是因为:

第一,国有经济比重虽然下降了,但非国有的其他各种公有制经济或社会所有制的比重却可以随之提高。这样,仍然可以维护以公有制为主体,多种所有制经济共同发展的基本经济制度。简言之,公有制的主体地位不会动摇。随着生产社会化程度的提高,公有制主体地位更不可能被削弱。

第二,集体所有制、合作制、股份合作制、股份制以及混合制等各种公有经济的比重的提高,加之它们本身活力相对较大,效益相对较高,可以加强公有制的主体地位,弥补国有经济比重下降的缺位。我们必须进一步解放思想,不仅看到原来的集体经济是公有制经济,而且必须看到,新生的合作制经济、股份合作制经济、股份制经济和各种混合制经济都是公有制经济。这不是我们在自我安慰,也不是什么退步,而是客观实际,它也符合马克思主义政治经济学的基本原理。以前我们不重视这个问题的研究,是受到了“左”的思想的影响和束缚。我们必须改变观念,积极支持这些新的公有制形式经济的发展。我们必须看到,在未来的我国经济中,国有经济、合作经济、股份经济和私人经济是四大支柱,其中合作经济和股份经济是发展的最大亮点。必须树立这一观点,紧紧抓住亮点,增强信心,社会主义社会初级阶段的基本经济制度不会受到削弱。

第三,不可小视国有经济的巨大控制力。国有经济比重未来虽然要下降,但它的控制力不一定同比例下降。这是因为,一是国有经济可以牢牢控制重要行业和关键领域;二是国有经济还可以控股、相对控股和参股的形式,控制和制约一大批重要行业和行业。

第四,私人经济肯定会较大发展,这是完全必要的,其积极作用是很大的,也是中央的长期政策。但是,我们对我国非公有制经济本身必须有一个正确的看法,必须抛弃以前那些对非公制经济的片面的和错误的看法。一是我国非公有制经济是可以而且将越来越会依法经营,违法经营的将会越来越少。

我们必须有这个信心。二是我国非公有制经济占整个国民经济的比重绝对不可能成为主体。家族式的私有制企业在我国今天还有一定的发展空间，但当少数私人企业做大做强时，它必然要过渡到社会所有制上来，过渡到股份制经济上来。一旦实现这种过渡，它就不是私有制经济了，而是马克思所说的是社会所有制了，是公有制经济的一种形式了。三是我国非公有制经济所接受的“普照的光”是强大的人民民主专政的国家政权，是占主体地位的各种公有制经济，虽然从数量上来说它不再是公有制经济的一种“补充力量”，而是社会主义经济的一个重要组成部分，但它从根本属性上看，它从属于社会主义经济，而不是像在资本主义国家那样是从属于资本主义经济的。四是非公有制经济就其全局来看，由于其企业规模较小，绝大多数只能存在于非重要行业和领域（当然这更有利于发挥它们的优势），不可能控制国民经济的重要行业和关键领域，一旦当它们进入这些重要行业和关键领域，它们的所有制性质必然随之发生变革。五是我们应当作出这样的重要政治判断：广大非公制经济的企业主们是真心拥护和支持党的基本路线的，是赞成改革开放的。这是他们的亲身体验。他们当中有些人想积极参政，这是好事，不仅有利于国家的民主政治建设，而且也有利于更好地发挥他们的示范作用。有人担心他们会企图改变国家政权的性质，我们认为这是十分错误的想法，要不得的想法，是与党的基本路线是相违背的。在未来，我们国家富裕了，我国真正的中产阶层形成了，他们中间的优秀分子参政了，那只会进一步巩固我们的国家政权和基本经济制度，社会将更加稳定，经济发展将会有更好的政治条件。

主要参考文献

1.《马克思恩格斯全集》第 1 ~46 卷。

2.《马克思恩格斯选集》第 1 ~4 卷。

3.《列宁选集》第 1 ~4 卷。

4.《斯大林文选》上、下册。

5.《邓小平文选》第一至三卷。

6.《江泽民论有中国特色社会主义》,中国文献出版社 2002 年版。

7. 许志功主编,姜汉斌、张南征副主编:《邓小平理论概论》,高等教育出版社 2001 年版。

8. 张南征、张胜旺主编:《新世纪的行动指南》,东北师范大学出版社 2002 年版。

9. 赵光武主编:《著名经济学家谈 21 世纪中国的挑战》,西苑出版社 1999 年版。

10.《参考文选》各期,《中国市场经济决策信息咨询网络》。

策划编辑:柯尊全　徐庆群
责任编辑:张　立　陈　登
版式设计:李欣欣

图书在版编目(CIP)数据

面对实际的政治经济学——盲点、疑点、热点问题解读/张胜旺 著.
-北京:人民出版社,2011.5
ISBN 978-7-01-009670-4

Ⅰ.①面…　Ⅱ.①张…　Ⅲ.①马克思主义政治经济学-研究　Ⅳ.①F0-0

中国版本图书馆 CIP 数据核字(2011)第 021409 号

面对实际的政治经济学
MIANDUI SHIJI DE ZHENGZHI JINGJIXUE
——盲点、疑点、热点问题解读

张胜旺　著

人民出版社 出版发行
(100706　北京朝阳门内大街 166 号)

北京龙之冉印务有限公司印刷　新华书店经销

2011 年 5 月第 1 版　2011 年 5 月北京第 1 次印刷
开本:710 毫米×1000 毫米 1/16　印张:28.25
字数:405 千字

ISBN 978-7-01-009670-4　定价:58.00 元

邮购地址 100706　北京朝阳门内大街 166 号
人民东方图书销售中心　电话 (010)65250042　65289539